붓다의 입멸에 관한 연구

안 양 규

민족사
2009

붓다의 입멸에 관한 연구

머리말

모든 생명의 종착역인 죽음에 관하여 일찍부터 관심이 많았던 나는 종교학을 통하여 이 문제를 탐구하고자 하였다. 이런 문제의식을 느끼고 종교학을 시작했던 나는 곧 불교에 관심을 두게 되었고, 불교학을 통하여 이 문제를 해결하고자 하였다. 불교학을 시작하면서 붓다의 전기에 깊게 빠지게 되었으며, 붓다의 입멸을 통하여 생사의 문제를 집중적으로 천착하고자 하였다. 자연스럽게 붓다의 말년과 입멸 전후 사정을 담은 『대반열반경』에 관심을 두었고 박사학위 과정에서도 이 경전과 관련된 연구를 하게 되었다. 팔리어본 『열반경』을 비롯한 『열반경』 제본(諸本), 주석서, 논서 그리고 현대 학자의 관련 성과물을 참고하면서 연구를 진행하였다. 너무나 큰 주제이고 관련 자료가 방대하여 나의 역량으로는 감당하기 어렵다는 것을 실감하게 되었다. 마침 연구년을 옥스퍼드에서 보내게 되어 최근에 이루어진 영문 관련 자료들을 발굴할 수 있었고, 북방불교 논서의 자료들을 분석하여 본 저서에 포함시킬 수 있었다. 처음 계획한 것보다 훨씬 많은 시간을 보냈지만 여전히 보완해야 할 부분이 남아 있다. 이렇게 계속 진행되다 보면 나의 능력으로는 매듭을 지을 수 없을 것 같고, 나보다 역량이 나은 학자가 나의 연구를 바탕으로 더 훌륭한 연구를 진행하도록 하는 것이 나의 임무를 완수하는 것이라고 생각하며 책을 출간하기로 하였다.

붓다의 입멸을 연구하기 위한 대표적인 원전은 『대반열반경(大般涅槃經)』이다. 붓다의 최후 순간을 전승하고 있는 『열반경』엔 두 종류가 있다. 초기불교의 것과 대승불교의 것이 있다. 전자가 역사적인 관점에서 붓다의 입멸 전후를 사실적으로 다루고 있는 데 비해 후자는 붓다의 상주성(常主性)과 보편성(普遍性)을 교리적인 측면에서 다루고 있다. 한국이나 중국불교에선 『열반경』을 소의경전으로 하는 열반종(涅槃宗)이 있을 정도로 대승불교의 『열반경』은 널리 회자되었고 많은 주석서가 남아 있다. 반면에 초기불교의 『열반경』은 한국 등 동북아시아 지역에선 거의 외면되어 오다가 최근에 이르러서야 알려지게 되었다. 본서에서 논의된 경전은 초기불교의 『열반경』이다.

영국, 독일, 프랑스 등 19세기 유럽에서 불교학이 태동하면서 유럽의 불교학자들은 붓다의 전기, 특히 붓다의 입멸에 관한 연구를 진행하였다. 붓다의 역사성 내지 불교의 역사를 밝히려는 그들의 연구는 자연히 붓다의 전기에 초점이 맞추어졌다. 이런 과정에서 붓다의 말년을 기술하고 있는 마하바니닛바나-숫탄타(Mahāparinibbāna-suttanta, 『대반열반경』)가 주목을 받게 되었다. 팔리(Pāli)어로 전승되어 온 이 경전은 영어로 몇 차례 번역이 되었고 독일어, 일본어 등 여러 나라의 언어로 번역되기도 하였다. 그리고 저명한 학자들 사이에서 이 경전에 관한 연구가 이루어졌다. 대표적으로 두 학자의 이름을 거명할 수 있다. 독일의 발트슈미트(Waldschmidt)는 산스크리트어본 『대반열반경』과 티베트어본을 편집하고 거기에 상응하는 한역 문헌을 번역하고 팔리어본 『열반경』을 함께 병치(竝置)하였다. 나아가 붓다의 입멸에 관련된 논문을 발표하였다. 프랑스의 앙드레 바로

(André Bareau)는 산스크리트어본, 티베트어본, 팔리어본, 한역 제본을 광범위하게 비교 연구하여 붓다의 마지막 모습을 규명하려고 하였다. 이 두 학자의 선구적인 연구 업적은 대체로 문헌학적인 접근과 역사적인 관점에서 진행되었다. 이들의 연구 자료는 『열반경』에 국한되었고 훗날 성립된 주석서나 논서를 활용하지 못했다. 본서는 부파불교 시대에 편집된 주석서나 그 시기에 형성된 논서를 활용하여 붓다의 입멸에 관한 논의가 과거 불교계 내에서 어떻게 전개되었는가를 보여 준다.

본서에 사용된 원전과 그 번역 자료에 관하여 간략하게 적기한다. 초기불교 전통의 『대반열반경』은 주요 불교 경전 언어로 모두 남아 있다. 팔리어본과 산스크리트어본, 5종의 한역본과 티베트어본이 그것이다. 한역(漢譯) 5본은 다음과 같다: 후진(後秦) 시대에 불타야사(佛陀耶舍)와 축불념(竺佛念)이 함께 번역한 『유행경(遊行經)』(『大正藏』 1, pp.11-30), 역자 미상의 『반니원경(般泥洹經)』(『大正藏』 1, pp.176-191), 서진(西晋)의 백법조(白法祖)가 번역한 『불반니원경(佛般泥洹經)』(『大正藏』 1, pp.160-175), 동진(東晋)의 법현(法顯)이 번역한 『대반열반경(大般涅槃經)』(『大正藏』 1, pp.191-207), 의정(義淨)이 번역한 『근본설일체유부비나야잡사(根本說一切有部毘奈耶雜事)』 제35권 중 『열반경』에 상응하는 부분(『大正藏』 24, pp.382-402). 산스크리트어본 및 티베트어본은 독일의 저명한 불교학자 발트슈미트에 의해 편집되었다. 『열반경』 제본 중 팔리어본이 역사적인 모습을 가장 많이 담고 있어 원형에 가장 가깝다고 여겨진다. 본서에선 팔리어본과 한역 5본을 주된 전거로 이용하였다. 그리고 아울러 팔리어 『열반경』의 주석서(Sumaṅgalavilāsinī)와 『아비달마대비파사론(阿毘達磨大毘婆沙論)』(『大正藏』 27) 등 한역 논서를 주로 활용하였다. 팔리어 『열반경』의 주석서는 필자가 번역한 영역서를 참조하였다. 5세기경에 붓다고사(Buddhaghosa)에 의해 작성된 팔리어 『열반경』 주석서를 본인이 처음으로 영어로 완역하였고 2003년 영국의 팔리어 성전 협회(Pali Text Society)에서 *The Buddha's Last Days*라는 서명으로 출판되었다.

본서는 8장으로 구성되어 있다. 제1장에선 붓다의 수명 및 수명 연장 가능성에 관한 『열반경』의 경문과 그 해석을 중심으로 불타관(佛陀觀)을 살펴보았다. 모든 불교도들이 붓다의 한계 수명이 80세가 아니라, 더 이상 살 수 있었다고 믿는 점에서 모두 일치한다. 그러나 얼마만큼 그리고 어떻게 더 살 수 있었을까 하는 문제에 대해서는 이견이 있었음을 논의하였다. 제2장에선 붓다가 어떻게 수명을 연장하고 어떻게 수명을 포기하게 되었는가를 살펴보았다. 『열반경』과 그 주석서 및 부파불교 시대의 논서에 보이는 견해를 살핌으로써 불타관의 추이를 엿볼 수 있을 것이다. 제3장에선 초기 불교도들이 어떻게 붓다의 죽음의 원인을 다루고 있는가를 논의하였다. 붓다는 자신의 의지에 따라 자신의 수명을 연장할 수 있다고 언표하였는데 왜 수명을 포기했는가 하는 물음에 대한 답변들을 논의하였다. 제4장에서는 붓다의 입멸 직전에 발생한 질병과 관련하여 마지막 음식물에 대한 붓다고사의 입장을 살펴보았다. 붓다가 춘다(Cunda)가 공양한 마지막 음식물을 취하고, 질병에 걸려 입멸했다고 널리 알려져 있지만 붓다고사에 따르면 춘다가 올린 마지막 공양물은 결코 붓다의 치명적인 질병의 원인은 아니라고 한다. 제5장에서는 붓다의 반열반을 그의 정각과 관련하여 다루었다. 붓다의 입멸 과정이 정각(正覺)처럼 선정과 밀접히 연계되어 있다는 것을 논구하였다. 제6장에서는 설일체유부(說一切有部)의 논서를 중심으로 붓다의 입멸 과정과 그 해석을 다루었다. 부파불교 시대에 이르러 설일체유부의 논서에서는 붓다의 입멸 과정에 대해 새로운 시각이 제시되고, 동시에 입멸 과정에 대한 여러 가지 해석이 이루어지게 된다. 제7장에선 붓다의 최후 순간 중 쿠시나라(Kusinārā)의 살라(Sāla) 쌍수 아래에서 누운 시점에서 시작하여 최후의 가르침을 남기는 순간까지 일어난 일들 중 논사들이 주요하게 논의하였던 문제들을 살펴보았다. 붓다의 입멸 자세 및 장소, 시간 그리고 최후의 말씀을 중심으로 논사들의 견해를 살폈다. 제8장에선 붓다의 입멸 직후부터 불탑(佛塔) 건립에 이르기까지의 과정 중 주요한 사항을 선별하여 다루었다. 붓다의 시신에 대한 예경, 시신 운구, 다비식, 불탑 건립 등을 중심으로 살폈다.

붓다의 입멸이라는 사건은 불교사에 가장 주요한 사건 중의 하나임에 틀림없다. 그 때문에 불교 문헌들은 그가 어떻게 입멸하게 되었는가를 자세히 다루고 있다. 『열반경』은 그 경전이 편집될 시기의 불교도들이 붓다의 죽음과 그의 본질을 어떻게 이해하고 있었는가를 보여 주고 있다. 붓다의 입멸을 둘러싼 여러 가지 문제가 부파불교 논사들에게도 주요한 논의의 중심이 되었다. 붓다의 입멸과 관련된 여러 주제를 논의하는 것은 붓다의 본질을 밝히는 작업이다. 이 책은 완벽하게 이 문제를 논의하였다고 감히 말할 수 없지만 이 분야에 관심 있는 이에게 조그마한 도움이라도 되기를 기대한다.

일단 붓다의 입멸에 관한 연구를 마무리하면서 다음의 후속 연구를 진행하고 싶다. 첫째, 붓다의 입멸 후 불교 교단이 어떻게 지속될 수 있었는지를 다루고 싶다. 붓다는 후계자를 지정하는 것을 반대하였는데 어떻게 불교라는 종교가 현재까지 지속될 수 있었는가를 규명하면 불교의 특징이 잘 드러날 수 있을 것이다. 둘째, 초기불교의

『열반경』과 동일한 이름의 경전이 대승불교에도 있다. 두 경전 모두 붓다의 입멸을 소재로 하고 있지만 접근 방식이나 결론이 상이하다. 이 두 경전을 비교하면 초기불교와 대승불교의 불타관과 열반관을 극명하게 대조할 수 있어 초기불교와 대승불교의 차이를 밝히는 데 일조할 것이다. 이에 관하여 일 년간 일본 동경대에서 연구하였는데 자료만 수집하는 수준에서 마치고 제대로 진행하지 못하였다. 본 연구를 지원하였던 일본의 국제교류재단(The Japan Foundation)에 진 빚을 갚아야 홀가분할 것이다. 셋째, 붓다의 입멸과 예수의 죽음을 비교하고 싶다. 기독교 신학에선 일찍부터 예수의 죽음과 부활에 관한 연구가 축적되어 있다. 교조의 생애, 특히 말년을 중심으로 연구하면 그 교조가 창시한 종교의 성격을 드러낼 수 있다. 아울러 제자들이 그들의 교조를 어떻게 이해하고 있었는가를 밝혀낼 수 있을 것이다.

불교학을 공부하도록 인연을 맺어 주고 불교를 계속 공부할 수 있도록 격려해 주는 모든 분들께 감사의 마음을 전하고 싶다.

2009년 3월

안 양 규

차　　례

머리말 ……………………………………………………………………… 5

제1장 붓다의 수명과 수명 연장 능력 ……………………… 17

1. 붓다의 기대 수명에 관한 이견(異見) ……………………… 19
   1) 초기불교『대반열반경』의 견해 ……………………… 19
   2) 마하시바 장로(Mahāsīvathera)의 견해 ……………………… 26
   3) 대중부(大衆部)의 견해 ……………………… 28
   4) 설일체유부(說一切有部)의 견해 ……………………… 33
   5) 붓다고사(Buddhaghosa)의 견해 ……………………… 34

2. 붓다의 수명 연장 능력에 대한 이견 ……………………… 38
   1) 대중부의 견해 ……………………… 39
   2) 설일체유부의 견해 ……………………… 39
   3) 나가세나(Nāgasena) 장로의 견해 ……………………… 40
   4) 마하시바(Mahāsīva) 장로의 견해 ……………………… 41
   5)『논사(Kathāvatthu)』의 견해 ……………………… 42
   6) 붓다고사(Buddhaghosa)의 견해 ……………………… 44

제2장 붓다의 수명 연장과 수명 포기 ······ 53

1. 『대반열반경』 제본에 나타나는 붓다의 수명 연장 ······ 54

2. 붓다의 수명 연장 기간과 방법에 관한 부파불교의 견해 ······ 57
1) 붓다고사의 견해 ······ 57
a) 수명 연장 기간에 관하여 ······ 57
b) 수명 연장 방법에 관하여 ······ 62
2) 설일체유부의 견해 ······ 66
a) 수명 연장 기간에 관하여 ······ 66
b) 수명 연장 방법에 관하여 ······ 68

3. 『대반열반경』 제본에 나타나는 붓다의 수명 포기 ······ 73

4. 붓다의 수명 포기에 관한 부파불교의 견해 ······ 79
1) 붓다고사의 견해 ······ 79
2) 설일체유부의 견해 ······ 82

5. 유명사수(留命捨壽)와 무아(無我) ······ 87

제3장 붓다의 수명 포기의 원인 ······ 95

1. 붓다의 수명 포기에 관한 『대반열반경』의 견해 ······ 96

2. 붓다고사의 견해 ······ 108
1) 아난다(Ānanda) 책임론 ······ 108
2) 마라(Māra) 공포설 ······ 112
3) 마하시바 장로(Mahāsīvathera)의 견해 ······ 118

4) 나가세나(Nāgasena)의 견해 ······ 122
5) 담마팔라(Dhammapāla)의 견해 ······ 124

3. 북방불교 논사들의 견해 ······ 125
1) 『아비달마대비파사론(阿毘達磨大毘婆沙論)』의 견해 ······ 125
2) 『아비달마구사론(阿毘達磨俱舍論)』의 견해 ······ 129

제4장 붓다의 마지막 공양 ······ 133

1. 최후 음식에 관한 논의 ······ 134

2. 붓다고사의 견해 ······ 136

3. 다른 전통의 『대반열반경』 제본의 견해 ······ 143

4. 팔리어 『대반열반경』의 재고(再考) ······ 154

제5장 붓다의 입멸 과정(parinibbāna) ······ 161

1. 붓다의 입멸 과정 ······ 162
1) 『대반열반경』에 보이는 붓다의 입멸 과정 ······ 162
2) 입멸 과정 기술의 분석 ······ 169
a) 구차제정(九次第定)과 사정려(四靜慮) ······ 169
b) 멸진정과 열반 ······ 177
3) 붓다의 최후심(最後心)에 관한 붓다고사의 견해 ······ 182

2. 입멸(入滅)과 정각(正覺) ······ 185

3. 붓다의 사후(死後) 존속 여부 ······ 192
1) 『대반열반경』의 견해 ······ 192
2) 붓다고사의 견해 ······ 200

제6장 붓다의 입멸 과정과 그 해석 ······ 213

1. 『대반열반경』 제본에 보이는 입멸 과정 ······ 214

2. 『대반열반경』에 보이는 입멸 과정에 대한 설일체유부의 해석 ·· 224
1) 붓다의 입멸 과정 기술의 문제 ······ 224
2) 입멸 과정에 대한 유부의 해석 ······ 229

3. 붓다의 입멸 과정에 관한 설일체유부의 견해와 그 해석 ··· 234
1) 욕계(欲界)의 선심(善心)··· → 제사정려(第四靜慮) → 반열반 ··· 235
2) 제4정려··· → 욕계(欲界)의 무부무기심(無覆無記心) → 반열반 239
3) 묘음(妙音) 존자의 견해 ······ 241

4. 반열반 직전 붓다의 최후 상태 ······ 242
1) 제4정려(第四靜慮) ······ 242
2) 부동적정정(不動寂靜定) ······ 244
3) 욕계(欲界)의 무부무기심(無覆無記心) ······ 245

제7장 붓다의 입멸 장면과 최후의 가르침 ······ 253

1. 붓다의 입멸 자세 ······ 254
1) 『대반열반경』 제본의 묘사 ······ 254
2) 논사들의 해석 ······ 259
a) 머리를 북쪽으로 둔 이유 ······ 259
b) 우협으로 누운 이유 ······ 262
c) 앉지 않고 누워서 입멸한 이유 ······ 264

2. 붓다의 입멸 장소 ······ 266
1) 『대반열반경』 제본의 설명 ······ 266
2) 붓다고사의 견해 ······ 272
3) 설일체유부 논사의 견해 ······ 275

3. 붓다의 입멸 시간 ······ 278

4. 붓다의 최후 가르침 ······ 284
1) 붓다가 상체를 보인 이유 ······ 284
2) 붓다의 최후 가르침 ······ 287

제8장 붓다의 장례식 ······ 295

1. 붓다의 장례 지시 ······ 296
1) 붓다와 전륜성왕 ······ 296
2) 전륜성왕의 장례법 ······ 305

2. 붓다의 장례 절차 319
1) 붓다의 시신에 대한 경례 319
2) 화장장으로의 운구 325
3) 화장 준비와 점화 실패 334
4) 점화와 소화 339
5) 불탑의 건립 346

3. 붓다의 화장에 관한 부파불교 논사의 견해 350
1) 향유로 소화한 이유 351
2) 내외 한 쌍의 천만 타지 않은 이유 352

참고문헌 359
찾아보기 370

제1장 붓다의 수명과 수명 연장 능력

대개 종교는 인간이 당면하는 여러 한계상황 중 죽음의 문제를 핵심적으로 다룬다. 불교도 죽음이 반복되는 윤회의 세계에서 벗어나는 것을 목표로 한다. 붓다가 처음으로 정각(正覺)하였을 때, 불사(不死)인 열반을 얻었노라고 선언한다. 이 선언의 이면에 있는 의미가 정확하게 무엇인지 언표할 수 없지만, 적어도 보통 사람들의 귀에는 붓다는 영원히 죽지 않을 것이라고 들린다. 그러나 붓다는 그의 나이 80세에 죽음, 더 엄밀히 말한다면 육신의 죽음을 맞이하였다. 붓다는 죽음을 극복할 수 있는 무한한 힘을 소유하고 있다고 믿었던 자들은 붓다가 80세에 죽었다는 역사적 사실에 만족하지 않았다. 붓다에게 무한한 기대와 신앙을 지니고 있던 불교도들은 붓다가 보통의 인간처럼 죽었다는 역사적 사실을 액면 그대로 받아들일 수 없었다. 그들은 붓다가 80세 이상 살 수 있는 능력을 지니고 있다고 믿었던 것이다.

고대 인도 문헌에서 우리는 불사 내지 거의 무한에 가까운 수명에 관한 믿음을 찾아볼 수 있다. 베다(Vedas)나 푸라나(Purānas)와 같은 고대 힌두교 문헌에서 어떤 신들은 생사(生死)의 굴레에서 벗어나 있는 것으로 신앙되며, 심지어 위대한 성인도 삶과 죽음의 법칙에서 벗어나 자유롭게 살 수 있다고 기술되고 있다. 『마하바라타(Mahābhārata)』에서 비스마(Bhīsma)는 자신의 의지대로 생사를 조절할 수 있는 신비한 능력(iccha-maraṇa)을 지니고 있다고 묘사하고 있다. 그러나 구체적으로 어떻게 비스마가 그런 신비한 능력을 지니게 되었고, 어떻게 사용할 수 있는지, 그 원리에 관해선 자세한 설명을 하고 있지 않다.[1] 불교 경전과 논서에서 붓다의 수명과 관련하여 이 문제가 상세히 전개되고 있다.

『열반경』은 붓다의 최대 가능 수명에 관하여 언급하는 초기불교의 문헌이다. 초기불교의 여타 경전과는 달리 『열반경』은 붓다를 초인간화 내지 신격화하는 요소를 담고 있다. 경전 이름이 보여 주듯이 붓다의 열반 전후 사정을 그 내용으로 하고 있다. 적어도 논리적으로는 붓다가 설한 최후의 가르침이 포함되어 있는 경전이라고 간주할 수 있을 것이다. 이러한 점에서 초기불교의 『열반경』은 초기불교 경전 중에서 가장 늦게 성립된 불타관(佛陀觀)을 보여 주고 있다고 논리적으로 유추할 수 있다. 붓다의 수명에 관한 『열반경』의 문구는 부파불교(部派佛敎) 시대에 이르러, 남방(南方) 실론 상좌부(上座部) 전통 내에서뿐만 아니라 실론 상좌부와 다른 부파(部派)들 사이에 서로 다른 의견을 불러일으켰다.

대승불교의 『대반열반경』은 교리적인 측면에서 붓다의 상주(常住)와 보편(普遍)을 강조하고 있어 다분히 초역사적이고 형이상학적이다. 반면에 초기불교의 『열반경』은 붓다의 수명 연장 가능성을 소박한 신앙으로 다루고 있다. 필자는 여기에서 대승불교가 흥기하기 이전까지의 붓다의 수명과 수명 연장 가능성에 관한 여러 견해를 살펴보고자 한다. 초기불교의 『열반경』과 이에 관한 주석서가 주요

---

1) Jaini, Padmanabh S., "Buddha's Prolongation of Life." *Bulletin of the School of Oriental and African Studies* 21, 1958 p.546.

자료가 될 것이다. 보수적인 남방 상좌부 불교를 대표하는 붓다고사(Budhaghosa)의 주석서와 북방의 부파불교 논서를 중심으로 다루어 보고자 한다.

1. 붓다의 기대 수명에 관한 이견(異見)

붓다의 수명을 둘러싸고 서로 다른 견해가 있었음을 우리는 주석서나 논서를 통해 알 수 있다. 여러 이견들을 크게 분류하면 두 부류로 나눌 수 있다. 첫째, 붓다의 수명을 인간의 최대 가능 수명으로 보는 것이고, 둘째로 붓다의 수명을 무한(無限) 또는 무한에 가까운 기간으로 보는 것이다. 전자나 후자나 모두 붓다가 80세 이상 더 살 수 있는 능력을 지니고 있다고 믿는 점은 일치한다. 그렇지만 얼마만큼 더 살 수 있느냐는 문제에 이르러서는 서로 다른 입장을 분명히 보여 준다. 이들 이견은 『열반경』의 한 경구를 어떻게 해석하느냐에 초점이 주어져 있다. 문제의 경구를 살펴보자.

1) 초기불교 『대반열반경』의 견해

붓다의 수명과 수명 연장 능력에 관한 『대반열반경』의 구절은 다음과 같다.

"아난다(Ānanda)여! 누구든지 사신족(四神足, cattāro iddhipādā)을 계발하고 증진하고, 수레처럼 만들고, 기초로 하고, 실행 노력하고, 축적하고, 잘 완성하면 만약 그가 원하기만 한다면 겁(劫, kappa) 또는 그 겁

> 의 남은 기간(kappāvasesam) 동안 계속 머물 수 있다. 아난다여, 여래(如來)야말로 사신족을 계발하고 증진하고, 수레처럼 만들고, 기초로 하고, 실행 노력하고, 축적하고, 잘 완성하였다. 그러므로 아난다여, 여래가 원하기만 한다면 겁 또는 그 겁의 남은 기간 동안, 계속 머물 수 있다."[2]

먼저 '겁(劫)'과 '사신족(四神足)'이라는 두 단어가 주의를 끈다. 전후 문맥으로 보아 사신족이라는 말이 수명 연장을 가능하게 하는 신통력의 의미로 사용되고 있음을 알 수 있다. 사신족에 관한 부분은 나중에 다시 자세히 다루기로 하고 먼저 겁(kappa)에 대하여 살펴보고자 한다. 여기서 kappa를 사실상 거의 무한에 가까운 시간(mahā-kappa)을 가리키는지 혹은 단순히 인간이 살 수 있는 최대한의 수명 기간(āyu-kappa)을 의미하는가에 대한 논쟁은 서로 다른 불타관(佛陀觀)을 보여 주는 것이다. 『열반경』은 어떤 입장을 취하고 있는지 살펴보자. 일반적으로 팔리 불교 문헌에서 kappa는 엄청난 길이의 시간을 의미한다. 겁이 얼마나 긴 시간인가를 보여 주려고 비유를 들어 설명하고 있다. 둘레 사방 40리 되는 바위를 백 년마다 한 번씩 엷은 옷으로 스쳐서 마침내 그 바위가 닳아 없어지더라도 겁은 다하지 않는다고 하는 반석겁(磐石劫)이 대표적인 예이다.[3] 『열반경』도 일반적으로 사용되고 있는 kappa의 의미로 사용하고 있는 것이다.

위의 인용문은 그 당시 불교도들은 붓다가 인간의 최대 수명 기간

---

2) Dīgha Nikāya II, p.103. "yassa kassaci ānanda cattāro iddhipādā bhāvitā bahulī-katā yāni-katāl vatthu-katā anuṭṭhitā paricitā susamāraddhā, so akaṅkhamāno kappaṃ vā tiṭṭheyya kappāvasesaṃ vā. tathāgatassa kho ānanda cattāro iddhipādā bhāvitā bahulī-katā yāni-katā vatthu-katā anuṭ-ṭhitā paricitā susamāraddhā. so ākaṅkhamāno ānanda tathāgato kappaṃ vā tiṭṭheyya kappāvasesaṃ vā′ ti."

3) Saṃyutta Nikāya II, p.181.

을 넘어 거의 사실상 영원히 살 수 있는 능력을 가지고 있었다고 믿고 있었음을 반영하고 있다. 이 인용문이 작성될 즈음에는, 이미 붓다를 신격화(神格化) 내지 초인화(超人化)하려는 경향이 상당히 진전되고 있었음을 보여 주는 것이다. 붓다의 신격화 과정이 역사적으로 정확히 밝혀질 수 없지만, 아마도 붓다의 입멸 직후 본격적으로 시작되었다고 보는 것이 타당할 것이다.[4] 붓다의 수명 연장 능력에 관한 문구가 『열반경』에 나타나게 되었을 때, 이미 붓다는 헤아릴 수 없는 공덕을 갖추고 신비로운 힘을 지니고 있는 것으로 여겨졌다. "붓다가 자신의 수명을 연장할 수 있는 능력을 가지고 있다고 보았던 견해는 최초기 불교 전통의 일부로 발달된 것이 아니라, 붓다 사후 붓다의 본질을 가현설(假現說, docetism)과 유사하게 이해하던 시기에 발전되었다."[5] 따라서 우리는 다음과 같은 결론을 내릴 수 있을 것이다. "확실히 『대반열반경』에 보이는 kappa는 mahā-kappa로 이해하는 것이 불교 사상의 어떤 동향들과 일치한 것 같다."[6] 보통 불교 문헌에서 kappa가 문장에 다른 수식어 없이 쓰일 때, 그것은 mahā-kappa

4) Anesaki, M., "Docetism(Buddhist)." *Encyclopaedia of Religion and Ethics* (ed. Hastings 1908-26) vol. 4, p.836 ; Dube, S. N., *Cross Currents in early Buddhism.* New Delhi: Manohar Publications. 1980. p.143.

5) Freedman, Michael, "The Characterization of Ānanda in the Pāli canon of the Theravāda: A Hagiographic Study". Ph. D. dissertation, McMaster University. 1977. p.398. 가현설(假顯說, docetism)이라는 용어는 원래 초기 기독교 전통에서 역사적인 예수를 부정하는 영지주의자들의 견해이다. 하나님(God)은 영원 불변한 초월적 존재이고, 이 지상에 나타난 예수는 실재(實在)의 인간이 아니고 환영일 뿐이라는 것이다. 좀 더 자세한 내용은 이 책 p.30 참조.

6) Gethin, Rupert, *The Buddhist Path to Awakening: a Study of the Bodhi-Pakkhiya Dharmā. Leiden* : E. J. Brill.1992. p.96.

(大劫)를 의미한다고 보아야 한다고 저명한 팔리어 불교학자인 리즈 데이비즈(Rhys Davids)는 밝히고 있다.7)

초기경전에서 겁은 대체로 우주의 시간 단위를 의미하며, 다음과 같이 세 가지로 구분하고 있다. ① 대겁(maha-kappa), ② 아승기겁(asankheyya-kappa), ③ 중간겁(antara-kappa).8) 이상 세 가지 겁 이외에 드물게 수명겁(āyu-kappa)이 언급되고 있다. 여기에선 대겁과 수명겁을 중심으로 언급하기로 한다. 팔리 불교에서는 mahā-kappa(大劫)는 네 개의 아승기겁(阿僧祇劫, asankheyyakappa)으로 이루어져 있다: 괴겁(壞劫, saṃvaṭṭa-kappa), 공겁(空劫, saṃvaṭṭaṭṭhāyia-kappa), 성겁(成劫, vivaṭṭa-kappa), 주겁(住劫, vivaṭṭaṭṭhāyia-kappa).9) 우주가 형성되고[成], 유지되고[住], 해체되고[壞], 멸진되는[空] 기간을 대겁(大劫)이라고 정의하고 있다. 우주의 형성과 소멸에 걸리는 시간은 상상을 초월하는 시간 단위임에 틀림없다. 반면에 수명겁(āyu-kappa)은 네 가지 겁 중 가장 짧은 단위로 중생의 수명을 지칭한다. 아래로는 지옥 중생부터 위로는 천상의 신까지 중생은 제각기 서로 다른 수명을 지니고 있다. 어떤 세상에 그리고 어떤 시기에 사느냐에 따라 인간의 수명 길이도 달라진다. 사람들이 도덕적으로 선하게 살면 최고 8,000세까지 살 수 있으며 부도덕하게 생활하면 최저 10세까지 인간의 수명이 떨어진다. 현재 인간의 경우, 수명겁은 100년이라고 할 수 있다.10)

---

7) T. W. Rhys Davids and W. Stede, *Pali-English Dictionary*, London: Pali Text Society 1921 p.187.
8) Vinaya Piṭaka Ⅲ, p.109; Milindapañha p.108.
9) Aṅguttara Nikāya Ⅱ, p.142.
10) http://www.buddhistpilgrimage.info/buddhism_course_08.htm. cf. Mahathera Ledi Sayadaw, *THE NIYAMA-DIPANI: The Manual of Cosmic Order at* http://www.ubakhin.com/ledi/MANUAL04.html.

팔리어본 『열반경』이 아닌 다른 한역(漢譯) 제본(諸本)도 대겁(mahā-kappa)으로 이해하고 있다. 『반니원경』에 따르면 비구, 비구니가 사신족을 수행하면 일 겁(一劫) 동안 죽지 않을 수 있다. 여래는 일겁유여(一劫有餘)를 머물 수 있다고 밝힌다.[11] 『근본설일체유부비나야잡사』에 따르면 여래는 이미 사신족을 많이 수행했기 때문에 원하기만 한다면 일 겁 또는 일 겁 이상[過一劫]을 머물 수 있다.[12] 『유행경』도 『반니원경』과 마찬가지로 여래는 일겁유여(一劫有餘)를 머물 수 있다고 싣고 있다.[13] 『대반열반경』에 따르면 "사신족(四神足)을 수행한 사람은 일 겁 또는 일 겁에 가까운 기간 수명을 유지할 수 있다. 여래는 지금 대신력(大神力)을 지니고 있으니, 어찌 일 겁 또는 일 겁에 가까운 기간만 수명을 유지할 수 있겠는가?"[14] 『불반니원경』에서는 아난이 뒤늦게 붓다의 수명 연장 능력을 되풀이한다. "내가 직접 부처님께 들었습니다. 만약 비구가 사법(四法), 즉 사신족을 지니고 있으면, 원하기만 한다면 일 겁 동안 불사(不死)를 얻을 수 있다고. 부처님의 덕(德)은 사신족을 능가하시니 어찌 일 겁 동안만 머물 수 있겠습니까?"[15]

모든 한역본은 일 겁 또는 그 이상을 살 수 있도록 해 주는 사신족을 수행한 비구보다 훨씬 더 위대한 붓다는 당연히 일 겁 이상 살 수 있는 능력을 소유하고 있다고 이야기하고 있다. 여기서 겁(劫, kappa)

---

11) 『般泥洹經』(『大正藏』 1, p.180中).
12) 『根本說一切有部毘奈耶雜事』(『大正藏』 24, p.387下).
13) 『遊行經』(『大正藏』 1, p.15中).
14) 『大般涅槃經』(『大正藏』 1, p.191中). "四神足人 尙能住壽滿於一劫若減一劫 如來今者有大神力 豈當不能住壽一劫若減一劫."
15) 『佛般泥洹經』(『大正藏』 1, p.165中). "我從佛聞口受 若比丘有是四法 名四神足 欲不死一劫可得 佛德過四神足 何以不止過一劫."

은 대략 100년 정도의 길이를 말하는 것이 아니고, 엄청난 시간의 길이를 의미하고 있음에 틀림없다.[16] 한문 불교 문헌에서도 겁(劫)은 년(年)이나 월(月) 등의 어떤 시간 단위로도 측정될 수 없는 무한히 긴 시간을 말한다.

영국의 불교학자 게틴(Gethin)은 kappa를 kappāvasesa[17]와 연결지어 분석함으로써 『열반경』의 kappa가 대겁(大劫, mahā-kappa)임을 논증하고 있다. "만약 붓다가 '자신의 수명' 또는 '자기 수명의 나머지' 동안 계속 살 수 있다고 한다면, 의미가 잘 통하지 않는다. '자기 수명의 나머지'라는 문구는 불필요하기 때문이다. 반대로 헤아리기 어려울 정도의 시간을 상상하고, 그 무량 기간의 어떤 특정 시점에서 '1겁' 또는 (적어도) '1겁의 여분'을 살 수 있다고 한다면, 그 의미가 더 분명해질 것이다."[18] 이런 식으로 리즈 데이비즈도 이해하여 "겁 또는 그 겁의 나머지(for an aeon or for that portion of the aeon which had yet to run)"라고 번역하고 있다.[19] 시스터 바지라(Sister Vajirā)와 프랜시스 스토리(Francis Story)도 같은 식으로 "세계 – 주기 또는 그 주기의 끝까지(a world - period or until the end of it)"라고 번역하고 있다.[20]

---

16) 한역 제본들은 kappa를 음사(音寫)하고 있지, 의역(意譯)은 하지 않았다. 인간의 수명을 의미하는 팔리어 āyu-kappa에 해당하는 한역어(漢譯語)가 있는지 모르겠다.

17) 이 책 p.34 참조.

18) Gethin, 앞의 책, p.96 ; Ray, Reginald A., *Buddhist Saints in India.*(Oxford University Press, 1994) p.390 fn 36.

19) Rhys Davids (trans), *Dialogues of the Buddha* II, Oxford: Pali Text Society. p.11.

20) Sister Vajirā and Francis Story (trans). *Last Days of the Buddha.* Kandy: Buddhist Publication Society. 수정판 1988, p.34.

결집(結集)을 전하는 전승에 의하면, 아난다는 제일결집(第一結集) 시, 붓다에게 이 세상에 일 겁 더 머물러 달라는 간청을 하지 않았다는 이유로 힐난을 받게 된다.21) 여기서 kappa는 10여 년 정도라기보다는 상당한 기간을 의미하고 있음이 틀림없다.22) 사리 분배와 불탑 건립에 관한 게송으로 끝을 맺는 팔리어본 『열반경』과는 달리, 몇몇 한역본들은 계속해서 사리 분배 후 일어난 제일결집을 기술하고 있다. 여기서 우리는 kappa가 단지 10여 년 내지 100년의 길이가 아니라 상당한 길이를 의미하고 있음을 알 수 있다. 아난다가 제일결집 직전에 문책을 받자, 그는 다음과 같이 대답한다. "만약 붓다가 이 세상에서 일 겁 동안 세상에 머문다면, 어떻게 미륵지존이 미래에 불(佛)이 될 수 있겠는가?"23) 번역자 미상의 『열반경』은 이 점에 좀 더 설명을 부연하고 있다. "석가모니불(釋迦牟尼佛)이 미륵이 이 세상에 강림하여 붓다가 될 것이고, 처음으로 법(法)에 입문하는 자는 응당 그를 좇아 성불할 것이라고 가르쳤다. 만약 석가모니불 스스로가 머문다면, 미륵은 어떻게 되겠는가?"24)

이들 한역본은 겁을 거대한 시간 단위로 이해하고 있음에 틀림없다. 아난다의 강력한 변론은 같은 시기에 이 세상에 두 명의 붓다가 동시에 있을 수 없다는 교리에 근거하고 있다.25) 이 교리에 따르면,

---

21) Vinaya Piṭaka II, p.289 ; 여기에서는 kappa만 보이고 kappāvasesa는 보이지 않는다.

22) Jaini, Padmanabh S., "Buddha's Prolongation of Life." *Bulletin of the School of Oriental and African Studies* 21, 1958 p.547 ; Peter Masefield, *The Udāna Commentary*, vol. II, Oxford: The Pali Text Society 1994 p.905 fn 34.

23) 『佛般泥洹經』(『大正藏』 1, p.175中). "設佛在世一劫之間 彌勒至尊 從得作佛."

24) 『般泥洹經』(『大正藏』 1, p.191上). "佛說彌勒 當下作佛 始入法者 應從彼成 設自留者如彌勒何?"

붓다는 영원히 살 수 없고, 미래의 붓다가 오기까지만 이 세상에 머물 수 있다. 흥미롭게도 상좌부의 마하시바 장로는 역사적인 붓다의 수명을 언급하면서, 붓다는 미래불이 오기 전까지 이 세상에 살 수 있다고 설하고 있다. 그의 견해를 살펴보자.

2) 마하시바 장로(Mahāsīvathera)의 견해

붓다고사가 인정하고 있듯이, 심지어 상좌부 학파 내에서도 겁을 헤아릴 수 없을 정도의 긴 시간으로 보는 견해가 있다. 마하시바 장로(Mahāsīvathera)는『열반경』의 겁을 현겁(賢劫, bhadda-kappa)으로 정의하고 있다. 장로는 우안거(雨安居) 직후 붓다의 중병(重病) 극복을 싣고 있는『열반경』의 경문에 근거하여 붓다의 최대 가능 수명을 말하고 있다. 등지(等至, samāpatti)라는 선정(禪定)을 통해 10개월씩 치명적인 질병을 극복함으로써 죽음을 연기하여 현겁(賢劫)까지 이 세상에 머물 수 있다는 것이다.[26]

붓다들의 존재 여부에 따라 두 종류의 겁으로 분류한다. 붓다나 벽지불 혹은 전륜성왕이 존재하지 않는 기간을 공겁(空劫, suññakappa)이라 하고 반대로 붓다나 벽지불(辟支佛, Pacceka-Buddhha), 전륜성왕(轉輪聖王)들이 존재하는 기간을 비공겁(非空劫, asuññakappa)이라고 한다. 비공겁(非空劫)은 다시 다섯 시기로 세분한다. 한 분의 붓다가 출현하는 사라카파(Sara-kappa), 두 분의 붓다가 출현하는 만다카파(Manda-kappa), 세 분의 붓다가 출현하는 바라카파(Vara-

---

25) 왜 동일한 시기에 두 명 이상의 붓다가 존재할 수 없는가에 관한 설명이『밀린다팡하(Milindapañha)』p.237f.에 나타나 있다.

26) Sumaṅgalavilāsinī II, p.554. An, YangGyu, *The Buddha's Last Days*. Oxford: Pali Text Society. 2003 p.88. 이 책 pp.41ff 참조.

kappa), 네 분의 붓다가 출현하는 사라만다카파(Saramanda-kappa), 다섯 분의 붓다가 출현하는 바다카파(Bhadda-kappa).27) 붓다가 출현한 비공겁 시기에 과거 28불(佛)이 다섯 시기에 걸쳐 이 세상에 탄생하였다. 다섯 시기 중 제일 마지막인 다섯 번째 시기를 현겁(賢劫, Bhadda-kappa)이라고 부르는데, 이 시기에 다음의 다섯 불(佛)이 출현한다: 카쿠산다(Kakusandha), 코나가마나(Konāgamana), 카사파(Kassapa), 고타마(Gotama) 그리고 마지막으로 메테야(Metteyya).28) 현겁에 고타마 붓다가 나타나고 사라지게 됨으로써 마지막으로 미래불(Metteya)이 나타날 것이다.

정확하게 언제 미래불이 나타나 이 현겁을 종결할는지는 어느 누구도 모른다. 초기경전에 석가모니 붓다가 메테야 붓다의 출현을 예견하고 있다. 그러나 미래불이 나타날 것인지에 관해서는 구체적인 언급이 없다. 따라서 초기경전에 따르는 한 석가모니 붓다와 미래불 사이에 얼마나 긴 시간이 놓여 있는지 알 수 없다. 하지만 전혀 단서가 없는 것은 아니다. 붓다의 가르침이 사라진 직후 바로 미래불이 나타난다면 이 기간이 가장 짧은 시간이 된다. 석가모니 붓다의 가르침(Sasana)은 5,000년 동안 지속된다고 한다. 지금 절반 정도의 시간이 경과하였기 때문에 남은 기간은 2,500년이 된다. 따라서 미

27) http://www.buddhistpilgrimage.info/buddhism_course_08.htm.
28) Sumaṅgalavilāsinī Ⅱ, p.410 ; Madhuratthavilāsinī p.191. 아파다나의 주석서(Visuddhajanavilāsinī p.541)는 약간 다르게 분류하고 있지만, 賢劫(bhadda-kappa)을 정의하는 데에는 Madhuratthavilāsinī와 동일하다. 붓다와 겁의 분류법에 관련하여 붓다고사 주석서와 아바다나 주석서의 차이를 토시치 엔도(Toschiichi Endo)가 자세히 논하고 있다. Toschiichi Endo, *Buddha in Theravada Buddhism: A Study of the Concept of the Buddha in the Pali commentaries.*(Dehiwela: Buddhist Cultural Centre. 1997), pp.250f.

래불이 도래할 수 있는 가장 짧은 시간은 2,500년이 된다. Anagatavamsa와 같은 후기 문헌에선 미래불이 10,000,000년 뒤에 출현할 것이라고 예견하고 있다.[29] 어느 계산이 옳은 것인지 알 수 없지만 확실한 것은 상당한 시간이 경과한 뒤 이 세상에 나타날 것이라는 점이다. 단지 50여 년, 혹은 100여 년쯤 뒤에 그가 나타나리라고는 어느 누구도 장담할 수 없을 것이다. 이러한 맥락에서 현겁의 남은 기간은 무한정이다.

마하시바 장로가 현겁을 언급할 때, 아마도 그가 말하고자 했던 것은 고타마 붓다(Gotama Buddha)는 미래불이 오기까지 계속 머물 수 있는 능력을 가지고 있었다는 것이다. 두 붓다가 동시에 이 세상에 머물 수는 없다고 경전에서 가르치고 있기 때문이다. 비록 고타마 붓다가 이미 오래전에 입멸했지만 미래불은 아직 나타나지 않고 있다. 여기서 주의해야 할 점은 장로가 상정한 시간이 비록 장대하지만, 무한(無限)이나 영원(永遠)은 아니라는 것이다.

3) 대중부(大衆部)의 견해

여래의 수량(壽量)은 무한하다고 믿는 대중부의 불타관은 여러 문헌에 나타나고 있다. 북방불교의 『이부종륜론(異部宗輪論)』에 따르면 대중부계는 "제불(諸佛)의 수량도 또한 끝이 없다."라고 주장하고 있다.[30] 『이부종륜론술기』에서는 붓다의 수명을 보신(報身)의 수량

29) Sayagyi U Chit Tin, "The Coming Buddha, Ariya Metteyya," available at http://www.ubakhin.com/uchittin/arimet/INTRODUC.html.

30) 『異部宗輪論』(『大正藏』 49, p.15下). "諸佛壽量亦無邊際." 『異部宗輪論』의 異譯本에도 동일한 내용이 보인다. 『十八部論』(『大正藏』 49, p.18中): "여래의 수명은 무량이다(壽命無量)." 『部執異論』(『大正藏』 49, p.20下): 여래의 수명은 무변이

과 관련하여 설명한다. "불(佛)은 다겁(多劫)을 경과하여 보신(報身)을 얻었다. 법계에 두루 미쳐 제한이 없다. 가시적인 장육의 몸은 진실의 불신(佛身)이 아니다. 환경에 따라 나타난 것이기 때문이다."[31] 대중부계에서는 불(佛)을 이상화하여 여래의 실신(實身)을 공간적으로 모든 곳에 편만하고 시간적으로 무량(無量)의 수명을 지니고 있는 것으로 보고 있다. 이러한 실불(實佛)에 비하여 80세에 입멸한 붓다는 중생교화를 위하여 수기응현(隨機應現)한 가불(假佛)이라고 보는 것이다. 보신(報身)은 다겁(多劫)에 걸쳐 수행하여 얻어진 것이기 때문에 실제의 수명도 또한 무궁하다는 것이다.

사신족을 통해 일 겁 동안 살 수 있다는 경문을 반박하고 있는 『논사(論事, Kathāvatthu)』를 주석하면서 붓다고사는 대중부(大衆部, Mahāsaṃghikas)와 같은 자들은 붓다의 수명을 대겁(大劫)으로 보고 있다고 밝히고 있다. 붓다고사에 따르면 대중부가 겁(劫, kappa)을 대겁으로 이해하고 있는 것은 붓다의 가현설에 근거한 것이라고 주장한다. 붓다가 엄청나게 긴 시간까지 자신의 수명을 연장할 수 있는 능력을 가지고 있다고 믿는 것은 초월적이고 내재적인 불타관의 원천이라고 할 수 있을 것이다.[32] 붓다가 헤아릴 수 없는 기간까지 살 수 있다고 믿는 이들은 어떻게 붓다가 무상법(無常法)을 벗어나 있는지를 설명해야 한다. 태어난 것은 반드시 멸한다는 것은 불교 근본 교리 중의 하나이다. 제행무상(諸行無常)의 교리는 붓다의 육신의 영속성을 정면으로 부정하고 있다. 대중부들이 이러한 난제를 풀려면

다(如來壽量無邊).

31) 窺基의 『異部宗輪論述記』(『大日本續藏經』 83-3 222). "佛經多劫修得報身 圓極法界無有邊際 所見丈六非實佛身 隨機化故."

32) Jaini, 앞의 논문, p.552.

이 세상에서 활동한 붓다를, 특히 그의 육신을 부정해야 한다. 지상의 붓다를 환영으로 보고 붓다의 참된 본질은 세간에 의해 파악할 수 없는 출세간법(出世間法)이라고 주장하는 것이다. 바로 이점에서 기독교 신학의 가현설(假現說, docetism)을 떠올리게 된다.

기독교의 가현설을 간략히 살펴보자. 가현설(docetism)은 그리스어 dokein('-인 것처럼 보인다.' to appear)에서 나온 말로, 예수가 이 땅에 있을 때 유령 같은 존재였을 뿐 실제로 육체를 갖고 있지 않았다고 주장하는 초기 그리스도교의 한 종파의 이론이다. 신약성서에서 가현설의 초기 형태가 나타나지만 가현설이 더욱 발전한 것은 영지주의(Gnosticism)의 중요한 교리적 견해이다. 영지주의는 2세기에 발생한 이원론적 종교 체계로 물질은 악하고 영은 선하며, 구원은 비의적 지식, 즉 영지(靈智, Gnosis)를 통해서만 얻을 수 있다고 주장했다. 가현설은 물질은 불완전하고 본질적으로 불순하다고 본다. 철저한 가현설 신봉자들은 그리스도가 물질(육체) 없이 태어났으며, 생전에 그가 겪은 고통, 십자가 수난은 모두 환상이라고 주장하며 예수의 부활과 승천을 부정했다. 가현설은 모든 영지주의 적대자들, 특히 2세기 안티오크(Antioch)의 주교 이그나티우스(Ignatius)의 공격을 받았다.[33] 가현설은 기독교 전통에서 이단으로 낙인이 찍혔다. 그러나 대승불교에선 가현설은 대표적인 불타관으로 자리잡았다. 대승불교의 불타관의 전신이라고 할 수 있는 대중부에서 불교식 가현설을 찾아볼 수 있다.

상좌부의 견해에 따르면 붓다는 세상의 보통 사람처럼 실제로 이 세상에 실제로 존재하였으며 육신의 질병 따위를 피할 수 없었다. 이

---

33) http://www.cyberspacei.com/jesusi/inlight/religion/heresy/docetism.htm. http://mb-soft.com/believe/txc/docetism.htm.

와 대조적으로 대중부는 붓다를 출세간적인(lokottara) 존재로 여기며 붓다의 육신을 환영(幻影)으로 간주한다. 출세간적인 붓다는 영원하며 한계가 없는 육신을 소유하고 있으며 모든 유루법(有漏法)에서 벗어나 있다. 붓다는 항상 삼매에 들어가 있으며 결코 자거나 꿈을 꾸지 않는다. 일순간에 모든 것을 아는 전지자(全知者)이다. 피로를 느끼지 않으며 휴식을 취하지도 않는다. 항상 중생들을 교화시키고 있다. 붓다의 힘과 생명은 무한하다. 중생들의 이익을 위해서 붓다는 자신의 원(願)에 따라 육도에 태어난다. 붓다가 하는 말은 무엇이든 진실이며, 중생들은 제각기 자신의 근기에 맞게 이해한다. 요컨대 대중부의 불타관에 의하면 붓다는 출세간적인 존재이므로 한량없는 수명과 지혜를 갖추고 중생들을 위하여 열반에 들지 않는다.[34)]

『논사(論事, Kathāvatthu)』에서 우리는 대중부의 가현설이라고 할 만한 주장을 찾아볼 수 있다. 『논사』의 주석서에서 붓다고사는 베툴라카(Vetullakas)가 붓다는 인간의 세상에 태어나 살지 않았고 도솔천에 머물면서 특별히 조형된 모습으로 단지 방문할 뿐이라고 믿고 있다고 반박하고 있다.[35)] 붓다고사는 다음의 주장도 베툴라카의 것으로 보고 있다. 즉, 붓다는 도솔천(Tusita)에 머물고 있으면서, 특별한 형상을 만들어서 그것을 세상에 보내 중생들을 가르치도록 하였고 붓다 자신은 직접 사람들을 대상으로 가르치지는 않았다는 설도 대중부계의 주장이라고 붓다고사는 밝히고 있는 것이다.[36)] 여

---

34) Nalinaksha Dutt "The Doctrine of Kaya in Hinayana and Mahayana." *The Indian Historical Quarterly* vol 5:3, September, 1929, p.531.

35) 베툴라카는 대중부의 한 부파로 보인다. 두베(앞의 책, p.75)는 마하야나(Mahāyāna)와 밀접하게 연결되어 있다고 믿는다. 자세한 논의는 다음을 참조하라. Collins, Steven, "On the Very Idea of the Pali Canon." *Journal of the Pali Text Society xv*, 1990, p.112 fn 32; p.113 fn 40.

기서 우리는 화신불(化身佛)의 관념을 떠올리게 된다. 대중부에 따르면, 화신(化身, nirmāṇakāya)은 이 세상에 나타난 일종의 환영이고, 붓다의 진짜 모습은 초월적이라는 것이다. "진짜 붓다는 완전히 청정하고 매우 빛나고, 가지-신력(加持-神力, ādhiṣṭhānika-ṛddhi)에 따라 적절한 장소에서 적절한 모습을 나툴 수 있다."[37)]

사실상 이러한 가현설은 대승불교의 불타관에 지대한 영향을 미친다. 대승불교에서는 붓다의 육신을 환영 내지 가상으로 다루려는 경향이 점점 강화된다. 이런 경향은 역사적인 고타마 붓다의 육신의 죽음에 대한 반응이다. 그의 육신이 환영으로 다루어짐에 따라, 다른 부분에서 붓다의 본질을 추구하게 되는 것이다. 이러한 가현설(假現說)은 대중부가 붓다를 초세간적(超世間的)인 존재로 보는 것에서 기인한다. 현실적으로는 장로의 현겁이나 대중부의 대겁 모두, 우리 인간들의 헤아림으로는 큰 차이가 없다고 보아야 할 것이다. 두 겁 모두 인간의 상상을 넘어서는 큰 단위임에 틀림없다. 붓다의 환영화(幻影化)에 반대하는 붓다고사는 마하시바 장로의 현겁(賢劫)을 대중부의 대겁과 마찬가지로 잘못된 것으로 파악하고 있다.

---

36) Kathāvātthu xviii 2.

37) Dube, S. N., *Cross Currents in early Buddhism*. New Delhi: Manohar Publications. 1980 p.140. 주목할 점은 ādhiṣṭhānika라는 명사의 동사형이 붓다가 자신의 수명을 연장할 때 사용된 것이다. 그리고 신통력(iddhi)이라는 단어는 붓다의 수명 연장 능력의 선언에서 이미 사용되었음을 보았다. 가지(ādhiṣṭhana)는 원래 서는 것, 주처(住處)를 의미했으나 뒷날 대승불교에서 붓다의 변화 신통력으로 여겨진다. 붓다는 가지를 이용하여 수많은 형태로 자신을 변화시킬 수 있다. Suzuki Daisetz. T, "The Shin sect of Buddhism," *Journal of Shin Buddhism*. available at http://www.nembutsu.info/suzuki1.htm.

4) 설일체유부(說一切有部)의 견해

『아비달마대비파사론』에는 붓다의 최대 수명에 관해 두 가지 설이 제시되어 있다. 100세설과 120세설이다.[38] 먼저 석가모니불의 수명은 120세라는 견해를 보자. 석가모니가 세상에 태어날 때, 그 당시 사람들의 최대 수명은 100세인데 어떻게 그는 120세가 될 수 있는지 묻고 있다. 이러한 물음은 붓다를 다른 인간과 다름없다고 보는 견지에서 제기된 것임이 자명하다. 이러한 질문에 대해, 붓다의 위신력은 다른 유정(有情)보다도 수승하기 때문에 그의 수량도 다른 사람보다 더 길다는 것이다. 이러한 대답은 여러 가지 측면에서 붓다가 평범한 인간이 아니라는 관점에 근거한 것이다. 붓다를 단순히 범상한 인간으로 보지 않으려는 관점이지만, 그것이 곧 신격화를 의미하는 것은 아니다. 붓다의 수명을 120세로 한정함으로써 신격화를 방지하고 있는 것이다. 두 번째 견해는 붓다의 수명을 100세로 보는 것이다. 이 견해에 대해서도 문제를 제기하고 있다. 붓다는 다른 어떤 중생보다 위대한데 어찌하여 그의 수량이 다른 사람들과 같을 수 있느냐는 것이다. 이것은 붓다를 평범한 인간으로 보려는 것을 반대하고 있는 것이다. 붓다가 평범한 인간이 아닌 이상 그의 수명도 다른 사람보다 더 길어야 한다는 견해다. 이러한 견해에 대해 붓다도 이 세상에 인간으로 태어난 이상 보통 사람들과 같은 수량(壽量)을 갖는다고 대답한다. 이것은 붓다를 인간 이상의 존재나 신(神)으로 보려는 시도를 부정하고 있는 것이다.

수명에 대한 이상의 두 견해는 모두 인간적인 측면에서 붓다의 수

---

38) 『阿毘達磨大毘波沙論』(『大正藏』 27, p.657中).

량을 다루고 있는 것으로 앞서 살펴본 대중부처럼 과감히 붓다의 수량은 무량(無量)이라고 주장하고 있지 않다. 비록 120세설에서 붓다를 초인간적인 존재로 보는 경을 볼 수 있지만, 100세설과 마찬가지로 육신을 지니고 있는 붓다의 수명 한계를 분명히 인지하고 있는 것이다. 수명은 육신의 생존과 관련된 것이고, 육신은 무상법을 벗어나지 못하므로 반드시 사멸하게 마련이다. 붓다도 육신에 관한 한 수명의 길이도 한정될 수밖에 없다는 매우 현실적인 불신관(佛身觀)이라고 평가할 수 있다.

5) 붓다고사(Buddhaghosa)의 견해

붓다고사는 겁을 수겁(壽劫, āyu-kappa)으로 이해한다. 『밀린다팡하』의 정의에 따라 붓다고사는 겁을 한 시대의 인간의 수명(āyu-kappa)이라고 해석하고 있다.39) 우리 시기에 인간의 평균 수명은 100년이기 때문에 여기서 겁은 100년을 의미한다. 붓다고사는 kappāvasesa를 100여 년이라고 해석하고 있다.40) 그의 이러한 해석법은 다소 특이하다. 그는 avasesa를 '여분의(atireka)'로 이해하지만, avasesa는 대체로 '나머지'를 의미한다.41) 왜 그는 '지나친', '여분의'로 이해했을까? 붓다고사는 겁(kappa)을 100년으로 정의했기 때문에, kappāv-

39) Milindapañha. p.141, 팔리어 『밀린다팡하』의 두 한역본(『那先比丘經』)은 이 문제에 상응하는 부분을 싣지 않고 있다.

40) Sumaṅgalavilāsinī Ⅱ, p.555. An, YangGyu, *The Buddha's Last Days*. Oxford: Pali Text Society. 2003 p.89.

41) Sister Vajirā and Francis Story, 앞의 책, p.106 fn 21; Walshe, Maurice, *The Long Discourse of the Buddha*. Boston: Wisdom Publication.1987 p.570 fn 400; Gethin, 앞의 책, p.96.

asesa는 '100여 년'이라고 해석해야만 한다. 만약 겁을 100년이라고 이해하고, kappāvasesa를 '100년의 나머지'라고 이해한다면 문제가 발생할 것이다. 신통력을 가진 자가 이미 100살이라고 상정해 보자. 만약 그가 신통력을 통해 자신의 수명을 연장하려고 한다면, 그것은 가능하지 않을 것이다. 왜냐하면 그는 이미 자신의 겁(100살)을 마쳤기 때문에 남은 것이라곤 없다.[42] 이런 이유로 붓다고사는 kappāvasesa를 '100년의 나머지'가 아니라 '100여 년'이라고 해석하고 있는 것이다.

붓다고사는 붓다의 수명에 관련하여 겁을 『열반경』의 주석서에서는 자세히 다루고 있지 않지만, 『논사(Kathāvatthu)』의 주석서에서는 자세히 설명하고 있다. 거기서 그는 신통력을 가진 이는 겁을 살 수 있다는 믿음을 반박하고 있다. 붓다고사는 다음과 같이 가현설을 부정하고 있다. "붓다는 바로 이 세상에 머물렀다. 세상사에 자신의 마음을 더럽히지 않은 채, 이 세상 밖에 머문 것이 아니다."[43] 붓다고사가 붓다에 대한 가현설을 부정하는 이유는, 가현설은 역사적인 붓다를 환영(幻影)으로 다루고 있기 때문이다. 붓다고사의 견해에 따르면, 아무리 붓다가 위대하더라도 이 세상에서 그의 삶은 다른 인간들처럼 실제적이다.

붓다고사는 『열반경』의 한 경문을 대중부의 붓다 가현설과 대조적으로 주석하고 있다. 문제의 소절은 다음과 같다. 붓다가 8부 대중을 향해 법을 설할 때, 그의 안색과 목소리가 그들과 같아졌다. 8부 대중은 전혀 차이를 느끼지 못했다.[44] 붓다고사의 주석에 따르

---

42) Ray, Reginald A., *Buddhist Saints in India*. Oxford Uiversity Press 1994 p.390 fn 36.

43) Pañcappakarana-aṭṭhakathā p.171.

면 붓다는 어떠한 청중과도 동일하게 보이며, 청중이 사용하는 어떠한 언어도 구사할 수 있다고 한다.45) 이러한 설명은 마음이 만든 육신(肉身, manomaya-kāya)이라는 개념과 유사성을 갖는다고 생각된다. 붓다는 자신의 의지에 따라 몸을 만들어서, 범계(梵界)를 위시한 여러 천상들을 방문한다.46) 붓다고사의 견해로는, 이 세상에 살았던 역사적인 붓다는 진실이고 이 세상에 머물면서 가상의 몸을 만들어서 다른 세계를 방문했다. 붓다고사의 이러한 불타관은, 상좌부의 현실적이고 이성적인 불타관을 잘 따르고 대변하고 있다.

우리는 『대본경(大本經, Mahāpadāna-sutta)』의 주석서에서 붓다의 수명에 대한 붓다고사의 견해를 살펴볼 수 있다. 100년을 또 한 번 더 살지는 못하지만 20년, 30년, 40년, 50년 또는 60년을 더 살 수 있다. 예를 들면, 재가신자 비사카(Visākhā)는 120년을 살았고, 아난다(Ānanda), 마하카사파(Mahākassapa), 아누룻다(Anuruddha)는 각각 150년을 살았다. 바쿨라 장로(Bakkula Thera)는 160년을 살았다. 그렇지만 어느 누구도 200년을 산 사람은 없다고 밝히고 있다.47)

붓다고사는 제불(諸佛) 사이의 수명 차이에 대해서 설명하고 있다. 비파시(Vipassi) 붓다 등의 제불(諸佛)과 보살들은 헤아릴 수 없을 정도의 긴 수명(asankheyyaṃ āyu)을 가지고 있다. 인간의 수명은

---

44) Dīgha Nikāya II, p.109.
45) Sumaṅgalavilāsinī II, p.560. An, YangGyu, *The Buddh's Last Days*. Oxford: Pali Text Society. 2003 p.102.
46) 어떻게 마음으로 몸이 만들어지는가에 대한 논의는 다음을 참조 바람. Hamilton, Sue, *Identity and Experience: The Constitution of the Human Being According to Early Buddhism*. London: Luzac Oriental 1996. pp.155-164.
47) Sumaṅgalavilāsinī II, p.413.

전생에 행한 업에 좌우된다. 붓다 등은 측량하기 어려울 정도의 많은 선업을 지었기 때문에 수명이 그만큼 긴 것이다. 그러면 왜 그들은 그렇게 장수할 수 없을까? 붓다고사는 계절과 음식 때문에 그렇게 오래 살 수 없다고 설명한다. 계절과 음식이 수명의 장단에 영향을 미친다는 것이다. 왕이 정의롭지 못하면, 그의 신하도 정의롭지 못하게 된다. 그러면 그들의 보호신도 정의롭지 못하게 되고, 태양과 달도 제대로 움직이지 않게 되고, 바람도 제대로 불지 않게 된다. 이렇게 해서 기상 체계가 적절히 움직이지 못하게 되면 날씨는 농작물에 나쁜 영향을 준다. 농작물은 소화하기에 부적절하게 되어 사람들은 자주 병에 걸리게 된다. 따라서 그들의 수명은 점점 줄어든다는 것이다.

위와 같은 악순환을 뒤집는다면, 인간의 수명은 늘어나게 될 것이다.[48] 비록 제불의 수명은 측정할 수 없을 정도로 오랜 기간이겠지만, 인간 세계에 사는 한 그들의 육신은 살고 있는 환경에 영향을 받는다는 것이다. 결국 현실적으로 그들의 수명은 보통 사람들의 수명과 같게 된다. 붓다고사의 설명은 업설(業說)과 붓다의 수명을 조화시키고 있다. 정통적인 업설에 따르면 불(佛)은 전생에 헤아릴 수 없을 만큼 많은 선행을 하였기 때문에 수명도 헤아릴 수 없을 만큼 길어야 한다. 붓다가 그러한 긴 수명을 지니고 있지만, 현실적으로 인간의 수명만큼 살 수밖에 없었던 이유를 붓다고사는 변호하고 있는 것이다.

이상의 붓다고사의 설명을 석가모니불에게 적용해 보면, 역사적인 붓다의 수명을 다음과 같이 정리할 수 있을 것이다. ① 붓다는 본래 자신의 전생의 선업 때문에 헤아릴 수 없을 정도의 긴 수명을 가

48) 도덕적 행위가 결국 수명에 영향을 준다는 생각은 Dīgha Nikāya Ⅱ, 68ff에서도 보인다.

지고 태어났다. ② 붓다가 태어난 세상 사람들의 평균 수명은 100년이기 때문에 그도 또한 같은 길이의 수명을 가졌다. ③ 그렇지만, 카쿠산다(Kakusandha) 붓다와 같이 석가모니 붓다는 자신의 수명 중 5분의 4만 살고 나머지 5분의 1은 포기해 버렸다. ④ 만약 포기하지 않고 원하기만 했더라면, 100세까지 계속 더 살 수 있었을 것이다.

2. 붓다의 수명 연장 능력에 대한 이견

『열반경』에 따르면, 붓다는 우안거 시작 직후 심한 병에 걸린다. 하지만 자신의 제자들에게 자신을 친견할 기회도 주지 않고 입멸해서는 안 된다고 생각하고 심한 병고를 인내했다. 명행(命行, jīvita-saṃkhāra)에 집중함으로써 고통을 완화시켰다고 팔리어 『열반경』은 기술하고 있다. "붓다는 정진력(viriya)으로 고통을 극복하고 명행에 전념하여 머물렀다. 그러므로 병고가 완화되었다."[49] 우리는 여기서 붓다가 자신의 죽음을 연기했다고 해석할 수 있다.[50] 그리고 『열반경』에서는 붓다가 사신족을 통해 겁까지 살 수 있다고 선언하고 있는 경문을 앞서 살펴본 바 있다.[51]

---

49) Dīgha Nikāya Ⅱ, p.99. "Bhagavā taṃ ābādhaṃ viriyena paṭippaṇāmetvā jīvitasaṃkhāraṃ adhiṭṭhāya vihāsi. Atha kho Bhagavato so ābādho paṭip passambhi."

50) Dīgha Nikāya Ⅱ, p.99. 붓다가 어떻게 자신의 죽음을 연기할 수 있었는가에 관한 자세한 논의는 이 책 pp.57ff 참조.

51) 이 책 pp.20ff 참조.

1) 대중부의 견해

『논사』의 주석서에 따르면, 특히 대중부 계통은 붓다가 사신족을 통해 자신의 수명을 연장할 수 있다고 믿는다. 앞서 살펴본 『이부종륜론(異部宗輪論)』에서는 붓다의 수명 연장 능력에 관한 언급이 없지만, 붓다고사는 대중부계가 붓다의 수명 연장 능력을 믿고 있다고 논박하고 있다. 엄밀히 말하면, 대중부는 붓다의 수명 연장 능력에 대해 언급하지 않아도 된다. 왜냐하면 그들은 붓다가 무한의 수명을 지니고 있다고 믿었기 때문이다. 북방불교의 논서에서 수명의 연장에 대해 침묵하고 있는 이유는 이미 수량(壽量)이 무한이라고 믿었으므로 수명을 연장한다는 언급 자체가 불필요했기 때문이다.

2) 설일체유부(說一切有部)의 견해

설일체유부의 『아비달마대비파사론』은 세존이 수명을 늘리기도 하고 줄이기도 했다는 것을 기정사실로 받아들이고 있다. 그들은 『열반경』에 그 근거를 두고 있다. 『열반경』에 따르면 붓다는 우안거 직후 치명적인 병이 발생할 때 명행(命行)을 유지하여 생명을 연장할 수 있었고, 마라와의 대화 직후 수행을 방기함으로써 수명을 줄인다.[52] 설일체유부는 왜 세존이 수명을 연장하기도 하고 단축하기도 했는가를 7가지 설로 설명하고 있다. 7가지 설명 중에는 붓다가 사신족을 통하여 수명을 연장할 수 있다고 믿는 설이 포함되어 있다.

"어떤 설에 의하면, 선정을 얻어 자재할 수 있음을 보이고자, 세존

52) Dīgha Nikāya II, p.99. 수명 연장에 관한 자세한 논의는 이 책 pp.57ff 참조.

은 수명을 유지하기도 하고 방기한다. 세존은 다음과 같이 설하였다. '나는 사신족(四神足)을 잘 수행하였으므로 일 겁 또는 일겁여유를 원하기만 하면 마음대로 머물 수 있다.' "[53] 이 설을 주장하는 논사(論師)는 『열반경』에 보이는 사신족을 통한 수명 연장 선언을 문자 그대로 수용하고 있는 것이다.

3) 나가세나(Nāgasena) 장로의 견해

붓다의 수명 연장 능력에 대한 믿음은 밀린다(Milinda) 왕과 나가세나(Nāgasena) 장로의 대화에서도 보인다. 『밀린다팡하(Milindapañha)』에서 밀린다 왕은 『열반경』에서 신통력을 통한 수명 연장에 관한 내용과 "붓다는 3개월 뒤 입멸할 것이다."라는 문장을 대치시켜 딜레마를 만들려고 한다. 왕은 붓다가 수명을 연장할 수 있는 능력을 가지고 있다는 문장과 붓다가 3개월 뒤 입멸할 것이라는 문장이 서로 상반된다고 보고 있는 것이다. 그의 이해로는, 붓다가 수명 연장 능력을 지니고 있다면 3개월 뒤에 입멸하지는 않았을 것이다. 즉 달리 말하면, 붓다가 수명 연장 능력을 지니지 못했기 때문에 입멸한 것이 아니냐는 반문이다. 나가세나 장로는 왕의 이러한 질문을 비유를 들어 설명한다. 만약 왕이 소유한 말이 바람처럼 빠르다고 한다면, 왕은 그 말에 대해서 "이 말은 자신이 원하기만 하면, 멀리 세상의 끝까지 가서 있다가 한 순간에 여기로 되돌아올 수 있다."라고 말할 수 있을 것이다. 비록 왕은 말의 속력을 보여 주지 않았지만, 말의 속력은 엄연히 존재하고 있는 것이다.[54] 마찬가지

---

53) 『阿毘達磨大毘波沙論』(『大正藏』 27, p.657下). "有說 欲顯得定自在故 佛世尊留捨壽命 如世尊說 我善修行四神 足故欲住一劫或一劫餘 如意能住."

로 비록 붓다가 자신의 신통력을 보여 주지는 않았지만 붓다도 자신의 신통력의 실재를 선언한 것이라고 나가세나 장로는 답변하고 있다.

나가세나 장로의 견해는 다음과 같이 요약할 수 있다. '붓다의 신통력은 실재한다. 그리고 이러한 신통력을 통해서 자신이 원했더라면 자신이 받은 수명 또는 자신의 잠재적 수명의 잔여분 동안 더 세상에 머물 수 있었을 것이다. 그러나 그는 그렇게 하지 않았다.'

4) 마하시바(Mahāsīva) 장로의 견해

우선 마하시바 장로는 『열반경』에 나타나는 사신족과 수명 연장에 관한 선언이 붓다 자신에 의해 이루어졌음을 믿고, 따라서 붓다의 말씀이므로 진실로 받아들여야 한다고 전제하고 있다.

"붓다는 결코 불가능한 것에 대해 공허한 말씀을 하지 않는다. 그는 벨루바(Beluva)에서 발생한 치명적인 질병을 10개월 동안 억눌렀다. 이와 같은 방식으로 그는 계속 반복하며 10개월씩 등지(等至, samāpatti)를 성취하고 질병을 극복하여 전 현겁(賢劫) 동안 살 수 있었을 것이다."[55]

『열반경』에 따르면 붓다는 우안거 직후 격심한 질병에 걸린다. 이때,

---

54) Milindapañha pp.140-2. 붓다의 수명 연장 능력에 관련하여 『열반경』과 『밀린다팡하』는 다음의 차이가 보인다. 『열반경』에 따르면 붓다는 수명 연장 능력을 아난다에게만 말한 것으로 되어 있으나 『밀린다팡하』에서는, 붓다는 신, 인간, 아라한 들에 둘러싸여 앉아 있으면서, 자신의 신통력을 선언한 것으로 나가세나가 믿고 있다는 점이다.

55) Sumaṅgalavilāsinī Ⅱ, p.554. "Buddhānaṃ aṭṭhāne gajjitaṃ nāma natthi. Yatheva hi veḷuvagāmake uppannaṃ māraṇantikaṃ vedanaṃ dasa māse vikkhambheti, evaṃ punappunaṃ taṃ samāpattiṃ samāpajjitvā dasa dasa māse vikkhambhento imaṃ bhaddakappameva tiṭṭheyya."

붓다는 중병을 잘 극복함으로써 죽음을 미룰 수 있었다.[56] 그러나 경전에서는 붓다가 그 당시 10개월 동안 수명을 연장했다는 언급은 보이지 않는다. 그리고 구체적으로 어떻게 질병을 극복하여 생명을 연장할 수 있었는가에 관한 설명도 없다. 장로는 붓다가 선정을 통해 수명을 연장하여 현겁(賢劫)이 끝날 때까지 살 수 있었을 것이라고 믿고 있는 것이다. 『열반경』에서 보이는 수명의 연장 능력으로서 사신족과 장로가 언급하고 있는 등지(等至)가 동일한 것인가의 의문에 대해 명확한 답변을 할 수 없지만 붓다고사와 달리 마하시바 장로는 동일한 것으로 여기는 듯하다.

5) 『논사(Kathāvatthu)』의 견해

『논사』에는 신통력을 통한 수명 연장에 관한 논의가 상세하게 나타나 있다. 다른 부파와 대조적으로, 상좌부의 견지에서 『논사』는 수명 연장 가능성에 대한 믿음을 논박하고 있다. 『논사』는 여러 개의 반문 형식을 통해서 논박하고 있다.

먼저 신통력의 근본 의미를 다음의 반문을 통해 밝히고 있다. "수명(āyu)은 운명(gati)인가, 신통력에 의해 만들어진 개아(個我)의 획득(attabhāvapaṭilābha)인가?"[57] 개아(個我, attabhāva)란 한 개체를 구성하는 근본으로 이해할 수 있다. 이러한 반문은 수명이 신통력에 의해 후천적으로 형성된 것인가 하는 것이다. 부연하면, 이 반문의 전반부는 수명이 선천적으로 주어진 운명이냐는 것이고 후

---

56) Dīgha Nikāya II, p.99.

57) Kathāvātthu xi 5. "so āyu, iddhimayikā sā gati, iddhimayiko so attabhāvapaṭilābhoti."

반부는 수명이 후천적으로 특별한 수행에 의해 만들어진 것인가 하는 것이다. 불교 교리에 따르면, 수명은 전생에 행한 업에 따라 결정된다. 개개인의 수명의 장단은 잉태될 때 자신의 업에 따라 선천적으로 이미 결정된 것이다. 따라서 불교 교리에 따르면 수명이 후천적으로 신통력으로 결정된다고 할 수 없다.58)

전통적인 상좌부는 『열반경』의 신통력에 의한 수명 연장에 관한 부분을 문자 그대로 진리라고 보려고 하지 않는 것 같다. 이러한 경향은 남방 상좌부 문헌 중에서 『논사』에 가장 잘 반영되어 있다.59) 신통력으로 수명 연장이 가능하다고 믿는 이들은 『열반경』의 관련 경구를 인용하여 자신의 믿음을 증명하려고 한다. 『논사』는 이러한 그들의 전거(典據)를 감히 옳지 않다고 직접 반박하지는 못하지만 상반되는 경전을 인용하여 그들을 반박하고 있다. 『논사』는 분명히 『열반경』보다 훗날 저술된 것이므로, 붓다 스스로 수명 연장을 선언했다는 내용을 정면으로 부정할 수는 없음을 충분히 이해할 수 있다. 대신 『논사』는 붓다가 설한 다른 경전을 인용하여 그들을 논박할 수밖에 없었던 것이다.

『논사』가 인용하는 다음 경전은 초기불교의 일반적인 경전으로 붓다의 근본 가르침을 잘 보여 주는 대표적인 문헌이다. 이러한 내용은 초기불교 경전 어디에나 쉽게 찾아볼 수 있다. "비구들이여! 이 세상 어느 누구도 그가 수행자든지, 브라흐민이든지, 신이든지, 마라든지 또는 브라흐마든지 상관없이 다음 네 가지를 거스를 수는 없

58) Jaini, 앞의 논문, p.548.

59) Kathāvātthu xi 5. S.Z. Aung and Mrs C.A.F Rhys Davids. *Points of Controversy*, Oxford: Pali Text Society 1993, p.259 fn 4. 『밀린다팡하』에서는 붓다의 수명 연장 능력이 실재한다고 믿고 있었다. 이러한 점에서 『논사』가 남방 상좌부 전통을 대변하고 있다고 볼 수 있다.

다. 네 가지는 무엇인가? ① 노화(老化)하기 마련인 자가 늙음을 피하려고 하는 것 ② 병들기 마련인 자가 병을 피하려고 하는 것 ③ 죽게 마련인 자가 죽음을 피하려고 하는 것 ④ 재생(再生)을 가져오고 더럽히는 악업의 과보를 피하려는 것. 악업(惡業)은 공허하고 고통의 과실을 만들고, 미래에 재생・파괴・죽음을 가져온다."[60] 이 인용문은 신통력에 의한 수명 연장을 믿는 사람들의 전거가 된 『열반경』을 정면으로 반박하고 있다. 사실인즉 『열반경』의 수명 연장에 관한 경구는 초기불교 경전의 일반적인 가르침과 다르게 나타나고 있다.[61] 앙드레 바로(André Bareau)가 지적했듯이, 『열반경』을 제외하고 초기불교 팔리어 문헌 중 어디에도 신통력으로 수명을 연장할 수 있다는 언급은 없다.[62] 그 이유는 앞에서도 지적했듯이, 무상법(無常法)과 업론(業論)과 상반되기 때문이다. 『열반경』 자체도 곳곳에서 무상법과 업론을 붓다가 가르치고 있다.[63]

6) 붓다고사(Buddhaghosa)의 견해

붓다고사가 삼법인(三法印) 중 무상인(無常印)을 염두에 두었을 때, 과연 그는 붓다가 신통력(iddhi)을 통해 거의 무한한 시간 동안

---

60) Aṅguttara Nikāya Ⅱ, p.172.

61) 이러한 점에서 볼 때, 『열반경』의 이 부분은 초기불교 경전 중에서 최후로 성립된 부분이 아닐까 추측하고 싶다.

62) André Bareau, *Recherches sur la biographie du Buddha dans les Sūtrapiṭaka et les Vinayapiṭaka anciens*. 2: *Les derniers mois, le parinirvāṇa et les funérailles*. 2 volumes. Paris: École Française d'Extrême-Orient.1970-1. p.152f. Freedman, 앞의 논문, p.392에서 재인용. 한역 아함경과 후기 북방불교 논서에는 수명 연장에 관한 내용이 여러 곳에서 보이고 있다.

63) 예를 들면 Dīgha Nikāya Ⅱ, p.118 ; p.120 ; p.126 ; p.128.

수명을 연장할 수 있었다는 것을 믿음으로 받아들일 수 있었을까? 신통력을 통한 수명 연장에 대해 붓다고사는 어떻게 이해하고 있을까? 붓다고사는 어떻게 붓다가 과－등지(果－等至, phala-samāpatti)에 의해 자신의 수명을 연장할 수 있었는지 설명한다. 붓다의 수명 연장에 대한 붓다고사와 열반경의 차이는 붓다고사가 과－등지라는 용어를 도입하는 데 있다. 과연 붓다고사의 과－등지와 열반경의 신통력(iddhi)은 동일한 것일까?

붓다는 과연 신통력을 통해 자신의 수명을 연장했을까? 팔리어본 『열반경』에는, 붓다가 실제로 신통력을 이용해서 자신의 수명을 연장했다는 것은 언급되지 않는다. 아난다가 붓다에게 수명을 연장하라고 간청하지 않음으로써 붓다가 신통력을 사용해서 자신의 수명 연장을 포기한 것으로 되어 있다. 마라와 대화 끝에, 붓다는 3개월 뒤 입멸할 것이라고 선언한다. 붓다는 신통력을 사용하여 자신의 수명을 연장했던 것이 아니라 오히려 이 세상에 머물러 살려는 의지를 놓아 버린 것이다.

붓다고사는 붓다가 실제로 신통력을 통해 자신의 수명을 연장하지 않았다는 나가세나의 견해를 받아들이고 있다. 그렇지만 붓다고사는, 붓다가 신통력으로 100년을 살 수 있는 능력을 지니고 있다는 나가세나 비구의 믿음에는 동의하지 않고 있다. 나가세나 비구의 이러한 믿음은 『논사』와 정면으로 모순된다. 『논사』에서 신통력을 통한 수명 연장 능력에 대한 믿음을 반박하고 있음을 앞서 살펴본 바 있다.

『논사』의 이러한 견해에 따라서,[64] 붓다고사는 신통력을 가진 이

64) 붓다고사는 『열반경』 주석서에서, 붓다의 수명 연장에 대한 마하시바(Mahāsiva) 장로의 견해를 소개한 뒤, 주석서를 참고할 것을 권하고 있다. 그가 말하는 주

와 그렇지 않은 이의 차이를 설명하고 있다. "신통력을 가진 이는 이 세상에 살고 있는 동안 때아닌 죽음을 가져오는 요인을 신통력으로 피할 수 있다."[65] '때아닌 죽음'이란, 태어날 때 받은 수명을 다 살지 못하고 죽는 것을 말한다. 죽음의 도래는 다음의 네 종류로 이루어진다: ① 수명(āyu)이 다함으로써 ② 재생을 가져오는 업력을 소진함으로써 ③수명과 업력이 동시에 끝남으로써 ④파괴적인 업의 간섭에 의해. 처음 세 종류는 시기에 맞춘 죽음이라고 하고, 마지막 ④는 시기에 맞지 않는 죽음이라고 분류하고 있다. 수명이 끝나기 전에 파괴적인 업은 재생을 가져오는 업력을 단절시키므로 때아닌 죽음을 맞이하게 된다.[66]

그러나 신통력을 지니지 못한 이는 시기상조의 죽음을 피할 수 없다. 붓다고사의 주장에 따르면, 신통력에는 한계가 있어 모든 것이 신통력으로 가능한 것은 아니라고 한다. 신통력을 통해서도 불가능한 것이 있다는 것이다. 붓다고사는 예를 제시하고 있다. 노(老), 병(病), 사(死), 업보(業報)는 신통력이 미치지 못한다는 것이다. 『논사』를 주석하면서 무상(無常)한 것을 신통력을 통해 영원한 것으로 만드는 일은 결단코 불가능하다고 밝히고 있다.[67] 신통력을 통한 수명 연장이라는 믿음은 불교의 가장 근본적인 가르침 중의 하나인 무상법과 모순 관계를 이루게 되므로, 붓다고사는 신통력에 의한 수명 연장 가능성을 배제하고 있다. 그는 『청정도론(Visudhimagga)』에

석서가 구체적으로 어떤 것인지 알 수 없지만 『논사』의 주석서에서 붓다고사의 견해를 볼 수 있다.

65) Paṅcappakaraṇa-aṭṭhakathā p.131.

66) Bhikkhu Bodhi, *A Comprehensive Manual of Abhidhamma*, Kandy: Buddhist Publication Society, 1993. p.220.

67) Paṅcappakaraṇa-aṭṭhakathā pp.189f.

서 신통력을 10종류로 나누어 자세히 설명하고 있지만 어디에서도 신통력으로 수명을 연장할 수 있다고 언급하고 있지 않다.68) 신통력으로 시기상조의 죽음을 피할 수 있겠지만, 새로운 수명을 만들어 낼 수는 없는 것이다.

우리는 붓다고사가 신통력을 높이 평가하고 있지 않음을 읽을 수 있다. 그의 이러한 신통력 평가절하는 붓다의 신통력에 관한 가르침과도 상통한다. 붓다는 신비한 정신력이나 초능력을 폄하했다. 왜냐하면 그러한 힘을 수행함에 위험과 해악을 끼치는 것을 보았기 때문이다. 케밧다(Kevaddha)라는 젊은 재가신자가 붓다에게 비구 제자들이 신통력을 발휘할 수 있도록 허락해 달라는 요청에 대해 붓다는 단호하게 거절한다. 이 재가신자는 붓다의 제자들이 자신의 마을에 와서 신통력을 대중에게 보여 주면 많은 사람이 붓다에게 귀의할 수 있을 것이라고 간청한다. 붓다는 이런 주장에 대해 오히려 이러한 신통 변화는 대중으로 하여금 신비한 현상에 대해 여러 가지 억측을 하게 만들고 유해한 오해를 야기할 것이라고 설명하며 신통 변화의 위험에 대해 경고하고 있다. 붓다는 신통 변화를 부려서 사람의 이목을 붙잡아 두는 것을 반대했던 것이다. 신비한 물리적 현상을 만들어 내는 신통력 대신 붓다는 진정한 신통력은 교화의 신통력이라고 교정하고 있다. 바른 생각을 하고 불선한 생각을 제어하는 것이 진정한 교화의 신통력이라고 밝히고 있다.69)

붓다가 신통 변화를 부릴 수 있는 능력이 없어서가 아니라 그러한 것은 궁극적으로 중생으로 하여금 열반을 증득하지 못하게 한다는 것이다. 물론 다른 몇 개의 경전에서 붓다가 신통 변화를 행하고 있

68) Visuddhimagga, pp.373-406.
69) Dīgha Nikāya I, pp.211ff.

지만 그것은 일반 대중을 교화하려는 방편으로 사용한 것이 아니었다. 그는 신통 변화로 중생을 교화하는 것을 반기지 않았으므로 그의 제자들에게도 신통력 사용을 자제시키고 있다. 만약 붓다가 몇 세대에 걸쳐 살 수 있었다면, 사람들은 붓다가 어떻게 육신의 수명을 연장하게 되었는가에 관심을 두게 되었을 것이다. 지혜로써 열반을 추구하기보다는 붓다 개인의 신비한 신통력에 더 흥미를 갖게 되고 그 결과 최고의 진리인 열반을 추구하는 것을 외면했을 것이다.

붓다고사의 신통력에 관한 이해를 역사적인 붓다에게 적용해 보면, 붓다는 신통력으로 자신의 수명을 100세 이상으로 연장할 수는 없다. 왜냐하면 이것은 무상법과 업론을 위배하기 때문이다. 그러나 붓다는 때 이른 죽음을 가져오는 요인(예를 들면 질병)을 방지함으로써 시기상조의 죽음을 막을 수 있다. 치명적인 질병도 대중부가 이해하는 것처럼 신통력을 통해서라기보다는 과-등지(果-等至, phala-samāpatti)를 통해 미연에 방지할 수 있다.

주목할 점은 붓다고사는 수명 연장에 관한 『열반경』의 경문에 대하여 자세한 주석을 하고 있지 않다. 그는 『열반경』을 주석하면서 '신통력(iddhi)'이라는 용어에 대해서 전혀 언급하고 있지 않다.[70] 이러한 사실로 미루어 붓다고사는 이 문제의 경문에 중요성을 두지 않으려 하고 오히려 이 경문을 무시하려는 의도를 지니고 있다고 보는 것이 타당할 것이다. 아마도 그는 대중부가 이해하고 있듯이 신통력을 통해 수명을 새롭게 연장할 수 있다는 믿음을 받아들일 수 없었을 것이다.

---

70) 이러한 붓다고사와는 달리 담마팔라는 동일한 경문이 보이는 우다나(Udāna)를 주석하면서 이전에 행한 iddhi에 관한 주석 Paramatthadipanī I, p.304를 참조하라고 권고하고 있다.

그렇지만 그는 문제의 경문이 거짓이라고 단언할 수는 없었다. 일단 불설(佛說)로 여겨지는 경문을 직접 배척할 수는 없었던 것이다. 그러므로 그는 이 경문은 붓다가 의도적으로 아난다의 슬픔을 완화시켜 주려고 만든 시나리오의 일부로 해석하고 있다. 경문 그 자체는 진실이라기보다 방편에 불과하다는 것이다. 엄밀한 의미에서 이 경문은 진실이 아니다는 것이다. 붓다가 아난다의 슬픔을 미연에 방지하려는 방편이었다는 것이다.

어떻게 붓다가 아난다의 슬픔을 미연에 방지할 수 있었는지 붓다고사는 설명한다. 그에 따르면 붓다는 아난다가 마라에게 사로잡혀 있었기 때문에 붓다의 선언을 듣고도 붓다에게 수명 연장을 간청할 수 없음을 알았다. 그럼에도 붓다는 세 번이나 자신의 수명 연장 능력에 관하여 반복하여 말한다. 그렇게 한 이유를 붓다고사는 다음과 같이 설명한다. 즉 아난다에게 책임을 전가하고자 붓다는, 아난다가 마라에게 사로잡혀 있었기 때문에 붓다의 선언을 듣고도 수명 연장을 간청할 수 없음을 알면서도 일부러 세 번이나 동일한 경문을 반복했다는 것이다.71)

붓다고사의 해석으로는 아난다는 평소 붓다에 대해 지나친 애정을 가지고 있었는데, 붓다의 죽음에 직면할 때 너무 큰 충격으로 슬퍼할 것을 염려해 붓다가 일부러 이러한 방편을 고안해 냈다는 것이다. 요컨대 붓다가 수명 연장 능력에 관한 것을 말한 이유는 아난다의 슬픔을 덜어 주고자 함이었다는 것이다. 따라서 선언 그 자체가 진실보다는 방편적인 측면을 더 강하게 지니고 있음을 붓다고사는 말하고 싶은 것이다. 그의 견해로는 『열반경』의 수명 연장 운운은 방편일 뿐이라는 해석이다.

---

71) Sumaṅgalavilāsinī II, p.555. 자세한 논의는 이 책 pp.108ff 참조.

***

붓다의 수명 및 수명 연장 가능성에 관한 『열반경』의 경문과 그 해석을 중심으로 불타관을 살펴보았다. 모든 불교도들이 붓다의 한계 수명이 80세가 아니라 더 이상 살 수 있었다고 믿는 점에서는 일치한다. 그러나 얼마만큼 그리고 어떻게 더 살 수 있었을까 하는 문제에 대해서는 이견이 있었음을 살펴보았다. 문제의 『열반경』의 경문은 붓다를 초인화(超人化)하는 과정을 보여 주는 것으로 이해할 수 있음도 살폈다. 보수적인 상좌부는 붓다의 최대 가능 수명을 100+α로 보고 있어 현실적이고 이성적인 불타관을 유지하고 있다. 반면에 대중부 등은 붓다의 최대 가능 수명을 무한(無限) 또는 무한에 가까운 시간으로 보았다. 붓다고사가 비난을 했던 마하시바 장로의 붓다의 최대 가능 수명에 대한 견해는 육신의 한계를 초월하는 붓다의 능력을 믿음으로써, 붓다의 육신은 무상법(無常法)을 초월한다는 견해를 보이고 있어 교리적으로 설명하기 어려운 난점을 만들어 놓았다. 반면에 대중부(大衆部)의 가현설은 붓다의 육신을 환영으로 봄으로써, 마하시바 장로의 견해가 야기하는 교리적 문제점을 피할 수 있으면서도 붓다의 영원 상주를 주장할 수 있었다.

대중부는 물론이고 보수적인 설일체유부(說一切有部), 그리고 심지어 실론 상좌부의 일부 승려도 붓다가 사신족을 통하여 수명을 연장할 수 있다는 믿음을 가지고 있었다. 물론 정통 실론 상좌부는 이러한 믿음이 무상법과 업보의 가르침에 위배된다고 밝힘으로써, 더 이상 붓다를 초인간화하려는 경향을 막았다. 그럼에도 가장 보수적인 상좌부 내에서도 마하시바 장로와 같은 이는 붓다가 오랜 세월을 더 살 수 있다고 믿었던 것을 보면 붓다의 신격화 또는 초인간화 경향은 간단히 반박할 수 있는 것이 아니었음을 유추할 수 있다.

붓다고사는 남방 실론 상좌부를 대표하여 붓다를 철저히 역사적 인물로 파악하고, 비현실적인 어떤 요소도 붓다에게 부가되는 것을 막아 신격화를 반대했다. 『열반경』의 수명 연장 선언을 문자 그대로 이해하여 신통력으로 붓다가 무한에 가까운 기간을 살 수 있다고 보는 견해에 맞서서, 붓다고사는 붓다는 과-등지(果-等至, phala-samāpatti)를 통해 시기상조의 죽음을 미리 방지할 수 있다고 설명하고 있다. 또한 그는 문제의 경문이 아난다를 위해 붓다가 방편(方便)으로 만든 것으로 이해함으로써, 경문을 문자 그대로 진실로 받아들이는 견해를 간접적으로 반대하고 있는 것이다. 붓다고사는 인간적인 석가모니 붓다의 역사성을 보호하면서, 대중부 등의 초역사적인 불타관 또는 붓다의 신격화에 대항하고 있는 것이다.

제2장 붓다의 수명 연장과 수명 포기

불사(不死)에 대한 믿음은 오래된 힌두교 문헌에서부터 나타나고 있다. 일반적으로 베다(Veda) 등 인도 종교 자료는 신들을 불사의 존재로 여기고 있다. 힌두교의 화신(avatāra)은 비록 지상에 존재하지만 생사의 법칙에서 벗어나 있다고 믿는다. 비스마(Bhīsṃa)와 같은 성인은 자신의 의지에 따라 생사를 조절할 수 있는 특수한 능력(icchā-maraṇa)을 소유하고 있다고 『마하바라타(Mahābhārata)』에서 이야기하고 있다.[1] 생사의 자연 법칙을 초월하는 초능력이 붓다에게도 부가되었다. 자신이 원하기만 하면 자신의 생명을 연장할 수 있다는 믿음이 『열반경』에서 발견된다. 우리는 이 경전에서 붓다가 수명을 연장하는 장면과 수명을 방기하는 모습을 만난다. 경전은 이 두 가지 사건을 간략히 서술하고 있지만 부파불교의 논사들은 경전에 나타난 붓다의 능력에 대해 여러 가지 해석을 제시하고 있다.

이 장(章)에서는 붓다가 어떻게 수명을 연장하고 어떻게 수명을 포기하게 되었는가를 살펴보고자 한다. 『열반경』과 그 주석서 및 부파의 논서에 나타나는 견해를 살핌으로써 불타관의 추이를 엿볼 수 있을 것이다. 이 장에 이용되는 주된 일차 자료는 『열반경』 제본과

---

1) Jaini, Padmanabh S., "Buddha's Prolongation of Life." *Bulletin of the School of Oriental and African Studies* 21. 1958. p.546.

상좌부의 대표적인 학승인 붓다고사(Buddhaghosa)의 주석서와 설일체유부의 논서가 될 것이다.

1.『대반열반경』제본에 나타나는 붓다의 수명 연장

먼저 팔리어『열반경』부터 살펴보자. 벨루바(Beluva)에서 우안거(Vassa)가 시작된 직후 붓다는 죽음에 이를 정도의 극심한 질병에 걸린다. 그해 마을에 흉년이 들었으므로 재가자들의 공양 부담을 덜어 주고자 붓다는 제자들을 여러 인근 마을에 분산시켜 안거를 보내도록 조치한다. 그래서 붓다는 시자(侍者) 아난다와 단둘이서 안거를 보내던 중에 중병을 맞이하게 된 것이다. 아난다를 제외한 제자들에게 마지막으로 친견할 기회도 주지 않고 입멸하는 것은 옳지 않다고 생각한 붓다는 중병을 이겨 낸다. 이 장면에 대한 팔리어 문장은 다음과 같다. "붓다는 정진력(viriya)으로 고통을 극복하고 명행(命行, jīvita-saṃkhāram)에 전념하여 머물렀다. 그리하여 병고가 완화되었다."[2] 만약 그 당시 붓다가 병고를 극복하지 못하였더라면 입멸할 수밖에 없었을 것이다. 그러나 그는 자신의 의지력으로 병고를 이겨 내고 임박한 죽음을 극복할 수 있었다. 그러나 경전에서는 얼마나 수명 연장을 했는지에 대해서는 침묵하고 있다.

백법조가 번역한『불반니원경』에 따르면, 붓다는 온몸이 크게 아파 반열반(般涅槃)하고자 한다. 그러나 제자들이 모두 떠나 있을 때

---

2) Dīgha Nikāya Ⅱ, p.99. "Bhagavā taṃ ābādhaṃ viriyena paṭippaṇāmetvā jīvitasaṃkhāraṃ adhiṭṭhāya vihāsi. Atha kho Bhagavato so ābādho paṭippassambhi."

홀로 반열반한다는 것이 옳지 않음을 생각하고 병을 극복한다. "지금 나의 온몸이 아프다. 나는 불위신력(佛威神力)을 지니고 있지만 병을 치유할 수는 없다. 마음을 가지런히 잡고 병을 관찰하니 약간 차도가 있는 듯하다."[3] 병고를 완화하는 방법으로 '위신력'을 사용하지 않고 단지 지심사병(持心思病)으로 병고를 완화시켜서 반열반을 연기했다고 한다. 여기에 팔리어 '명행(命行)을 유지하였다'에 해당하는 말이 '지심(持心)'인 듯하고, 지심사병이란 사념처의 수행을 말하고 있는 것 같다. 지심은 팔리어 satipaṭṭhāna(念處)에 해당하기 때문이다.

『유행경』에 따르면, 붓다는 제자들을 분산하여 안거하도록 하고 자신은 아난과 함께 안거에 든다. 안거 직후 질병이 생기자, 붓다는 생각한다. '내 지금 병이 생겨 온몸이 심히 고통스럽다. 그러나 제자들이 모두 부재하다. 만약 열반을 취한다면 옳지 않다. 지금 마땅히 정근하여 자력(自力)으로 수명을 유지해야 한다.'[4] '유수명(留壽命)'이 팔리어 '명행(命行)에 전념하여 머물렀다(jīvitasaṃkhāraṃ adhiṭṭhāya)'에 해당한다.

역자 미상의 『반니원경』을 살펴보자. 붓다가 다른 여러 제자들을 분산시키고 아난다와 함께 머물 때 붓다에게 병이 일어난다. "붓다는 생각한다. '비록 고통이 심하지만 제자들이 부재하다. 마땅히 대중을 기다린 후에 열반을 취해야 한다. 마땅히 이 질병에 대해 자력 정진하여야 한다. 뭇 생각을 내지 않는 선정을 지니겠다.' 곧 그 질병의

---

3) 『佛般泥洹經』(『大正藏』 1, p.164下). "今我身皆痛 我持佛威神 治病不復 持心思病 如小差狀."

4) 『遊行經』(『大正藏』 1, p.15上). "我今疾生 擧身痛甚 而諸弟子悉皆不在 若取涅槃 則非我宜 今當精勤自力以留壽命."

모습에 따라 바르게 삼매를 지니고 사유하였다. 온갖 생각을 내지 않는 선정으로써 인내하여 자재할 수 있게 되었다."[5] 불념중상지정(不念衆想之定)이라는 삼매의 힘으로 병고를 없앨 수 있다고 말하고 있는데, 이것은 멸진정(滅盡定)이나 무상삼매(無相三昧)와 유사한 것으로 보인다.

『근본설일체유부비나야잡사』도 이상의 제본과 대동소이하다. "다른 제자들을 보내고 나서 붓다가 아난과 함께 안거에 들어갈 때 붓다에게 질병이 발생하여 수명이 곧 다하려 하자 이렇게 생각한다. '내 몸에 병이 생겨 오래지 않아 옮아갈 것이다. 그러나 비구들이 여러 곳에 분산되어 있다. 내 지금 응당 대중을 떠난 채 반열반해서는 안 된다. 응당 무상삼매(無相三昧)로써 나 자신을 관찰하여 고(苦)를 휴식시켜야 한다.' 이렇게 생각하고 승정(勝定)에 들어간다. 이렇게 생각하고 나서 그는 승정(勝定)에 들어가니 여러 고통이 생각한 대로 제거되고 안온히 머물렀다."[6] 붓다는 무상삼매(無相三昧)로써 질병을 극복하여 수명을 유지할 수 있었다고 하는데 무상삼매와 승정은 동의어로 쓰이고 있다.

『열반경』 제본은 수명 연장에 관하여 대체로 같은 내용을 싣고 있음을 살펴보았다.[7] 벨루바에서 우안거를 시작한 직후 붓다에게 격심한 질병이 일어났고 그 질병은 너무나 고통스러워 죽음에 이를 정도였다고 경전

---

5) 『般泥洹經』(『大正藏』 1, p.180上). "佛念痛甚 而弟子皆不在 當須衆來 乃取泥洹 宜爲是疾自力精進 以受不念衆想之定 卽如其像正受三昧思惟 不念衆想之定 以是忍意 而自得閒."

6) 『根本說一切有部毘奈耶雜事』(『大正藏』 24, p.387上). "我身有疾不久遷謝 然諸苾芻散在餘處 我今不應離諸大衆而般涅槃 應以無相三昧觀察自身令苦停息 作是念已 卽入勝定 所受諸苦 如念皆除 安隱而住."

7) 법현 역 『大般涅槃經』은 하안거 이후 붓다의 여정을 보여 주고 있으므로, 다른 제본과 달리 안거 중에 질병을 극복하고 수명을 유지하는 기술을 당연히 생략하고 있다.

에서 묘사하고 있다. 그러나 붓다는 자신의 제자들이 여러 곳에 흩어져 있어 마지막으로 자신을 볼 기회가 사라질 것을 염려하여 자신의 병고를 극복하여 수명을 연장하였다는 것이다. 수명 연장과 선정이 밀접하게 연계되어 있는 것을 볼 수 있다. 『유행경』에는 정근자력(精勤自力), 『불반니원경』에는 지심사병(持心思病), 『반니원경』에는 불념중상지정(不念衆想之定), 『근본설일체유부비나야잡사』에는 무상삼매(無相三昧), 승정(勝定)이 나오고 있지만, 팔리어 『열반경』은 구체적인 선정을 표시하지 않고 정신력을 말하고 있다. 『반니원경』과 『근본설일체유부비나야잡사』는 선정의 이름을 구체적으로 밝히고 있는 점이 특이하다. 팔리어 『열반경』은 '명행(命行, jīvita-saṃkhārā)'이라는 용어를, 『유행경』에서는 수명이라는 용어를 사용하여 붓다가 수명을 연장하였다고 분명히 밝히고 있는 데 비해 다른 제본은 붓다가 선정에 들어가 병고를 극복하였다고 함으로써 우회적으로 수명 연장을 암시하고 있다.

2. 붓다의 수명 연장 기간과 방법에 관한 부파불교의 견해

1) 붓다고사의 견해

a) 수명 연장 기간에 관하여

팔리어 『열반경』의 수명 연장에 관한 붓다고사의 주석을 살펴보자. 그의 주석에 따르면 붓다는 벨루바에서 질병을 극복하는 중에 등지(等至, samāpatti)를 성취하면서 고통이 10개월 동안 일어나지 않도록 했다고 한다. 그리고 붓다고사는 붓다가 극복했던 질병은 10개월 동안 다시 발생하지 않았다고 확신한다. 심지어 붓다는 질병에 걸리기 직전 10개월 뒤에 반열반하겠다고 결심했다고 붓다고사는 주석하고 있다. 이리하여 붓다는 우안거 직전 제자들에게 멀리 가지 말고 인근 마을에 머물도록 했다는 것이다. 만약 제자들이 베살리에서 멀리 떨어진 곳으로 가면 그들은 붓다의 반열반을 보지 못하여 후회할 것이지만 만약 베살리 근교에 머문다면 그들은 종종 와서 붓다의 가르침을 들을 수 있다는 것이다.[8]

요컨대 붓다고사는 붓다가 자신의 생명을 10개월 연장했다고 믿고 있다. 이 10개월은 벨루바의 안거에서 쿠시나라(Kusinārā)의 입멸까지를 말한다. 담마팔라(Dhammapāla)는 좀 더 정확하게 10개월을 계산하고 있다. 벨루바에서 붓다가 선정력으로 극복한 병은 붓다의 열반일 전까지 다시 일어나지 않았고 열반일에 붓다는 반열반을 성취하고 싶은 마음에 질병을 극복할 수 있는 선정에 들지 않았고 따라서 질병이 일어났다고 해석하고 있다.[9] 그렇지만 만약 이 10개월을 차팔라(Cāpāla) 사당에서 붓다가 수명을 포기한 때까지로 계산한다면 붓다가 수명을 연장한 기간은 13개월이 될 것이다. 차팔라에서 붓다는 3개월 뒤 반열반할 것이라고 선언했으므로 3개월을 더 연장한 결과가 되기 때문이다. 피터(Peter)는 이러한 견해를 따르고 있다.[10]

어떻게 붓다고사는 10개월을 계산해 낸 것일까? 그는 『열반경』에 나타나는 열반일과 상좌부 전통이 수지하고 있는 열반일이 서로 맞지 않는 것을 주목한 것이다. 팔리어 『열반경』에서 제시하고 있는

---

8) Sumaṅgalavilāsinī Ⅱ, pp.546ff. An, YangGyu, *The Buddha's Last Days.* Oxford: Pali Text Society 2003, pp.70ff.

9) Paramatthadipanī, I. p.401.

10) Peter Masefield, *The Udāna Commentary*, vol. Ⅱ, Oxford: The Pali Text Society 1994, p.905 fn 33.

열반일과 상좌부의 열반일 사이에는 커다란 차이가 나고 있다. 팔리어 『열반경』에 따르면 겨울(대략 12월)에 입멸한 것으로 보이는데, 상좌부 전통에 따르면, 붓다는 비사카(Visākha 4월~5월) 보름에 반열반했다고 한다.11) 따라서 대략 4개월의 차이가 발생한다. 붓다고사에 의하면 붓다는 우안거 직후 수명을 10개월로 한정 지었다. 붓다의 수명 포기 시기와 열반일 사이에는 3개월이 개재하고 있으므로, 우안거의 시작부터 붓다의 수명 포기까지는 7개월이 걸린다. 7개월 중 3개월이 안거 기간이므로 남는 기간은 4개월이다. 우안거를 끝낸 후부터 수명을 포기한 시기까지가 곧 문제의 4개월이다. 그럼 이 4개월 동안 붓다는 무엇을 했을까?

팔리어 『열반경』은 4개월간의 붓다 행적에 대해서 아무런 언급을 하지 않고 있다. 『열반경』 제2장 말미에 붓다의 질병 극복의 장면이 나온다. 질병 극복 후 붓다가 유명한 자주(自洲, atta-dīpa) · 법주(法洲, dhamma-dīpa)의 가르침을 아난다에게 설하는 것으로 제2장은 끝난다. 제3장은 붓다가 이른 아침에 가사를 입고 베살리에서 탁발하는 장면으로 시작된다. 탁발 후 붓다는 아난다와 함께 차팔라 사당에 가서 하루를 보낸다. 거기서 붓다는 사신족으로 자신의 수명을 연장할 수 있는 능력을 지니고 있음을 선언한다. 아난다는 침묵으로 일관한다. 아난다가 떠난 후 곧 마라가 붓다에게 다가와 입멸을 권하고 붓다는 3개월 뒤에 입멸한 것이라고 선언한다.12) 제2장과 제3장 사이에 시간적으로 어떠한 일들이 일어났는가를 전혀 알

11) Mahāvaṃsa Ⅲ, 2. 상좌부의 열반일은 의심스럽다. 붓다의 탄생일, 성도일, 초전법륜일, 열반일이 모두 동일한 날짜이기 때문에 인위적이라는 느낌을 갖지 않을 수 없다. 한역 『유행경』(『大正藏』 1, p.30上)도 붓다의 탄생일 등을 동일한 날짜(2월 8일)로 기록하고 있다.

12) Dīgha Nikāya Ⅱ, p.102.

수 없다. 오직 짐작할 수 있는 것은 붓다가 벨루바에서 안거를 마치고 베살리에서 탁발을 하고 있다는 것이다.

붓다고사에 따르면, 이 기간 동안 붓다는 사리풋타(Sāriputta)와 목갈라나(Moggallāna)와 마지막으로 만났다. 붓다와 두 상수 제자 간의 최후 만남이 『열반경』에 빠져 있다는 것이 붓다고사의 해석이다. 『열반경』의 주석서에서 붓다고사는 그들의 최후 만남을 자세히 설명하고 있다. 매우 장황하므로 간략히 요약해 보자. 벨루바에서 우안거를 보낸 후 붓다는 왔던 길로 되돌아가 사밧티(Savatthi)의 제타바나(Jetavana) 동산에 이른다. 거기서 사리풋타는 붓다를 모시던 중 자신의 생명이 7일밖에 남지 않았음을 알고 붓다에게 마지막 고별 인사를 하고 떠난다. 그리고 고향인 마가다(Magadha)의 날라카(Nalaka)에 있는 노모를 교화시키고 거기서 입멸한다. 사리풋타의 시자 춘다(Cunda)가 스승의 사리를 가지고 제타바나에 간다. 붓다는 사리풋타의 사리탑을 세우게 한다. 제타바나에서 라자가하(Rājagaha)에 이르렀을 때 그의 상수 제자 목갈라나가 입멸한다. 붓다는 목갈라나의 사리탑을 라자가하에 세우도록 하고 라자가하를 떠나 갠지스 강가에 있는 우카첼라(Ukkacela)에 도착한다. 거기서 두 상수 제자의 입멸에 관한 경전을 설한 뒤 우카첼라를 떠나 다시 베살리로 향한다.[13)]

다시 한 번 정리해 보면, 『열반경』에 따르면 우안거 이후 붓다의 여정은 '벨루바 → 베살리'이지만, 붓다고사에 따르면 '벨루바 → 사밧티의 제타바나 → 라자가하 → 우카첼라 → 베살리'로 여행을 했다. 그에 따르면 붓다가 두 상수 제자를 만나고 다시 베살리로 오는

---

13) Sumaṅgalavilāsinī II, pp.549-554; 붓다고사와 달리 담마팔라는 매우 간략히 그들의 여행 일정을 소개하고 있다(Paramatthadipanī I, p.322).

데 걸린 기간이 4개월이었다고 보는 것이다. 이러한 붓다고사의 여정 이해는 팔리어본 『열반경』이 지니고 있는 연대기적 오류를 아울러 해결해 준다. 다른 『열반경』 제본과 달리 팔리어본만이 사리풋타가 마가다의 날란다에서 붓다에 대한 믿음을 고백하는 일화를 싣고 있다.[14] 여기서 연대기적인 문제가 발생한다. 한 팔리어 경전에 따르면 붓다가 사밧티에 있을 때 날라카에서 사리풋타가 입멸했다는 소식을 듣는다.[15]

그런데 『열반경』에서는 붓다의 마지막 여행 중에도 사리풋타는 여전히 살아 있다. 이러한 문제를 해결할 수 있는 방법은 날란다에서 사리풋타와의 만남을 훨씬 앞으로 두는 것이다. 그리고 사리풋타와 붓다의 마지막 만남을 『열반경』의 적당한 곳에 삽입하는 것이다. 붓다고사는 『열반경』의 제2장과 제3장 사이에 그들의 만남을 삽입하고 있다. 사밧티와 라자가하의 여정을 우안거 직후부터 시작하여 베살리로 다시 돌아오기까지로 함으로써 연대기적인 문제가 동시에 풀리는 것이다.[16]

---

14) 팔리어본 『열반경』에서만 왜 사리풋타가 출현하는지 생각해 보자면, 다른 부파 전통과는 달리 상좌부에서는 사리풋타의 위상이 매우 높다는 점이 먼저 고려되어야 할 것이다. 사리풋타는 붓다의 최고의 상수 제자이므로, 붓다의 마지막 여행길에 등장하여 붓다를 시중드는 것이 모양새가 좋을 것이다. 붓다의 마지막 여행에 전혀 얼굴을 내비치지 않는 것은 보기에 좋지 않으므로 팔리어본 『열반경』은 사리풋타를 등장시켜 최후로 붓다에게 자신의 믿음을 고백하고 있는 것이다. 이 부분은 단순히 삽입된 것이라고 여겨진다.

15) Saṃyutta Nikāya V p.161. 전통적으로 사리풋타는 카앗티카의 보름달에 입멸하였고 목갈라나는 그보다 보름 후에 입멸했다고 믿어진다(Sāratthappakāsinī Ⅲ, p.181; Jātaka I, p.391).

16) Lily de Silva, "Some Exegetical Techniques Employed in the Pali commentaries", *Sri Lanka Journal of Buddhist Studies*, 1988, p.106.

b) 수명 연장 방법에 관하여

팔리어본『열반경』에 따르면 수명 연장과 수명 포기가 각각 다른 곳에서 다른 시기에 이루어진 것으로 되어 있지만 다른 제본에서는 두 사건이 동시에 일어나고 있다. 먼저 팔리어본을 살펴보자. 수명 연장을 묘사하는 부분만 옮겨 보면 다음과 같다. "붓다는 정진력(viriya)으로 고통을 극복하고 명행(命行, jīvita-saṃkhāraṃ)에 전념하여 머물렀다. 그리하여 병고가 완화되었다."[17]

붓다고사는 이때의 정진력을 이전부터 가지고 있던 힘과 과-등지(果-等至, phala-samāpatti)에서 오는 힘이라고 정의하고 있다. 과-등지에서 오는 힘을 이용하여 붓다는 병고를 극복하고 수명을 연장할 수 있었다는 것이다. 그럼 명행을 어떻게 이해하고 있을까? 그에 따르면 명행에는 두 종류가 있다고 한다. ① 명행은 생명을 추진시키는 원동력인데 생명이 방해받을 때 명행을 연결시킴으로써 안정시킬 수 있다. ② 과-등지(果-等至)가 명행이다. 첫 번째는 일종의 명근(命根)을 말하는 것으로 육체를 살아 있는 생명체로 유지하는 기능을 담당한다. 과거에 어떠한 업을 지었는가에 따라 명근의 길이가 결정되는 것이다. 리즈 데이비즈(Rhys Davids)가 "할당된 시간의 생명(life till allotted time)"으로 번역한 것은 첫 번째 종류의 명행을 잘 파악한 것이라고 생각된다.[18]

두 종류의 명행 중, 붓다고사는 두 번째, 즉 과-등지가『열반경』에서 명행의 의미로 사용되었다고 본다. 명행을 과-등지로 파악하는 붓다고사의 입장을 눈여겨볼 필요가 있다. 다른 전통에서, 아니

17) Dīgha Nikāya Ⅱ, p.99. 팔리어 인용문은 이 책 p.54 주 2) 참조.

18) Rhys Davids (trans), *Dialogues of the Buddha* Ⅱ,. Oxford: Pali Text Society. p.106.

『열반경』 자체도 붓다는 사신족(iddhipāda)을 사용하여 자신의 생명을 거의 겁을 더 연장할 수 있는 능력을 지니고 있다고 믿고 있다. "아난다여, 여래야말로 사신족을 계발하고 증진하고, 수레처럼 만들고, 기초로 하고, 실행 · 노력하고, 축적하고, 잘 완성하였다. 그러므로, 아난다여! 그가 원하기만 한다면 겁(劫) 또는 그 겁의 남은 기간 동안 계속 머물 수 있다."19)

그런데 붓다고사는 명행을 과-등지로 파악함으로써 사신족과 같은 신비적인 힘이 사용될 여지를 차단한 것이다. 신통력(iddhi)은 힌두교에서는 인간의 능력을 훨씬 초과하는 능력으로 여러 가지 신기한 일들을 할 수 있다고 믿어진다. 특히 수명 연장과 관련해서는 요기의 특별한 능력으로 받아들여지는 것이 그 당시 인도의 사정이었다. 붓다고사는 이러한 불교 밖에서 믿어지고 있는 신비한 능력을 불교인이 그대로 수용하여 붓다의 수명 연장 능력과 결부시키는 것을 원하지 않았던 것이다. 그리하여 붓다고사는 오해를 불러일으킬 수 있는 신통력(iddhi)이라는 말 대신에 과-등지라는 불교의 선정 용어를 도입한 것이다.20) 붓다가 신통력을 사용하여 수명을 연장하지 않았다는 점을 붓다고사는 강조하고 있다.

붓다로 하여금 질병을 극복하여 수명을 연장시켰던 과-등지란 무엇일까? 붓다고사는 과-등지에 두 종류가 있다고 설명한다: ① 일시적인 등지(khanika-samāpatti) ② 커다란 통찰력에 의한 등지(mahāvipassanā-vasena samāpannā samāpatti). 전자는 등지에

---

19) Dīgha Nikāya Ⅱ, p.103. "Tathāgatassa kho Ānanda cattāro iddhipādā bhāvitā bahulī-katā yāni-katā vatthu-katā anuṭṭhitā paricitā susamāraddhā. So akaṅkhamāno Ānanda Tathāgato kappaṃ vā tiṭṭheyya kappāvasesaṃ vā ti."

20) 이 책 pp.48ff 참조.

들어가 있는 동안에만 고통의 제어가 가능하여, 등지에서 출정하면 다시 고통이 발생하는 것이다. 반면에 후자는 고통을 잘 제어하므로 출정한 뒤 상당한 기간이 지난 후에야 고통이 발생한다. 붓다고사에 따르면 붓다는 이전에 '일시적인 등지'를 성취를 하였지만, 이번에 처음으로 커다란 통찰력에 의한 등지를 성취했다고 한다.[21]

붓다고사에 따르면 붓다는 사신족이 아닌 과-등지를 성취함으로써 치명적인 질명을 극복했다. 『청정도론(Visudhimagga)』에서 붓다고사는 지금 여기서 행복하게 머물고자 사람들은 과-등지를 성취한다고 그 효과에 대해서 설명하고 있다.[22] 과-등지를 성취함으로써 행복을 느끼고, 따라서 고통을 무마시킬 수 있다는 것이다. 붓다가 과-등지를 성취한 것은 격심한 고통을 이겨 내고자 함이었다고 붓다고사는 이해하고 있는 것이다. 과-등지의 지속 기간은 입정 전에 수행자 자신의 의지력으로 미리 결정된다.[23] 붓다고사에 따르면 붓다는 질병이 앞으로 10개월 동안 일어나지 않도록 생각하면서 과-등지를 성취했다.[24]

벨루바에서 붓다가 과-등지를 통하여 자신의 수명을 10개월 연장했다는 붓다고사의 견해는 자신이 지어낸 것일까? 붓다고사 이전에도 등지를 통해 치명적인 고통을 제거할 수 있다고 믿는 자가 있었음을 찾아볼 수 있다. 마하시바(Mahāsīva) 장로가 이러한 견해를 가지고 있었다. "그(붓다)는 벨루바(Beluva)에서 발생한 치명적인 질병을 10개월 동안 억눌렀다. 이와 같은 방식으로 그는 계속 반복

---

21) Sumaṅgalavilāsinī II, p.547. An, YangGyu, *The Buddha's Last Days*. Oxford: Pali Text Society 2003, p.72.
22) Visuddhimagga p.700.
23) Visuddhimagga p.701.
24) Sumaṅgalavilāsinī II, p.547.

하며 10개월씩 등지(等至, samāpatti)를 성취하고 질병을 극복하여 전 현겁(賢劫, bhadda-kappa) 동안 살 수 있었을 것이다."[25] 물론 붓다고사는 장로가 주장하듯이 붓다가 상당한 기간까지 수명을 연장할 수 있다는 것을 받아들이지 않는다. 그렇지만 장로의 견해를 붓다고사가 일부 수용하고 있는 것을 볼 수 있다.

마하시바 장로는 붓다가 성취한 '등지'를 구체적으로 밝히고 있지 않기 때문에 어떤 종류의 등지를 염두에 두고 있는지 알 수 없다. 그렇지만 붓다고사는 그 등지를 과-등지로 정의하고 있다. 붓다고사는 어떻게 알 수 있었을까? 『열반경』에 따르면 붓다는 자신의 질병을 극복한 후 아난다에게 어떻게 하면 심신이 편안하게 머물 수 있는지 설명한다. "아난다여! 여래가 외적인 모든 이미지(sabba-nimitta)에 주의를 두지 아니하고 모든 감정의 소멸을 이루고 무상삼매(無相三昧)를 성취할 때, 아난다여! 여래의 몸은 평온하다."[26] 이상의 설명은 사실상 과-등지를 의미한다. 『청정도론』에서 붓다고사는 과-등지의 성취 방법에 대해서 세 가지로 말하고 있다: ① 무상에 집중하는 것 ② 상(相, nimitta)에 집중하지 않는 것 ③ 입정 전의 의지력.[27] 붓다고사는 무상삼매를 과-등지로 보고 있는 것이다.[28] 결국 붓다는 무상삼매인 과-등지를 통해 질병에서 벗어나

25) Sumaṅgalavilāsinī II, p.554. "Yath'eva hi Beluva-gāmake uppannaṃ māraṇ'antikaṃ vedanaṃ dasa-māse vikkhambhesi evaṃ punappunaṃ taṃ samāpajjitvā dasa-māse vivikkhambhento imaṃ bhaddakappam eva tiṭṭheyya."

26) Dīgha Nikāya II, p.100. "Yasmiṃ Ānanda samaye Tathāgato sabbani-mittānaṃ amanasikārā ekaccānaṃ vedanānaṃ nirodhā animittaṃ ceto-samādhiṃ upasampajja viharati phāsukato Ānanda tasmiṃ samaye Tathāgatassa kāyo hoti."

27) Visuddhimagga p.701.

편안히 머물 수 있었다는 것이다.

붓다고사는 붓다가 수명을 연장했다고 믿는가? 그 대답은 긍정적이면서도 부정적이다. 붓다고사에 따르면, 붓다가 벨루바에서 병고에 사로잡혀 있을 때, 수명 연장을 위해 과-등지를 성취했다. 당시 과-등지를 성취하지 않았다면 그는 죽었을 것이다. 이런 점에서 붓다가 수명을 연장했다고 할 수 있다. 반면에 붓다는 그 등지로 새로운 수명을 만들어 낸 것이 아니다. 등지의 성취를 통해 질병을 극복하여 육체의 죽음을 연장한 것이다. 시기상조의 죽음을 미연에 방지한 것이다. 따라서 이것은 정확히 말하면 새로운 수명을 연장한 것이 아니다. 붓다고사의 견해에 따르면, 붓다는 잠재적으로 헤아리기 어려운 정도의 긴 수명을 지녔다. 그러나 현실적으로 이 세상에 태어난 이상, 붓다는 보통 인간의 수명인 100세가 자신의 수명이다. 붓다는 100세 이상은 살 수 없지만 그 이전에 찾아오는 죽음을 방지할 수 있는 능력을 지키고 있다고 붓다고사는 해석하고 있다.29)

2) 설일체유부의 견해

a) 수명 연장 기간에 관하여

설일체유부는 붓다는 정확하게 3개월간 수명을 연장하였다고 믿는다. "명행을 유지한 것은 3개월이다."30) 어떻게 해서 3개월이라는 수명 연장 기간이 산출될 수 있었을까? 이 기간은 『열반경』에서 마라가 붓다에게 입멸을 권하자 붓다는 3개월 뒤 입멸하겠노라고 선언

---

28) Papañcasūdani Ⅱ, p.352.
29) 이 책 pp.34ff 참조.
30) 『阿毘達磨大毘婆沙論』(『大正藏』 27, p.657中). "留命行者謂留三月."

한 것에 근거한 것이다. 앞에서 살펴보았듯이, 붓다고사는 10개월이라고 이해하고 있다. 유부의 3개월설은 베살리에서 붓다의 수명 포기 선언에 근거한 것이고, 붓다고사의 10개월설은 우안거 때 발생한 질병 극복을 근거로 한 것이다.

유부의 논사들은 붓다가 원하기만 하면 자신의 수명을 무한정 연장할 수 있었다고 믿었을까? 유정(有情)의 수과(壽果)와 부과(富果)가 결정되지 않았다면 머물게 하거나 버리는 것이 가능하겠지만 만일 둘 다 결정되었다면 그렇게 할 수 없었을 것이라고 설명하고 있다. 즉 출생 시 전생의 업에 따라 수과(壽果)와 부과(富果)가 결정되었으므로 머물게 하거나 버리는 것이 불가능했을 것이다.[31] 이러한 문제에 대하여 논사는 비유로서 답변한다. "단지 분한(分限)을 지울 뿐이고 머물게 하거나 버리는 일은 없다. 비유하면 양의(良醫)가 소기(所記)한 분한(分限)을 넘을 수 없는 것과 같다."[32] 이 답변은 생명을 무한정 늘릴 수 없다는 것을 확인하고 있다. 붓다가 수명을 늘린다고 했을 경우 그것은 주어진 시간 내에서 가능한 것이지 이미 정해진 시간을 초월하여 수명을 연장하는 것은 불가능하다는 것이다. 그럼 그 정해진 시간은 얼마일까? 붓다는 100세 내지 120세의 수명을 부여받았다고 유부의 논사들은 믿고 있다.[33] 결국 붓다의 수명 연장 기간에 관한 유부 논사의 입장은 붓다고사의 견해와 일치한다. 출생 시 부여받은 수명 내에서 일어나는 죽음은 막을 수 있지만, 부여받은 수명을 넘어 연장할 수 있는 것은 아니라는 것이다.

---

31) 자세한 논의는 이 책 pp.70ff 참조.

32) 『阿毘達磨大毘婆沙論』(『大正藏』 27, p.657上). "但作分限無留捨事 譬如良醫所記分限無能過者."

33) 자세한 논의는 이 책 pp.33ff 참조.

b) 수명 연장 방법에 관하여

유부는 수명 연장에 관하여 다음과 같이 설명하고 있다.

> 아라한으로서 신통(神通, ṛddhi)을 성취하고 마음이 자재한 이가 승중(僧衆)이나 특정한 사람에게 옷이나 발우 또는 사문(沙門)의 수명 인연에 도움이 되는 여러 도구를 보시(布施)한다. 보시하고 난 뒤 발원(發願)하고 곧 변제(邊際)의 제4정려(第四靜慮, prāntakoṭika dhyāna)에 든다. 선정에서 일어나 마음으로 생각하고 입으로 말한다. "내가 감수해야 할 모든 부이숙업(富異熟業, bhoga-vipāka-karma)을 바라건대 전환하여 수이숙과(壽異熟果, āyur-vipāka-karma)로 초래하게 하소서." 그때에 그는 부이숙업(富異熟業)을 초래할 수 있고 그것을 전환하여 수이숙과(壽異熟果)를 초래할 수 있다.[34]

이상의 수명 유지를 요약해 보면 다음과 같다. 첫째, 신통력을 소유하고 마음이 자재한 아라한이 수명을 연장할 자격이 있다고 밝히고 있다. 수명을 유지하거나 버리는 것은 삼계(三界) 중 오직 욕계(欲界)에서만 가능하고 욕계에서도 인간계에만 가능하며 인간계 중에서도 삼주(三洲)에서 가능하며 북주(北洲)에서는 가능하지 않다고 그 범위를 한정하고 있다.[35] 인간계의 거주지인 사주(四洲) 중 북주(Uttarakuru)가 다른 삼주(三洲)에 비해 수명, 재물 등이 가장 수승한데, 북주의 인간 수명은 1,000세이므로 수명 연장은 불가능

---

34) 『阿毘達磨大毘婆沙論』(『大正藏』 27, p.656上). "阿羅漢成就神通 得心自在 若於僧衆若別人所 以衣以鉢 或以隨一沙門命緣衆具布施 施已發願 卽入邊際第四靜慮 從定起已心念口言 諸我能感富異熟業 願此轉招壽異熟果 時彼能招富異熟業 則轉能招壽異熟果."

35) 『阿毘達磨大毘婆沙論』(『大正藏』 27, p.657上).

한 것으로 보는 것 같다.

수명을 유지하거나 버릴 수 있는 자는 성자(聖者)이며 이생(異生)은 아니고, 무학(無學)이며 유학(有學)은 아니고, 불시해탈(不時解脫)이며 시해탈(時解脫)은 아니다. 그리고 남녀 성별과는 상관이 없다고 덧붙이고 있다.36) 수명을 연장할 수 있는 자는 성자, 무학, 불시해탈인데 이들은 모두 모든 번뇌를 제거한 아라한에 다름 아니다. 좋은 인연이 도래하는 때를 기다리지 않고 원하는 대로 삼매에 들어 해탈을 획득하기 때문에 불시해탈(不時解脫)이라고 하며 부동법(不動法)의 아라한이 여기에 해당한다. 불시해탈과 달리 시해탈은 자유자재로 선정에 들어가지 못하고 시기를 기다려 들어갈 수 있기 때문에 아직 완전하지 못한 아라한이다. 여기에는 다섯 종류의 아라한이 나열되고 있다: 퇴법(退法), 사법(思法), 호법(護法), 안주법(安住法), 감달법(堪達法). 불시해탈(samayavimukta) 아라한은 자유자재하게 선정을 통할 수 있다. 번뇌를 단절하고 자유로이 선정을 획득할 수 있는 아라한만이 수명을 늘리기도 하고 줄이기도 한다.37)

둘째, 자신이 소유한 발우 등을 보시한다. 보시의 공덕에 따라 수(壽), 색(色), 역(力), 낙(樂), 변(辯) 등 5가지 과보를 성취한다. 따라서 최상의 과보를 가져오도록 승중(僧衆)이나 특정한 개인에게 보시한다.

---

36) 『阿毘達磨大毘婆沙論』(『大正藏』 27, p.658上). 논서(『大正藏』 27, p.656上)는 붓다는 물론이고 붓다의 계모 마하파자파티 (Mahāpajāpatī, 大生主)도 500명의 비구니와 함께 수명을 연장하기도 하고 단축했다고 밝히고 있다. 마하파자파티가 자신의 수명을 단축하는 이야기는 『增一阿含經』(『大正藏』 2, p.867上)에 나오지만 수명을 연장한 경우는 나오지 않는다.

37) Pruden, Leo M.(trans). *Abhidharmakośabhāsyam* Vol i by Louis de La Valleé Poussin, Berkeley: Asian Humanities Press. 1988, p.167; p.328 fn 48.

셋째, 발원(發願)하고 제4정려(第四靜慮)에 든다. 이 단계는 선정에서 발생한 어떤 능력을 성취한 것으로 해석된다. 마지막으로 선정에서 출정하여 도래할 부이숙과(富異熟果)를 수이숙과(壽異熟果)로 전환하도록 서원하고 실행하도록 발언한다는 것이다.

논서는 마지막 단계에 대해 의문을 가진 자의 견해를 바로잡아 주고 있다. 문답은 다음과 같다. "이치로 보아 부이숙과(富異熟果)가 수이숙과(壽異熟果)로 성립될 수 없는데 어떻게 부이숙업(富異熟業)이 곧 전환되어 수이숙과(壽異熟果)를 초래할 수 있는가?"[38] 이 문제에 대하여 4가지 답변을 소개하고 있는데 그전에 부이숙과와 수이숙과를 살펴보자. 논서에서는 이 용어들을 따로 설명하고 있지 않은데, 부이숙업은 산스크리트어로 bhoga-vipāka-karma에, 수이숙업은 āyur-vipāka-karma에 해당한다. 수이숙업은 수명을 결정하는 업이고 부이숙업은 수명을 초래하는 업을 제외한 모든 업을 지칭한다고 자이니(Jaini)는 설명하고 있다.[39]

① 부이숙과가 수이숙과로 전환하는 것이 아님을 분명히 하고 있다. "과체(果體)를 전환하는 것이 아니고 업력(業力)을 전환하는 것이다. 즉 보시(布施)와 변제정력(邊際定力)으로 부이숙업(富異熟業)을 전환하여 수이숙과(壽異熟果)를 초래하는 것이다. 비록 둘로 전환할 수 있으나 지금 부과(富果)를 고려하지 않고 수과(壽果)를 바라기 때문이다."[40] 부업은 부과로 수업은 수과로 이숙되는 것이 정상이겠지만 선정력으로 부업을 수과로 전환할 수 있다는 것이다. 얼

---

38) 『阿毘達磨大毘婆沙論』(『大正藏』 27, p.656中). "問理無富異熟果可成壽異熟果 何故乃說 富異熟業 則轉能招壽異熟果."

39) Jaini, 앞의 논문, p.554.

40) 『阿毘達磨大毘婆沙論』(『大正藏』 27, p.656中). "無轉果體 有轉業力 謂由布施邊際定力 轉富異熟業招壽異熟果 雖俱可轉而彼今時 不顧富果 祈壽果故."

핏 보아 이러한 설명은 정통적인 업보 교리에 어긋나는 점이 있지 않느냐는 의구심을 불식하지 못하고 있다.

② "어떤 업(業)은 먼저 수이숙과(壽異熟果)를 받게 되어 있었다. 그러나 재앙과 장애가 있어 그렇지 못했다가 지금 보시(布施)와 변제정력(邊際定力)으로 재앙과 장애가 사라지게 되어 수이숙(壽異熟)이 일어난다. 비록 둘로 전환할 수 있으나 지금 부과(富果)를 고려하지 않고 수과(壽果)를 바라기 때문이다."[41] 수업이 초래하는 수과를 받아야 하지만 어떤 장애로 그렇게 하지 못하다가 지금 그 장애를 제거함으로써 수과를 받는다는 설명이다. 이 설명은 부업이 어떻게 수과로 전환될 수 있는가 하는 문제를 피할 수 있지만 어떻게 수업이 나타나지 못하고 있다가 다시 재현하게 되는가를 설명해야 할 입장에 처하게 된다.

③ "어떤 업은 먼저 수이숙과를 받게 되어 있었다. 그러나 결정(決定)된 것은 아니었다. 지금 보시와 변제정력으로 수업(壽業)으로 결정하고 그 과보를 초래하게 했다."[42] 이 설명은 ②의 설명을 부연한 것에 지나지 않는 것으로, 어떻게 수업이 장애 때문에 나타나지 못하고 있다가 장애의 제거로 수과를 초래할 수 있는지 설명하고 있는 것이다. 하지만 어떤 장애인지 그리고 어떻게 중단되었다가 다시 재현될 수 있는지 명쾌하게 설명하기는 어렵다. 이런 어려움을 피하고자 장애라는 말 대신에 잠정적으로 수과를 받게 될 수업을 이제 불러올 수 있다는 설명이다. 그렇지만 이상의 설명은 어떻게 특정 업

---

41) 『阿毘達磨大毘婆沙論』(『大正藏』 27, p.656中). "有業先感壽異熟果 然有災障由今布施邊際定力 彼災障滅壽異熟起 雖俱可轉而彼今時 不顧富果 祈壽果故."

42) 『阿毘達磨大毘婆沙論』(『大正藏』 27, p.656中). "有業先招壽異熟果 然不決定由今布施邊際定力 令招壽業決定與果."

이 결정되지 않은 채 언제 그리고 어디에 존재하고 있을까 하는 문제를 남긴다.

④ "보시와 선정으로 숙세(宿世)에 남은 수이숙(壽異熟)을 끌어 취하는 것이다. 아라한이 여생(餘生) 중 남은 수이숙(壽異熟)이 있어 보시와 변제정력으로 끌어 현전(現前)하게 한다. 정력(定力)은 부사의(不思議)하여 오랫동안 끊어진 것을 다시 연결하게 한다."[43] 이 설명은 ③을 보충한 것으로 ③에서 당면한 문제를 해결하고자 전생의 수이숙업을 보시와 선정으로 활동시킨다는 설명이다. 단절되어 있던 전생의 수이숙업을 보시와 선정으로 연결시켜 수명의 업과를 활용하여 수명을 연장한다는 것이다.

이상 ②, ③, ④는 결국 ①과 대립하고 있는 것임을 알 수 있다. ①이 업과 과보 사이에 유연한 관계를 설정하는 것임에 비해 나머지 설명들은 수업은 수과를 부업은 부과를 초래한다는 입장 위에서 제각기 설명하고 있는 것이다. 『아비달마구사론』과 『아비달마구사석론』은 간략히 ①과 ④만을 소개하고 있다.[44]

이상의 네 가지 이론 중 어느 것이 붓다의 수명 연장을 가장 잘 설명할 수 있을까? ①을 가지고 붓다의 수명 연장을 설명하기는 곤란할 것 같다. ①의 이론은 이미 수과가 다하였으므로 부업을 전환하여 수과를 만든다는 주장이다. 붓다의 경우, 수업은 무한에 가까울 정도로 무량하다고 보아야 한다. 전생에 붓다는 숱한 중생의 생명을 구호하는 수업을 지었기 때문에 그 양은 헤아릴 수가 없을 것이다. 아울러 유부의 논사들은 붓다의 수명은 원래 100세 내지 120세라고

---

43) 『阿毘達磨大毘婆沙論』(『大正藏』 27, p.656中). "欲令由施定故引取宿世殘壽異熟 謂阿羅漢有餘生中殘壽異熟 由今布施邊際定力引令現前 定力不思議令久斷還續."

44) 『阿毘達磨俱舍論』(『大正藏』 29, p.15中); 『阿毘達磨俱舍釋論』(『大正藏』 29, p.174下).

믿고 있기 때문에 지금 안거 중 수명을 유지했다는 것은 수명을 위협하는 질병이라는 장애를 제거한 것뿐이다. 붓다의 경우는 ②로 설명이 될 수 있다고 생각된다. 붓다는 격심한 질병의 고통으로 말미암아 수명이 약화되어 위험한 상태였다. 선정으로 질병을 극복하여 질병의 장애를 제거하여 수이숙업이 수이숙과로 전환하도록 했다고 설명하는 것이 무난할 것이다.

명행을 유지하는 것이 보시의 힘에 의한 것인지 선정력에 의한 것인지 논란이 있다. 전적으로 보시에 의한 것이라는 설과 선정에 의한 것이라는 두 가지 설 이외에 보시와 선정이 모두 필요하다는 제3의 설이 소개되고 있다. 제3설에 따르면 비록 보시를 많이 하더라도 선정에 들지 않으면 수과(壽果)를 끌어올 수 없고, 비록 선정에 자주 들더라도 보시를 하지 아니하면 수과(壽果)를 끌어올 수 없다. 보시의 힘으로 끌어오고 선정의 힘으로 결정하게 한다.45) 『열반경』에 의거하여 붓다의 경우를 살펴보면 제2설, 즉 선정력을 통해 수명을 유지한 것에 해당한다.

3. 『대반열반경』 제본에 나타나는 붓다의 수명 포기

이상 우리는 붓다의 수명 연기에 관해서 살펴보았다. 『열반경』 제본에서 우리는 붓다가 자신의 수명을 포기하는 장면을 만난다. 팔리어 『열반경』을 먼저 살펴보면 붓다가 벨루바에서 자신의 질병을 극복한 뒤, 베살리로 돌아온다. 자신의 수명 연장 능력을 세 번이나 아

45) 『阿毘達磨大毘婆沙論』(『大正藏』 27, p.656下).

난다에게 말하지만 아난다는 붓다에게 그러한 능력을 사용하여 겁을 더 살라고 요청하지 않는다. 이에 곧 마라가 나타나서 붓다의 반열반을 간청하게 된다. 붓다는 3개월 뒤 반열반하겠다고 마라에게 선언한다. "'악마여! 더 애쓰지 마라. 오래지 않아 여래의 반열반이 있을 것이다. 지금부터 3개월 후 여래는 반열반할 것이다.' 그리고 세존은 차팔라(Cāpāla) 묘당에서 깨어 있는 정신과 산란하지 않은 마음으로 수행(壽行, āyu-saṃkhāraṃ)을 포기했다."[46] 수명 연장 때 사용된 명행(命行, jīvita-saṃkhārā)이라는 말 대신에 수행(āyu-saṃkhārā)이 사용되고 있는 것이 눈에 띈다. 이상의 인용문은 붓다가 살려는 의지(āyu-saṃkhāra)를 포기한 것으로 이해하고 있는 듯하다. 리즈 데이비즈(Rhys Davids)가 이해하듯이, 수행(āyu-saṃkhārā)의 최초의 의미는 '살려는 의지'인 것 같다. āyu-saṃkhārā에서 saṃkhārā는 cetana(의지)의 의미로 사용되었고, 수행(壽行)은 행(行, saṃkhārā) 중 가장 대표적인 것으로 간주된다.[47] 수 해밀턴(Sue Hamilton)은 왜 saṃkhārā라는 용어가 āyu나 jīvita와 함께 사용되고 있는지 설명하고 있다. saṃkhārā의 본질은 한 개인의 존재를 영속시키는 원천으로, 영속을 욕망하는 인간의 심리적 본성에 뿌리 깊게 묻혀 있다고 본다.[48]

---

46) Dīgha Nikāya II, p.106. "Appossukko tvaṃ pāpima hohi. Na ciraṃ Tathāgatassa parinibbānaṃ bhavissati. Ito tiṇṇaṃ māsānaṃ accayena Tathāgato parinibbāyissatīti. Atha kho Bhagavā Cāpāle cetiye sato sampajāno āyusaṃkhāraṃ ossaji."

47) S.Z Aung and Mrs C.A.F Rhys Davids. *Points of Controversy*. Oxford: Pali Text Society 1993, p.323 fn 4 : 프란시스의 번역(p.37)도 이러한 해석을 따르고 있다. Sister Vajirā and Francis Story (trans). (1964), *Last Days of the Buddha*. Kandy: Buddhist Publication Society. Revised Edition 1988.

백법조 역의 『불반니원경』에 따르면 붓다는 다음과 같이 수명을 방기한다. 붓다는 아난에게 비구, 비구니가 사신족을 수행하면, 일 겁 동안 죽지 않을 수도 있다고 말했다. 이때 악마가 아난의 뱃속에 들어간다. 붓다가 다시 아난에게 같은 취지를 설하지만, 아난은 "붓다는 어찌하여 반열반하지 않느냐? 가히 반열반하기에 적절한 때이다"라고 반열반을 권한다. 붓다는 아난에게 세 번이나 사신족을 수행한 이는 일겁유여를 더 머물 수 있다고 말하지만 아난은 대답하지 않는다. 붓다는 아난을 보낸 뒤, 홀로 머물면서 이전에 악마와의 대화를 상기하고 나서 수명을 방기할 것을 결심한다. "붓다는 앉아서 '수명(壽命)을 방기하는 것이 옳다'고 사유했다. 수명을 방기하려고 할 때 천지가 크게 움직였다."[49] 팔리어 āyu-saṃkhārāṃ(壽行)에 해당하는 말로 '수명(壽命)'이라는 용어를 사용하고 있다.

『유행경』을 살펴보자. 붓다는 아난에게 여래는 사신족으로 일 겁 이상을 더 머물러 천신과 인간을 요익하게 할 수 있다고 세 번이나 선언하지만 아난다는 대답하지 않는다. 붓다가 세 번이나 선언했지만, 이때 아난은 악마에 씌어 정신이 혼미하였으므로 수명 연장을 간청할 줄 몰랐다고 경전은 설명한다. 붓다가 아난을 보낸 뒤 얼마 되지 않아 파순이 와서 붓다에게 입멸을 권한다. 이에 붓다는 사부대중이 정법을 잘 배워 확립되기까지는 입멸하지 않을 것이라고 대답한다. 파순은 과거 붓다가 정각(正覺)할 때도 그러한 말을 했음을 상기시키고, 지금이야말로 사부대중이 정법을 잘 배워 확립했으니

48) Hamilton, Sue, *Identity and Experience: The Constitution of the Human Being According to Early Buddhism.* London: Luzac Oriental. 1996, p.78.

49) 『佛般泥洹經』(『大正藏』 1, p.165上). "佛坐自思惟 亦可放棄壽命 意欲放棄壽命 時天地大動."

입멸하라고 요청한다. 붓다는 파순의 요청을 거부하면서 스스로 그 때를 안다고 대답한다. 그리고 오래지 않아 3개월 뒤 입멸할 것임을 선언한다. 마라가 떠나자 "붓다는 차파라탑(遮婆羅塔)에서 정신을 통일하여 명(命)을 버리고 수(壽)를 유지했다."50) 사명주수(捨命住壽) 중 주수(住壽)는 앞의 유수와 동의어로 보이므로, 사명이 팔리어 '수행(壽行, āyu-saṃkhāraṃ)을 포기했다(ossaji)'에 해당하는 것임을 알 수 있다. 이 한역본에서는 명(命)과 수(壽)를 구분하고 있다. 다른 제본(諸本)이 대체로 수(壽)를 포기한 것으로 되어 있는 데 반해 이 한역본은 수(壽)를 유지한 것으로 보고 있다.

법현 역 『대반열반경』에 따르면, 붓다는 아난에게 여래는 지금 대신력을 지니고 있기 때문에 원하기만 한다면 일 겁 이상은 머물 수 있다고 세 번 설했지만 아난은 잠자코 있다. 아난이 마왕에 의해 미혹되어 있는 바를 알고 붓다도 침묵을 고수한다. 이때 마왕이 와서 이전의 대화를 상기시키면서 붓다의 반열반을 간청한다. 이에 붓다는 승낙의 말을 하고 3개월 뒤에 반열반할 것이라고 선언한다. 마라가 기뻐하며 사라진다. "그때 세존은 곧 수(壽)를 버렸다. 그러나 신통력으로 명(命)을 3개월 유지했다."51) 이 한역본도 명(命)과 수(壽)를 구별하고 있다.

역자 미상의 『반니원경』을 살펴보자. 붓다는 사신족을 익혀 닦았기 때문에 일겁유여(一劫有餘)를 살 수 있다고 아난에게 세 번이나 얘기하지만 아난은 대답하지 않는다. 파순이 와서 이제 붓다의 가르침이 확립되었으니, 과거에 말했던 것과 같이 이제 멸도할 때라고 간청한다. 마왕에게 3개월 뒤 열반할 것임을 선언한 뒤 "붓다는 곧

---

50) 『遊行經』(『大正藏』 1, p.15下). "佛卽於遮婆羅塔 定意三昧 捨命住壽."
51) 『大般涅槃經』(『大正藏』 1, p.191下). "爾時世尊 卽便捨壽 而以神力住命三月."

정좌한다. 마음을 정하고 스스로 생각했다. 삼매 중 성명(性命)을 유지하지 아니하고 나머지 수행(壽行)을 포기했다."[52] 이 한역본에 따르면 붓다는 일체의 유위행(有爲行), 즉 성명과 수행을 버렸다. 3개월 동안 어떻게 머물 수 있었는가를 묻는다면 이 한역본은 부주성명(不住性命)을 달리 해석함으로써 답할 것이다. 성명을 버린 것이 아니라, 억지로 붙잡지 않았기 때문에 당분간 지속될 수 있다고 해석해도 틀린 것은 아니다.

『근본설일체유부비나야잡사』도 이상의 제본과 대동소이하다. 붓다는 아난에게 사신족을 통해 일 겁 이상을 살 수 있는 능력을 지니고 있다고 세 번 말하지만, 아난은 대꾸하지 않는다. 붓다는 아난이 악마에 의해 심신이 미혹되어 간청하지 못하는 것을 알았다. 악마 파비가 나타나 반열반을 권한다. 붓다는 악마에게 왜 붓다의 입멸을 권하는지 묻는다. 악마는 붓다의 성불 직후 있었던 자신과 붓다의 대화를 상기시키며, 이제 사부대중이 모두 법에 통달해 있으므로 약속대로 붓다가 지금 입멸해야 한다고 답한다. 이에 붓다는 3개월 뒤 무여의대열반계(無餘依大涅槃界)에 들어갈 것임을 선언한다. "불(佛)은 다음과 같이 생각했다. '내 지금 이와 같은 정(定)에 들어가 그 정력(定力)으로 명행을 유지하고 수행을 버리는 것이 옳을 것이다.' 이와 같이 생각하고 곧 정에 들어가 명행을 유지하고 수행을 버렸다."[53] 이 한역본에서도 붓다는 선정력을 통해 수명을 조절한다. 명행과 수행은 각각 팔리어의 jīvita-saṃkhārā와 āyu-saṃkhārā에 해당한다.

---

52) 『般泥洹經』(『大正藏』 1, p.180下). "佛卽正坐 定意自思 於三昧中 不住性命 棄餘壽行."
53) 『根本說一切有部毘奈耶雜事』(『大正藏』 24, p.388上). "佛作是念 我今宜可入如是定 隨彼定力 留其命行捨其壽行 作是念已便卽入定 留命行捨壽行."

산스크리트어본에 따르면[54], 붓다는 명행을 머물게 하고 수행을 포기했다. 산스크리트어본도 대체로 다른 제본과 거의 같지만 한 가지 다른 점이 있다. 즉 붓다가 수명을 포기하기 전에 자신의 수명을 3개월 연장하면 간다르바의 왕, 수프리야(Supriya)와 외도 수바드라(Subhadra)를 개종시킬 수 있음을 생각한다. 세존은 선정에 들어가 명행을 유지하고 수행을 버렸다.

『열반경』 제본이 한결같이 붓다가 입정(入定)한 상태에서 수명을 포기했다고 말하고 있다. 그렇지만 그 구체적인 표현 방식은 서로 상이함을 보았다. 팔리어 『열반경』에서는 āyu-saṃkhāraṃ(壽行)을, 『불반니원경』에서는 수명을 포기했다고 하고, 『반니원경』은 "부주성명 기여수행(不住性命, 棄餘壽行)"라고 한 데 비해, 『유행경』은 사명주수(捨命住壽)로, 『대반열반경』은 사수주명(捨壽住命)으로, 『근본설일체유부비나야잡사』는 유명행사수행(留命行捨壽行)으로, 서로 동일하게 표현하고 있지 않다. 그렇지만 수명을 완전히 포기한 것이 아니라 수명과 관련된 어떤 것을 유지하고 있음을 보여 주고 있다. 『근본설일체유부비나야잡사』의 표현이 팔리어 『열반경』과 일치하고 있음을 알 수 있다. 『유행경』 등 후자의 경전들이 붓다가 완전히 수명을 포기하지 않았다고 주장함으로써 붓다가 어떻게 수명 포기 이후 3개월 더 살 수 있었느냐 하는 문제를 피할 수 있었다.

---

54) Waldschmit, Ernst, *Mahāparinirvānasūtra*. Berlin: Akademie-Verlag 1950-51. p.210.

4. 붓다의 수명 포기에 관한 부파불교의 견해

1) 붓다고사의 견해

팔리어 본 『열반경』에 따르면 "세존은 차팔라(Cāpāla) 묘당에서 깨어 있는 정신과 산란하지 않은 마음으로 수행(壽行, āyu-saṃkhāraṃ)을 포기했다."[55] 이 문장에 대해 붓다고사는 주석한다. 붓다는 염처(念處)를 확립하고 시간을 결정한 뒤 자신의 수행을 놓아 포기했다. 그러나 붓다가 수행을 포기한 것은 손으로 흙더미를 던지는 것과 같지 않다. 즉 수행의 포기가 바로 생명의 종식을 의미하지 않고 3개월간 지속되었다는 것이다. 붓다는 오로지 3개월만 더 등지(samāpatti)를 성취할 것을 생각했다는 것이다.[56]

붓다고사는 붓다의 수명 연기 장면에서 명행을 과-등지라고 밝혔지만, 수명 포기 장면에 등장한 수행에 대해서 아무런 언급이 없다. 그는 다른 주석서에서 수행을 수명(āyu)으로 보고 수명을 육체적인 명근(rūpajīvita-indriya)으로 보고 있다.[57] 붓다고사에 따르면 명근에는 정신적인 것과 육체적인 것 두 종류가 있는데 정신적인 명근은 직접 해를 가할 수 없고 오직 육체적인 명근만이 공격의 대상이 된다. 육체적인 명근을 제거함으로써 간접적으로 정신적인 명근을 제거할 수 있다. 육체적인 명근과 정신적인 명근은 상호 의존하고 있으므로 둘은 함께 사라진다.[58] 결국 붓다고사는 죽음은 사

---

55) Dīgha Nikāya Ⅱ, p.106. "Bhagavā Cāpāle cetiye sato sampajāno āyusaṃkhāraṃ ossaji."

56) Sumaṅgalavilāsinī Ⅱ, p.556.

57) Papañcasūdani Ⅱ, p.350.

58) Samantapāsādikā Ⅱ, p.438.

실상 육체적인 명근의 해체에 의해 일어난다고 주장하는 것이다. 육체적인 명근은 호흡이나 심장 박동 등과 같은 특정 기관의 활동(organic function)이 아니라 생명의 기본적인 생리 과정(the basic biological processes of life)을 의미하고 있는 것으로 보인다.59)

상좌부에 의하면 명근이 단절되는 것을 죽음(maraṇa)이라고 정의하는데 여기에는 네 가지 경우가 있다고 한다. 그중 수명(āyu)이 소진하여 죽음이 일어나는 경우를 첫 번째로 말하고 있다.60) 이 경우 아직 업은 남아 있지만 수명이 다한 것이다. 기름 등잔불을 비유해서 말하면 수명은 심지에 해당하고 업은 기름에 비할 수 있다. 기름인 업은 아직 남아 있지만 심지의 수명이 다한 경우이다. 붓다가 수명을 방기했다는 것은 인위적으로 수명을 없애 버린 것으로 이 경우에 해당한다고 할 수 있다.

붓다는 아주 긴 수명을 부여받은 것으로 믿어지기 때문에 수명이 자연적으로 소진된 것이 아니고 자신의 의지에 따라 단축한 것이다. 수를 명근으로 이해하는 것은 앞서 살펴본 명행의 의미 중 첫 번째와 일치한다.

팔리어 『열반경』에 따르면 붓다는 자신의 수명을 포기한 직후 게송을 읊는다.

> 크고(tulaṃ) 작은(atulaṃ) 유(有, sambhavaṃ),
> 유행(有行, bhava-saṃkhāraṃ)을 성자(聖者)는 버렸다.
> 정(定)에 든 채로 내적으로 즐거워하며

---

59) Damien Keown, *Buddhism & Bioethics*. London: Macmillan Press LTD 1995, p.149.
60) 나머지 세 경우에 대해서는 이 책 p.128 참조.

아유(我有, atta-sambhava)를 부수었다,
마치 갑옷을 부수듯이.[61]

수행이라는 말 대신에 유(有, sambhava), 유행(有行, bhava-saṃkhārā), 아유(我有, atta-sambhava)가 등장하고 있다. 붓다고사는 이것들을 크게 두 가지로 나누어 설명한다. 1) 유(sambhava)는 유의 원인을 만들어 내고 축적하는 것이고 유행(bhava-saṃkhāra)은 재생을 가져오는 것을 말하고 아유(atta-sambhava)는 자아에 관하여 일어난 번뇌를 말한다. 2) 유(有)는 과보(果報)를 갖는 것이고 유행은 유(bhava)와 세간의 업(lokiya-kamma)을 형성하는 것이고 아유는 번뇌의 측면에서 말한 것이다. 이 설명에 따르면 유(有)는 과거 행위의 결과를 의미하고 유행은 현재 유를 발생시키는 것을 말하고 있다.

그렇지만 위의 게송과 그에 대한 설명이 명확하게 이해되는 것은 아니다. 리즈 데이비즈는 이 게송은 아마도 전승 과정 중에 어떤 오류가 발생하여 의미가 불명료하게 된 것으로 추측한다.[62] 붓다고사도 두 가지 다른 해석법을 내고 있음이 이런 추측을 뒷받침한다. 붓다고사는 이 게송은 붓다의 무외(無畏)를 보여 주고자 작성된 것으로 해석한다. 붓다고사는 유행(bhava-saṃkhārā)을 업(karma)으로 보고, 오온(五蘊)의 토대로 정의한다. 붓다고사는 위 게송이 보리수 아래서 붓다가 정각을 이룰 때의 정황을 기술하고 있다고 본다. 붓다는 정각 시 재생을 초래하는 모든 번뇌를 제거했다는 것이다.

---

61) Dīgha Nikāya II, p.107. "Tulaṃ atulañ ca sambhavaṃ bhava-saṃkhāram avassajī munī, Ajjhattarato samāhito abhida kavacam iv'atta-sambhavan ti."

62) Rhys Davids (trans), *Dialogues of the Buddha* II, Oxford: Pali Text Society. p.113 fn 2.

붓다가 정각한 이래 모든 번뇌는 제거했으므로, 두려움을 전혀 느끼지 않는다고 붓다고사는 강조하고 있다.

이상과 같은 그의 설명은 한 가지 의문을 불러일으켰다. 즉 정각시 존재의 뿌리를 뽑아 버린 붓다가 어떻게 계속 80세까지 살 수 있었을까? 담마팔라(Dhammapāla)는 이 문제를 다음과 같이 설명한다. 붓다는 보리수 아래서 유행(bhava-saṃkhāra)을 버렸지만 낡은 수레를 끈으로 묶어 유지하듯이 선정으로 자신의 존재를 묶어 유지했다. 3개월 후 붓다는 더 이상 등지로 자신의 존재를 존속시키지 않겠다고 생각하며 수행을 버렸다.[63] 담마팔라는 유행과 수행을 구분하고 있는 듯하다. 전자가 존재(有)의 근본 업을 가리키고 있는 데 비해 후자는 타고난 수명을 의미하는 것 같다. 담마팔라의 견해에 따르면 붓다는 정각한 이래 유행은 없었지만 등지의 성취를 통해 수행을 유지했다는 것이다.

2) 설일체유부의 견해

수명 포기 방법에 대해서 살펴보면 앞서 살펴본 수명 연장 방법과 대조적이다. "아라한(阿羅漢)으로서 신통(神通)을 성취하고 마음이 자재한 이가 앞에서(수명 연장)와 같이 보시(布施)한다. 보시하고 난 뒤 발원(發願)하고 곧 변제(邊際)의 제4정려(第四靜慮)에 든다. 정(定)에서 일어나 마음으로 생각하고 입으로 말한다. '내가 감수해야 할 모든 수이숙업(壽異熟業)을 바라건대 전환하여 부이숙과(富異熟果)로 초래하게 하소서.' 그때에 그는 수이숙업을 초래할 수 있고 그것을 전환하여 부이숙과를 초래할 수 있다."[64]

---

63) Paramatthadīpanī I, p.330.

수이숙업이 부이숙과로 전환될 수 있는가에 초점을 두면서 어떻게 수명 포기가 이루어지는지 설명하고 있다. 설명 방식은 대체로 앞서 살펴본 수명 연장 방식과 대구(對句)를 이룬다. ① 수이숙과를 부이숙과로 전환할 수 없다는 견해에 동의한다. "과체(果體)를 전환하는 것이 아니고 업력(業力)을 전환하는 것이다. 즉 보시(布施)와 변제정력(邊際定力)으로 수이숙업(壽異熟業)을 전환하여 부이숙과(富異熟果)를 초래하는 것이다. 비록 둘로 전환할 수 있으나 지금 수과(壽果)를 고려하지 않고 부과(富果)를 바라기 때문이다."[65] ② "어떤 업(業)은 먼저 부이숙과를 받게 되어 있었다. 그러나 재앙과 장애가 있어 그렇지 못했다가 지금 보시와 변제정력으로 그 재앙과 장애가 사라지게 되어 부이숙이 일어난다. 비록 둘로 전환할 수 있으나 지금 수과를 고려하지 않고 부과를 바라기 때문이다."[66] ③ "어떤 업은 먼저 부이숙과를 받게 되어 있었다. 그러나 결정된 것은 아니었다. 지금 보시와 변제정력으로 부업(富業)을 결정하고 그 과보를 초래하게 했다."[67] ④ "어떤 업은 먼저 거칠고 미묘하지 않은 부이숙과를 받게 되어 있었다. 지금 보시와 변제정력으로 거친 업을 묘과(妙果)로 전환하여 초래한다. 즉 먼저 오랜 기간의 추과(麤果)를 이끌다가 지금 보시, 선정, 원력으로 묘과를 초래한다."[68] ⑤ "보시

---

64) 『阿毘達磨大毘婆沙論』(『大正藏』 27, p.656下). "阿羅漢成就神通得心自在 如前布施施已發願卽入邊際第四靜慮 從定起已心念口言 諸我能感壽異熟業 願此轉招富異熟果 時彼能招壽異熟業 則轉能招富異熟果."

65) 『阿毘達磨大毘婆沙論』(『大正藏』 27, p.657上). "無轉果體 有轉業力 謂由布施邊際定力 轉壽異熟業招富異熟果 雖俱可轉而彼今時不顧壽果 祈富果故."

66) 『阿毘達磨大毘婆沙論』(『大正藏』 27, p.657上). "有業先感富異熟果 然有災障 由今布施邊際定力彼災障滅富異熟起 雖俱可轉而彼今時不顧壽果 祈富果故."

67) 『阿毘達磨大毘婆沙論』(『大正藏』 27, p.657上). "有業先招富異熟果 然不決定 由今布施邊際定力 令招富業決定與果."

와 선정으로 숙세(宿世)에 남은 부이숙(富異熟)을 끌어 취하는 것이다. 아라한이 여생(餘生) 중 남은 부이숙(富異熟)이 있어 보시와 변제정력으로 끌어 현전(現前)하게 한다. 정력(定力)은 부사의(不思議)하여 오랫동안 끊어진 것을 다시 연결시킨다."[69]

앞서 살펴본 수명 연기의 방법에 관하여 네 가지 이론이 제시된 것에 비해 여기 수명 포기에 관하여서는 ④가 부가되어 다섯 가지 이론이 제시되고 있다. 수명 연기에서는 수이숙과를 끌어들이는 방법에 주안점을 두었지만 여기 수명 포기에서는 수이숙과를 어떻게 줄이는가에 초점을 맞추고 있다. 수명을 단축하는 방법에 관한 문제는 그렇게 어려운 것이 아니다. 수명 연기와는 달리 보통 사람도 쉽게 생명을 단축할 수 있다. 자살이 바로 그것이다. 칼이나 독약 등 여러 가지 외적인 수단으로 자신의 생명을 줄일 수 있다. 지금 논서에서 문제 삼고 있는 것은 범부가 행하는 것처럼 외적인 도구에 의존하지 않고 선정으로 어떻게 생명을 포기할 수 있는가를 교리적으로 설명하고자 하는 것이다.

수명을 버리는 방법을 설명할 때 수이숙과를 없애는 것에 초점을 두어 설명하는 것이 최상일 것이다. 수이숙과를 초래하는 수이숙업을 부이숙과로 전환하는 것이다. 그렇지만 이러한 방법은 앞에서 수명 연기에서 제기된 문제가 그대로 적용된다. 어떻게 수이숙업을 부이숙과로 전환할 수 있는가의 문제를 피하고자 ②, ③, ④, ⑤의 대안이 제시되고 있는 것이다. 그렇지만 여기에도 심각한 문제가 도사

---

68) 『阿毘達磨大毘婆沙論』(『大正藏』 27, p.657上). "有業先招富異熟果麤而非妙 由今布施邊際定力 令感麤業轉招妙果 謂彼先引長時麤果 今由施定祈願力故 令彼轉招今時妙果."

69) 『阿毘達磨大毘婆沙論』(『大正藏』 27, p.657上). "復有欲令由施定故引取宿世殘富異熟 謂阿羅漢有餘生中殘富異熟 由今布施邊際定力引令現前 定力不思議令久斷還續."

리고 있다. 수이숙과를 그대로 둔 채 부이숙과를 늘린다고 해서 생명이 단축되는 것은 아니라는 반문이다. 따라서 ②, ③, ④, ⑤의 설명은 앞서 살펴본 수명 연장 방법에 대응하여 인위적으로 대칭시킨 성격이 짙다. 특히 ④의 경우는 별개의 이론으로 제시될 필요가 있을까 하는 의구심을 갖지 않을 수 없다. 그러므로 『아비달마구사론』과 『아비달마구사석론』에서는 ①설만 제시되고 ②, ③, ④, ⑤가 소개되지 않고 있는 이유를 유추할 수 있다.70)

논서는 묘음(妙音) 존자의 견해로 수명 문제를 부연하고 있다. "그 아라한은 변제제4정력(邊際第四定力)을 일으켜서 색계(色界)의 대종(大種)을 이끌어 신중(身中)에 현전(現前)하게 한다. 그러나 그 대종에는 수행(壽行)에 수순하는 것이 있기도 하고 수행을 어기는 것도 있다. 그러므로 유(留)라기도 하고 사(捨)라기도 한다."71) 유사를 수행에 순행하는 것과 역행(逆行)하는 것으로 이해하고 있다. 선정력을 통해 유인된 대종이란 지(地), 수(水), 화(火), 풍(風) 4대를 의미하는 것으로 중생의 신체를 구성하고 있는 가장 근본적인 요소를 말한다. 외부에서 유입된 4종(四種)의 성질에 따라 이미 자신의 신체를 구성하고 있는 4대에 유익한 영향이나 해로운 영향을 미치게 될 것이다. 아라한은 선정력으로 외부의 4대 중 좋은 것을 흡수하여 수행을 늘릴 수도 있고 나쁜 4대를 흡인하여 수행을 방해할 수도 있

70) 『阿毘達磨俱舍論』(『大正藏』 29, p.15中); 『阿毘達磨俱舍釋論』(『大正藏』 29, p.174下).
71) 『阿毘達磨大毘婆沙論』(『大正藏』 27, p.657上). "彼阿羅漢由起邊際 第四定力 引色界大種令身中現前 而彼大種有順壽行有違壽行 由此因緣或留或捨." 『阿毘達磨俱舍論』(『大正藏』 29, p.15中에)도 동일한 내용이 나오고 있다. 『阿毘達磨俱舍釋論』(『大正藏』 29, p.174上)에는 약간의 설명이 더 가해지고 있고 약간의 차이점이 보인다. 수명과 명행을 구분하여 사용하고 있고 수행이라는 용어를 사용하고 있지 않다는 점이다.

다는 것이다.

『아비달마대비파사론』은 또 하나의 설을 제시하고 나서 그것을 부정하고 있다. "그 아라한은 자재한 삼마지력(三摩地力)으로 일찍이 전생의 업에 의해 생겨난 제근(諸根)과 대종(大種)이 머물 시(時)의 세분(勢分)을 바꾸어 버리고, 전에 없던 선정력(禪定力)으로 일어난 제근과 대종이 머물 시의 세분을 끌어들여 취한다. 그러나 이 설은 옳지 않다. 명근(命根)은 별개(別個)의 것으로 근(根)과 대종을 자성(自性)으로 삼지 않기 때문이다."[72] 유부에서는 수(壽)를 별개의 법(요소)으로 파악하지만 경량부는 별개의 존재가 아니라 업에 의해 동분(同分)이 머물 때의 세력이라고 본다. 동분이 머무는 동안 그 세력은 상속되고 그 세력이 상속되는 동안 수명은 유지되는 것이다. 따라서 세력을 수의 본질로 보는 것이다. 예를 들면 곡식의 종자가 발아하여 자랄 때의 세력이나 당겨진 화살을 놓을 때 화살이 날아가는 힘과 같은 것이다.[73] 유부가 주장하듯이 명근은 별개의 실재가 아니라 제근의 대종이 상속하여 지속할 때의 세력을 일시적으로 명근이라고 경량부에서는 주장한다. 따라서 이 세력의 연장과 단축은 오로지 대종 세력의 변화를 통해 이루어질 수 있다는 것이다.[74] 그러나 유부는 명근을 불상응행법(不相應行法)으로 파악하여 별개의 실재로 보고 있다.

---

72) 『阿毘達磨大毘婆沙論』(『大正藏』 27, p.657中). "彼阿羅漢由此自在三摩地力 轉去曾有宿所生諸根大種住時勢分 引取未曾定力所起諸根大種住時勢分 彼說不然 命根別有非根大種爲自性故."

73) 『아비달마구사론』(『대정장』 29, p.26下); 『구사론기』 41 p.101中. 명근에 관한 유부와 경량부의 논쟁은 다음을 참조하라. 권오민, 『有部阿毘達磨와 輕量部哲學의 硏究』(서울: 경서원 1994), pp.124-127; p.462.

74) 권오민, 앞의 책, pp.435-6. 붓다고사에 따르면 Pubbaseliya와 Sammitiya가 이러한 주장을 하였다(Pruden 앞의 책 p.347 fn 263).

세친(Vasubandhu)은 유부 논사들의 몇 가지 견해를 제시한 후 자신의 입장을 밝히고 있다. 과거의 업으로 생긴 수명은 단축할 수는 있지만 새로이 생긴 수명은 과거의 업에 의한 것이 아니고 선정력에 의한 것이라고 세친은 해석하고 있다. 이러한 세친의 해석은 정통 유부의 논서인 『아비달마디파(Abhidharma-dīpa)』에서 부정되고 있다. 수명은 선정력의 산물이 아니라 업의 결과(vipāka)라고 강조하면서 만약 선정력의 산물이라면 붓다는 그러한 능력을 가지고 중생을 위해 이 세상에 계속 머물 수 있었을 것이라고 반박하고 있다.[75] 초기불교의 업보 교리에 따르면 인간의 수명은 과거 업에 따라 결정되므로 업보이지 선정력의 산물이 아니다. 이런 맥락에서 정통 유부의 논서는 초기불교의 업보 교리에 충실하며 그것을 잘 대변하고 있다고 보인다.

5. 유명사수(留命捨壽)와 무아(無我)

설일체유부의 논사들에게는 '유명사수(留命捨壽)'라는 용어가 정착된 것 같다. 붓다의 수명 연장과 수명 포기를 이렇게 표현하고 있는 것이다. 팔리어 『열반경』에 따르면 유명과 사수는 각각 별개의 사건으로 분리되어 나타나고 있지만 몇몇 한역본에서는 동시에 일어나는 것으로 되어 있다. 특히 근본설일체유부의 『열반경』 상응 부분은 사명유수라는 표현을 사용하고 있다. 『열반경』 제본이 동일하게 붓다의 수명 포기를 기술하고 있지 않지만 설일체유부의

75) Jaini, 앞의 논문, p.550.

논사들은 『근본설일체유부비나야잡사』의 유명행사수행(留命行捨壽行)을 수용하여 수명 연장과 수명 포기에 관하여 자세히 논의하고 있다.

명행(命行)과 수행(壽行)의 동이(同異)에 관하여 13가지 의견이 논서에서 제시되고 있다.[76] 먼저 『아비달마대비파사론』에 제시되고 있는 견해들을 살펴보자. 명행(命行)과 수행(壽行)의 차이가 없다고 주장하는 이는 그 근거로 『품류족론(品類足論)』을 인용하고 있다. 『품류족론』에는 명근(命根)이 곧 삼계수(三界壽)라고 밝히고 있다.[77] 즉 명근이란 삼계의 모든 유정으로 하여금 그들의 생존을 가능하게 하는 것으로 그것을 수(壽)라고 하여 명행과 수행이 동일하다고 한다.

한편 명행과 수행은 차이가 있다고 보는 자는 명행(命行)과 수행(壽行)이라는 용어가 있는 것 자체가 차이가 있음을 나타낸다고 주장한다. 여기에선 『아비달마대비파사론』에 제시된 견해를 하나씩 간략하게 살펴보자.[78]

① 활(活)을 명행이라 하고 사(死)를 수행이라 한다. ② 머물게 된 바를 명행이라 하고 버려진 바를 수행이라 한다. ③ 생(生)을 가능하게 하는 것을 명행이라 하고 생을 가능하지 못하게 하는 것을 수행이라 한다. ④ 잠시 머무는 것을 명행이라 하고 일정 기간(一期) 머무는 것을 수행이라 한다. ⑤ 동분(同分)을 명행이라 하고 피동분(彼同分)을 수행이라 한다. ⑥ 수과(修果)를 명행이라 하고 업과(業果)를 수행이라 한다. ⑦ 무루업과(無漏業果)를 명행이라 하고 유루업과(有漏

---

76) 『阿毘達磨大毘婆沙論』(『大正藏』 27, p.657下).
77) 『品類足論』(『대정장』 26, p.694上). "命根云何 謂三界壽."
78) 『阿毘達磨大毘婆沙論』(『大正藏』 27, p.657下).

業果)를 수행이라 한다. ⑧ 명과(明果)를 명행이라 하고 무명과(無明果)를 수행이라 한다. ⑨ 신업과(新業果)를 명행이라 하고 구업과(舊業果)를 수행이라 한다. ⑩ 여과업과(與果業果)를 명행이라 하고 불여과업과(不與果業果)를 수행이라 한다. ⑪ 근업과(近業果)를 명행이라 하고 원업과(遠業果)를 수행이라 한다. 여기에 덧붙여 마지막으로 묘음(妙音) 존자의 견해를 소개하고 있다. ⑫ 현수업과(現受業果)를 명행(命行)이라 하고 차생수업과(次生受業果), 후생수업과(後次受業果), 부정수업과(不定受業果)를 수행(壽行)이라 한다.

①을 부연한 것이 ②, ③이다. 명행을 일종의 생의 원리를 보는 데 비해 수행을 사(死)의 원리로 보고 있다. ⑥, ⑦, ⑧은 동일한 내용으로 일상적으로 행한 업의 결과가 수행인 데 비해 아라한으로서 선정을 통해 획득한 것이 명행이라는 것이다. ⑨, ⑩, ⑪, ⑫도 ⑥, ⑦, ⑧과 관계하여 고려한다면 같은 내용이다. 신업은 새로이 만들어진 업으로 결과를 초래할 수 있는 것이며, 현수업과는 이번 생애에 받아야 할 과보이다.

『아비달마구사론』은 명(命)과 수(壽)에 대한 세 가지 견해를 싣고 있다: ① 명행(命行)과 수행(壽行)을 구분하지 않는다. ② 전생의 과보를 수행(壽行)이라 하고 현재의 업과를 명행(命行)이라 한다. ③ 중동분이 머무는 것을 수행이라 하고 중동분이 잠시 머무는 것을 명행(命行)이라 한다.[79] 동분(同分, sabhāgatā) 또는 중동분(衆同分)이란 유정을 유정이게끔 하는 유정의 공통 인자로 비유정과 구별되게 한다.[80] 『아비달마구사론』의 ②는 비파사론의 ⑨에 상당하고 구사

---

79) 『아비달마구사론』(『대정장』 29, p.15下). 『阿毘達磨俱舍釋論』(『대정장』 29, p.175上)에서도 동일한 내용이 나오고 있다.

80) 『品類足論』(『대정장』 26 p.694上)에서는 중동분(衆同分)을 유정(有情)의 동류

론의 ③은 『아비달마대비파사론』의 ④와 ⑤를 결합한 것이다.

논서는 수명 연장과 수명 포기와 관련하여 영혼과 같은 실체를 인정하는 것에 대하여 명백히 경계하고 있다. 논사들은 명행(命行)과 수행(壽行) 앞에 복수 의미를 나타내는 '다(多)' 자(字)에 주목하고 있다. 『아비달마대비파사론』에서는 왜 명행과 수행이 각각 단수가 아니라 복수인지를 설명하고 있다. "다(多)라는 말은 머무르게 두는 바나 버리는 바가 한 찰나(刹那)에 이루어지는 것이 아님을 보이기 위함이다."[81] 『아비달마구사론』에는 한층 더 자세한 논의가 이루어지고 있다. ① "한 순간 명행과 수행을 유지하고 버리는 것이 아니라, 시간을 두고 유지하기도 하고 버리기도 함을 보여 주기 위함이다. 명행과 수행에 유지와 포기가 있기 때문이다."[82] 이것은 명행과 수행의 활동적인 측면에서 해석해야 정확하게 이해될 것 같다. 일시에 명행과 수행이 유지되거나 포기되는 것이 아니라 시간을 두고 그 행위의 효과가 발생한다는 것이다. 명행과 수행을 버린다고 해서 바로 생명이 끝나는 것은 아니다. 왜냐하면 명행과 수행은 단수의 개체로서 한 순간에만 활동하는 것이 아니기 때문이다. 붓다고사의 설명을 빌리자면, 수행의 포기가 돌멩이를 던지는 것과 같지 않다. 붓다가 수행을 포기했을 때, 그것이 곧 생명의 종점을 의미하는 것은

성(同類性)으로 정의하고 있다. 돌이나 식물과는 달리 인간 모두에게 공통되는 것을 말하는데 그것이 구체적으로 무엇을 지칭하는지 설명하기 어렵다. 『입아비달마론』에 따르면 제 유정이 똑같이 욕망의 대상을 즐기는 것을 중동분이라고 정의하고 있다. 유부가 중동분의 존재를 인정하는 데 비해 경량부는 그것을 부정한다. 자세한 논의는 다음을 참조 바람. 권오민, 『유부아비달마와 경량부철학의 연구』 서울: 경서원 1994, pp.118-20.

81) 『阿毘達磨大毘婆沙論』(『대정장』 27, p.657下). "多言顯示所留所捨非一刹那."

82) 『아비달마구사론』(『대정장』 29, p.15下). "多言爲顯留捨多念命行壽行非一刹那. 命行壽行有留捨故."

아니다. ② "하나의 실체(實體)로서 명행과 수행이 많은 시간을 경과하여 머문다는 생각을 막기 위해서이다."83) 예를 들면 영혼과 같은 실체나 브라흐만교에서 상정하는 윤회의 주체인 아트만과 같은 실체로 명수(命壽)를 여기는 것을 방지하고자 '다(多)'라는 복수 형용어를 사용했다는 것이다. 명수가 복수가 되기 때문에 하나의 실체로 여겨지는 아트만과 같은 것이 될 수는 없다는 것이다. ③ "명수가 하나의 실체가 아니고, 단지 다행(多行)에 가립(假立)해서 명행과 수행의 두 이름이 있다."84) ②와 밀접하게 연관되는 것으로, 행(行, saṃkhārā)은 본성상 복수이기 때문에 그 활동도 다양하다. 다행(多行)의 활동 속에서 명행과 수행이라는 두 명칭을 빌어 행(行)의 복수 작용을 보여 준 것이라고 설명한다. 『아비달마대비파사론』에선 행이 무상법이라고 밝히고 있다. "행(行)이라는 말은 머무르게 두는 바나 버리는 바가 무상법(無常法)임을 보이기 위함이다."85) 명행이나 수행은 제행 중 한 종류로 그 자체가 생성과 소멸의 법칙에 종속된 유위법이다. 따라서 수행이나 명행을 영원불변한 아트만과 같은 존재로 여겨서는 안 된다는 주장이다.

***

붓다의 수명 연장과 수명 포기에 관한 주제에 한정하여 초기불교

---

83) 『아비달마구사론』(『대정장』 29, p.15下). "爲遮有一命壽實體經多時住." 正量部(Sāṃmitīya)의 견해라고 한다(Pruden, 앞의 책, p.329 fn 54).
84) 『아비달마구사론』(『대정장』 29, p.15下). "爲顯無一實命壽體. 但於多行假立如是命壽二名."이 설은 經量部(Sautrāntika)의 주장으로 유부가 명행과 수행을 별개의 개체(entity)로 여기는 것을 비판한 것이라고 한다(Pruden 앞의 책 p.167).
85) 『아비달마대비파사론』(『대정장』 27, p.657下). "行言顯示所留所捨是無常法."

와 부파불교가 어떻게 이 문제를 다루고 있는가를 살펴보았다. 붓다의 수명 단축 및 연장 능력에 관한 믿음은 붓다가 가르친 교리와 상반되는 부분이 있었으므로 논사들은 이 상충되는 부분을 이성적으로 해결하고자 하였다. 제행무상(諸行無常)과 업보(業報)의 교리와 상충하는 붓다의 수명 연장 능력에 대한 신앙을 교리적으로 설명해야만 했던 것이다. 이런 심각한 문제 제기에 따라 논사들은 업보의 교리 내에서 붓다의 수명 연장 및 단축에 관한 믿음을 교리적으로 수용하려고 하였다.

붓다고사는 붓다가 10개월 수명을 연장(더 정확히 말하자면 죽음을 연기)했다고 믿고 있고 유부의 논사들은 3개월 연장했다고 믿음으로써 붓다가 수명을 연장할 수 있는 능력을 소유한 것으로 받아들였다. 붓다가 자유자재로 수명을 연장하기도 하고 줄이기도 했다는 논사들의 믿음은 『열반경』에 근거하고 있음을 살폈다. 『열반경』에 피력되고 있는 수명에 대한 붓다의 신통력에 대한 신앙을 저촉하거나 무시하지 않으면서 어떻게 교리적으로 설명하는가 하는 것이 논사들의 주요한 관건이었다.

붓다고사는 붓다가 새로운 수명을 연장한 것이 아니라 시기상조의 죽음을 연기한 것에 지나지 않는다고 주장함으로써 업보의 교리와 상충하는 것을 피할 수 있었다. 한편 유부의 논사들도 붓다가 연장한 수명은 부이숙업(富異熟業)을 수이숙과(壽異熟果)로 전환한 것으로 여김으로써 새로운 수명을 생성시킨 것이 아님을 주장했다. 붓다고사나 유부는 붓다의 잠재 수명을 100세 내지 120세로 보고 있기 때문에 그 한계를 넘어서는 수명 연장이 가능하지 않은 것으로 보았다. 이상과 같은 불타관은 매우 현실적이면서도 붓다를 지나치게 보통 인간으로 만들지 않고 있다. 한편으로는 지나치게 신격화하는 것도 반대하고 있음을 알 수 있다.

붓다가 수명에 자유자재한 능력을 지니고 있다는 믿음은 붓다를 지나치게 감정적으로 미화한 데서 비롯되었을 것이다. 그러나 뒷날 부파불교의 논사들은 이러한 믿음을 교리적으로 해석하고자 여러 가지 이론들을 제시해야 했다. 붓다의 특별한 능력에 대한 믿음을 교리적으로 정당화하고 다른 교리들과 충돌하지 않고 체계화하려는 논사들의 열정과 노력 덕분에 부파불교의 불타관은 한층 정비될 수 있었다. 초월적인 대승불교의 불타관은 부파불교의 불타관과 대비해 볼 때 더 정확하게 이해할 수 있을 것이다.

제3장 붓다의 수명 포기의 원인

붓다(Buddha)의 수명 포기라는 주제를 다루는 데는 대승불교의 설명 방식을 익숙하게 접해 왔다. 『법화경(法華經)』은 여래(如來)의 수명은 무량한데 왜 입멸하는 모습을 보이는지 설명한다. 만약 불(佛)이 오랫동안 세상에 머물면 근기가 낮은 중생들은 여래가 상주불멸(常住不滅)한다고 믿고서 교만심을 내고 게으름을 피운다는 것이다. 아울러 붓다의 존재도, 그의 가르침도 소중히 여기지 않고 자신들의 평소 욕망에 빠져, 성도(成道)할 마음을 내지 않는다는 것이다. 중생 교화를 위해 여래는 비록 진실로는 입멸하지 않지만 멸도(滅度)하는 모습을 보인다고 설명한다. 붓다의 입멸 이유는 방편으로 중생을 교화하기 위함이라는 설명이다.[1] 이러한 설명 방식은 붓다의 수명은 무량(無量)하다는 대승불교의 초역사적인 불타관을 그대로 하여 성립된 것이다.

반면에 초기불교의 불타관은 역사적인 모습을 갖춘 붓다를 대상으로 하여 이 문제를 다루고 있다. 그리고 부파불교(部派佛敎), 특히 남방 상좌부(南方 上座部)나 북방 설일체유부(說一切有部)의 논서도, 초기불교의 역사적인 불타관을 다루고 있기 때문에 인간의 합리

1) 『妙法蓮華經』(『대정장』 9, p.42下).

적인 이성(理性)을 바탕으로 이러한 문제에 접근하고 있다. 이 장은 초기불교도들이 붓다의 죽음의 원인을 어떻게 다루고 있는가 살피고자 한다. 또한 붓다가 왜 자신의 수명을 포기하였는지 다루고 있는 최초의 문헌인 『열반경』과, 붓다고사(Buddhaghosa)가 저술한 『열반경』 주석서를 중심으로 살펴보고자 한다. 아울러 북방 논사(論師)들의 견해도 살펴보고자 한다.

1. 붓다의 수명 포기에 관한 『대반열반경』의 견해

초기불교의 『열반경』에 따르면, 붓다는 자신의 생명을 연장하여 오랜 세월 동안 더 이 세상에 머물 수 있는 능력을 지닌 것으로 믿어진다.

"아난다(Ānanda)여! 누구든지 사신족(四神足, cattāro iddhipādā)을 계발하고 증진하고, 수레처럼 만들고, 기초로 하고, 실행 노력하고, 축적하고, 잘 완성한다면, 자신이 원하는 대로 겁(劫, kappa) 또는 그 겁의 남은 기간(kappavasesam) 동안 계속 머물 수 있다. 아난다여, 여래(如來)야말로 사신족을 계발하고 증진하고, 수레처럼 만들고, 기초로 하고, 실행 · 노력하고, 축적하고, 잘 완성하였다. 그러므로 아난다여, 여래가 원하기만 한다면 겁 또는 그 겁의 남은 기간 동안 계속 머물 수 있다."2)

2) Dīgha Nikāya II, p.103. "Yassa kassaci Ānanda cattāro iddhipādā bhāvitā bahulī-katā yāni-katā vatthu-katā anuṭṭhitā paricitā susamāraddhā so akaṅkhamāno kappaṃ vā tiṭṭheyya kappāvasesaṃ vā. Tathāgatassa kho Ānanda cattāro iddhipādā bhāvitā bahulī-katā yāni-katā vatthu-katā anuṭṭhitā paricitā susamāraddhā. So akaṅkhamāno Ānanda Tathāgato

붓다는 아난다에게 세 번씩이나 이상과 같이 자신의 수명 연장 능력을 말하지만, 아난다는 묵묵부답이다. 마라(Māra)와 대화를 끝내고 붓다는 자신의 수명을 포기한다. 그때야 아난다는 붓다에게 다음과 같이 간청한다.

> "세존(世尊, Bhagavā)이시여, 劫(kappa) 동안 더 남아 계속 머물러 주십시오. 선서(善逝, Sugata)여, 겁 동안 더 남아 계속 머물러 주십시오. 많은 사람들의 복리와 행복을 위해, 세상에 대한 자비심으로, 신들과 인간의 복리와 행복을 위해."[3)]

비록 아난다의 이 같은 간청이 제때에 이루어지지 못하고 늦긴 했지만 왜 붓다가 그의 간청을 거절했는지 이해하기 어렵다. 불교도들은 붓다가 정말 그러한 능력을 지니고 있다면 계속 머물러 중생들을 구제할 것을 당연하게 기대할 것이다. 붓다의 위대한 자비심을 염두에 둔다면, 그가 자신의 수명을 포기한 것에 대해 의아해하지 않을 수 없다. 바로 이러한 의문점을 해결하고자 뒷날 여러 가지 시도가 이루어졌다.

초기불교의 『열반경』은 수명 포기의 전후 사정을 꽤 자세히 다루고 있다. 그중에서도 팔리어본 『열반경(Mahāparinibbāna-suttanta)』은 다른 어떤 경전보다도 많은 지면을 할애하여 이 문제를 다루고 있다. 전체 경전 분량의 대략 20퍼센트를 할애하고 있는 것으로 보아, 붓다의 수명 포기 장면이 상좌부(上座部, Theravāda) 전통에서

---

kappaṃ vā tiṭṭtheyya kappāvasesaṃ vā ti."

3) Dīgha Nikāya Ⅱ, p.115. "Tiṭṭhatu bhante Bhagavā kappaṃ, tiṭṭthatu Sugato kappaṃ, bahujana-hitāya bahujana-sukhāya lokānukampāya atthāya hitāya sukhāya deva-manussānan ti."

얼마나 중시되었는지 알 수 있다.[4] 먼저 팔리어본 『열반경』에서는 붓다의 수명 포기에 관해 어떻게 서술하고 있는지 살펴보자. 이 부분의 내용은 모두 인용하기에 너무 길기 때문에 요약하고자 한다.

벨루바(Beluva)에서 우안거(雨安居)를 보내는 동안 붓다는 질병에 걸리게 된다. 힘겹게 이 질병을 극복한 뒤, 그는 베살리(Vesāli)로 나아간다. 베살리에 있는 한 묘당에서 아난다와 지내던 중, 붓다 자신은 신통력(神通力, iddhi)으로 자신의 수명을 연장할 수 있는 능력을 지니고 있다고 말한다. 그러나 아난다는 마라(Māra)에게 사로잡혀 있었기 때문에, 붓다에게 수명을 연장하라고 간청하지 못한다. 붓다는 똑같은 말을 세 번이나 되풀이하지만, 아난다는 여전히 대꾸하지 않는다. 붓다가 이러한 아난다를 내보내자, 마라가 붓다에게 다가와 입멸할 것을 요청한다. 마라는 붓다의 정각(正覺) 직후 그들이 나누었던 대화를 상기시킨다. 그 당시 마라는 정각을 이룬 붓다에게 입멸할 것을 요청했었다. 붓다는 자신의 가르침이 아직 널리 알려져 있지 않고 가르침을 따르는 제자도 아직 없으므로 열반에 들 수 없다고 마라의 요청을 거절했었다. 이제 마라는 이러한 붓다의 약속(?)을 상기시키면서 정각한 이래 수많은 제자가 붓다의 가르침을 이해하고 알리고 있으므로, 지금이 바로 입멸할 때라고 주장한다.

이에 붓다는 마라에게 자신은 향후 3개월 뒤 입멸할 것이라고 선언한다. 붓다가 자신의 수명을 방기하는 순간, 지진이 일어난다. 아난다는 지진에 경이하여 붓다에게 다가온다. 붓다는 아난다에게 지

4) 『열반경』에는 우안거(雨安居) 이전에 라자가하에서의 붓다의 여정부터 불탑(佛塔) 건립에 이르기까지 다양한 사건과 내용들이 포함되어 있다. 팔리어본 『열반경』은 초기불교 경전 중에서 가장 긴 경전으로 팔리성전협회(Pali Text Society)에서 간행된 것을 보면, 전체 분량은 96쪽이고, 그중 수명 방기에 관한 서술이 차지하는 분량이 18쪽이나 된다(Dīgha Nikāya Ⅱ, pp.102-119).

진이 일어나는 8가지 이유에 대해 설명하고 중단 없이 계속하여 8대중(大衆, parisā), 8승처(勝處, abhibhāyatana), 8해탈(解脫,vimokha)에 관하여 가르친다. 그러고 나서 붓다는 아난다에게 마라의 간청과 자신의 수명 방기에 관하여 말한다.

이에 아난다는 붓다에게 수명을 연장할 것을 세 번이나 간청하지만 붓다는 다음과 같은 말로 거절한다. "만약에, 아난다여! 그렇게 여래(如來)에게 간청하였더라면, 두 번 정도는 여래가 거절했겠지만 세 번째는 너의 청에 동의했을 것이다. 그러므로 아난다여, 네가 잘못한 것이다. 바로 너에게 허물이 있다."[5] 그리고 붓다는 과거에도 또한 아난다에게 라자가하(Rājagaha)의 서로 다른 열 곳에서, 그리고 베살리의 차팔라(Cāpāla) 묘당 외 다섯 곳에서 붓다가 똑같이 자신의 수명 연장 능력을 선언했다고 아난다에게 책임을 묻고 있다. 아난다가 늦게 간청한 것이 붓다의 수명 포기에 결정적 요인이 된 것임을 팔리어본 『열반경』은 말하고 있다.

법현(法顯)이 번역한 『대반열반경(大般涅槃經)』에 따르면, 붓다는 아난(阿難)에게 여래는 지금 사신족이라는 대신력(大神力)을 지니고 있기 때문에 원하기만 한다면 일 겁 이상은 머물 수 있다고 세 번 설했지만 아난은 응답하지 않는다. 아난이 마왕(魔王)에 의해 미혹되어 있는 바를 알고 붓다도 침묵을 고수한다. 이때 마왕이 와서 예전의 대화를 상기시키면서 붓다의 반열반(般涅槃)을 간청한다. 이에 붓다는 승낙의 말을 하고 3개월 뒤에 반열반할 것이라고 선언한다.

---

5) Dīgha Nikāya II, p.115; 116; 117; 118. "Sace tvaṃ Ānanda Tathāgataṃ yāceyyāsi, dve va te vācā Tathāgato paṭikkhipeyya, atha tatiyakaṃ adhivāseyya. Tasmāt ih'Ānanda tuyh'ev'etaṃ dukkataṃ, tuyh'ev'etam aparaddhaṃ." 동일한 문장이 4쪽에 걸쳐 다섯 번 반복되어 나타나 아난다의 허물을 강조하고 있다.

이에 천지가 진동하자 아난이 그 이유를 여쭙는다. 붓다는 지진의 8대 원인, 8부중(部衆), 8승처(勝處)를 설한다. 그리고 붓다는 자신과 마라와의 대화를 아난에게 되풀이하고, 지진이 발생한 원인이 자신의 수명 포기 때문이라고 설명한다. 아난이 우리 중생들을 애민(哀愍)하여 일 겁을 더 머물 것을 재삼 간청하지만 붓다는 아난에게 그 허물을 돌린다.

"내가 지금 수명을 문득 버린 이유는 진실로 너 때문이다. 왜냐하면 내가 이전에 너에게 사신족을 수행한 이는 일 겁 또는 일 겁에 가까운 기간 동안 머물 수 있다고 설하였다. 여래는 지금 대신력을 소유하고 있으니 어찌 일 겁 또는 일 겁에 가까운 기간 동안 머물 수 없겠는가? 이렇듯 세 번이나 설하여 권청할 기회를 열어 두었지만 너는 잠자코 있기만 하고 나에게 일 겁 또는 일 겁에 가까운 기간 동안 머물 것을 간청하지 않았다. 그러므로 나는 3개월만 수명을 유지하기로 하였다. 너는 어찌하여 지금에야 나에게 머물기를 청하느냐."6)

이 한역본은 아난이 붓다에게 수명 연장을 제때에 간청하지 않았기 때문에 붓다가 수명을 줄였다고 설명하고 있다. 다른 어떤 한역본보다도 팔리어본과 유사하다

백법조(白法祖)가 번역한 『불반니원경(佛般泥洹經)』에 따르면 붓다는 다음과 같이 수명을 방기한다. 아난(阿難)은 한 나무 아래서 나쁜 생각을 하다가 붓다에게 가서 왜 입멸하지 않느냐고 묻는다. 붓다는 아난에게 비구, 비구니가 사신족을 수행하면, 원한다면 일 겁

6) 『大般涅槃經』(『大正藏』 1, p.192中). "我今所以便捨壽者 正由汝故 所以者何 我前於此向汝說言 四神足人 尙能住壽 滿足一劫 若減一劫 如來今者有大神力 豈當不能住壽一劫 若減一劫 乃至如是慇懃三說 開勸請門 而汝默然 曾不請我 住壽一劫 若減一劫 是故我今住命三月 汝今云何方請我住."

동안 죽지 않을 수 있다고 말한다. 악마가 이때 아난의 뱃속에 들어간다. 붓다가 다시 아난에게 같은 취지를 설하지만, 아난은 "붓다는 어찌하여 반열반하지 않느냐? 가히 반열반하기에 적절한 때이다"라고 말한다. 붓다는 아난에게 세 번이나 사신족을 수행한 이는 일겁유여(一劫有餘)를 더 머물 수 있다고 말하지만 아난은 대답하지 않는다. 붓다는 아난을 보내고 홀로 머물면서 이전에 악마와 나눴던 대화를 상기하고 나서 수명을 방기할 것을 결심한다. 이에 지진이 일어난다. 이를 계기로 아난다에게 천지가 진동하는 8가지 이유를 설한다. 7번째의 원인은 붓다가 수명을 포기한 것이라고 설하고 나서 3개월 뒤 반열반할 것임을 선언한다. 이에 아난이 붓다의 반열반을 만류하자 붓다는 아난다에게 허물을 돌린다. "이것은 너의 허물이다. 이것을 네가 지은 바이다. 내가 두 번 세 번 염부리(閻浮利) 세계는 크게 즐겁다고 말하였는데, 너는 대응하지 않았다. 나는 네 머리의 뿔을 보았다. 너는 어찌하여 악마가 너의 뱃속에 들어가는 것을 허락하였느냐? 나는 지금 다시 그만둘 수 없다. 지금부터 3개월 뒤 반열반할 것이다."[7] 이 한역본에 따르면 아난이 붓다에게 직접 입멸을 요청한다. 비록 뒷부분에서 우리는 아난이 악마에게 사로잡혀 있었기 때문이라고 짐작할 수 있지만, 갑자기 아난이 입멸을 요청하는 것이 이상하다. 수명 방기의 원인은 악마가 아난다의 뱃속으로 들어가 아난다로 하여금 붓다에게 입멸을 요청하게 한 데 있다. 다른 어떤 『열반경』 제본보다 이 한역본은 아난에게 더 무거운 책임을 묻고 있는 것을 알 수 있다.

『유행경(遊行經)』을 살펴보자. 붓다는 아난에게 여래는 사신족으

7) 『佛般泥洹經』(『大正藏』 1, p.165中). "是若過是若所作 我再三告言 閻浮利內大樂 若徑默然不應 我見若頭角 若何以聽魔使得入若腹中 我今不得復止 後三月當般泥洹."

로 일 겁 이상을 더 머물러 천신과 인간을 이익되게 할 수 있다고 세 번이나 선언하지만 아난다는 응답하지 않는다. 이때 아난은 악마 파순(波旬)에게 사로잡혀 있어 혼미하였으므로 붓다가 세 번이나 선언했지만, 아난은 간청할 줄을 몰랐다고 경전은 설명한다. 붓다가 아난을 보낸 뒤 얼마 되지 않아 파순이 와서 붓다에게 입멸을 권한다. 이에 붓다는 사부대중이 정법(正法)을 잘 배워 확립되기까지는 입멸하지 않을 것이라고 대답한다. 파순은 과거 붓다가 정각(正覺)할 때도 그러한 말을 했음을 상기시키고, 지금이야말로 사부대중이 정법을 잘 배워 확립했으니 입멸하라고 요청한다. 붓다는 파순의 요청을 거부하면서 스스로 그 때를 안다고 대답한다. 그리고 오래지 않아 3개월 뒤 입멸할 것임을 선언한다. 수명의 방기에 천하가 진동하자 아난이 그 이유를 붓다에게 묻는다. 붓다는 8가지 이유를 설명하고 자신의 수명 방기를 알린다. 그리고 붓다는 계속해서 8대중을 설한다. 붓다는 인근의 비구들을 모이게 하고, 37조도품(助道品)과 12경전(經典)을 잘 수지(受持)할 것을 당부한다. 붓다의 입멸 선언에 슬퍼하는 비구들을 위로한다. 자신과 마라의 대화를 되풀이한다. 이에 아난이 대중에서 일어나 세 번 입멸을 만류하자 붓다는 대답한다. "너는 이제야 권청하니 어찌 어리석지 아니하느냐? 내가 세 번이나 뚜렷이 모습을 보였지만 너는 세 번 모두 침묵했다. 너는 그때 어찌하여 세상을 위해 어둠을 제거하여 이익됨이 많도록 여래가 일 겁 또는 일겁유여를 더 머물러 달라고 하지 않았느냐?"[8] 이 한역본도 붓다가 자신의 수명 방기를 아난의 탓으로 돌리고 있다.

역자 미상의 『반니원경(般泥洹經)』을 살펴보자. 붓다는 사신족을

---

8) 『遊行經』(『大正藏』 1, p.17中). "今汝方言 豈不愚耶 吾三現相 汝三默然 汝於爾時 何不報我如來可止一劫 一劫有餘 爲世除冥 多所饒益."

습행(習行)했기 때문에 일겁유여(一劫有餘)를 살 수 있다고 아난에게 세 번이나 얘기하지만 아난은 대답하지 않는다. 파순이 와서 이제 붓다의 가르침이 확립되었으니, 과거에 말했던 것과 같이 멸도(滅度)할 때라고 간청한다.[9] 붓다는 마왕(魔王)에게 3개월 뒤 열반할 것임을 선언한 뒤 정좌한다. 붓다의 수명 방기와 더불어 지진이 일어나고 붓다는 아난에게 그 이유를 설명한다. 아난이 붓다에게 사신족을 통해 일 겁 동안 죽지 말고 살아 달라고 세 번 간청하지만, 붓다는 아난에게 책임을 묻는다. "네가 지금 그것을 간청하니 어찌 허물이 없겠는가? 나는 너에게 사신족을 세 번까지 말했지만 너는 조용히 어둠 속에 있었다. 밝은 생각을 내지 못하고 마에 사로잡혀 있었다."[10] 이 한역본도 아난이 붓다에게 제때에 간청하지 못한 것을 붓다의 수명 포기 원인으로 보고 있다.

의정(義淨)이 번역한 『근본설일체유부비나야잡사(根本說一切有部毘奈耶雜事)』도 이상의 제본(諸本)과 대동소이하다. 붓다는 아난에게 사신족을 통해 일 겁 이상을 살 수 있는 능력을 지니고 있다고 세 번 말하지만, 아난은 대꾸하지 않는다. 붓다는 아난이 악마에 의해 심신이 미혹되어 간청하지 못하는 것을 알았다. 악마 파비(波卑)가 나타나 반열반을 권한다. 붓다는 악마에게 왜 자신의 입멸을 권하는지 묻는다. 악마는 붓다의 성불(成佛) 직후 있었던 붓다와 자신의 대화를 상기시킨다. 이제 사부대중이 모두 법에 통달해 있으므로 약속

---

9) 『般泥洹經』(『大正藏』 1, p.180中). 흥미롭게도 이 한역본에서는 붓다가 마라가 아닌 다른 노인들을 상대로 한 이야기를 상기시켜 주고 있다. "여러 노인들에게 설명했다. 나는 붓다가 되었다. 비록 자재(自在)함을 얻어 오래 머물 것을 탐하지 않지만 지금은 때가 아니다. 제도하는 일이 끝날 때 반열반할 것이다."

10) 『般泥洹經』(『大正藏』 1, p.181上). "今汝言之 豈不過耶 吾與汝言 四神足者 乃至再三 而若徑默 沒在暗昧 不發明想 爲魔所蔽."

대로 붓다가 지금 입멸해야 한다고 답한다. 이에 붓다는 3개월 뒤 무여의열반계(無餘依大涅槃界)에 들어갈 것임을 선언한다.

수명 방기로 지진이 일어나자 아난다는 붓다에게 그 이유를 묻는다. 붓다는 8가지 이유로 설명한다. 이에 아난다는 붓다에게 사신족으로 수명을 일 겁 더 연장할 것을 간청한다. 붓다는 아난다를 문책한다. "이것은 너의 허물이다. 네가 옳지 못한 짓을 하고 있다. 나는 이미 세 번이나 분명히 너에게 말했다. 너 자신은 그 취지를 알지 못했다. 악마 파비에 의해 네 마음은 혼란케 되었다. 아난다여! 너는 어떻게 생각하느냐! 제불(諸佛), 여래(如來)가 두말을 하느냐?" "그렇지 않습니다." "그렇다, 그렇다."라고 붓다는 대답한다. "아난다여, 대사인 여래가 두말을 하는 것은 옳지 않다. 내 이미 마라의 청을 허락했다. 너는 간청해서는 안 된다."[11] 이 한역본도 역시 아난다에게 그 원인을 묻고 있다. 마라에게 이미 약속을 했기 때문에 입멸 결의를 바꿀 수 없다는 것이다. 산스크리트어본도 『근본설일체유부비나야잡사』의 내용과 동일하다.[12]

『열반경』 제본은 분명하게 붓다가 직접 아난다에게 자신의 수명 포기 원인이 있다고 문책하고 있다. 비록 『열반경』의 서술이 충분히 설득력이 있는 것은 아니지만, 우리는 『열반경』 편집자가 붓다의 수

---

11) 『根本說一切有部毘奈耶雜事』(『大正藏』 24, p.388中). "是汝之過 作斯非理 我已再三 分明告汝 汝自不能知其意趣 由魔波卑惑亂汝心 阿難陀 汝意云何 諸佛如來言有二不 白言不爾 佛言 善哉善哉 阿難陀 如來大師出二言者 無有是處 我已許魔 汝無宜請."

12) 산스크리트어본 및 티베트어본은 독일의 저명한 불교학자 발트슈미트(Waldschmidt)가 편집하였다: *Das Mahāparinirvāṇa sūtra. Text in Sanskrit und Tibetisch, verglichen mit dem Pāli nebst einer Übersetzung der chinesischen Entsprechung im Vinaya der Mūlasarvāstivādins, auf Grund von Turfan-Handschriften herausgegeben und bearbeitet*. Berlin, 1950-51. p.202.

명 방기와 관련해 왜 아난다에게 책임을 묻는지를 짐작할 수 있다. 당시 일부 불교도들은 붓다가 초인간적인 능력을 지녔다고 생각했기 때문에 붓다가 보통 사람처럼 죽지 않을 것이라고 믿었을 것이다. 그런데 붓다가 80이라는 나이에 목숨을 마쳤다. 붓다의 무한한 능력을 믿었던 이들은 붓다가 자신들이 보기에 매우 짧은 생애를 마친 것에 만족할 수가 없었다. 그래서 그들은 붓다가 위대한 능력을 가지고 있으면서도 왜 죽게 되었는가를 『열반경』에 나타나는 식으로 설명한 것 같다. 붓다는 겁(劫) 또는 겁 이상 수명을 연장할 수 있는 능력을 지니고 있었지만 그런 요청을 하지 않은 아난다가 붓다의 시기상조의 죽음에 책임이 있다고 설명함으로써 붓다의 위대성을 주장하고 있는 것이다.

무엇을 근거로 『열반경』 편집자들은 이 에피소드를 만들 수 있었을까? 붓다의 정각 후 브라흐마(Brahmā, 梵天)의 설법 간청에 관한 것을 알고 있다면, 이 질문을 대답하기에 큰 어려움은 없을 것이다. 붓다는 정각을 성취한 직후, 자신이 이제 막 깨달은 정법을 세상 사람들에게 설법할 것인가에 대해 주저하고 있었다. 그때 브라흐마 사항파티(Sahaṃpati)가 내려와서 붓다에게 법을 설해 줄 것을 간청하였다. 경전은 다음과 같이 전하고 있다. "세존께서는 법을 설하지 않기로 하셨다. 그때 사항파티라는 범천이 자신의 마음으로 세존의 마음속을 알고서 이렇게 생각했다. '아! 세상은 멸망하는구나. 아! 세상은 소멸하고 마는구나. 여래 · 응공(應供) · 정등각자(正等覺者)가 법을 설하지 않으신다면.' 그리하여 사항파티는 마치 힘센 사람이 굽혔던 팔을 펴고 폈던 팔을 굽히는 것처럼 재빠르게 범천의 세상에서 사라진 뒤 세존 앞에 나타났다. 그는 한쪽 어깨에 상의(上衣)를 걸치고 오른쪽 무릎을 땅에 꿇은 다음 세존을 향해 합장하며 간청했다. '세존이시여, 법을 설하소서. 선서(善逝)께서는 법을 설하소서. 눈에 먼지가 적은 중생(衆生)들도 있습니다. 그러나 법을 설하지 않으신다면 그들조차 쇠퇴할 것입니다. 그들이 법을 듣는다면 알 수 있을 것입니다.'"13) 범천의 간청을 받아들여 붓다는 세상 사람들에게 진리를 설할 것을 결심했다. 이렇게 해서 붓다는 이 세상에 머물면서 진리를 설하게 된 것이다.

『열반경』에 따르면 붓다는 이제 이 세상에서 마지막 여행을 하고 있다. 그는 제자들을 두고 이 세상을 떠나려 하고 있다. 바로 이 순간 누군가가 나타나, 정각 직후 브라흐마가 권청하였듯이 붓다에게 이 세상에 머물 것을 간청해야 하는 것이다. 아난다가 이 역할을 수행할 것으로 기대되었다. 아난다는 붓다를 늘 그림자처럼 25년간 시봉해 왔으므로 이런 역할을 맡는 것은 자연스러운 것이다. 그러나 그는 이 역할을 제대로 수행하지 못하도록 만들어졌다. 붓다가 수명 방기 결정을 한 이후에야, 이런 역할을 수행하도록 각본이 짜였다. 그렇지만 아난다의 때늦은 간청은 붓다의 수명 방기의 원인으로 만들기에 불충분하다. 누군가가 나와서 붓다의 입멸을 간청해야 할 필요가 있는 것이다. 마라야말로 이 악역(惡役)을 수행하는 적임자로 여겨져, 『열반경』에 도입된 것이다.

본질적으로 이 한 편의 에피소드는 붓다의 죽음을 변론하고자 만들어진 것으로 보아야 할 것임이 분명하다. 만약 정말 붓다가 그런 능력을 발휘할 수 있었더라면, 아난다가 간청을 하든 안 하든 상관없이, 붓다가 원한다면 중생을 위해 이 세상에 이전처럼 머물 수 있었을 것이다. 담마팔라(Dhammapāla)가 지적했듯이, 붓다들은 자

---

13) Saṃyutta Nikāya I, p.138; Majjhima Nikāya I, p.168.

신들의 의향에 따라 세상에 머물고, 그리고 자신의 의향에 따라서만 열반에 든다.14) 같은 취지로 한역 『열반경』에서, 아난다는 결집(結集)에서 다른 비구들이 수명 연장을 간청하지 않은 것을 비난했을 때, 다음과 같이 응답한다. “붓다는 무상(無上)의 진실이며 성스러운 존자(尊者)이다. 그는 자재(自在)함을 얻지 않았는가? (그런데) 붓다가 나의 간청을 기다려야만 하는가?”15) 아난다의 대답은, 붓다가 출생할 때 자신의 마음에 따라 출생의 조건이나 상황들을 선택할 수 있다는 전승을 상기시킨다.16) 자신이 태어날 시기를 선택할 수 있듯이, 붓다는 자신의 의지에 따라 자신의 죽음의 시기도 결정할 수 있는 능력을 지니고 있는 것이다.

그리고 아난다는 다른 각도에서 자신의 무죄를 변호하고 있다. “만약 불(佛)이 일 겁 동안 재세(在世)한다면, 지존(至尊)의 미륵(彌勒)은 어떻게 성불할 수 있겠는가?”17) 석가모니불은 미륵(彌勒)이 마땅히 강하하고 성불하여, 법(法)에 입문한 자는 그를 좇아 성취한다고 설하였다. 만약 자신이 머문다면, 미륵은 어떻게 되는가?”18) 그의 변론은 한 세상에 두 명의 불(佛)이 동시에 존재할 수 없다는 초기불교의 교리에 입각한 것이다. 석가모니불(釋迦牟尼佛)이 계속 이 세상에 머문다면, 미래불인 미륵이 결코 이 세상에 탄생하지 못할 것이다. 그러므로 석가모니불이 수명을 버리는 것은 교리에 상응

14) Paramatthadīpanī, I. p.327.

15) 『佛般泥洹經』(『大正藏』 1, p.175中). “佛爲無上 正眞聖尊 將不得自在耶 當須吾言乎?”

16) 보살은 인간계에 태어나기 전 다섯 가지를 고려한다: ① 시기, ② 장소(나라), ③ 종족, ④ 母, ⑤ 母의 수명(Jātaka Ⅰ, pp.48ff).

17) 『佛般泥洹經』(『大正藏』 1, p.175中). “設佛在世一劫之間 彌勒至尊 從得作佛.”

18) 『般泥洹經』(『大正藏』 1, p.191上). “佛說彌勒 當下作佛 始入法者 應從彼成 設自留者如彌勒何?”

하는 것으로 아난다 자신에게는 전혀 잘못이 없다는 것이다.

붓다의 육신이 보통 인간처럼 무상법(無常法)에 종속되지 않는다는 것을 보여 주고자 아난다가 희생양이 된 것이다. 엘리아데(Eliade)는 아난다의 치명적인 실책을 묻는 에피소드는 붓다의 죽음을 설명하려고 고안된 것임에 틀림없다고 확신하고 있다.[19] 따라서 아난다가 간청하지 않았기 때문에 붓다가 수명을 포기했다는 『열반경』의 설명은 뒷날 불교도들에게 그대로 수용되지 못한다.

2. 붓다고사의 견해

1) 아난다(Ānanda) 책임론

붓다고사는 어떤 식으로 『열반경』의 수명 방기에 관한 에피소드를 이해하고 있을까? 붓다고사는 붓다의 수명 방기 원인에 관해 어떻게 해석하고 있는지 살펴보자. 붓다고사는 아난다가 붓다의 수명 방기에 책임이 없다고 밝히고 있다. 붓다는 자신의 죽음으로 슬퍼할 아난다를 위해서 수명 연장 능력의 선언과 관련하여 아난다를 질책한 것으로 붓다고사는 해석하고 있다. 그는 구체적으로 어떤 식으로 붓다가 아난다가 겪게 될 슬픔을 미연에 제거할 수 있었는가를 설명하고 있다. 그의 설명에 따르면 붓다는 아난다가 마라에 의해 사로잡혀 있었기 때문에, 붓다에게 수명 연장을 간청할 수 없음을 이미

---

19) Eliade, *A History of Religious Ideas vol ii: From Gautama Buddha to the Triumph of Christianity*. tr. by Willard R. Trask, (Chicago and London: The University of Chicago Press. 1982) p.81 fn 7.

알고 있었다.[20] 그럼 왜 붓다는 알면서도, 세 번씩이나 아난다에게 자신의 수명 연장 능력을 선언하여 그의 간청을 유도하려고 했을까? 이 질문에 대해 붓다고사는 대답한다. "뒷날 아난다가 '세존이시여! 더 사십시오'라고 요청할 때, '이 모든 것은 너의 잘못이다. 이 모든 것은 너의 실책이다'라고 말함으로써, 아난다에게 책임을 전가하여 그의 슬픔을 완화시킬 수 있다."[21]

담마팔라(Dhammapāla)는 붓다고사의 해석을 지지한다. "왜냐하면 세존은 잘 알고 있다. '이 사람(아난다)은 나에게 너무 지나친 애정을 가지고 있다. 나중에 그가 지진의 원인에 관한 설법과 나의 수명 방기에 관한 것을 들으면 나에게 오랫동안 장수하라고 간청할 것이다. 그때 나는 왜 이전에는 간청하지 않았느냐고 그를 꾸짖을 것이다. 인간들은 자신이 저지른 잘못에 대해 그렇게 고심하지 않는다. 그러므로 그의 슬픔은 완화될 것이다.'"[22] 피터 메이스필드(Peter Masefield)는 사람들은 자신이 어떤 문제에 대한 책임이 있을 때 그 문제로 야기된 어려움을 덜 느낀다고 부연한다.[23] 아난다는 붓다의

---

20) 한역 열반경 중 法顯 譯『大般涅槃經』,『根本說一切有部毘奈耶雜事』, 그리고 산스크리트어본에 따르면 붓다는 아난다가 마라에게 사로잡혀 있음을 알았다. 이 책 pp.99ff 참조.

21) Sumaṅgalavilāsinī II, p.555. "Parato: Tiṭṭhatu, bhante, Bhagavā ti yācite: Tuyh'ev'etaṃ dukkaṭaṃ, tuyh'ev'etaṃ aparaddhaṃ ti, dos'āropanena soka-tanu-karaṇ'atthaṃ."

22) Paramatthadipani, I. p.325. "Passati hi bhagavā 'ayaṃ mayi ativiya siniddhahadayo, so parato bhūmicālakāraṇañ ca āyusaṅkhārossajjanañ ca sutvā mama cira-ṭṭhānaṃ yācissati, athāhaṃ kissa tvaṃ puretaraṃ na yācasī ti tasseva sīse dosaṃ pātessāmi, sattā ca attano aparādhena na tathā vihaññanti, tenassa soko tanuko bhavissatī ti".

23) Peter Masefield, *The Udāna Commentary*, vol. II(Oxford: The Pali Text Society 1994), p.909 fn 78.

죽음에 극도의 슬픔보다는 죄책감을 느끼게 될 것이라는 설명이다. 붓다고사에 따르면 아난다는 평소 붓다에 대해 지나친 애정을 가지고 있었는데, 붓다의 죽음에 직면하면 너무 큰 충격으로 슬퍼할 것을 염려해 붓다가 일부러 이러한 방편을 고안해 냈다는 것이다.

팔리어본『열반경』에 따르면, 붓다는 지진의 8대 원인을 설하면서 아난다에게 마라의 요청이 있었음을 일러 준 뒤 계속해서 8로 시작되는 여러 법문을 설한다.[24] 이 부분에 대해 붓다고사는 주석한다. "또다시 이번에 세존은 아난다 장로에게 요청할 기회를 주지 아니하고 계속해서 다른 가르침을 베풀기 시작했다."[25] 붓다는 의도적으로 아난다가 자신에게 수명 연장을 요청할 기회를 주지 않으려고, 지진의 8대 원인을 설한 뒤 계속해서 8대중(大衆), 8해탈(解脫), 8승처(勝處) 등을 설했다는 것이다.『열반경』에 따르면 붓다는 과거에도 자신의 수명 연장 능력을 수차례 여러 곳에서 선언했다. 이 부분에 관해 붓다고사는 해석한다. "이와 같이 그의 슬픔을 없애 주고자 여러 가지 방식으로 허물을 (아난다) 장로에게만 전가하였다."[26]

붓다고사의 해석에 따르면, 아난다는 결코 잘못이 없다. 그에게 전가된 잘못은 그의 슬픔을 완화시키려는 방편이었던 것이다. 결국 붓다는 아난다를 위하여 이러한 구상을 했다는 것이다. 붓다고사의 이런 해석은 두 가지 측면에서 이해될 수 있다. 첫째,『열반경』주석

---

24) 한역 열반경 중『大般涅槃經』은 팔리어본과 마찬가지로 지진의 8대 원인, 8大衆, 8解脫, 8勝處를 설하고 있다.『遊行經』은 지진의 8대 원인, 8大衆을 설하고,『般泥洹經』,『佛般泥洹經』,『根本說一切有部毘奈耶雜事』은 지진의 8대 원인만 설하고 있다. 이 책 pp.99ff 참조.

25) Sumaṅgalavilāsinī II, p.563. "Idānipi Bhagavā Ānandatherassa okāsaṃ adatvā va ekam idāhan ti ādinā nayena aparam pi desanaṃ ārabhi."

26) Sumaṅgalavilāsinī II, p.564. "Evaṃ soka-vinodan'atthāya nāna-ppakārato therass'eva dos'āropan'atthaṃ ārabhi."

서에서 이미 붓다고사는 설명했다; 벨루바에서 자신의 질병을 극복하고 있던 중, 붓다는 자신의 의지에 따라 스스로 수명을 10개월 더 연장하기로 했다.[27] 이러한 설명에 따르면 어느 누구도, 심지어 아난다 또는 마라도 붓다의 수명 방기에 관해 책임이 없는 것이다. 붓다는 자신이 죽을 시기를 스스로 결정한 것이다. 둘째, 무상법은 아난다의 면책을 가능하게 했을 것이다. 『열반경』에서 아난다의 허물을 말한 직후, 붓다는 다음과 같이 말한다.

"아난다여! 이전에 소중하고 사랑스러운 모든 것에 변화가 있고, 이별이 있고, 소멸이 있다고 내가 가르치지 않았느냐? 아난다여, 어떻게 이 것이 가능하겠는가? 생(生)한 것, 존재하게 된 것, 조립된 것은 반드시 멸하게 마련이다. 어떻게 소멸하지 않도록 기대할 수 있겠는가? 그러한 것은 불가능하다."[28]

상기 인용문은 분명히 누구도, 심지어 붓다조차도 무상법을 벗어날 수 없음을 보여 주고 있다. 붓다가 자신의 수명을 방기한 것은 아난다가 늦게 간청했기 때문도, 마라의 간청에 의한 것도 아니고 무상법과 관련하여 이해되어야만 할 것이다. 이러한 무상에 관한 경구를 염두에 두면서 붓다고사는 아난다는 붓다의 수명 방기에 전혀 책임이 없다고 해석할 수 있었던 것이다. 설일체유부의 논사들은 붓다

---

27) Sumaṅgalavilāsinī II, p.547. An, YangGyu, *The Buddha's Last Days*. Oxford: Pali Text Society. 2003 p.73.

28) Dīgha Nikāya II, p.118. "Na nu evaṃ Ānanda mayā paṭigacc'eva akkhātaṃ sabbeh'eva piyehi manāpehi nānā-bhāvo vinā-bhāvo aññathābhāvo? Taṃ kut'ettha Ānanda labbhā? Yaṃ taṃ jātaṃ bhūtaṃ saṅkhataṃ paloka-dhammaṃ, taṃ vata mā palujjī ti n'etaṃ ṭhānam vijjati."

의 수명 포기의 원인에 관하여 7가지 설을 제시하고 있지만 아난다의 책임을 언급하고 있지 않다.29)

2) 마라(Māra) 공포설

우리는 붓다고사의 주석서에서, 붓다의 수명 방기 원인에 관해 여러 이설(異說)이 있었음을 볼 수 있다. 붓다고사는 이러한 이설을 모두 부정하고 있다. 첫 번째 등장하는 설은, 마라의 공포 때문에 붓다가 생명을 포기했다는 것이다. "어떤 이는 말하기를, 마라가 붓다의 발자국을 좇아다니면서 '세존이시여! 입멸하소서. 세존이시여! 입멸하소서.' 하는 공포의 말에 압박받아서 수명을 포기했다고 한다."30) 붓다고사가 어떻게 마라 공포설을 부정하고 있는지 살펴보자. 열반경에서 붓다는 자신의 수명을 포기한 직후, 게송을 읊는다.

> "크고(tulaṃ) 작은(atulaṃ) 유(有, sambhavaṃ)를 성자(聖者)는 버렸다.
> 선정(禪定)에 든 채로 내적으로 즐거워하며
> 유행(有行, bhava-saṃkhāraṃ)을 부수었다,
> 마치 갑옷을 부수듯이."31)

---

29) 이 책 pp.126ff 참조.

30) Sumaṅgalavilāsinī Ⅱ, p.557. "Koci nāma vadeyya: Bhagavā pacchato pacchato anubandhitvā. Parinibbāyatha bhante, parinibbāyatha, bhante ti upadduto bhayena āyusaṅkhāraṃ vissajjesī ti."

31) Dīgha Nikāya Ⅱ, p.107. "Tulaṃ atulañ ca sambhavaṃ bhava-saṃkhāram avassajī munī, Ajjhattarato samāhito abhida kavacam iv'atta-sambhavan ti." 붓다고사는 몇 가지 해석법을 제공하고 있다. 고대부터 이 게송에 대해 여러 해석이 행해지고 있음은 이 게송의 의미가 명료하지 않음을 반영하는 것이다(Sumaṅgalavilāsinī Ⅱ, p.557). 이것과 상응하는 게송이 몇몇 한역본에 보

붓다고사는 이 게송을 주시하면서 마라 공포설을 부정한다. 붓다가 수명 방기 전후에 행복을 느끼고 있다는 것은 우다나(Udāna)의 게송을 통해서 알 수 있다는 것이다. "그(붓다)는 내적으로 즐겁고 집중되어, 갑옷과 같은 자신의 아유(我有)를 부수었다. 여기서 내적인 즐거움은 비파사나를 통해서 오고, 집중은 사마타를 통하여 온다. 그는 갑옷 같은 모든 번뇌의 그물을 찢었다. 갑옷 같은 번뇌의 그물이란 자신의 아유(我有)를 말한다. 그렇게 불리는 이유는 그것은 자신의 존재를 감싸고, 지속하고 자아(自我)에서 일어나기 때문이다. 이 아유는 이전의 수행에서 온 사마타와 비파사나의 힘으로 제거되었다. 번뇌의 소진 덕분에 업(業)은 다음 생을 연결하지 못하게 버려졌다고 한다. 그래서 그는 번뇌를 버림으로써 업을 포기했다. 그리고 번뇌를 이미 버렸기 때문에 그는 전혀 두려움을 느끼지 않는다."[32] 우다나는 자흥시(自興詩)라고도 번역되듯이, 제자의 권청을 계기로 붓다가 설하는 것이 아니고, 스스로 흥에 겨워 자연스

인다. "有와 무의 2行 중, 나는 지금 有爲를 버렸다. 안으로 三昧定을 專一한 채, 마치 새가 알에서 나오듯이"(『遊行經』, 『대정장』 1, p.15下); "無量의 여러 덕행, 有爲를 나는 지금 버렸다. 멀리 있거나 가까이 있거나 제도 받아야 할 자는 이미 제도 받았다."(『般泥洹經』, 『대정장』 1, p.180下); "동등하거나 동등하지 않은 諸有를 牟尼는 모두 제거했다. 안으로 定을 증득하여서, 마치 새가 껍질을 부수고 나오듯이."(『根本說一切有部毘奈耶雜事』, 『대정장』 1, p.388上).

32) Sumaṅgalavilāsinī II, p.558. "Ajjhatta-rato samāhito abhida kavacam iva atta-sambhavaṃ; so hi vipassanā-vasena ajjhattarato samatha-vasena samāhito ti: evaṃ pubba-bhāgato paṭṭhāya samatha-vipassanā-balena kavacam iva attabhāvaṃ pariyonandhitvā ṭhitaṃ attani sambhavattā atta-sambhavaṃ ti laddhanāmaṃ sabbaṃ kilesa-jālaṃ abhindi. Kilesābhāven'eva kammaṃ appaṭisandhikattā avassaṭṭhaṃ nāma hoti: evaṃ kilesa-ppahānena kammaṃ pajahi, pahiina-kilesassa ca bhayaṃ nāma n'atthi. Tasmā abhiito va āyu-saṅkhāraṃ ossaji, abhiitabhāva-ñāpan' atthañ ca udānaṃ udānesii ti veditabbo."

럽게 읊는 것이다. 따라서 우다나를 읊을 때에 붓다의 심리 상태는 매우 평온하고 즐거웠을 뿐, 두려운 감정의 흔적은 전혀 없다는 것이 붓다고사의 견해이다. 만약 겁에 질려 있었다면 누구도 그런 즐거운 게송을 읊을 수 없을 것이다.33)

붓다고사는 계속해서 마라 공포설을 붓다의 무외(無畏)로 교리적으로 부정하고 있다. 붓다는 생사 윤회를 가능하게 하는 업(Karma)을 이미 이전에 버렸기 때문에 어떠한 두려움도 느끼지 않는다는 것이다.34) 탐욕, 증오, 무지 등의 근본 번뇌에 따라 형성되는 업이 버려졌다는 것은 세 가지 근본 번뇌가 사라진 것을 의미한다. 이 세 가지 근본 번뇌로 두려움 등이 파생되는데 이 세 가지 근본 번뇌가 이미 소진하였기 때문에 더 이상 두려움을 느끼지 않게 되는 것이다.

붓다고사는『열반경』에 8부 대중이 언급되는 것은 붓다의 무외(無畏)를 보여 주고자 함으로 이해하고 있다. 붓다는 다음과 같이 밝혔다고 한다. "아난다여! 여래가 이들 8부 대중에 나아가서 가르침을 베풀 때 그에게는 두려움도 의기소침함도 없다. 이러할진대, 누가 여래가 마라를 보고 두려워했다고 생각할 수 있겠는가? 아난다여! 여래는 두려움 없이, 도피하지 않고, 의식이 깨어 있고 주위에서 일어나는 것을 잘 아는 상태에서 자신의 수행(壽行)을 포기했다."35)

---

33) Sumaṅgalavilāsinī II, p.558. An, YangGyu, *The Buddha's Last Days*. Oxford: Pali Text Society. 2003, p.97.

34) Sumaṅgalavilāsinī II, p.558. An, YangGyu, *The Buddha's Last Days*. Oxford: Pali Text Society. 2003, p.97.

35) Sumaṅgalavilāsinī II, p.561. "Ānanda, imā pi aṭṭha parisā upasaṅkamitvā dhammaṃ desentassa Tathāgatassa bhayaṃ vā sārajjaṃ vā n'atthi, Māraṃ pana ekakaṃ disvā Tathāgato bhāyeyyā ti, ko evaṃ saññaṃ uppādetum arahati? Abhīto, Ānanda, Tathāgato acchambhī sato sampajāno āyusaṅkhāraṃ ossajī ti."

그리고 붓다고사는 8승처(勝處, abhibhāyatana)의 등장을 똑같은 식으로 이해하고 있다. "이들 8승처도 붓다의 무외(無畏)를 보여 주려고 도입된 것이다. 이들(8승처)를 말하고 나서, 그(붓다)는 다음과 같이 말했다고 한다: 아난다여! 여래는 그러한 등지(等至, samāpattiyo)도 또한 성취하고 그리고 거기에서 나왔기 때문에 (붓다에게는) 두려움도 의기소침도 없다."[36] 최후로 붓다고사는 8해탈(vimokha)에 대해서도 똑같이 붓다의 무외(無畏)를 보여 주는 것으로 해석하고 있다.

요컨대 붓다고사는 붓다가 마라를 두려워해 자신의 수명을 포기하지 않았다고 텍스트를 해석하고 있는 것이다. 담마팔라는 붓다고사의 견해를 지지하고 있다. "만약 붓다가 마라의 요청으로 입멸했다고 한다면, 훨씬 더 이전에 그렇게 했을 것이다. 왜냐하면 마라는 붓다의 정각 직후 입멸을 요구했었다."[37] 그때 붓다는 입멸했을 것이라는 설명이다.

그런데 붓다가 마라와 대화 끝에 자신의 수명을 포기했다고 기술하고 있는 구절을 읽은 독자들은 붓다의 수명 포기 결심이 마라의 영향을 받았다고 오해하기 쉽다. 레이(Ray)는 마라의 요청에 붓다가 동의하였다고 해석(오해)하고 있다. "아난다가 만류하지 않았기 때문에 세존은 마라의 요청에 동의하여 빨리 입멸하기로 하였다."[38]

---

36) Sumaṅgalavilāsinī II, p.563. "Imāni pi aṭṭha abhibhāyatanāni abhīta-bhāva-dassan'attham eva ānītāni. Imāni pi kira vatvā evam āha: Ānanda, evarūpā pi samāpattiyo samāpajjantassa ca vuṭṭhahantassa ca Tathāgatassa bhayaṃ vā sārajjaṃ vā n'atthi."

37) Paramatthadīpanī, I. p.327. "Yadi ca mārassa yācanāya parinibbāyeyya, puretaraṃyeva parinibbāyeyya. Bodhimaṇḍe pi hi mārena yācitaṃ."

38) Ray, Reginald A. "Nāgārjuna's Longevity" in *Sacred Biography in the Buddhist Traditions of South and Southeast Asia*. Juliane Schober(ed).

광상(Guang Xiang)도 레이와 같은 의견이다. "붓다는 자신이 원하기만 한다면 겁 내지 겁의 끝까지 살 수 있다고 말하였는데 붓다는 의도적으로 마라의 요청에 응하여 자신의 수명을 포기하였다."[39] 그렇지만 영국의 불교학자인 링(Ling)은 붓다는 전혀 마라의 제안에 영향을 받지 않았고 외견상 붓다가 자신의 행위를 결정한 것이 마라가 제시한 것과 우연히 동일하게 보일지라도, 붓다와 조우에서 마라는 결코 그에게 영향을 끼칠 수 없다고 해석한다.[40] 이런 해석은 붓다가 아니라 아난다가 마라에게 빙의(憑依)되었다는 『열반경』의 기술을 염두에 두면 더욱 더 설득력을 얻게 된다. 링의 주장은 상식 있는 불교도라면 누구나 받아들일 수 있는 것이다. 붓다는 위대하고 완전한 자로 여겨지고 있기 때문에, 사악한 마라에게서 벗어나 있는 것이다. 마라가 붓다보다 더 큰 힘을 지니고 있다고 보는 것은 상대적으로 붓다를 폄하시키는 결과밖에 되지 않는다. 파이(Pye)도 링과 같은 입장이다. 마라가 재촉해서 붓다가 입멸한 것이 아니라 붓다가 당신 스스로 적절한 시기를 선택하였다는 것이다. 생과 사에 집착하지 않고 자신이 해야 할 일을 완수했다고 보고 있기 때문에 붓다는 당신의 입멸 시기를 스스로 결정했다. "당연히 붓다가 마라의 유혹에 어떤 형태로든지 굴복했다고 하는 것은 아니다. 만약 붓다가 그렇게 했더라면 즉시 생명을 포기했을 것이다. 마라에게 붓다가 3개월 후 입멸한다고 말한 것은 마라를 만족시키려는 수사(修辭,

---

Honolulu: University of Hawaii Press. 1997 p.139.

39) Guang Xing, "The Problem of the Buddha's Short Lifespan", *World Hongming Philosophical Quarterly*. 2002, No. December. available at http://hub.hku.hk/handle/123456789/44513.

40) Ling, *Buddhism and the Mythology of Evil: A Study in Theravāda Buddhism.*(London: George Allen & Unwin Ltd. 1962), p.99.

rhetoric)로, 사실은 마라의 요청을 거절한 것이다. 마치 개에게 살 없는 뼈다귀만 던져 주는 것과 같은 것이다. 3개월이라는 기간은 붓다의 입장에서 심사숙고한 결정으로 제자들에게 마지막 가르침과 입멸 준비를 시키기 위한 기간으로 보아야 한다. 또한 3개월은 마라의 요청에 대항하여 의도적으로 수명을 연장한 것이지만, 다른 한편으로는 붓다가 원하기만 하면 자신의 수명을 100세까지 연장할 수 있었다고 한 점에서 보면 수명을 단축한 것이다."[41] 퍼트리샤 아이켄바움(Patricia Eichenbaum Karetzky)도 3개월 후에 입멸하겠다는 붓다의 입멸 선언에 초점을 맞추어 마라의 영향을 전혀 받지 않았다고 해석하고 있다. "3개월이라는 기간의 설정은 교리상으로 다각도로 중요하게 해석될 수 있다. 가장 중요한 것은 붓다는 스스로 자신의 선택에 따라 입멸하였다는 것이고, 또한 생과 사에 대한 완전한 통제를 행사하고 있었음을 보여 주는 것이다."[42] 붓다는 자신의 선택에 따라 3개월을 설정했으므로 마라의 요청은 아무런 영향력을 발휘하지 못했다는 것이다.

만약 마라가 붓다의 수명 방기에 책임이 있다고 한다면, 마라는 붓다에게 영향력을 행사할 수 있다는 결론이 내려질 것이다. 지금 소개하는 경전은 마라가 절대 붓다의 삶에 어떠한 영향도 줄 수 없다는 것을 보여 주고 있다. 마라가 붓다를 해치려고 커다란 바위를 붓다를 향해 던졌을 때 붓다는 조금의 동요도 보이지 않았다. 붓다는 마라가 심지어 산 전체를 자신에게 던지더라도 여전히 이전처럼 동요하지 않을 것이라고 말하고 있다.[43] 경전 편집자들은 붓다는

---

41) Pye, Michael, *The Buddha*. London: Duckworth. 1979, p.78.
42) Patricia Eichenbaum Karetzky, *The Life of the Buddha: Ancient Scriptural and Pictorial Traditions*, University Press of America, 1992, p.192.

마라의 힘에서 완전히 자유로운 것으로 믿었기 때문에 마라에게 그 책임을 묻지 않은 것으로 보인다. 이러한 맥락에서 마라가 붓다의 수명 방기 원인이 될 수 없는 것이다. 『반니원경』을 제외한 『열반경』 제본은 마라가 아난다에게 직접 영향력을 행사하고 있음을 보여 주고 있지만,[44] 붓다가 마라의 영향력 아래에 있었다고 분명히 말하고 있지는 않다. 『불반니원경』에 따르면, 마라는 아난다의 뱃속에 들어가 아난다로 하여금 붓다에게 간청하지 못하도록 만들었을 뿐, 마라가 직접 나타나 붓다에게 입멸을 권하지 않고 있다. 대신 붓다는 이전에 마라와 가졌던 대화를 상기할 뿐이다. 이 한역본은 붓다의 수명 포기에 마라가 적극적으로 영향력을 발휘했다는 생각을 차단하는 듯하다.[45] 『열반경』 제본에 따르면 아난다가 간청하지 않은 것이 붓다의 수명 방기의 책임이 되고 있다. 『열반경』의 편집자는 마라에게 그 책임을 묻고 있지 않다는 점을 주목해야 한다. 붓다고사의 해석을 충분히 이해할 만할 것이다.

3) 마하시바 장로(Mahāsīvathera)의 견해

붓다고사는 마하시바 장로의 의견을 소개한다. 마하시바 장로는 주장한다. "육신은 치아의 쇠퇴 등에 의해 노쇠해진다. 붓다들은 그러한 단계까지 이르지 않고, 인간 수명의 5분의 1을 남겨 둔 채 입

---

43) Saṃyutta Nikāya I, p.109.

44) 『般泥洹經』은 다른 『열반경』 제본과 달리, 분명하게 아난다가 마라 때문에 혼미해졌다는 표현은 없다. 다른 제본과 특이한 점은 붓다가 이전에 노인들을 대상으로 자신의 입멸 시기에 관하여 말한 것을 마라가 상기시키고 붓다의 입멸을 권하고 있다. 이 책 p.103 참조.

45) 이 책 pp.100ff 참조.

멸한다. 바로 이 시기는 모든 사람들에게 적절한 때이다. 붓다를 통해 깨달음을 이룬 대제자(大弟子)들이 모두 입멸했을 때, 붓다는 외로운 그루터기처럼 몇 안 되는 어린 예비 수행자들과 머물러야만 할지도 모른다. 그때 그에게 다음과 같은 조롱이 초래될 것이다. '아아! 이들이 붓다 제자들의 모임인가.' 그리하여 붓다는 더 살아 머물지 않았다."[46]

마하시바 장로의 주장은 두 부분으로 나누어 정리할 수 있다. 첫째 붓다는 노쇠 현상을 보이지 않으려고 입멸했다는 것이다. 따라서 그의 입멸 시기는 보기에 흉측하지 않았다는 것이다. 달리 말하면, 추한 모습을 보이지 않고 우아한 육신의 자태를 유지할 수 있었다는 것이다. 둘째, 붓다가 계속해서 머물면, 그의 위대한 제자들이 먼저 죽게 되어 붓다는 최후에 어린 제자들과 머물게 된다는 것이다.[47] 그의 제자가 몇 명밖에 되지 않는다는 비난을 막고자 붓다는 먼저 수명을 포기했다는 것이다.

마하시바 장로의 첫 번째 견해는 쉽게 반박할 수 있다. 『열반경』 자체에서, 붓다는 자신의 육체를 낡아 빠진 수레에 비유하고 있다.

---

46) Sumaṅgalavilāsinī II, p.554. "Upādinnaka-sarīraṃ nāma khaṇḍicc'ādīhi abhibhuyyati. Buddhā ca khaṇḍicc'ādibhāvaṃ appatvā pañcame āyu-koṭṭhāse bahujanassa piya-manāpa-kāle yeva parinibbāyanti. Buddhānubuddhesu ca mahā-sāvakesu ca parinibbutesu ekaken'eva khāṇukena viya ṭhātabbaṃ hoti, dahara-sāmaṇera-parivārena vā. Tato: Aho buddhānaṃ parisā ti hīletabbataṃ vā āpajjeyya, tasmā na ṭhito ti."

47) 붓다의 입멸 이전에 이미 사리풋타와 목갈라나 두 상수 제자가 죽은 것을 염두에 두면 더 이해가 잘될 것이다. 두 상수 제자는 붓다의 입멸 몇 개월 전에 입멸했다. 사리풋타가 먼저 입멸하고 그 뒤 얼마 있지 않아 목갈라나가 입멸한다. 사리풋타의 입멸 경위는 붓다고사의 『열반경』 주석서에 자세히 기술되어 있다(Sumaṅgalavilāsinī II, p.554. pp.549ff. 참조).

그리고 동일한 경전에서 장거리 여행 도중 흔히 나타나는 노령의 피로와 질병을 목격하게 된다. 붓다의 노쇠한 징후와 모습을 경전 여기저기에서 목격할 수 있다. 붓다는 이제 늙고 노쇠하고 고령이 되어 낡은 수레와 같다고 자신의 늙은 몸을 비유하고 있다. 춘다가 올린 최후 음식을 취한 후 붓다는 피를 배설하는 병고를 당했다. 우안거 직후 죽음에 이를 정도의 병고를 겪고 갈증을 호소하는 장면이나 몸이 불편해 누워 휴식을 하는 장면도 볼 수 있다.[48] 따라서 마하시바 장로의 견해는 처음부터 성립하지 않게 된다.

붓다의 사후, 시간이 경과하면서 그의 육신은 질병이나 노화 등에서 완전히 벗어나 있다고 믿게 된 것 같다. 대승불교에서 이러한 현상이 두드러진다. 『유마경(維摩經)』을 일례로 들 수 있다. 세존이 병이 들어 우유를 구하려는 아난다에게 유마는 불신(佛身)은 질병에 벗어나 있다고 말한다. 붓다에게는 조금의 악(惡)도 존재하지 않고 선(善)만 있으니 어찌 병 따위가 있을 수 있느냐는 것이다. 전륜성왕(轉輪聖王)은 조그마한 복을 가지고도 병이 없는데 어찌 무상(無上)의 복을 이룬 붓다에게 병이 있을 수 있느냐고 아난다를 힐책한다.[49] 마하시바 장로의 견해가 붓다의 육신에 대한 유마(維摩)의 불신관(佛身觀)과 동일하지 않지만, 그러한 방향으로 나아가는 도상에 있음이 틀림없다.

마하시바 장로의 두 번째 견해도 마찬가지로 성립하지 않는다. 『열반경』에 따르면 사신족을 수행한 수행자는 누구나 겁 또는 그 겁의

48) Dīgha Nikāya Ⅱ, p.99 ; p.100; p.128; p.129; p.134. 다른 경전에도 노쇠한 붓다의 모습을 볼 수 있다. 아난다는 붓다의 축 늘어진 피부와 주름살 많은 붓다의 손발, 그리고 굽어 있는 붓다를 목격할 때, 붓다의 노쇠 현상에 관해 말하고 있다.(Saṃyutta Nikāya V, p.216).

49) 『維摩詰所說經』(『대정장』 14, p.542上).

남은 기간을 더 살 수 있다고 했다. 사신족의 수행은 붓다에게만 국한된 것이 아니다. 따라서 붓다의 위대한 제자들도 사신족을 수행해 계속해서 붓다와 함께 머물 수 있다. 그들이 먼저 붓다를 떠나 붓다를 홀로 남겨 두지는 않을 것이다. 또 하나의 비난은 붓다가 다른 사람들의 칭찬이나 비방에 개의하지 않고, 늘 평정을 잃지 않는다고 했다.[50] 초래될 비난이 무서워 붓다가 일찍 수명을 버렸다는 설명은 호소력을 지니지 못하고 있다. 결국 마하시바 장로의 붓다의 수명 방기에 관한 설명은 설득력을 얻지 못하고 있다.

붓다고사에 따르면, 무상법이 붓다의 죽음의 참 원인이었던 것 같다. 붓다고사는 붓다의 육신의 무상(無常)을 다음과 같이 설명하고 있다. “사랑하고 소중한 모든 것으로부터 이별이 있기 때문에, 비록 그(붓다)가 열 가지 원만(圓滿)을 성취하고, 정각을 이루고, 법륜을 굴리고, 이중의 기적을 보이고, 신들을 강하(降下)시켰지만, 태어난 것, 발생한 것, 만들어진 것, 부패하기 마련인 것, 즉 여래의 육신이 쇠퇴하지 않기란 불가능하다.”[51] 붓다고사는 『비수디막가(Visudhimagga)』에서도 불신(佛身)의 무상을 언급하고 있다. 붓다고사는 이러한 무상법이 붓다 육신에도 적용된다고 가르치고 있다. “심지어 대인(大人, Mahāpurisa)이 갖추고 있는 32상(相) 80종호(種好)로 그의 육신이 장엄된 세존도, 비록 그의 법신(法身) 완벽하여 온갖 보배로운 품성을 지니고, 모든 면에서 청정하고, 어떠한 위대한 명예, 어떠한

---

50) Suttanipāta 268.

51) Sumaṅgalavilāsinī II, p.564. “Yasmā sabbeh'eva piyehi manāpehi nānābhāvo, tasmā dasa pāramiyo pūretvā pi, sambodhiṃ patvā pi, dhamma-cakkaṃ pavattetvā pi, yamaka-pāṭihāriyaṃ dassetvā pi, dev'orohaṇaṃ katvā pi, yaṃ taṃ jātaṃ bhūtaṃ saṅkhataṃ paloka-dhammaṃ, taṃ vata Tathāgatassāpi sarīraṃ mā palujjīti; n'etaṃ ṭhānaṃ vijjati.”

위대한 덕(德), 어떤 위대한 신통력 등도 모두 지니고 있지만, 그분조차도 죽음의 소낙비에 갑자기 소멸되었다. 마치 거대한 불꽃이 빗물에 의해 소멸되어 버리듯이."[52] 이러한 이유로 붓다고사는 마하시바 장로의 견해를 받아들일 수 없었던 것이다. 근본적으로 장로의 견해는 무상법을 도외시하는 오류를 범하고 있는 것이다.

4) 나가세나(Nāgasena)의 견해

붓다고사는 나가세나 비구의 견해에 동의할지도 모른다. 『밀린다팡하(Milindapañha)』에서 나가세나 비구는 밀린다 왕이 왜 붓다가 신통력을 사용하지 않고 입멸했는가 하는 질문을 예견하여 대답한다. "왕이시여! 발생한 모든 것(bhava)에 관한 한, 세존은 어떠한 욕심도 없습니다. 그리고 그러한 것들은 여래에 의해 비난되었습니다."[53] 나가세나 비구는 자신의 견해를 강화하고자 경전을 인용한다. "비구들이여! 심지어 약간의 똥 덩어리도 심한 악취를 발생한다. 비구들이여! 나는 아주 잠시라도, 아니 눈 깜짝할 사이의 기간이라도 유(有, bhava)를 칭찬하지 않는다."[54] 붓다는 존재(有, bhava)

---

52) Visuddhimagga p.234. "Yo pi so bhagavā asīti-anuvyañjanapaṭimaṇḍita-dvattiṃsa ahāpu-risalakkhaṇavicitrarūpakāyo sabbākāraparisuddhasīla-kkhandhādi-guṇaratanasa-middhadhammakāyo yasamahatta-puññamahatta-thāmamahatta-iddhimahatta-p-aññāmahattānaṃ pāraṃ gato asamo asamasamo appaṭipuggalo arahaṃ samm-āsambuddho, so pi salilavuṭṭ-hinipātena mahā-aggikkhandho viya maraṇavuṭṭh-inipātena ṭhānaso vūpasanto."

53) Milindapañha. p.142. "Anatthiko, Mahārāja, Bhagavā sabbabhavehi, garahitā ca Tathāgatassa sabbabhavā." 밀린다팡하 주석서(Milindapañha-ṭikā p.27)는 bhava를 오온(五蘊)으로 정의하고 있다.

54) Aṅguttara Nikāya I, p.34. "Seyyathāpi, bhikkhave, appamattakopi gūtho

를 똥 덩어리와 견주고 있다. 똥이 더러워 잠시라도 보관할 필요도 없듯이, 육체도 마찬가지로 전혀 애착의 대상이 되지 못한다는 것이다. 나가세나 비구는, 붓다가 재생을 가져오는 모든 것을 분뇨에 비견했기 때문에 존재(bhava)에 집착하여 신통력을 사용해서 더 살려고 하지 않았다고 결론짓고 있다.

그런데 나가세나 비구의 설명은 한 가지 의문을 불러일으킨다. 육신 보기를 분뇨와 같이 했으면, 왜 정각 직후 입멸하지 않았는가 하는 의문이다. 나가세나 비구는 사리풋타의 게송을 인용하면서, 아라한은 자신의 수명을 스스로 단축하지 않는다고 대답한다.

> "나는 죽는 것에도 즐거워하지 않고,
> 나는 사는 것에도 즐거워하지 않는다.
> 단지 나는 시간을 기다린다.
> 마치 피고용인이 자신의 임금을 기다리듯이."55)

사리풋타의 게송은 아라한은 생(生)에도 사(死)에 대해서도 어떠한 집착을 하지 않음을 노래하고 있다. 시간이 오기를 기다릴 뿐이다. 그렇지만 위의 게송은 왜 벨루바에서 하안거를 보내던 붓다가 발병할 때 자신의 수명을 연장했는가 하는 물음에 제대로 답하지 못한다.

---

duggandho hoti; evamevaṃ kho ahaṃ, bhikkhave, appamattakam pi bhavaṃ na vaṇṇemi, antamaso accharāsaṅghātamattampi."

55) Milindapañha. pp.44f; Thag 1002-3. "Nābhinandāmi maraṇaṃ, nābhinandāmi jīvitaṃ; kālañ ca paṭikaṅkhāmi, nibbisaṃ bhatako yathā." 붓다고사의 견해에 의하면, 사리풋타는 자신에게 주어진 수명을 다 살았다고 한다. 자세한 것은 Sumaṅgalavilāsinī II, pp.549-554 참조.

5) 담마팔라(Dhammapāla)의 견해

붓다고사는 붓다의 수명 포기 원인에 관하여 자신의 견해를 뚜렷하게 밝히지는 않고 있다. 담마팔라는 『열반경』과 동일한 붓다의 수명 포기 정황을 싣고 있는 『우다나(Udāna)』를 주석하면서 자신의 견해를 피력하고 있다.

『열반경』에 따르면, 붓다는 자신의 제자들에게 알리지 않고 입멸하는 것은 옳지 않다고 생각해서 죽음을 미루었다. 결국 붓다는 제자들을 위해 자신의 수명을 연장한 것이다. 제자들에게 최후의 가르침을 베풀고자 했던 것이다. 중생을 위한 자비심에서 그의 수명 연장을 이해할 수 있다. 담마팔라도 이러한 관점에서 붓다의 입멸 연기를 설명하고 있다. 오로지 중생들의 행복을 위해, 입멸하려는 마음이 있었지만 이 세상에 더 오래 머물렀고, 자신의 일이 모두 성취되는 것을 보고 붓다는 열반을 향하였다고 주석하고 있다.[56]

담마팔라의 견해는 붓다와 마라의 대화에 근거한 것 같다. 마라는 붓다에게 입멸할 것을 요구하면서 정각(正覺) 직후 붓다가 제자들이 생겨 자신의 가르침을 수행하기 전까지는 입멸하지 않겠다고 선언했던 붓다의 약속(?)을 상기시킨다. 그리고 이제 중생을 위한 붓다의 작업이 완료되었으므로, 지금이야말로 입멸할 시점이라고 주장한다.[57] 달리 말하면, 붓다가 중생들을 위해 해야 할 일을 모두 성취하였으므로 이제 더 이상 이 세상에 머물 이유가 없다는 것이다. 비구, 비구니, 우바새, 우바이 등 사부대중이 모두 일어나 붓다의 가르침을 수행하고 있다는 것이다. 담마팔라도 이 세상에 붓다가 머문

---

56) Paramatthadīpanī, Ⅰ, p.328.
57) Dīgha Nikāya Ⅱ, p.106.

이유는 중생을 구제하기 위함이었고, 구제 사업이 완결됨에 따라 붓다는 수명을 포기했다고 주장하고 있는 것이다.

그렇지만 이러한 설명조차도 문제가 전혀 없는 것은 아니다. 즉 과연 중생을 위한 붓다의 작업이 충분했는가 하는 문제를 제기할 수 있다. 지금도 세상에는 많은 중생이 고통에 빠져 있으므로, 붓다는 열반에 들어서는 안 되는 것이다. 이러한 관점에서 대승불교의 '보살(菩薩, bodhisattva)' 개념의 등장과 그 기원을 연구할 수 있다. 대승불교의 보살 중 지장보살은 중생이 모두 열반에 이르기까지 자신은 열반에 결코 들지 않겠다고 서원했다. 불(佛)이 계시지 않는 시대에 육도에 몸을 나투어 천상에서 지옥까지 일체 중생을 교화하여 해탈케 하겠다는 서원을 세운 대원대비(大願大悲)의 보살이 지장보살인 것이다. 모든 중생이 구제되지 않는 한 자신도 성불하지 않겠다고 자신의 성불(成佛)을 유보했기 때문에 대비천제(大悲闡提) 또는 천제보살(闡提菩薩)이라고 불린다. 한 명의 중생이라도 윤회 세계에 남아 있는 한 열반에 들지 않겠다는 서원은 중생에 대한 자비심의 극치로 대승불교에서는 매우 높이 평가하고 있다.

3. 북방불교 논사들의 견해

1) 『아비달마대비파사론(阿毘達磨大毘婆沙論)』의 견해

『아비달마대비파사론』은 세존이 왜 수명을 버렸는가 하는 문제에 앞서, 자신의 수명을 얼마나 포기했는지 다루고 있다. 두 가지 설이 제시되어 있다. 첫 번째 견해는 석가모니불의 수명은 120세였는데,

80세만 향유하고 나머지 40년은 버렸다. 두 번째 견해는 석가모니불의 수명은 100세였는데, 80세만 향유하고 나머지 20년은 버렸다. 두 설(說) 중 어느 것이 옳은지 답을 내리지 않고 계속해서 왜 20년이나 40년을 더 살지 않고 80세에 목숨을 포기했는지에 대해서 몇 가지 설을 소개하고 있다. 간략히 정리해 보자.[58]

① 제불(諸佛)의 구제 사업이 잘 완료되었기 때문이다. 중생을 구제하는 일이 모두 완성되었기 때문에 더 이상 세상에 머물 필요가 없었다는 것이다. 바로 앞서 살펴본 담마팔라의 견해와 동일함을 알 수 있다.

② 법의 이치(法爾)를 따랐다는 것이다. '법이(法爾)'의 의미는 명확하지 않지만, 법이(法爾)에 해당하는 팔리어는 dhammatā인 것 같다. 『대본경(大本經, Mahāpadana-suttanta)』에서 사용된 dhammatā의 용법과 같은 것이라고 생각된다. 예를 들면 보살이 천상에서 하강하여 잉태되어 태어나는 것도, 그리고 태어난 뒤 7일 만에 그의 어머니가 죽게 되는 것도 dhammatā라고 한다.[59]

③ 세존은 수명에 탐욕이 없음을 보여 주고자 일찍 수명을 버렸다. 대조적으로 유정(有情)들은 수명에 탐착하여 부지런히 원적(圓寂)을 추구하지 않는다는 것이다.

④ 세존은 성종(聖種)에 잘 머물고 있음을 보여 주고자 수명을 버렸다는 것이다. 세존은 유(有)와 유구(有具)에 다시 구하는 일이 없는 것처럼 수명에 대해서도 역시 그러하다는 것이다.

⑤ 세존은 노쇠를 피하고자 수명을 조기에 버렸다. 이러한 견해는 이미 앞에서 살펴본 상좌부의 마하시바 장로의 견해와 동일함을 알

58) 『阿毘達磨大毘婆沙論』(『大正藏』 27, p.657中).
59) Dīgha Nikāya II, p.14.

수 있다.

⑥ 세존은 자신의 선정 수행의 자재함을 보여 주고자 수명을 버렸다. 『열반경』에서 붓다는 자신은 사신족을 수행했기 때문에 자신의 마음대로 일 겁이나 일겁유여를 더 살 수 있다고 선언했다. 자신의 선언이 진실임을 보이고자 수명을 버렸다는 것이다. 붓다는 선정 수행력으로 자신의 수행을 마음대로 늘리거나 줄일 수 있고, 그것을 증명하려고 목숨을 버렸다는 것이다.

⑦ 세존은 여러 악마들을 조복시켰음을 보여 주려 했다. 정각을 이룰 때는 천마(天魔)와 번뇌라는 두 악마를 조복하고, 열반계에 들 즈음에는 오온(五蘊)과 사(死)라는 두 악마를 조복한다. 온마(蘊魔)를 조복시켰음을 보여 주고자 세존은 수명을 버렸다.

주목할 만한 것은 열반경이 아난다에게 책임을 전가하고 있지만 설일체유부(說一切有部)의 논사들은 아난다를 언급하지 않고 있다는 것이다. 이상 논사들의 7가지 설은 여러 측면에서 붓다의 수명 방기 이유를 답변하고 있다. 하나의 설명은 한 측면만 나타낼 뿐이어서 그 자체로서 완벽한 설득력을 지니고 있지 못함을 알 수 있다. ①은 앞에서 논의했듯이 과연 붓다의 구제 사업이 온전히 성취되었는가 하는 반문에 대해 제대로 답하고 있지 않다. 절대다수의 중생이 아직도 윤회에 벗어나지 못하고 있는 반면, 오로지 극소수만이 열반을 성취했기 때문이다. ③부터 ⑦까지는 왜 세존이 하필 80세에 수명을 포기했는가 하는 물음에 답할 수 없는 어려움을 갖는다. 80보다 훨씬 이전이나 이후에도 수명을 포기할 수 있는 것이다. 이러한 어려움을 피할 수 있는 것이 ②의 설명이다. 붓다는 단지 법이(法爾)를 따랐을 뿐이라고 답변할 수 있을 것이다. 그러나 이 설명에도 문제는 도사리고 있다. 그렇다면 결국 법이(法爾)에 종속되어 있어,

자재(自在)하지 못한 것이 아니냐는 반론을 피할 수 없기 때문이다. 7종이나 되는 설이 있다는 것은 어느 설도 붓다의 수명 방기 원인을 만족하게 답변하지 못했다는 역사적 사실을 반증한다.

붓다의 입멸 원인 논의에서 먼저 유념해 두어야 할 것은 붓다의 반열반이 단순한 일상적인 죽음이 아니라는 사실이다. 어떤 외적인 요인의 강요에 의한 것이나 갑작스러운 사고 때문이 아니며, 자신의 능력을 벗어난 죽음이 아니라는 점이다. 노구의 몸으로 여행 중 외진 곳에서 자신의 뜻과 상관없이 갑작스럽게 죽음을 맞이한 것이 아니었다. 『아비달마대비파사론』은 4종의 죽음을 설명한 뒤 붓다는 어느 부류에도 속하지 않는다고 결론짓는다. 4종의 죽음은 다음과 같이 요약될 수 있다: ① 재업(財業)은 아직 많이 남아 있지만 수업(壽業)이 다해서 죽는 것 ② 수업은 아직 많이 남아 있지만 재업이 다해서 죽는 것 ③ 수업과 재업이 동시에 다해서 죽는 것 ④ 수업과 재업이 아직 풍부하게 남아 있지만 악연을 만나 갑자기 죽는 것[橫死].

붓다는 전생에 무량한 선업을 쌓았기 때문에 수업과 재업이 무량하다고 할 수 있다. 따라서 네 번째의 횡사에 속할 것이라고 생각하기 쉽다. 그러나 논사들은 횡사가 아님을 분명히 하고 있다. "불(佛)이 비록 재업(財業)과 수업이 다하지 않았지만 반열반에 들었다. 그러나 횡사는 아니다. 변제정(邊際定)의 힘으로 이루어졌기 때문이다. 공덕과 위세가 아직 다하지 않았기 때문이다. 나머지 유정들은 목숨이 끊어질 때 위세도 다한다. (그러나) 불(佛)은 이와 같지 않다."[60] 횡사는 자신의 뜻과 상관없이 또는 자신의 뜻에 반하여 악연이 갑자기 들이닥침으로써 맞이하는 죽음이다. 갑작스러운 불의의

---

60) 『아비달마대비파사론』(『大正藏』 27, p.103中). "佛雖財壽俱未盡故而般涅槃 然非橫死 邊際定力所成辦故 功德威勢未窮盡故 諸餘有情於命終位威勢窮盡佛不如是."

사고나 병에 의한 죽음을 들 수 있다. 그러나 붓다의 경우에는 자신의 의지력으로 선정에 들어가 반열반에 들었다. 자신의 의도하에 이루어진 점이 횡사와 특별히 다르다. 보통 유정들은 목숨이 다할 때 모든 힘이 다하여 초라하게 보이면서 죽지만, 붓다는 자신의 몸과 위세를 그대로 간직한 점에서 큰 차이가 보인다는 것이다. 붓다의 마지막 입멸 자세가 위풍당당한 사자좌(獅子座)였음을 경전은 전하고 있다. 그리고 왜 이러한 자세를 취하게 되었는가를 논사들이 다루고 있다.[61]

2) 『아비달마구사론(阿毘達磨俱舍論)』의 견해

『아비달마구사론』에는 세존이 왜 수명을 방기하였는지에 대해 세 가지 견해가 나타난다. ① 죽음에 대해서 자재함을 얻었다는 것을 보여 주고자 수명을 버렸다. ② 일찍이 (세존이) 스스로 "나는 사신족을 잘 수행하였기 때문에 일 겁 또는 일 겁 이상을 머물 수 있다"라고 선언했다. 이러한 선언을 증명하기 위함이다. ③ 세친(世親)은 비파사(毘婆沙)의 견해를 인용한다. 그들은 붓다가 수명을 포기한 것은 오온(五蘊)의 악마를 항복시켰음을 보이고자 함이라고 주장한다는 것이다. 세존은 이미 보리수 아래에서 천마(天魔)와 번뇌마를 항복시켰었다.[62] 세친은 『아비달마대비파사론』의 ⑦설을 인용하고 있음을 밝히고 있지만, 그가 제시하는 나머지 두 가지 설도 모두 『아비달마대비파사론』의 견해를 벗어나고 있지는 않다.

---

61) 『아비달마대비파사론』(『대정장』 27, p.957上). 이 책 pp.262ff 참조.
62) 『아비달마구사론』(『大正藏』 29, p.15下). 『阿毘達磨俱舍釋論』(『大正藏』 29, p.175中)에도 동일한 내용이 보인다.

『아비달마구사론』은 왜 아라한이 자신의 수명을 포기하는가에 대해서 논하고 있어서 본고의 주제와 밀접하게 관련되어 있으므로 살펴보자. 『아비달마구사론』은 수명 포기 원인에 관하여 다음과 같이 설명하고 있다. "아라한이 스스로 자기가 세상에 머물러도 다른 사람을 이익되게 하거나 안락해지게 하는 일이 적음을 관찰한다. 혹은 질병 등의 고통이 자신의 육체를 핍박한다."[63] 정법(正法)으로 중생을 더 이상 요익되게 하지 못하면 이 세상에 더 머물 이유가 없다는 것이다. 아울러, 수명 포기 원인으로 육체의 격심한 질병을 고려하고 있음을 알 수 있다. 육체의 질병이 너무 심한 경우, 당연히 중생들에게 설법하기 힘들 것이다. 아라한이 질병으로 인한 육신의 고통을 제거하고자 자신의 목숨을 버리는 것이 허용된다는 것이다.[64] 아라한의 자살 허용은 일차적으로 병고에 근거한 것이지만, 아울러 중생 교화를 제대로 할 수 없다는 사실과도 맞물려 있다. 결국, 아라한의 수명 방기 이유는 중생 교화를 할 수 없는 데 있다고 할 수 있다. 세친이 붓다의 수명 포기와 병고를 연관 짓지 않고 있음을 주지할 필요가 있다. 따라서 별도로 붓다의 수명 포기 이유를 다루고 있는 것이다.

---

63) 『阿毘達磨俱舍論』(『大正藏』 29, p.15下). "彼阿羅漢自觀住世於他利益安樂事少 或爲病等苦逼自身."

64) 초기불교 경전에서 육신의 고통을 제거하고자 스스로 목숨을 포기한 비구들을 볼 수 있다. 박칼리 비구가 그 대표적인 예이다. 그는 붓다에게서 비난받지 않았다(Saṃyutta Nikāya Ⅱ, p.119ff.).

***

붓다가 자신의 의지에 따라 수명을 방기했다는 기술은 신통력을 통해 이 세상에 머물 수 있다고 믿어지던 붓다가 왜 스스로 자신의 수명을 포기했는가 하는 물음에 대답하기 어렵게 만들어 놓았다. 그렇지만, 이러한 기술은 불타관의 발전 또는 전개라는 시각에서 바라보면 가장 잘 이해할 수 있을 것이다. 이 기술의 편자는 무엇보다도 붓다가 단순히 무상법의 희생자가 아니라는 것을 강조하고 싶었던 것이다. 반대로 붓다는 자신의 수명을 줄일 수도 늘릴 수도 있는 능력을 지녔다고 강조하고 싶었던 것이다. 그리하여 『열반경』은 붓다의 수명 포기 원인을 아난다에게 두었다. 그러나 부파불교의 문헌을 살펴보면 이러한 설명은 더 이상 불교도들에게 수용되지 않았음을 알 수 있다. 남방 상좌부를 대표하는 붓다고사는 적극적으로 아난다에게는 책임이 없다고 주장하고 있음을 살펴보았다. 또한 설일체유부의 논사들도 붓다의 수명 포기 원인에 아난다를 언급하지 않고 있음도 살펴보았다.

한편 붓다가 자발적으로 자신의 수명을 방기한 이유에 대한 설명은 만족스럽지 못하다. 사실 자신의 위대한 능력에도 붓다가 입멸을 결의한 이유를 설명하려는 어떤 시도도 피할 수 없는 약점을 지닐 수밖에 없다. 왜냐하면 자신의 수명을 무한정 연장할 수 있다는 믿음 자체가 붓다를 신격화하는 과정에서 발생한 것으로, 일상의 이성적인 경험을 벗어나 있기 때문이다. 그리하여 대승불교에서는 이러한 난점을 피하고자 붓다의 입멸 사정을 방편(方便)으로 이해한다. 대표적인 것으로, 『법화경(法華經)』에서는 의사와 그의 아들의 비유를 들어 중생의 교만심을 제거하려고 붓다가 입멸한 것처럼 보였지만, 진실로는 붓다는 결코 죽지 않았다고 주장하는 것이다.

위에서도 살펴보았듯이 붓다고사는 이 문제에 대해 매우 현명한 접근을 하고 있는 것을 볼 수 있다. 첫째, 그는 자신의 입장을 표현하는 대신 다른 입장들을 소개하고 그것들의 오류를 지적함으로써 배제해 나간다. 둘째, 그는 신통력을 통해 자신의 수명을 연장할 수 있는 능력을 붓다가 소유하고 있다는 경구를 부분적으로 주석하고 나머지 부분에 대해서는 침묵을 지킨다. 수명 연장 문구를 합리적으로 이해하려는 것이다. 붓다의 수명을 다른 사람들의 수명과 같은 것으로 이해하고 신통력을 통해 수명을 연장할 수 있다는 부분에 대해서는 침묵한다.

제4장 붓다의 마지막 공양

붓다는 춘다(Cunda)가 공양한 마지막 음식물을 취하고, 질병에 걸려 입멸했다는 것은 이제 상식이 되었다. 이러한 상식은 불교도뿐만 아니라, 불교에 관해 약간의 지식을 가진 식자들이라면 모두 알 정도가 되었다. 현대의 불타전(佛陀傳)이나 불교 개론서 등에서도 흔히 볼 수 있는 설명이다. 유럽의 학자들이 초기불교 경전, 특히 팔리(Pāli)어 『대반열반경(Mahāparinibbāna-Suttanta)』을 기초로 하여 불타전을 연구하면서, 이러한 해석이 만연하게 된 것 같다. 대표적인 예로 플리트(Fleet)는 붓다에게 일어난 발병의 직접 원인은 수카라맛다바(Sūkaramaddava) 섭취로 일어난 설사병으로 결론 내리고 있다.[1] 이러한 견해를 일본 불교학자들이 정설로 수용하였고,[2] 한국 불교학자나 불교도들도 이러한 해석에 영향을 받고 있는 것이다. 요컨대 붓다가 음식으로 말미암아 죽음에 이르는 질병에 걸리게 되었다고 알고 있는 것이다. 이 장에서는 붓다의 입멸 직전에 발생한 질병과 관련하여 이 음식물에 대한 붓다고사의 입장을 살피고자 한다. 결론부터 말하자면, 우리의 상식과는 달리,

---

1) Fleet, J. F., "The Tradition about the Corporeal Relics of Buddha." *Journal of the Royal Asiatic Society*, 1906. p.658.

2) Hajime Nakamura, *Indian Buddhism : A Survey with Bibliographical Notes*. Delhi: Motilal Banarsidass Publishers Private Limited, 1987. p.20.

춘다가 올린 마지막 공양물은 결코 붓다의 치명적인 질병의 원인이 아니라는 것이 붓다고사의 견해이다. 어떻게 그가 이런 견해를 가지게 되었는지 또한 그의 주장이 얼마나 설득력이 있는지를 팔리어 『열반경』과 다른 『열반경』을 비교, 고찰하고자 한다.

1. 최후 음식에 관한 논의

붓다가 취한 마지막 음식물, 즉 수카라맛다바(sūkaramaddava)에 관한 논문들이 최근까지 많이 쓰였다.[3] 이들 논문에서는 수카라맛다바가 무엇인가 하는 문제에 초점이 맞추어졌다. 많은 논문들이 이 음식물은 고기가 아니라 채소라고 밝히려 하고 있다. 이러한 경향은 육식보다 채식을 높이 평가하려는 의도가 반영된 것이라고 보인다. 특히 극단적인 채식주의자나 육식을 금지하는 불교도에게서 두드러지는 것 같다. 수카라맛다바의 정체에 관하여 이렇게 몇 가지 다른 견해가 예전부터 제시되어 왔지만, 붓다가 이 음식으로 인하여 질병을 얻게 되고 입멸하기에 이르렀다는 해석이 만연해 있다.

확실히 붓다의 최후 음식물과 그의 죽음은 오래전부터 커다란 논란거리였음에 틀림없다. 『열반경』을 주석하면서 붓다고사(Buddhaghosa)는 이 최후의 음식물에 관한 서로 다른 여러 견해를 소개하고 있다. 붓다고사 자신은 수카라맛다바를 '연한 어린 돼지고기'로 이해한다. 그는 다음과 같은 두 가지 견해도 소개하고 있다. 첫째, 수카라맛다바는

3) R. Gordan Wasson은 마지막 음식과 관련된 논문들을 자세히 모아서 목록화해 두었다. Gordan Wasson R., "The Last Meal of the Buddha", *Journal of the American Oriental Society* 102. 4, 1982, p.591 fn 1.

마치 우유가 음료수의 총칭이 되듯이, 소에서 생산된 다섯 종류의 액체와 부드럽게 익힌 쌀을 섞어 만든 요리들의 총칭이다. 또 한 가지 견해에 따르면, 수카라맛다바는 일종의 불사약의 이름이다.4) 담마팔라(Dhammapāla)는 또 다른 두 개의 흥미있는 견해를 보여 준다. ① 돼지고기 자체가 아니라 돼지들이 짓밟은(maddita) 죽순이다. ② 돼지들이 밟고 다니는 장소에 생긴 버섯이다.5) 산스크리트어본6)에서는 정결하고 훌륭한 먹을 것과 마실 것(śuciṃ praṇītaṃ khādanīyabhojanīyaṃ)이라고 밝히고 있다. 팔리어 『열반경』에 상응하는 한역본(漢譯本)들을 살펴보면, 『대반열반경』(『대정장』 1, 197上)에서는 다미음식(多美飮食)이라 하고, 『반니원경』(『대정장』 1, 193中)은 농미(濃美)로, 『유행경』(『대정장』 1, 18中)은 전단수이(栴檀樹耳)로7), 『근본설일체유부비나야잡사』(『대정장』 24, 390中)는 종종상묘향미음식(種種上妙香美飮食)으로 기록하고 있다. 그리고 『불반니원경』(『대정장』 1, 167下)은 음식 이름을 생략하고 있다. 실제로 정확하게 이 음식이 무엇이었는지 밝히는 것은 불가능하다.

---

4) Sumaṅgalavilāsinī II, p.568.

5) Paramatthadīpanī, I. p.399.

6) 산스크리트어본 및 티베트어본은 독일의 저명한 불교학자 발트슈미트(Waldschmidt)가 편집한 것이다. *Das Mahāparinirvāṇa sūtra. Text in Sanskrit und Tibetisch, verglichen mit dem Pāli nebst einer Übersetzung der chinesischen Entsprechung im Vinaya der Mūlasarvāstivādins, auf Grund von Turfan-Handschriften herausgegeben und bearbeitet* von Ernst Waldschmidt. Berlin, 1950-51. p.254.

7) 中村 元은 진귀한 전단향 나무에 붙어 자라는 버섯으로 이해하고 있다. 팔리어본과 『遊行經』을 제외한 산스크리트어본과 한역(漢譯) 제본이 음식 이름을 구체적으로 밝히지 않는 이유는 아마도 후대로 내려오면서 음식의 정체가 명확하지 않게 된 때문이라고 中村 元은 추정하고 있다(中村 元 譯, 『ブッダ最後の旅』, 東京: 岩波文庫, 1994(第23刷), pp.261-2.

2. 붓다고사의 견해

팔리어본 『열반경』에 따르면 붓다는 춘다에게 수카라맛다바는 붓다 자신에게만 올리고, 나머지 음식물은 그와 동행했던 비구들에게 주라고 지시하고 있다. 그러고 나서 다음과 같이 덧붙였다. "춘다여! 남은 수카라맛다바는 구덩이에 파묻어라. 왜냐하면, 나는 신(deva), 마라(Māra), 브라흐마(Brahma)들도 살고 있는 전체 세계에서, 여래(Tathāgata)를 제외하고 고행자나 브라흐만이나 신이나 인간들 중 누구도 이 음식을 먹고 완전히 소화시킬 수 있는 것을 보지 못했다."[8)]

그런데 팔리어본 『열반경』에 따르면, 붓다가 춘다가 준비한 음식을 먹자, 치명적인 질병이 일어났다. 붓다는 그 질병의 고통을 견디어 냈다. 아래의 게송(偈頌)은 최후의 음식과 붓다의 발병 경위를 요약하고 있다.

> 그(붓다)가 춘다가 준비한 음식을 먹었을 때, 대장장이의 음식을－나는 이렇게 들었다(me sutaṃ)－
> 그는 고통을 굳세게 인내했다.
> 통절한 그 고통은 심지어 죽음에 이르고 있었지만!
> 춘다가 수카라맛다바를 공양하자, 스승에게 격심한 병고가 일어났다.
> 그 질병이 완화된 후, 세존(世尊, Bhagava)은 다음과 같이 말했다.
> "나는 쿠시나라(Kusināram)로 가고자 한다."[9)]

---

8) Dīgha Nikāya II, p.127. "Yan te, Cunda, sūkaramaddavaṃ avasiṭṭhaṃ, taṃ sobbhe nikhaṇāhi. Nāhaṃ taṃ, Cunda, passāmi sadevake loke samārake sabrahmake sassamaṇa-brāhmaṇiyā pajāya sadevamanussāya, yassa taṃ paribhuttaṃ sammā pariṇāmaṃ gaccheyya aññatra tathāgatassāti."

위의 게송 뒤로 『열반경』에는 계속해서 붓다의 행적이 기술되어 있다. 붓다는 한길에서 벗어나 나무 밑으로 가서 아난다(Ānanda)에게 지쳐서 눕고 싶으니 가사를 네 겹으로 접어 달라고 말했다.[10] 위와 같은 『열반경』의 기술을 통해 독자들은 붓다가 춘다가 바친 음식을 먹고 병이 났고, 병고가 완화된 뒤 피로에 힘겨워 휴식을 취했다고 자연스럽게 이해(오해)하게 된다.

그렇지만, 붓다고사는 문제의 음식을 들고서 붓다가 병에 걸렸다는 부분에 관하여 완전히 다르게 해석한다. 그는 수카라맛다바를 "너무 어리지도 너무 늙지도 않은 특상의 돼지에서 나온 신선한 고기(pavattamaṃsa)"로 정의한다.[11] 그러고 나서 매우 분명하게 밝힌다. "이 음식은 붓다의 발병 원인이 아니다. 춘다가 이 음식을 아주 조심스럽게 준비하고 요리하도록 했기 때문에, 이 음식에 어떤 문제가 발생했을 리가 없다."[12] 따라서 이 음식을 취하고 붓다가 병에 걸렸다고 하는 것은 옳지 않게 된다. 이어서 붓다고사는 다음과 같이 논박한다. "그것(질병)은 그(붓다)가 공양할 때 발생했다. 그러나 그것은 그가 그 음

---

9) Dīgha Nikāya Ⅱ, p.128. "Cundassa bhattaṃ bhuñjitvā, kammārassāti me sutaṃ; Ābādhaṃ samphusī dhīro, pabāḷhaṃ māraṇantikaṃ. Bhuttassa ca sūkaramaddavena, byādhippabāḷho udapādi Satthuno; Virecamāno Bhagavā avoca, Gacchāmahaṃ kusināraṃ nagaran ti." 필자의 한글 번역은 팔리어 원문의 시 형식을 지키지 못하고 있다.

10) Dīgha Nikāya Ⅱ, p.128.

11) 담마팔라는 pavattamaṃsa를 야생 돼지고기로 보고 있다(Līnatthappakāsinī Ⅱ, p.218). 율장 주석서(Sp p.1094)에 따르면, pavattamaṃsa는 죽은 돼지에서 나온 고기이다. 현대의 저명한 학승 냐나몰리(Bhikkhu Ṅyāṇamoli)는 "시장에서 이미 팔리는 고기"로 이해하고 있다. Ṅyāṇamoli, *The Life of the Buddha*. Kandy: Buddhist Publication Society. 1972, p.361.

12) Sumaṅgalavilāsinī Ⅱ, p.568. An, YangGyu, *The Buddha's Last Days*. Oxford: Pali Text Society 2003, p.121.

식을 공양했기 때문이 아니다. 만약 공양하지 않았을 때 질병이 일어났더라면, 그 질병은 너무나 고통스러웠을 것이다. 그러나 붓다가 다즙(多汁)의 음식을 취했기 때문에 병이 심각하지 않게 되었다. 그런 연고로 붓다는 걸어갈 수 있었다."[13] 붓다고사는 음식이 발병의 원인이 아니라 오히려 병고를 완화시켜 준 것으로 해석하고 있다.

앞에서 인용한 게송은 문제의 음식을 붓다의 발병 원인으로 다루고 있음을 살펴보았다. 그러나 붓다고사는 이 게송의 내용을 액면 그대로 받아들이려 하지 않는 것 같다. 그는 이 게송이 뒷날 제일결집에서 장로 비구들이 확립한 것으로 봄으로써, 게송 그 자체에 큰 비중을 두지 않으려 하고 있다. 그는 게송 중의 "나는 이렇게 들었다(me sutaṃ)"라는 구절을 이러한 주장의 근거로 삼으려 하고 있다. 부연하면, 붓다고사는 상기의 게송은 붓다의 공양과 발병이라는 사건을 직접 목도한 비구들이 작성한 것이 아니라, 간접적으로 그것을 들은 승려가 지은 것으로 해석하고자 하는 것이다. 만약 이 게송이 아난다가 작성한 것이라면, 우리가 내릴 수 있는 결론은 아난다가 이 사건을 목도하지 못했었다는 것이다. 담마팔라(Dhammapāla)도 게송의 "sutaṃ(들었다)"이라는 말에 이런 취지로 주석하면서 붓다고사의 입장을 옹호하고 있다. Sutaṃ은 단지 다른 사람들의 전언(傳言)이었음을 나타내는 말이므로, 붓다의 질병이 음식의 섭취에 의한 것이 아니었음을 보여 준다는 것이다.[14] 따라서 우리는 리즈 데이비즈가 말했듯이, 같은 사건을 두고 서로 다른 두 견해가 있었

---

13) Sumaṅgalavilāsinī II, p.568. "Bhuttassa udāpadi, na pana bhutta-paccayena, yadi hi abhuttassa uppajjissatha atikharo abhavissa siniddhamṃ bhojanaṃ bhuttatā pana tanu-vedanā abhosi ten` eva pasadā gantum asakkhi."

14) Līnatthappakāsinī II, p.219. 이 책 p.148 참조.

음을 알 수 있다.[15)]

어떤 근거로 붓다고사는 이러한 식으로 해석할 수 있었을까? 첫째, 『열반경』에 따르면 자신을 제외한 누구도 이 음식을 제대로 소화할 수 없다고 붓다는 선언하고 있다. 만약 붓다가 이 음식 때문에 병에 걸렸다고 하면, 그의 선언은 거짓이 되고 만다. 그래서 붓다고사는 붓다의 이 같은 선언을 진실로 받아들여, 춘다가 공양한 음식은 발병의 원인이 되어 붓다의 입멸을 야기한 것이 아니라 반대로 그의 질병을 완화시키는 역할을 했다고 보는 것이다.

둘째, 『열반경』에 따르면 여래의 정각(正覺) 직전의 공양과 입멸(入滅) 직전의 공양의 과보는 다른 어떤 공양보다 더 수승(殊勝)하며, 이 두 공양은 똑같은 과보를 초래한다고 붓다는 말하고 있다. 춘다는 입멸 직전의 음식을 공양함으로써 헤아릴 수 없는 공덕을 지은 것이기 때문에, 이 음식이 치명적인 발병 원인이라고 춘다를 비난해서는 안 되고, 반대로 그의 공덕을 칭찬해야 할 것이라고 붓다는 말했다.[16)] 즉 마지막 공양물은 비난받을 것이 아니라 칭찬받아야 마땅하다는 것이다. 붓다의 정각이 길상(吉祥)스러운 사건인 것처럼 그의 입멸도 똑같이 특별한 것이기 때문에, 입멸 전에 준비된 음식도 특별한 것으로 여겨야지, 식중독의 원인으로 보아서는 안 된다는 것이다. 붓다고사는 주석한다. "4대륙과 그것들을 둘러싸고 있는 섬들에 거주하는 신들이 영양소(ojā)를 그것(춘다가 준비한 음식)에 불어넣었다."[17)] 붓다고사의 주석은 『자타카(Jātaka)』 주석서를 참고하면 더 분명해진다.

15) Rhys Davids (trans), *Dialogues of the Buddha* II,. Oxford: Pali Text Society. p.139 fn 1.

16) Dīgha Nikāya II, p.136.

17) Sumaṅgalavilāsinī II, p.568. "Dvi-sahassa-dīpa-parivāresu catūsu mahā-dīpesu devatā ojaṃ pakkhipiṃsu."

"다른 경우엔, 신들은 영양소를 입 안으로 들어가는 음식에만 넣지만, 정각 날과 입멸 날에는 그것을 음식 그릇에 넣는다."18) 정각 직전의 음식이 특별한 것처럼, 입멸 직전의 음식도 마찬가지로 특별하기 때문에, 신들이 최후 공양에 특별한 영양 원소를 부가했다는 설명이다. 따라서 이 마지막 음식에 문제가 있을 리 없다는 것이다.

같은 식으로 붓다고사는 어떻게 최후의 공양이 붓다의 입멸을 도왔는지 설명하고 있다. 정각 직전 수자타(Sujāta)의 음식을 먹고 붓다가 힘을 내어 정각을 이루었다고 초기경전들은 기록하고 있다. 이러한 맥락에서 붓다고사는 다음과 같이 주석하고 있다. "이 두 경우, 모든 세계(cakkavāḷa)의 신들이 영양소를 음식에 주입했다. 이 훌륭한 음식은 붓다의 뱃속으로 들어가 아름다운 모습을 나투게 했다. 음식으로 만들어진 아름다운 모습 때문에, 그의 의근(mana)을 포함한 육근(六根)은 유난히도 찬란했다."19) 담마팔라(Dhammapāla)는 이러한 설명은 붓다의 발병이 최후의 음식에서 기인하지 않았음을 보여 주는 것이라고 논증하고 있다.20) 특별한 영양소가 들어간 음식물은 육체에 해악을 주는 것이 아니라 육체에 생기를 불어넣어 준다는 것이다.

주목할 만한 것은, 붓다의 입멸은 정각과 마찬가지로 매우 길상스러운 사건이라는 붓다고사의 견해이다. 입멸 사건을 범부의 시각과 달리 해석하고 있다. "붓다가 입멸하던 날, 그는 회상했다. '이제 오

18) Jātaka-aṭṭhakathā Ⅰ, p.68. "Aññesu hi kālesu devatā kabaḷe kabaḷe ojaṃ pakkhipanti, sambodhidivase ca pana parinibbānadivase ca ukkhaliyaṃyeva pakkhipanti."

19) Sumaṅgalavilāsinī Ⅱ, p.570. "Etesu hi dvīsu kālesu sakalacakkavāḷe devatā āhāre ojaṃ pakkhipanti. Taṃ paṇītabhojanaṃ kucchiṃ pavisitvā pasanna-rūpaṃ samuṭṭhāpeti. Āhāra-samuṭṭhāpana-rūpassa pasannattā mana-cchaṭṭhāni indriyāni ativiya virocanti."

20) Līnatthappakāsinī Ⅱ, p.219.

늘 나는 수백 수천의 붓다들이 들어간 불사(不死)의 열반(涅槃)이라는 도시(amata-mahāparinibbānaṃ nāma nagaraṃ)에 들어갈 것이다.' 그러자 그에게 측량할 수 없는 행복감이 일어났다. 그리고 그의 마음은 행복했다."[21] 그의 이런 해설은 『열반경』에 근거한 것이다. 『열반경』은 정각 사건과 입멸 사건을 동등시 또는 동일시하고 있다. 사실 『열반경』 자체 내에서 정각에 관한 기술이 입멸에 관한 기술과 밀접히 관련하여 이루어지고 있음을 뚜렷이 볼 수 있다. 말라족(Malla)의 풋쿠사(Pukkusa)가 바친 황금가사가 붓다의 몸에 입혀졌을 때, 찬란했던 그 가사는 광채를 잃어버린 것 같았다. 이 놀라운 광경을 보고 놀란 아난다에게 붓다는 설명한다. "아난다여, 그와 같도다. 아난다여! 두 경우에 여래의 피부는 매우 밝게 빛난다. 두 경우는 무엇인가? 아난다여! 여래가 무상(無上)의 정등정각(正等正覺, anuttaraṃ sammāsambodhiṃ)을 이루는 밤과, 여래가 무여의열반(無餘依涅槃, anupādisesāya nibbāna-dhātuyā)을 이룬 밤이다."[22] 붓다의 피부가 두 경우에 그렇게 빛난 이유는 정각과 입멸이 서로 동등하기 때문이라는 것이다.

따라서 붓다고사는 수자타의 음식이 붓다의 정각의 직접 원인이 아니었듯이, 춘다의 음식도 입멸의 직접 원인이 아니었다고 말할 수 있는 것이다. 정각 직전에 올린 음식을 길상스럽게 여기는 것은 정

21) Sumaṅgalavilāsinī II, p.571. "Parinibbānadivase pi: Ajja, dānāhaṃ, anekehi Buddha-sata-sahassehi paviṭṭhaṃ Amata-mahānibbānaṃ nāma nagaraṃ pavisissāmī ti, āvajjantassa balava-somanassaṃ uppajjati, cittaṃ pasīdati."

22) Dīgha Nikāya II, p.134. "Evam etaṃ Ānanda. Dvīsu kho Ānanda kāles u ativiya Tathāgatassa parisuddho hoti chavi-vaṇṇo pariyodāto. Yañ ca Ānanda rattiṃ Tathāgato anuttaraṃ sammāsambodhiṃ abhisambujjhati, yañ ca rattiṃ anupādisesāya nibbāna-dhātuyā parinibbāyati."

각 사건 그 자체가 위대했기 때문이다. 마찬가지로 입멸은 정각처럼 위대한 사건이기 때문에, 입멸 직전에 바친 음식은 길상스러운 것으로, 질병의 원인이 될 수는 없는 것이다.

셋째, 『열반경』에 따르면, 벨루바(Beluva)에서 우안거(雨安居) 시작 직후 붓다가 질병을 얻는다. 이 부분에 관하여 붓다고사는, 당시 붓다는 향후 10개월 동안 질병이 일어나지 않도록 했다고 주석하고 있다. "'그것(질병)이 10개월 동안 일어나지 않도록 하자'라고 생각하면서, 붓다는 등지(等至, samāpatti)를 성취했다. 그 등지를 통해 억제된 고통은 10개월 동안 일어나지 않았다."[23] 춘다의 음식을 취할 때 붓다가 얻은 질병은 사실 붓다가 미리 예정해 놓은 기간의 종료 시기에 발생했던 것이다. 그래서 음식이 붓다의 발병 원인인 것처럼 보였지만 진실인즉 붓다는 이 훌륭한 음식 덕분으로 병고를 완화할 수 있었다. 붓다는 결코 식중독의 희생자가 될 수 없는 것이다.

마지막으로 종합해 보면, 불타관(佛陀觀)의 전개 또는 발전이라는 측면에서, 초능력을 가지고 있었다고 믿어지던 붓다가 단순히 식중독으로 죽었다는 이야기는 신실한 불교도들에게는 결코 받아들여질

---

23) Sumaṅgalavilāsinī II, p.547. "Dasa māse mā uppajjitthā ti, samāpattiṃ samāpajji. Samāpatti-vikkhambhiā vedanā dasa-māse na uppajji yeva." 대중부(Mahāsaṃghika) 등 진보적인 부파들은 붓다가 신통력을 통해 이 세상에 거의 영원히(mahā-kappa) 살 수 있는 능력을 지니고 있다고 믿었다. 그러나 상좌부는 이러한 신격화 경향에 반대하고, 역사적 붓다의 실재성을 강조했다. 따라서 보수적인 상좌부는 붓다의 수명을 인간이 최대한 누릴 수 있는 기간으로 보았다. 상좌부 전통을 대표하는 붓다고사도 이러한 견해에 따라 붓다의 최대 가능 수명은 100+α였다고 보고 있다. 최대 가능 수명 기간 내에서 붓다는 자신의 수명을 조절할 수 있다는 것이다. 붓다고사는 붓다가 어느 정도까지는 자신의 수명을 제어할 수 있다고 믿고 있었다(Sumaṅgalavilāsinī II, p.554).

수 없을 것이다. 『열반경』에 따르면 붓다는 사신족(四神足)을 수행하고 성취했기 때문에 당신이 원하기만 한다면 겁(劫, kappa) 동안 이 세상에 더 살 수 있는 능력을 지니고 있다고 선언한다.24) 수명 연장 능력을 지니고 있다고 믿어지던 붓다가 단순히 음식 때문에 병에 걸려 죽었다는 것은 납득하기 어려운 것이다. 붓다의 비상한 능력을 믿고 있는 불교도들에게 식중독 운운하는 것은 붓다의 온전한 이미지를 훼손하려는 악의로밖에 보이지 않을 것이다. 아마도 이렇게 붓다의 이미지를 보호하려고, 붓다고사는 붓다가 마지막으로 취한 음식은 식중독의 원인이 아니었고, 반대로 붓다는 그 음식을 취함으로써 그리고 충분히 소화시킴으로써 당시 발생했던 병고를 무마시킬 수 있었다고 보고 있는 것이다.

3. 다른 전통의 『대반열반경』 제본의 견해

붓다고사의 해석은 팔리어 『열반경』의 바른 이해를 목적으로 하고 있다. 팔리어 『열반경』을 읽은 독자는 붓다가 최후의 공양을 취하고 치명적인 질병에 걸렸다고 오해하기 쉽다. 예를 들면 『열반경』을 영

---

24) 붓다의 수명 연장 능력에 관한 『열반경』의 구절은 다음과 같다. "아난다여! 누구든지 사신족(四神足, cattāro iddhipadā)을 계발하고 증진하고, 수레처럼 만들고, 수반하고, 축적하고, 잘 수지하면 만약 그가 원하기만 한다면, 겁(kappa) 또는 그 겁의 남은 기간(kappavasesam) 동안, 계속 머물 수 있다. 아난다여, 여래야말로 사신족을 계발하고 증진하고, 수레처럼 만들고, 수반하고, 축적하고, 잘 수지하였다. 그러므로 아난다여, 여래가 원하기만 한다면 겁 또는 그 겁의 남은 기간 동안, 계속 머물 수 있다."(Dīgha Nikāya Ⅱ, p.103). 자세한 논의는 이 책 pp.19ff 참조.

역한 모리스 월시(Maurice Walshe)는 주를 달고 있다. "문제는 사실, 심지어 여래조차도 그것(sūkaramaddava)을 소화시킬 수 없었던 것이다."[25] 현대의 권위 있는 팔리어 학자조차도 이렇게 마지막 음식을 들고 붓다가 죽을 병에 걸렸다고 이해하고 있는 것이다.

그러나 붓다고사는 반대로 해석하고 있다. 붓다고사의 해석이 얼마나 정확한지 다른 전통의 『열반경』 제본을 비교하면서, 고찰해 보자. 백법조(白法祖) 역의 『불반니원경』에 따르면, 춘다가 음식을 공양하는 동안, 한 나쁜 비구가 발우를 파손한다. 춘다는 그것을 목격하고 붓다에게 세상에는 어떤 종류의 비구들이 있는지 여쭌다. 음식 공양을 마친 뒤, 붓다는 춘다에게 붓다와 비구 무리에게 공양을 했으니, 죽어서 반드시 천상에 태어나리라고 칭찬한다. 붓다는 춘다의 집을 떠나 쿠시나라로 향한다. 도중에 붓다는 병을 얻는다. 붓다는 아난다에게 근처의 강에서 물을 가져오라고 한다. 가져온 물이 깨끗하지 않아 붓다는 마시지 않고 "얼굴과 발을 씻었더니, 그 병에 차도가 있었다."[26] 그리고 붓다는 자신의 명상 능력을 말한다.

그러고 나서 붓다는 아난다만을 데리고 목욕을 한다. 그때 붓다는 아난다에게 춘다의 음식에 관련하여 춘다에게 다음과 같이 전언하라고 당부한다. "붓다는 네가 공양한 음식을 드시고 나서 야반에 입멸할 것이다. 너는 마땅히 기뻐해야 할 것이다. 슬퍼해서는 안 된다. 한 번이라도 붓다에게 공양하면 오복(五福)을 얻게 된다. 너는 붓다에게 공양을 했다. 붓다는 너의 음식을 드시고 힘을 내어 입멸할 것이다."[27] 이 한역본은 춘다가 준비한 음식이 구체적으로 무엇이었

---

25) Walshe, Maurice, *The Long Discourse of the Buddha*. Boston : Wisdom Publication, 1987, p.573 fn 418.

26) 『佛般泥洹經』(『대정장』 1, p.168a25). "澡面足 病卽小差."

는지를 밝히지 않는다. 그리고 그의 음식이 질병을 일으켰다고 분명히 말하고 있지 않다. 대신 이 한역본에 따르면, 춘다의 음식은 붓다의 입멸을 도왔다고 붓다가 말하고 있다. 한 가지 주목할 점은 팔리어본 『열반경』과 달리 마지막 음식을 먹은 시기와 발병 시기에 간격을 두고 있다는 것이다. 공양 직후 발병한 것이 아니다. 더구나 발병 직후 물로써 얼굴과 발을 씻었더니 병에 차도가 있었다고 하는 기술은 음식에 기인한 복통이라기보다는 힘든 여행에서 흔히 볼 수 있는 피로나 과로에 따른 육체적 고통을 말하는 것으로 보는 것이 자연스럽다.

역자 미상의 『반니원경』은 백법조 역의 『불반니원경』과 대동소이하다. 다른 점은 이 한역본은 최후 음식의 공덕을 더 자세히 기록하고 있다. 아난다에게 물을 가져오라고 하여 그 물로 "얼굴과 발을 씻으며 그 고통을 참았다."[28] 그리고 자신의 명상 수행력을 말한다. 목욕을 마친 뒤 아난다에게 춘다의 음식이 가져오는 과보에 대해서 말한다. "천하에 두 가지 만나기 어려운 것이 있다. 만약 (그것을) 만나, 공양하면 두려움과 의혹이 풀릴 것이다. 그리고 바른 과보를 초래한다. 무엇이 그 둘인가? 첫째는 음식물을 공양하여, 음식의 기운으로 무상(無上)의 바른 진리를 성취하여 성스러운 붓다가 되게 하는 것이다. 둘째는, 음식물을 공양하여 음식의 기운으로 받은 바 나머지 무위(無爲)의 정(情)을 버리고 입멸하게 하는 것이다."[29] 춘

---

27) 『佛般泥洹經』(『대정장』 1, p.168c5). "佛從若飯已 夜半當般泥洹 若當歡喜 語淳莫啼哭 若一飯佛得五福 若飯佛 佛持若飯食 氣力用般泥洹." 밑줄은 필자가 강조의 의미로 그었다.
28) 『般泥洹經』(『대정장』 1, p.183c10). "澡面洗足 於是以忍病."
29) 『般泥洹經』(『대정장』 1, p.184b03). "一爲若施飯食 令彼得以食之氣力 成無上正眞爲至聖佛 二爲若施飯食 令彼得以食之氣力 棄所受餘無爲之情而滅度者."

다는 얻기 힘든 기회를 만나 음식물을 공양했다. 정각 직전 음식을 먹고 붓다는 힘을 내어 정각을 이룰 수 있었던 것처럼, 입멸 직전 춘다의 음식을 또한 붓다가 취함으로써 힘을 내어 입멸할 수 있다. 따라서 춘다는 다섯 종류의 과보를 받을 것이니, 슬퍼해서는 안 되고 행복해야 할 것이라고 붓다는 아난다에게 주의를 주고 있다. 이 한 역본의 역자나 원래 편자는 춘다의 음식이 발병의 원인이 아니라, 붓다에게 원기를 발생시켰음을 강조하고 있다.

법현(法顯)이 번역한 『대반열반경』에 따르면, 붓다의 입멸이 임박했음을 듣고, 춘다는 최후의 음식을 준비했다. 붓다는 마지막 공양을 마치고 춘다의 음식은 붓다가 취한 최후의 음식이 되기 때문에 커다란 과보를 받을 것이라고 춘다를 칭찬한다. 그러고 나서 붓다는 아난다에게 자신의 몸이 아프다고 알린다[我今身痛]. 쿠시나라로 가는 도중 병이 더 심해지자 나무 밑에 멈추었다. 아난다에게 다음과 같이 말했다. "내가 지금 복통으로 극도로 아프다." 그리고 곧 아난다를 데리고 나무에서 멀리 떨어지지 않은 곳에서 하혈했다.[30] 그러고 나서 본래의 나무 밑으로 와서 앉아 쉬었다. 그때 춘다는 "붓다께서 나의 음식을 먹고 배탈이 나서 열반에 들려고 하고 있다"라고 후회한다. 그때 세존은 춘다가 자책하는 것을 알고 아난다에게 말한다. "너희는 마땅히 알아야 한다. 일체 중생이 여래가 우리가 올린 음식을 받은 이유로 몸이 아파 반열반했다고 자책해서는 안 된다. 왜냐하면 여래가 세상에 출현할 때, 두 종류의 사람이 최상의 복을 얻는다. 첫째는 아뇩다라삼먁삼보리(阿耨多羅三藐三菩提)를 성취하려 할 때 와서 보시하는 것이고, 둘째는 여래가 임종하여 반열반할

30) 『大般涅槃經』(『대정장』 1, p.197中). "我於今者 極患腹痛 卽將阿難 去樹不遠 而便下血."

때 최후로 음식을 공양하는 것이다. 이 두 사람의 복은 똑같아 다름이 없다. 얻는 바 과보는 헤아릴 수도 없다."[31] 붓다는 정각 직전의 음식과 입멸 직전의 음식은 똑같은 과보를 갖는다고 말함으로써, 춘다를 위로하는 것이다. 이 경전은 춘다가 올린 음식이 붓다에게 복통을 일으키게 하고 끝내 하혈까지 하게 만들었다고 묘사하는 듯하다. 음식을 먹는 시기와 발병 시기도 큰 차이가 나지 않는 점이나, 춘다가 자책하는 말도 이 같은 해석을 뒷받침하고 있다. 이 한역본에서 나쁜 비구가 그릇을 가져가는 일 따위는 기록되지 않고 있다. 다른 한역본과 비교해, 붓다의 질병 상태를 꽤 자세하고 생생하게 기록하고 있는 점도 눈에 띈다.

『유행경』에 따르면, 춘다는 희귀한 버섯을 요리했다. 붓다는 그것을 다른 비구들에게는 공양하지 말라고 지시한다. 그 이유는 나타나지 않는다. 한 늙은 비구가 발우를 취하는 것을 보고 춘다는 붓다에게 몇 종류의 비구가 있는지 여쭌다. 춘다의 집을 떠나 쿠시나라로 가는 도중 붓다는 등 병을 얻게 된다. "나는 등 병을 앓고 있다"라는 표현이 보인다[吾患背痛].[32] 이런 사정을 게송으로 요약하고 있다. 이 게송은 팔리어 『열반경』의 게송에 상응하는 것으로 『유행경』에만 보이고 다른 『열반경』 제본에는 나타나지 않는다.

춘다의 집에서 음식을 먹고 나서,
이와 같이 말하는 것을 처음으로 들었네.

---

31) 『大般涅槃經』(『대정장』 1, p.198下). "爾時淳陀心自咎責 世尊因受我之供飯 而患腹痛 欲般涅槃 爾時世尊知淳陀心 告阿難言 汝今當知 一切衆生 勿自責言 如來因受我之供飯 致使身患而般涅槃 所以者何 如來出世 有二種人 獲福最上 一者欲成阿耨多羅三藐三菩提時 而來奉施 二者如來臨欲般涅槃時 最後供飯 此二人福正等無異 所獲果報不可稱計."
32) 『遊行經』(『대정장』 1, p.18下).

여래의 병은 더욱 심해지셨네.
수명이 이제 막 끝나려 하네.
비록 전단이(栴檀耳)를 먹었지만
병은 오히려 더욱 증가하였네.
병을 안고서 길을 걸어
쿠시나라성으로 조금씩 향했다네.[33)]

"시문여차언(始聞如此言)"이라는 시구에 주의를 기울일 필요가 있다. 처음으로 이 사실을 들었다는 것이다. 놀라움과 아울러 자신이 직접 목도하지 않음을 밝히고 있다. 이것은 소문을 단지 전하고 있음을 말함으로써 전언의 진위 여부에 관하여서는 책임을 피하고 있는 것이다. 최후의 음식을 취하기 이전에 이미 병에 걸려 있었고 비록 귀한 음식을 먹었지만 차도가 없었음을 분명히 하고 있다. 붓다의 질병이 춘다의 음식 덕택으로 완화되었다고 보는 붓다고사의 견해와 다르다. 하지만 붓다가 음식을 취하기 이전에 병에 걸려 있었다는 점은 동일하다. 이 한역본에 의거해 보면 춘다의 음식이 붓다의 발병 원인으로 직접 작용하지 않았음을 알 수 있다.

배통(背痛)은 음식 섭취와는 무관한 것이다. 음식 섭취 직후 붓다가 복통(腹痛)을 앓았다면 그 음식이 문제가 있어 복통을 야기했다고 추론해도 크게 틀리지 않을 것이다. 그러나 등 병은 음식 섭취와는 직접적으로 어떠한 관계도 없다는 것이 우리의 상식이다. 『근본설일체유부비나야잡사』의 『열반경』 상응 부분(『대정장』 24, p.391上)과 산스크리트어본도 역시 붓다가 등 병을 앓고 있음을 보여 준다.[34)]

33) 『遊行經』(『대정장』 1, p.18下). "周那舍食已 始聞如此言 如來患甚篤 壽行今將訖 雖食檀耳 而患猶更增 抱病而涉路 漸向拘夷城."
34) Waldschmidt, *Mahāparinirvāṇasūtra.* Berlin: Akademie-Verlag 1950-51,

춘다가 직접 붓다와 비구 무리에게 공양하고 있을 때, 한 나쁜 비구가 몰래 구리 그릇[銅椀]을 훔쳐 겨드랑이 안에 감추었다. 붓다는 신통력으로 다른 사람들이 그것을 보지 못하게 했다. 오직 붓다와 춘다만이 그 범법 행위를 보았다. 춘다의 집을 떠나 쿠시나라에 가는 도중 등 병이 생겨 누워 휴식을 취한다[我今背痛].[35] 이 한역본에서도 최후 음식과 발병이 직접 연결되어 있지 않음을 볼 수 있다. 이 두 『열반경』의 최후 공양과 관련된 나머지 부분은 다른 북방 전통의 『열반경』 제본과 일치한다.

파테가마 그나나라마(Patgama Gnanarama)는 최후의 음식과 관련하여 티베트어본 『열반경』에 놀라움을 표시하고 있다. "놀랍게도 둘바(Dulva. 티베트본)는 이 음식에 대해 어떠한 언급도 하지 않고 있다."[36] 그의 놀라움은 적어도 팔리어 전통에서는 고래로 붓다의 최후 음식에 대해 많은 논란이 있어 왔기에 『열반경』에 당연히 그것이 언급되어야 한다는 것을 전제로 하고 있다. 하지만 팔리어 『열반경』을 제외한 다른 제본들은 최후의 음식에 대해 그렇게 큰 중요성을 부여하지 않는다는 사실을 고려한다면, 그의 놀라움은 사라지게 될 것이다. 북방 전통의 『열반경』들 대부분은 춘다가 준비한 최후 음식이 구체적으로 무엇이었는지 밝히지 않고 있다. 단지 『유행경』만이 버섯으로 파악하고 있을 뿐이다. 이들 북방 전통의 『열반경』 제본은, 팔리어 『열반경』만큼 춘다의 음식이나 붓다의 질병에 관하여 자세히

P.264. 경전에는 붓다가 등 병으로 고생하는 장면이 흔하게 등장한다. 아마도 붓다가 정각을 위해서 6년간 고행한 것과 관계가 있는 듯하다. 격심한 고행을 했기 때문에 그는 입멸 직전까지도 때때로 등 병으로 시달린 것 같다.

35) 『根本說一切有部毘奈耶雜事』(『대정장』 24, p.391上).

36) Pategama Gnanarama, *The Misson Accomplished*, Singapore : Ti-Sarana Buddhist Publication 1997, p.189

언급하고 있지 않다. 대신, 법현 역 『대반열반경』을 제외한 북방 전통의 『열반경』 제본은 한 비구가 귀중한 발우를 훔치는 이야기를 싣고 있다. 이러한 비구의 발우 도둑질 이야기는 팔리어 『열반경』에는 보이지 않는다.37)

북방 전통의 논서(Abhidhamma)에서는 어째서 정각 직전의 공양과 입멸 직전의 공양이 똑같은 과보를 초래하는가에 대해서 상세한 토의를 하고 있다. 정각을 이루기 전의 보살은 아직 탐(貪)·진(瞋)·치(痴)를 지니고 있었고, 입멸 직전의 붓다는 이미 탐·진·치가 소진하였다. 어떻게 정각 이전의 보살에게 올린 공양과 정각 후에 붓다에게 바친 공양이 똑같은 과보를 초래하는가? 이러한 질문에 대해 북방 논서는 14종류의 이유를 들어 자세히 설명하고 있다. 이 중 본고의 주제와 직접적으로 연관되는 부분을 소개하면 다음과 같다. "어떤 설에 따르면 두 경우 모두 염신(染身)을 벗어나는 데 도움이 되었다."38) 정각 직전 음식을 먹고 소화하여, 붓다는 힘을 내어 후야(後夜)에 정각을 성취할 수 있었다. 마찬가지로 입멸 직전 취한 음식을 먹고 소화

---

37) 북방 전통의 『열반경』에서 춘다가 한 비구가 발우를 훔치는 것을 보고, 몇 종류의 비구가 세상에 있는지 묻는다. 그리고 이에 대해 붓다가 대답을 한다. "比丘中 有惡比丘 取所飮水器壞之 佛卽知之 淳亦見之" (『대정장』 1, p.167下). "有惡比丘已欲取器 佛知之 淳念聖思 善意供"(『대정장』 1, p.183中) "于時有一罪惡苾芻 遂竊銅碗 藏著腋下 佛神力故不令人見 唯佛准陀見此非法"(『대정장』 1, 390中). "時彼衆中有一長老比丘. 晩暮出家. 於其座上以餘器取" (『대정장』 1, p.918中). 中村 元은 비구가 발우를 훔친 일화는 오래된 전승에 기초한 것으로 아마도 역사적 사실일 것이라고 추정하고 있다(中村 元, 앞의 책, p.263). 한 한역본과 산스크리트어본이 '훔치다'라는 말을 분명히 쓰고 있는 반면, 두 한역본은 '取'라는 말을 사용하고 있는데, 아마도 '取'를 '몰래 취하다', '가지다'라는 의미로 사용하고 있다고 필자는 생각한다. Suttanipāta No 83-90에서는 춘다의 질문과 붓다의 대답만이 기록되어 있다.

38) 『阿毘達磨大毘婆沙論』(『대정장』 27, p.680上). "有說二時俱能資益離染身."

하여 음식의 힘으로 입멸할 수 있었다. 따라서 두 음식 모두 육신에 기운을 불어넣어 준 것이므로, 최후 음식이 질병을 일으켜 육신을 해친 것은 결코 아닌 것이다.

『밀린다팡하(Milindapañha)』도 왜 두 공양이 최상의 과보를 초래하는지 다루고 있다. 밀린다 왕은 춘다의 음식에 해로운 요소가 있어 붓다에게 고통스러운 병고를 일으키고 끝내 죽게 만들었는데, 어떻게 최상의 과보를 가져올 수 있느냐고 묻는다. 나가세나(Nāgasena) 장로는 다음과 같이 반박한다. "음식은 바르게 요리되었고, 가볍게 요리되어 먹기에 즐거웠고, 다즙(多汁)으로 소화하기에 적당했습니다. 위대한 왕이시여! 그것을 먹었기 때문에 세존에게 이전에 발생하지 않았던 질병이 발생한 것은 결코 아닙니다. 위대한 왕이시여! 세존의 신체가 허약했기 때문에(pakatidubbale sarīre), 그리고 그의 수행(壽行, āyu-sankhārā)이 끝남에 따라 발생하였던 병이 더욱더 악화되었을 뿐입니다."[39] 나가세나 장로의 견해는 앞서 살펴본 『유행경』의 견해와 동일함을 알 수 있다. 음식이 잘못되어 새로운 질병이 발생한 것이 아니라, 공양 이전부터 있었던 병이 훌륭한 음식에도 완화되지 않았다는 것이다. 붓다고사는 나가세나 장로의 견해를 계승하면서 수정, 발전시킨 것 같다. 즉 음식이 발병 원인이 아니라는 점을 받아들이고, 음식이 질병 완화에 도움이 되지 못했다는 나가세나의 견해를 수정하여, 음식이 병을 완화시켰다고 음식의 유익한 효과를 주장하고 있다. 이렇게 함으로써, 붓다고사는 마지막

39) Milindapañha p.175. "Tañ ca pana sammāpākaṃ lahupākaṃ manuññaṃ bahurasaṃ jaṭharaggitejassa hitaṃ, na mahārāja tatonidānaṃ Bhagavato koci anuppanno rogo uppanno, api ca mahārāja Bhagavato pakatidubbale sarīre khīṇe āyusankhāre uppanno rogo bhiyyo abhivaḍḍhi."

공양의 훌륭한 과보를 설명할 수 있다. 음식이 유익한 도움이 되지 않았는데, 어떻게 최상의 과보를 얻을 수 있는가 하는 난문(難問)을 피할 수 있는 것이다.

북방 및 남방불교의 논서는 춘다의 공양은 수자타의 공양과 동일하게 같은 과보를 불러오는 것이라고 당연시하고 있다. 따라서 그들은 춘다의 음식이 붓다의 발병 원인이었다고는 생각하지 않는 것이다.

붓다의 전기를 최초로 체계화한 『불소행찬』을 살펴보면, 붓다가 춘다가 준비한 음식을 먹고 병이 났다는 기술은 보이지 않는다. "그때에 어떤 장자의 아들이 있어, 그 이름을 순타(純陀)라 하였다. 붓다를 자신의 집으로 초대해서, 최후의 공양을 준비해 바쳤다. 공양을 끝내고 설법을 마친 뒤, 구이성(鳩夷城)으로 나아가 궐궐(蕨蕨)과 희련(熙連) 두 강을 건넜다."[40] 목욕을 하고 나서 쌍수 밑에 눕는다. 『불소행찬』에서는 최후 음식으로 인한 발병에 대해서는 전혀 언급하지 않고 있다. 『붓다차리타(Buddhacarita)』의 저자 아슈바고샤(馬鳴, Ashvaghosa)나 한역자 담무참(曇無讖)에게는 붓다가 식중독으로 병고에 고통스러워했다는 생각은 없었던 것이다. 설령 그러한 사실을 알고 있었다고 하더라도, 그런 불미스러운 일을 언급하고 싶지는 않았을 것이다.

대승불교에도 초기불교의 『열반경』과 동일한 이름의 경전이 있다. 대승불교의 『열반경』도 초기불교의 『열반경』과 마찬가지로 붓다의 입멸을 주제로 삼고 있다. 대승불교의 『열반경』은 붓다의 최후 공양에 관한 내용을 그 시작으로 하고 있다. 붓다의 임박한 입멸을 지켜보려고 많은 신과 비구, 사람들이 붓다에게 다가왔다. 그리고 그들

---

40) 『佛所行讚』(『대정장』 4, p.46中). "時有長者子 其名曰純陀 請佛至其舍 供設最後飯 飯食說法畢 行詣鳩夷城 度於蕨蕨河 及熙連二河."

은 서로 다투어 붓다에게 최후의 공양을 올리려고 한다. 그들의 공양은 모두 거부되고 오로지 춘다의 공양만을 붓다가 허락하였다.[41] 이 서두 부분에는 춘다의 음식과 붓다의 질병이 관련된 이야기가 전혀 언급되지 않는다. 대승불교의 『열반경』이 최후 공양 장면으로 시작되는 것은 단순한 우연은 결코 아닐 것이다. 대승불교의 『열반경』은 붓다가 춘다의 음식을 먹고 치명적인 병에 걸렸다는 전승을 부정하고자, 초두에서 최후 공양을 재진술한 것이 아닌가 한다. 주로 불신상주(佛身常住)를 설하고 있는 경전이기 때문에, 절대적으로 붓다가 식중독으로 죽었다는 전승을 수정하거나 부정해야 할 필요성이 있는 것이다. 대승 『열반경』이 춘다의 공양이 가져오는 과보를 누누이 강조하고 있기 때문에, 마지막 음식이 잘못되어 붓다가 죽을 병에 걸렸다는 생각은 전혀 할 수 없었던 것 같다.

대승불교의 『열반경』은 다른 공양들은 모두 거절되고 춘다의 공양만이 받아들여진 이유에 대해 아무런 설명도 하지 않고 있지만, 이미 오래전에 붓다가 자신의 마지막 공양을 춘다에게 요청하였다고 한다. 춘다는 전생에 가섭불 재세 시, 석가여래가 입멸할 때 자신이 최후 공양을 올리겠다고 발원했었다. 3개월 뒤 쿠시나가라 사라쌍수 아래에서 입멸할 터이니, 춘다에게 이것을 알리라고 붓다가 요청하고 있다.[42] 이러한 기술에 따르면, 춘다의 공양은 붓다가 우연히 취하게 된 마지막 공양이 아니라, 붓다의 요청에 따른 것이다. 입멸하기 오래전에 붓다는 춘다에게 자신의 마지막 공양을 올리라고 요청한 것이다. 따라서 음식을 준비할 시간이 충분했을 것이고, 더 조심스럽게 붓다에게 최후가 될 음식들을 돌보았을 것이다.

---

41) 『大般涅槃經』(『대정장』 12, p.365下; p.605上).
42) 『大般涅槃經』(『대정장』 12, p.565中; p.811下).

요약하면, 대체로 북방 전승은 춘다의 공양이 붓다의 발병 원인이 아니라는 붓다고사의 견해와 일치하고 있다. 그런데 북방 전통 중 『유행경』에서는, 팔리어 『열반경』과 마찬가지로 춘다가 음식을 보시하기 직전 붓다는 춘다에게 버섯 요리를 자기에게만 바치라고 지시한다.[43] 그러나 그 이유를 밝히지 않는다. 우리는 여기서 최후의 음식에 어떤 잘못이 있지 않았나 상상할 수 있다. 음식물이 자신을 비롯한 수행자들에게 적합한지, 또는 건강에 유익하지 않음을 알고, 붓다는 문제의 음식을 자신에게만 공양하라고 한 것은 아닐까? 어떠한 이유든지 간에, 그 음식을 거절한다면 춘다는 매우 실망하거나 낙담하게 될 것이다. 특히 그가 준비한 음식이 이미 상했거나, 출가 수행자에게 해롭다는 사실을 들으면, 그는 심한 자책감에 빠질 것이다. 이러한 사정을 고려해서 붓다는 알면서도 그의 음식을 스스로 취하고 나머지는 없애라고 한 것은 아닐까?

4. 팔리어 『대반열반경』의 재고(再考)

붓다의 최후 공양에 관한 부분을 팔리어 『열반경』에서 다시 살펴보자. 춘다가 수카라맛다바를 공양하기 이전에 붓다는 자신에게만 그 음식을 공양하라고 한다. 그 음식을 먹고 난 뒤, 붓다는 춘다에게 남은 수카라맛다바를 묻어 버리라고 한다. 자신을 제외한 누구도 이 음식을 소화시킬 수 없기 때문이라고 그 이유를 설명한다. 그러고 나서 붓다는 치명적인 이질(설사병)에 걸린다. 벨루바에서 우안거

43) 『유행경』(『대정장』 1, p.18中).

직후 발생한 붓다의 질병과 최후의 공양 후 일어난 질병을 비교해 보는 것은 매우 유익할 것이다. 팔리어 『열반경』에 따르면 붓다의 마지막 여행 중 발생했던 첫 질병에 대해 "kharo ābādho uppajji bāḷhā vedanā vattanti māraṇantikā"라고 묘사하고 있다.44) 'kharo'나 'bāḷhā'는 서로 유사어로 병의 고통이 몹시 격심함을 보여 주며 māraṇantikā는 문자 그대로 죽을 지경에 이를 정도의 병고를 말한다. 음식을 먹고 난 뒤 발생한 질병에 대해 "kharo ābādho uppajji lohita-pakkhandikā pabāḷhā vedanā vattanti māraṇantikā(격심한 질병이 일어나 붉은 피가 나오고 죽음에 이르는 정도의 격심한 고통이 발생하다)"라고 형용하고 있다.45) 비교해 보면 거의 동일하지만, 'lohita-pakkhandikā'라는 형용사가 최후의 질병의 묘사에만 보인다는 점이다. 'lohita-pakkhandikā'는 붉은 피가 섞여 나오는 설사병을 가리키고 있다.46)

다른 북방 전승을 보면, 안거 직후의 첫 질병에 대해 구체적인 병명이나 상태를 기록하지 않고 있어 팔리어 『열반경』만큼 상세하지 않다. 『불반니원경』에 따르면 붓다의 온몸에 커다란 고통이 발생했다.47) 전신이 몹시 고통스러워 입멸할 마음도 생겼다고 전하고 있지만, 구체적으로 어떠한 질병인지는 밝히지 않고 있다. 『유행경』에서는 붓다에게 질병이 일어나 온몸이 고통스럽다고 했다.48) 표현은 다소 다르지만 의미는 동일하다. 『반니원경』도 위의 경과 마찬가지

44) Dīgha Nikāya II, p.99.
45) Dīgha Nikāya II, p.127.
46) Rhys davids, *Pali English Dictionary* (Pali Text Society) "lohita-pakkhandikā" 참조.
47) 『佛般泥洹經』(『대정장』 1, p.164下). "身皆大痛."
48) 『遊行經』(『대정장』 1, p.15上). "佛身疾生 擧體皆痛."

로 붓다의 전신이 아팠다고 기록하고 있을 뿐이다.[49] 여기서도 구체적으로 어떠한 병이었는지 밝히지 않는다. 『근본설일체유부비나야잡사』는 다른 한역본보다 다소 자세하다. "붓다는 안거 때 몸이 병고로 여러 고통을 받아 거의 수명이 끝날 정도였다."[50] 자세한 병의 상태는 알 수 없다. 법현(法顯) 역 『대반열반경』은 바이살리에서 붓다가 수명 연장 가능성을 선언하는 장면부터 시작되고 있기 때문에 바로 그전에 등장한 우안거 중의 질병 일화는 생략되어 있다.

피가 섞여 나오는 설사병은 음식 섭취와 관련이 있는 것이 아닌가? 붓다고사는 단지 계속되는 이질(pavatta-lohita)로 보고 있다. 산스크리트어 『열반경』과 3종의 한역본들이 붓다의 최후 질병을 등병으로 보고 있는 데 비해, 팔리어 『열반경』과 한 한역본, 즉 법현(法顯) 역 『대반열반경』은 복통 또는 복통과 관련된 소화기관의 질병으로 보고 있는 것 같다. 이러한 맥락에서, 붓다는 춘다가 공양한 마지막 음식 때문에 병을 얻었다고 유추할 수 있을 것이다.

그렇지만 문제가 남는다. 왜 팔리어 『열반경』에서는 붓다 자신도 소화하지 못하고 병을 얻었음에도 자신만이 그 음식을 소화할 수 있다고 선언했을까? 그리고 왜 다른 비구들은 이 음식을 먹지 못하게 했을까? 붓다고사는 붓다가 그렇게 선언한 것은 춘다가 다른 이에게서 비난받는 것을 방지하고자 함이었다고 설명한다. 붓다는 비구들에게나 다른 사람들에게 자신이 먹다 남은 춘다의 음식을 먹도록 허락하지 않고, 사자후(獅子吼)의 선언을 했다고 붓다고사는 해석한다. 즉 붓다의 사자후를 들은 이들은 춘다를 비난할 수가 없을 것이

---

49) 『般泥洹經』(『대정장』 1, p.180上). "佛身痛 與軀皆痛."
50) 『根本說一切有部毘奈耶雜事』(『대정장』 24, p.387上). "佛於夏內身嬰病苦 受諸痛惱 幾將命沒."

다. 왜냐하면 붓다가 남은 음식을 묻어 버리라고 지시했기 때문이라는 것이다.[51]

붓다고사의 설명은 붓다가 왜 다른 비구들이 문제의 음식을 먹는 것을 허락하지 않고 대신 묻어 버리라고 했는지에 초점이 맞추어져 있다. 붓다는 이미 음식에는 문제가 없었다고 믿고 있으므로 춘다가 다른 이에게서 왜 우리에게는 음식을 주지 않느냐고 비난받을 것을 염려해서 남은 음식을 묻으라고 했다는 것이다. 붓다고사는 붓다가 남은 것을 묻어 버리라고 한 이유에 대해서 자신의 견해를 밝히고 있을 뿐이다.

최후에 남는 문제는 왜 경전에는 붓다가 소화시키지도 못한 것 같은 음식을 자신만이 소화시킬 수 있다고 선언했다고 기록되어 있을까 하는 것이다. 이 질문에 대한 대답은, 경전 편찬자들이 붓다가 단순히 최후의 음식을 먹고 얻은 질병 때문에 입멸했다는 것을 부정하려는 의도에서 그 실마리를 찾아야 할 것이다.

***

이상에서 우리는 두 가지 상반되는 견해를 살펴보았다. 마지막 공양이 질병의 원인이었다는 견해와 반대로 그렇지 않다는 견해를 여러 문헌을 통해서 고찰했다. 필자는 두 가지 견해 중 어느 하나를 변론하는 것을 목표로 삼지 않았다. 단지 현행 불교학계에서 전자의 견해가 통용되는 현실에 대해 그와 반대되는 전통도 있다는 것을 소개하고자 했다. 그러므로 붓다고사의 견해를 중심으로 여러 관련되

---

51) Sumaṅgalavilāsinī II, p.568

는 문헌을 분석하면서 후자의 입장을 자세히 소개했다.

붓다고사나 그의 견해와 동조하고 있는 문헌들이 마지막 공양이 붓다의 질병사의 원인이 아니라고 강변하는 것은 역설적으로 오래전부터 최후 공양이 질병사를 일으켰다는 견해가 강력하게 제기되고 있었음을 보여 준다. 붓다의 최후 공양과 발병에 관한 정황이 정확하게 기록되어 전승되지 않았으므로 붓다 사후, 시간이 경과함에 따라 서로 다른 주장이 나올 수밖에 없었던 것이다. 붓다를 단순한 인간 이상으로 신앙하는 제자들은 그들의 스승이 그저 식중독으로 죽었다는 이야기를 받아들일 수 없었을 것이다. 결국 붓다의 사인(死因)에 관한 후대의 해석은 불타관(佛陀觀)의 발전과 관련되어 성립될 수밖에 없었다.

붓다의 입멸 직전의 사건들을 살펴보면 붓다가 춘다가 준비한 음식을 먹은 후 질병에 걸린 것은 역사적 사실이다. 그렇지만 엄밀히 말해서 춘다의 음식이 곧 질병의 원인이라고 속단하는 것은 온전하지 못하다. 그러나 사람들의 눈에는 붓다가 음식을 섭취한 뒤 곧 질병을 앓았기 때문에, 춘다의 음식이 곧 발병의 원인이라고 보게 된 것 같다. 아마도 최초기 불교 구전 전통은 최후의 음식과 질병에 관한 직접적인 관계를 좀 더 정확하게 알았을 것이다. 이 최초기 전통이 그대로는 아니겠지만 팔리어 『열반경』에 보존되었으리라 믿는다.52) 법현 역 『대반열반경』도 붓다의 최후 음식과 복통을 연계시

52) 레지널드 레이(Reginald Ray)는 여러 제본의 『열반경』에서 붓다가 자신의 수명을 포기하는 장면에 관한 바로(Bareau)의 연구를 소개하면서 다음과 같이 요약하고 있다. "여러 제본(『열반경』 제본) 중, 팔리어본 『열반경』이 최초기 『열반경』 원형에 가까움을 보여 주는 자료를 가지고 있다. 나는 이러한 결론이 붓다의 마지막 공양과 질병에도 타당하게 적용된다고 믿는다." Reginald Ray, "Nāgārajua's Longevity" in *Sacred Biography in the Buddhist Traditions*

키고 있으므로 최초기 구전 전승과 매우 가까울는지 모른다.[53)]

그렇지만 붓다가 식중독에 걸려 설사병에 시달리면서 무기력하게 최후를 마감했다는 사실은 신심(信心) 있는 불교도들에게는 불경스럽게 들렸을 것이다. 발전된 불타관의 견지에서 보면, 붓다가 단순히 음식 문제로 죽었다는 것을 경건한 불교도들은 받아들일 수 없었을 것이다. 붓다가 식중독으로 죽었을 개연성이 있는 역사적 사실은 성스러운 불타관의 전개와 발전에 맞추어져 수정되어야만 했던 것 같다. 법현 역 『대반열반경』을 제외한 모든 북방불교 전통의 『열반경』 제본과 최후 공양과 관련된 문헌이, 최후 공양과 입멸 직전의 발병이 무관하다고 다루고 있는 것은 이런 견지에서 이해할 수 있을 것이다. 그리고 일부 한역 경은 더 나아가 정각 전의 공양처럼 입멸 직전의 최후 공양이 붓다의 원기를 회복시키는 데 도움을 주었다고 역설함으로써, 붓다가 단순히 식중독으로 죽었다는 생각을 부정하고 있다.

북방 전통의 후기 문헌은 붓다의 최후 음식이 질병을 일으켰다는 것을 전혀 언급하고 있지 않다. 아마도 이것은 무기력한 환자와 같은 붓다의 모습을 불러일으키지 않도록 하려는 의도일 것이다. 앞에서 살펴보았듯이, 붓다고사는 붓다가 음식 때문에 질병을 얻은 것이 아니고, 반대로 음식이 붓다에게 많은 힘을 주었다고 주장한다. 그

---

of South and Southeast Asia. ed. by Juliane Schober, Honolulu: University of Hawaii Press. p.154 fn 72. cf. Bareau, *Recherches sur la biographie du Buddha dans les Sūtrapiṭaka et Vinayapiṭaka anciens*. Paris. 1963, Vol. 1, p.147.

53) 법현 역 『대반열반경』은 다른 한역본과 달리 우안거와 그 이전의 붓다의 여로를 담고 있지 않아, 문헌학적으로 특이한 모습을 취하고 있다. 어쩌면 『열반경』의 원형에 매우 가깝지 않았나 하는 생각을 하게 된다.

는 이상적인 붓다의 완전한 이미지가 훼손되는 것을 방지하고자 한 것이다.

우리는 붓다고사의 주석을 통해, 상좌부 전통에서는 어떻게 불타관이 전개 또는 발전되었는지 짐작할 수 있다. 쇼버(Schober)는 결론짓는다. "성스러운 성인(聖人)의 전기(傳記)는 그 종교를 믿는 청중과 상응한다. 왜냐하면 불타관은 근본적으로 다양한 종교 양상에서 종교적 교리와 해석을 형성하기 때문이다."54) 붓다고사에게, 붓다는 내면적으로나 외면적으로나 완전한 존재이다. 음식에 의한 질병(疾病) → 사(死)라는 사건을 재해석하여, 그는 붓다의 완전한 이미지를 소화불량에 걸린 늙은 환자와 같은 무기력한 모습에서 보호할 수 있었다. 그 결과, 온전히 보호된 붓다의 이미지는 계속해서 그의 제자들에게 신심을 불어넣을 수 있었을 것이다.

---

54) Juliane Schober, "Trajectories in Buddhist Sacred Biography" in *Sacred Biography in the Buddhist Traditions of South and Southeast Asia*. edited by Juliane Schober, Honolulu: University of Hawaii Press, 1997. p.2.

제5장 붓다의 입멸 과정(parinibbāna)

『대반열반경(Mahāparinibbāna-Sutanta)』(이하 『열반경』)은 붓다의 입멸을 주제로 하고 있다. 『열반경』이 편집될 당시, 불교도들이 붓다의 죽음 또는 그의 본질을 어떻게 이해하고 있었는지 잘 보여 주는 경전이다. 『열반경』은 크게 두 종류로 나눌 수 있는데, 대승불교의 『열반경』과 초기불교의 『열반경』이 그것이다. 두 종류의 『열반경』이 모두 붓다의 입멸을 소재로 다루고 있지만, 접근 방식과 입멸에 관한 해석에는 커다란 차이가 보인다. 이 장에서는 초기불교 『열반경』을 중심으로 붓다의 열반을 다루고자 한다. 초기불교도들이 어떻게 붓다의 입멸을 전승하고 이해하고 있었는가를 살핌으로써, 붓다의 본질 해명을 도모하고자 한다.

붓다의 입멸을 다루고 있는 초기불교 『열반경』은 붓다의 사후 문제를 어떻게 해결하고 있을까? 두 가지 자못 서로 다른 시도를 볼 수 있다. 첫 번째 시도는 다소 소박한 것으로 붓다를 신격화하는 것이다. 붓다 사후, 일부 불교도들은 붓다가 신통력을 통하여 우주의 겁(劫, kappa)에 걸쳐 세상에 머물 수 있었다고 믿었다.[1] 아울러 『열반경』

---

1) 대중부(大衆部)가 이러한 견해를 가졌고, 대승불교 경전 중, 『열반경』에도 이러한 믿음이 발견된다. 역사적인 붓다의 수명과 수명 연장 능력에 관한 자세한 논의는 이 책 pp.18ff 참조.

에서 동일한 문제에 대한 또 하나의 시도가 나타난다. 즉 열반(涅槃)과 정각(正覺)을 동일시하는 것으로 이것은 교리적 접근이다. 본장(本章)에서는 붓다의 반열반(般涅槃)을 그의 정각과 관련하여 다루어 보고자 한다. 이에 앞서 붓다의 죽음과 관련하여 사용되고 있는 반열반이라는 용어에 관하여 먼저 일언해 두면 여기서 반열반은 무여의열반(無餘依涅槃)에 다름 아니다.

1. 붓다의 입멸 과정

1) 『대반열반경』에 보이는 붓다의 입멸 과정

『열반경』은 붓다가 열반에 들기 전 이 세상의 마지막 상태를 설명하고 있다. 붓다는 최후로 제자들에게 가르침을 설한다.

> 그러고 나서 세존은 제일정려(第一靜慮, jhānaṃ)에 이른다. 제1정려에서 나와 제2정려에 이른다. 제2정려에서 나와 제3정려에 이른다. 제3정려에서 나와 제4정려에 이른다. 제4정려에서 나와 공무변처(空無邊處, ākāsānañcāyatanaṃ)에 이른다. 공무변처(空無邊處)에서 나와 식무변처(識無邊處, viññāṇañcāyatanaṃ)에 이른다. 식무변처(識無邊處)에서 나와 무소유처(無所有處, ākiñcaññāyatanaṃ)에 이른다. 무소유처(無所有處)에서 나와 비상비비상처(非想非非想處, nevasaññā-nāsaññāyatanaṃ)에 이른다. 비상비비상처(非想非非想處)에서 나와 상수멸(想受滅, saññāvedayitanirodhaṃ)에 이른다. 이때 아난다 존자가 아누룻다 존자에게 말했다. “아누룻다 존자여! 세존은 반열반했습니다.” (아누룻다 존자는 대답했다.) “아난다 존자여! 세존은 반열반

하지 않았습니다. 상수멸(想受滅)에 이르렀습니다." 그러고 나서 세존은 상수멸에서 나와 비상비비상처에 이른다. 비상비비상처에서 나와 무소유처에 이른다. 무소유처에서 나와 식무변처에 이른다. 식무변처에서 나와 공무변처에 이른다. 공무변처에서 나와 제4정려에 이른다. 제4정려에서 나와 제3정려에 이른다. 제3정려에서 나와 제2정려에 이른다. 제2정려에서 나와 제1정려에 이른다. 제1정려에서 나와 제2정려에 이른다. 제2정려에서 나와 제3정려에 이른다. 제3정려에서 나와 제4정려에 이른다. 제4정려에서 나온 즉시 반열반하였다.(Atha kho bhagavā paṭhamaṃ jhānaṃ samāpajji, paṭhamajjhānā vuṭṭhahitvā dutiyaṃ jhānaṃ samāpajji, dutiyajjhānā vuṭṭhahitvā tatiyaṃ jhānaṃ samāpajji, tatiyajjhānā vuṭṭhahitvā catutthaṃ jhānaṃ samāpajji. Catutthajjhānā vuṭṭhahitvā ākāsānañcāyatanaṃ samāpajji, ākāsānañcāyatanasamāpattiyā vuṭṭhahitvā viññāṇañcāyatanaṃ samāpajji, viññāṇañcāyatanasamāpattiyā vuṭṭhahitvā ākiñcaññāyatanaṃ samāpajji, ākiñcaññāyatanasamāpattiyā vuṭṭhahitvā nevasaññānāsaññāyatanaṃ samāpajji, nevasaññānāsaññāyatanasamāpattiyā vuṭṭhahitvā saññāvedayitanirodhaṃ samāpajji. Atha kho āyasmā ānando āyasmantaṃ anuruddhaṃ etadavoca - "parinibbuto, bhante anuruddha bhagavā"ti. "Nāvuso ānanda, bhagavā parinibbuto, saññāvedayitanirodhaṃ samāpanno"ti. Atha kho bhagavā saññāvedayitanirodhasamāpattiyā vuṭṭhahitvā ākiñcaññāyatanaṃ samāpajji, ākiñcaññāyatanasamāpattiyā vuṭṭhahitvā viññāṇañcāyatanaṃ samāpajji, viññāṇañcāyatanasamāpattiyā vuṭṭhahitvā ākāsānañcāyatanaṃ samāpajji, ākāsānañcāyatanasamāpattiyā vuṭṭhahitvā catutthaṃ jhānaṃ samāpajji, catutthajjhānā vuṭṭhahitvā tatiyaṃ jhānaṃ samāpajji, tatiyajjhānā vuṭṭhahitvā dutiyaṃ jhānaṃ samāpajji, dutiyajjhānā vuṭṭhahitvā paṭhamaṃ jhānaṃ samāpajji, paṭhamajjhānā vuṭṭhahitvā dutiyaṃ jhānaṃ samāpajji, dutiyajjhānā vuṭṭhahitvā tatiyaṃ jhānaṃ samāpajji, tatiyajjhānā vuṭṭhahitvā catutthaṃ jhānaṃ samāpajji, catutthajjhānā vuṭṭhahitvā samanantarā bhagavā parinibbāyi).[2]

이 같은 선정 입출(入出) 과정을 요약하면 다음과 같다. 제1정려 → 제2정려 → 제3정려 → 제4정려 → 공무변처 → 식무변처 → 무소유처 → 비상비비상처 → 상수멸 → 비상비비상처 → 무소유처 → 식무변처 → 공무변처 → 제4정려 → 제3정려 → 제2정려 → 제1정려 → 제2정려 → 제3정려 → 제4정려 → 반열반. 입멸 직전 붓다의 마지막 정신 상태를 전문적이고도 학술적으로 기술하고 있음을 알 수 있다. 한 종류의 한역본을 제외한 『열반경』 제본은 붓다의 입멸 과정을 대략 동일하게 기술하고 있다.[3] 그렇지만 어느 누구도 붓다의 내면에서 일어난 것들을 정확하게 알 수는 없었을 것이다.[4] 레이(Ray)는 바로(Bareau)의 주장을 인용하고 있다. "붓다의 제자들이 스스로 이러한 정신적 현상을 관찰하기는 불가능했을 것이고, 또한 붓다 자신도 그들에게 자신의 마지막 상태를 결코 알려 주지 않았다."[5]

어떻게 해서 『열반경』 편집자는 이러한 과정을 기술할 수 있었을까? 그 답은 붓다의 정각 기술에서 찾아볼 수 있다. 비유하자면 붓

2) Dīgha Nikāya, II, p.156.

3) 다른 『열반경』 제본과 달리 『佛般泥洹經』(『大正藏』 1, p.172下)은 입멸 과정에 대해 명료하지 않고 매우 간결하게 기술하고 있다.

4) Rhys Davids (trans), *Dialogues of the Buddha* II,. Oxford: Pali Text Society. p.174 fn.

5) Ray, Reginald A., *Buddhist Saints in India* (Oxford University Press. 1994), p.392. Bareau의 주장을 재인용 ; Bareau, André, *Recherches sur la biographie du Buddha dans les Sūtrapiṭaka et les Vinayapiṭaka anciens. 2 : Les derniers mois, le parinirvāṇa et les funérailles.* 2 volumes(Paris: École Française d'Extrême-Orient. 1970-71), pp.152-3.

다의 정각이라는 사건은 수레의 축에 비유할 수 있다. 또 다른 축은 붓다의 입멸이라는 사건이다. 이 두 축을 기본으로 다른 모든 부분의 생애가 연결되어 있는 것이다. 정각과 입멸이라는 두 축에서 벗어난 이야기는 더 이상 붓다의 생애라는 수레를 구성하지 못하게 되는 것이다. 파이(Pye)는 정각과 입멸이라는 두 사건을 초기 불교도들이 왜 그렇게 중요하게 여겼는가를 설명하고 있다. "그 이유는 붓다의 정각과 입멸은 불교도들이 궁극적으로 자신이 지향하는 목표의 모델이 되기 때문이다. 이런 맥락에서 두 사건은 살아 있는 종교로서 불교를 움직이게 하는 쌍둥이 발전기라고 할 수 있다." 불교도들에게 불교를 실천하도록 힘을 제공하는 원천은 바로 붓다의 정각과 입멸을 본받는 데서 시작된다. 붓다의 생애 중 가장 중요한 부분은 정각(正覺, Enlightenment)을 이룬 사건이다. 붓다의 정각이 있었기 때문에 불교라는 종교가 시작될 수 있었다는 점에서 붓다의 정각은 불교의 원천이라고 할 수 있다. 붓다가 성취한 정각은 모든 불제자들이 열망하는 궁극적인 목표이다. 따라서 불교의 최초기부터 붓다의 정각은 제자, 특히 정각을 지향하는 출가 수행자들의 가장 주요한 관심의 대상이 되었으며, 이러한 관심이 문헌으로 다수 전승되고 있는 것이다. 이러한 정각에 대한 전승은 붓다의 다른 생애에도 영향을 미치게 된다. 입멸에 대한 기술도 기본적으로 정각에 대한 기술에 의존하고 영향을 받고 있다고 보아야 한다.[6]

경전 편집자는 붓다 정각의 기술을 붓다 입멸 과정에 적용할 수 있었을 것이다. 실제로 『열반경』 자체 내에서, 정각에 관한 기술이 입멸에 관한 기술과 밀접히 관련하여 이루어지고 있음을 뚜렷이 볼 수 있다.

---

6) Pye, Michael, *The Buddha*. London: Duckworth, 1979, p.19.

정각(正覺)의 기술(記述)	열반(涅槃)의 기술(記述)
보살이 알라라 칼라마(Ālāra Kālāma)에게서 무소유처(無所有處)를 배운다(Majjhīma Nikāya I, pp.163f). 보살은 비상비비상처(非想非非想處)를 웃다카 라마풋타로부터 배운다(Majjhīma Nikāya I, pp.165f).	알라라 칼라마의 제자 푸쿠사(Pukkusa)가 불타에 의해 개종된다(Dīgha Nikāya II, p.130).
범신인 사함파티(Sahaṃpati)가 붓다에게 법을 시설할 것을 간청한다(Majjhīma Nikāya I, pp.168ff; Vinaya Piṭaka I, p.5; Saṃyutta Nikāya I, p.137).	아난다는 붓다에게 이 세상에 계속 남아서 법을 시설할 것을 간청하지 않았다(Dīgha Nikāya II, p.103).
보살이 정각 직전에 수자타가 공양한 음식을 취한다(Jātaka I, p.70).	붓다가 입멸 직전에 춘다가 공양한 음식을 취한다(Dīgha Nikāya II, p.127).
보살이 수자타가 올린 음식을 드시기 전 네란자라(Nerañjarā) 강에서 목욕을 한다(Jātaka I, p.70).	붓다가 춘다가 올린 음식을 드신 후 카쿠타(Kakutthā) 강에서 목욕을 한다(Dīgha Nikāya II, p.134).
보살이 보리수 아래서 동쪽을 향해 앉는다. 정각 장소의 방향이 보살 정각의 기술에서 주요하게 다루어지고 있다(Jātaka I, p.71).	붓다가 사라쌍수 아래서 북쪽을 향해 눕는다(Dīgha Nikāya II, p.137). 한 한역본은 붓다가 북쪽을 향해 누웠다는 기술에 매우 주요한 의미를 부여하고 있다.

정각(正覺)의 기술(記述)	열반(涅槃)의 기술(記述)
마라가 보살이 정각을 위해 수행하는 것을 포기하도록 유도한다(Suttanipāta no.425-449).	마라가 붓다가 열반에 들도록 요청한다(Dīgha Nikāya II, pp.104ff)
붓다가 정각 직후 최초의 오도송을 읊는다(Dhammpāda no.153-4).	붓다가 입멸 직전 최후의 유언을 한다(Dīgha Nikāya II, p.156). 붓다고사는 정각 후의 오도송과 입멸 직전의 최후의 유언을 한 쌍으로 다루고 있다(Samantapāsādika I, p.17).
콘다냐(Kondañña)가 붓다의 첫 번째 제자가 된다(Vinaya Piṭaka I, p.11).	수밧다(Subhadda)가 붓다의 마지막 제자가 된다(Dīgha Nikāya II, p.153). 붓다고사에 따르면 콘다냐와 수밧다는 전생에 형제였다고 한다(Sumaṅgalavilāsinī II, p.158).
보살이 9차제정을 통해 정각을 이룬다(Aṅguttara Nikāya IV pp.438-48).	붓다가 9차제정을 얻는다(Dīgha Nikāya II, p.156).
보살이 4선을 통해 정각을 이룬다(Majjhīma Nikāya I, pp.21ff).	붓다가 4선을 통해 열반에 든다(Dīgha Nikāya II, p.156)
보살이 새벽에 정각을 이룬다. 초야에 보살은 숙명통을 얻고 중야에 천안통을 얻고 후야에 연기를 깨닫는다. 그러고 나서 정각을 이룬다(Jātaka I, p.70).	붓다가 새벽에 열반을 얻는다(Dīgha Nikāya II, p.158). 붓다고사에 따르면 초야에 붓다는 말라 족에게 법을 설하고 중야에 수밧다에게, 후야에 승려들에게 법을 설한다. 그러고 나서 열반에 든다(Sumaṅgalavilāsinī II, p.589).

앞 페이지의 표에서 나타나듯이 정각의 기술을 참고하지 않고서는, 입멸의 기술을 적절히 이해할 수 없을 것이다. 이 두 사건은 매우 밀접하게 대칭되어 서술되고 있어서, 정각 사건의 기술을 살핌으로써 입멸 경위를 살펴볼 수 있다. 초기불교 문헌에서 붓다의 생애를 언급하고 있는 문헌을 살펴보면 정각 전후 사정과 입멸 전후 사정에 관하여 집중되어 있다. 현대 불교학의 연구 결과에 따르면, 고타마(Gotama) 붓다 생애의 모든 사건 중, 정각과 초기 전도 사건이 초기불교도들에게 가장 주요한 관심사였다.[7] 따라서 정각 기술이 입멸 기술에 영향을 주었을 것이다. 교리적인 측면에서 보면, 유여의열반이 무여의열반과 본질적으로 동일하기 때문에, 35세에 유여의열반을 얻는 과정은 그의 생애의 마지막 순간 무여의열반을 얻는 과정과 동일할 것이라고 예상하는 것은 논리적으로 타당하다.

붓다의 이런 입멸 과정은 붓다의 주요 제자들에게도 영향을 주고 있다. 『대애도반열반경(大愛道般涅槃)』은 대애도가 신통 변화를 짓고 9차제정을 출입한 뒤 입멸하였다고 말하고 있으며 『불설대애도반니원경』에 의하면 500비구니도 대애도와 똑같은 방식으로 입멸하였음을 자구 하나 틀리지 않고 기술하고 있다.[8] 사리불은 세존에게서 자신이 먼저 입멸해도 좋다는 허락을 받고 불전(佛前)에서 사자분신삼매(師子奮迅三昧)라는 선정에 출입한다. 사자분신삼매는 붓다의 입멸 과정과 똑같은 선정이다. 목련의 입멸 과정은 붓다의 입멸 과정과 비교할 때 무엇보다도 신통 변화가 선정 사이에 발휘되고 있

7) Frank. E. Raynolds, "The Many Lives of Buddha : A Study of Sacred Biography and Theravāda Tradition," in *The Biographical Process* (ed. by Frank, E. Reynolds and Donald Capps; The Hague: Mouton 1976), p.45.

8) 『佛說大愛道般泥洹經』(『大正藏』 2, p.868上). 졸고, 「붓다의 입멸과 관련한 아라한의 자살」 『불교문화연구』 Vol. 3, 2002, pp.8ff 참조.

다는 점이 특이하다. 입멸 전 붓다가 취한 선정과 동일한데 선정과 선정 사이에 신통 변화를 부리는 점이 특이하다.[9]

2) 입멸 과정 기술의 분석

a) 구차제정(九次第定)과 사정려(四靜慮)

입멸 과정은 크게 두 단계로 나누어 설명할 수 있다. 첫째, 9차제정을 순역(順逆)으로 입출하는 것과 둘째, 사정려(四靜慮)를 순서대로 입출하는 단계이다. 붓다의 입멸 과정 단계 중 9차제정을 언급하는 것은 붓다의 정각 과정을 기술하는 문헌을 상기시킨다. 이런 입멸 과정의 초기 단계는 붓다가 구차제정을 통해 정각을 이루었다고 하는 전통과 밀접한 연관을 지니고 있다고 본다. 증지부(Aṅguttaranikāya)의 한 경전은 붓다가 구차제정을 성취함으로써 마침내 정각을 이루었다고 붓다 자신이 가르치고 있는 것을 전하고 있다. 이 경전에서, 붓다는 구차제정을 자세히 설명하고 나서 결론짓는다. "아난다여! 비상비비상처(非想非非想處)를 완전히 초월하여, 나는 상수멸(想受滅)을 성취하고 거기에 머물렀다. 그리고 나는 지혜(paññā)로 번뇌가 완전히 제거되었음을 보았다. …… 왜냐하면, 아난다여(Ānanda)! 나는 9차제정을 순서대로 그리고 역순으로 출입하고 거기서 나왔기 때문에, 아난다여! 나는 정각자(正覺者)로서 신들을 포함한 이 세상에서 최상의 정각을 성취한 것이다."[10] 우리는 붓다가 구차제정을

9) 자세한 논의는 다음의 논문 참조할 것. 졸고, 「붓다의 입멸과 관련한 아라한의 자살」 『불교문화연구』 vol. 3, 2002, pp.1-17.

10) Aṅguttara Nikāya IV, p.438 "Yāvakīvañcāhaṃ ānanda imā nava anupubbavihārasamāpattiyo na evaṃ anulomapaṭilomaṃ samāpajjimpi, vuṭṭhahimpi neva tāvāhaṃ ānanda sadevake loke samārake sabrahmake

통하여 정각을 이루었다고 하는 전통이 『열반경』의 붓다의 입멸 과정 서술에 나타나고 있는 것을 볼 수 있다.

왜 붓다가 다시 사정려를 성취하고 그리고 제사정려에서 나온 직후 열반에 들었는지 그 이유를 살펴보자. 산스크리트어본과 몇몇 한역본은 붓다가 멸진정(滅盡定)이 아니고 사정려(四靜慮)를 통해 열반에 이른 이유를 설명하고 있다. 산스크리트어본에 따르면 붓다가 멸진정에 들어 있을 때, 아난다는 붓다 자신이 직접 그에게 들려준 가르침, 즉 붓다는 제사정려를 성취하고 나서 열반을 증득한다는 것을 회상한다.[11] 『반니원경』을 살펴보자. "상지멸(想知滅)을 사유하고 상지멸을 통과한다. 이때 아난(阿難)은 아나율(阿那律)에게 불(佛)이 이미 반열반하였는지 묻는다. '아직 아니다. 불(佛)은 지금 상지멸을 사유하고 있다'라고 대답한다. 아난이 말했다. '이전에 불(佛)이 사선(四禪)의 사유에서 무지기소수여무위지정(無知棄所受餘無爲之情)에 이르고 이에 반열반한다고 설하는 것을 들었다'."[12] 또 하나의 한역본도 같은 내용을 전하고 있다. "이런 식으로 비상비비상처(非想非非想

---

sassamaṇabrāhmaṇiyā pajāya sadevamanussāya anuttaraṃ sammāsambodhiṃ abhisambuddhoti paccaññāsiṃ. Yato ca kho ahaṃ ānanda, imā nava anupubbavihārasamāpattiyo evaṃ anulomapaṭilomaṃ samāpajjimpi vuṭṭhahimpi, athāhaṃ ānanda, sadevake loke samārake sabrahmake sassamaṇabrāhmaṇiyā pajāya sadevamanussāya anuttaraṃ sammāsambodhiṃ abhisambuddhoti paccaññāsiṃ. Ñāṇañca pana me dassanaṃ udapādi, akuppā me cetovimutti. Ayamantimā jāti, natthidāni punabbhavoti."

11) Waldtschmidt(ed.), *Mahāparinirvāṇasūtra*, 3 Berlin: Akademie-Verlag, 1950-51, p.396.

12) 『般泥洹經』(『大正藏』 1, p.188中). "起想知滅之思惟通想知滅 是時阿難 問阿那律 佛已滅度耶 答言 未也 佛方思念想知滅之思惟 阿難言 昔聞佛說 從四禪思惟 至於無知棄所受餘無爲之情 乃般泥曰."

處)와 멸수상정(滅受想定)에 이르러 조용하였다. 이때 아난타(阿難陀)는 아니노타(阿尼盧陀) 존자에게 지금 우리의 대사(大師)가 입멸했느냐고 묻는다. '불(佛)은 아직 열반하지 않았고 단지 멸수상정(滅受想定)에 머물고 있다'고 답한다. 아난타(阿難陀)는 '나는 일찍이 불(佛)에게서 직접 다음과 같이 들었다. 만약 불(佛)·세존(世尊)이 변제정(邊際定)에 들어가 조용히 움직이지 않는다면, 여기에서 곧 세간(世間)의 눈은 닫히고 반드시 입멸한다고.' "[13] 이상의 세 가지 경전에 따르면, 붓다의 말씀〔佛說〕이라고 전언하면서, 붓다는 제4정려에서 반드시 입멸한다고 밝히고 있는 것을 볼 수 있다.

왜 제4정려(第四靜慮)를 통해서만 입멸하는지에 대한 대답이 『열반경』에는 보이지 않지만 부파불교(部派佛敎)의 논서에 자세히 다루어지고 있다. 설일체유부(說一切有部)의 『아비달마대비파사론』은 세존이 제4정려에 들어가 반열반하는 이유에 대해 몇 가지 설을 소개하고 있다. 그중 다음의 것이 주목을 끈다. "전륜성왕과 서로 비슷한 법이기 때문이다. 전륜성왕은 만약 먼저 이 자리에서 관정하여 왕위를 계승하면 훗날 그 자리에서 목숨을 바친다. 이와 같이 십력(十力)을 갖춘 무상(無上)의 법왕(法王)이 먼저 제4정려에 근거하여 법왕의 자리를 받고, 훗날 되돌아와 그곳에서(제4정려) 반열반한다."[14] 정각과 반열반이 동일시 또는 동등시되고 있는 것을 알 수

---

13) 『根本說一切有部毘奈耶雜事』(『大正藏』 24, p.399中). "乃至非想非非想處 及滅受想定寂然宴默 時阿難陀問尊者阿尼盧陀曰 今我大師爲入涅槃爲未入耶 答曰 佛未涅槃但住滅受想定 阿難陀言 我曾從佛親聞此語 若佛世尊入邊際定寂然不動 從此無間世間眼閉 必入涅槃."

14) 『阿毘達磨大毘婆沙論』(『大正藏』 27, p.955下). "與轉輪王相似法故. 如轉輪王若先於此地灌頂而受王位. 後卽於此地而命終. 如是十力無上法王先依第四靜慮受法王位. 後還依此地而般涅槃."

있다.

대체로 초기불교 전통에 따르면 붓다는 제4정려를 통하여 정각을 이루었다고 하는 경전이 많다.[15] 제4정려에서 붓다의 마음은 정화(淨化)되고 유순하게 되어서 삼명(三明)을 얻어, 그의 마음이 번뇌에서 벗어났기 때문에 그는 완전한 정각자가 되었다고 전하고 있다. 붓다는 자신이 정각을 이루게 된 경위를 4선정과 3명으로 설명하고 있다. "내가 딱딱한 음식을 취하고 힘을 다시 얻게 되었다. 그러고 나서 감각에서 출리하고 불선한 마음의 성질에서 출리하여 나는 제1선에 들어가 머물렀다. 제1선정에선 출리에서 생겨난 희열(喜悅)이 있고 심사(尋伺)가 동반하였다. 심사를 조용히 시키고 나는 제2선정에 들어가 머물렀다. 제2선에선 평정에서 나오는 희열이 있고 심사에서 벗어나 주의가 통일되었다. 그러나 이런 식으로 발생한 즐거운 감정은 나의 마음을 침입하거나 머물지 않았다. 희(喜)의 사라짐과 함께 나는 평정에 머물고 정념하고 정지하며 육체적으로 즐거운 감정을 느꼈다. 나는 제3선에 들어가 머물렀다. 성자들은 제3선정에 관하여 이렇게 말하였다. '(이곳 제3선에서) 평정하고 정념하여 성자는 즐겁게 머문다.' 그러나 이런 식으로 발생한 즐거운 감정은 나의 마음을 침입하거나 머물지 않았다. 즐거움과 고통을 버리고, 그리고 이미 들뜸과 소침을 버렸기 때문에 나는 제4선정에 들어가 머물렀다. 이곳에서 청정한 평정, 정념이 있으며 고통도 즐거움도 없었다. 그러나 이런 식으로 발생한 즐거운 감정은 나의 마음을 침입하거나 머물지

---

15) Majjhīma Nikāya I, pp.21-3; pp.247-9; pp.277-80 ; Majjhīma Nikāya II, pp.16 f. 이 전통은 종종 경전에 보인다. 자세한 논의는 Tilmann Vetter, *The Ideas and Meditative Practices of Early Buddhism* (Leiden : E. J. Brill. 1988), pp.xxi-xxxvii 참조.

않았다. 마음이 이렇게 집중되고, 정화되고 밝고 깨끗하고 번뇌가 없게 되고, 유연하고 적응이 잘되고, 안정되고, 동요함이 없게 되었을 때 나는 이러한 마음을 움직여 나의 전생을 기억할 수 있는 숙명지를 얻게 되었다."[16] 붓다는 숙명지를 얻은 후 곧 천안지, 그리고 누진지를 얻게 되어 정각을 이루었다고 회고하고 있다. 요컨대 4선정을 출입하고 3명(明)을 얻어 정각하게 되었다고 밝히고 있는 것이다.

위에서 우리는 사정려를 통한 정각과 9차제정을 통한 정각 과정이 『열반경』에 나타나는 것을 살펴보았다. 우리는 정각에 관련된 이 두 전통이 결합되어 『열반경』의 붓다 입멸 과정 기술이 이루어졌다고 결론지을 수 있다.[17] 그런데 붓다가 사정려를 통해 정각을 이루었다고 하는 전통을 『열반경』 편자가 채택한 것으로 보인다. 반면에 9차제정의 시스템은 폄하된 것으로 해석할 수 있다. 9차제정은 4정려(四靜慮)와 4무색정(四無色定) 그리고 멸진정(滅盡定, nirodha)으로 구성되어 있다. 언제부터 이러한 체계화가 형성되었는지 알 수 없지만 처음부터 있었던 것은 아니고 뒷날(아마도 부파불교 시대) 형성된 것임에 틀림없을 것이다. 사정려는 처음부터 불교적인 것으로 다루어지지만, "사무색정(四無色定)은 원래 불교의 것은 아니다. 이런 이유로 사무색정은 외도들의 견해에 포함되어 있다."[18] 우리

---

16) Majjhīma Nikāya I, no.36.

17) 경전에 의하면 正覺에 이르는 길은 여러 가지이다. 붓다는 근기가 다른 중생들 개개인에게 맞게끔 열반에 이르는 길을 여러 가지로 설했다. 틸만 베터(Tilmann Vetter, 앞의 책, pp.xxi-xxvii)는 본론의 두 전통 이외에 五蘊이 無我(anatta)임을 지혜로 깨달음에 의해 정각을 이루었다고 하는 제3의 전통도 언급하고 있다.

18) Norman, *Collected Papers* IV(Oxford : Pali Text Society. 1993), p.135 fn 2. Bronkhorst Johannes는 四無色定은 자이나교 전통이나 유사 자이나교 전통에서 불교에 수입된 것이라고 추측하고 있다. Bronkhorst Johannes, *Two Traditions of Meditation in Ancient India* (Stuttgart. 1986), p.82.

는 초기불교 문헌에서 선정(jhāna)을 사정려로만 정의하고 있는 것을 볼 수 있다.[19)]

킹(King)은 사무색정은 후기의 요가(Yoga) 선정으로 이것이 불교 고유의 사정려에 추가된 것이라고 설명한다.[20)] 토머스(Thomas)는 서로 다른 이 두 선정의 결합은 불교 전통과 요가 전통의 지속적인 상호 영향에서 비롯되었을 것이라고 추측한다.[21)] 이 결합은 다시 요가화되는 것이다.[22)]

사정려와 사무색정은 '평화스러운 머뭄(peaceful abidings)'이라고 하며, 선정이 깊어질수록 더 미묘하다가 멸진정에 이르러 정점에 이른다. 그렇지만 아무리 팔등지(八等至)가 평화롭다고 하더라도, 팔등지는 일시적인 경험에 불과하고, 열반이 아닌 윤회에 속하게 되는 것이다. 그것들은 유사 열반으로 보일 수 있다. 왜냐하면 선정에 든 이로 하여금 무한히 구차제정에 들도록 이끌게 하고, 언제나 가능하면 다시 선정에 들도록 만들기 때문이다.[23)] 선정 상태(jhanic states)는 진실로 그 방식에서 만족스럽고 당대의 요가 그룹에서 매우 높이 평가되겠지만, 선정에만 만족해 머문다는 것은 정체를 의미하고 최후에는 윤회의 낮은 단계로 다시 퇴보하고 말 것이다.[24)]

---

19) jhānan ti pathamam jhānan dutiyam tatiyam catuttham(靜慮란 第一禪, 第二禪, 第三禪, 第四禪이다.) (Vinaya Piṭaka, Ⅲ, p.92 ; iv p.25).

20) King Winston L. *Theravada Meditation : The Buddhist Transformation of Yoga*(Pennsylvania State University Press. 1980), p.15.

21) Thomas, E. J. *The Life of Buddha as Legend and History*(3rd ed. 1949; London. First ed. London, 1927), p.15.

22) King, 앞의 책, p.15.

23) King, 앞의 책, p.16.

24) Karel, Werner "Bodhi and Arahattaphala: from early Buddhism to early Mahayana." in Denwood Philip, and Alexander Piatagorsky, ed. *Buddhist Studies: Ancient and Modern*(London: Curzon Press. 1980), p.166.

이런 이유로 알라라 칼라마(Ālāra Kālāma)의 무소유처(無所有處)와 웃다카 라마풋타(Uddaka Rāmaputta)의 비상비비상처(非想非非想處)는 붓다에 의해 열반이 아니라고 부정되었다.

틸만 베터(Tilmann Vetter) 또한 사무색정이 붓다가 가르치지 않았다는 이유로 이 선정을 폄하한다. 그에 따르면 사무색정은 최고기(最古期)의 아비달마 교학의 논모에 나타나지 않는다는 것이다.[25] 그는 바로(Bareau)의 결론을 인용하고 있는데, 바로는 알라라 칼라마 지도하에 무소유처를 얻었다는 이야기와 웃다카 라마풋타 지도하에 비상비비상처를 얻었다는 이야기는 역사적인 근거가 없는 허구라고 본다.[26] 바로의 견지를 받아들여, 노만(Norman)은 "우리는 붓다의 생애에 (이 일화를) 삽입한 의도는 사무색정을 붓다의 선정 방법과 비교해 그것들이 옳지 못하다는 것을 나타내기 위한 것이라고 결론지어야 한다"라고 주장한다.[27]

『열반경』은 사정려와 사무색정을 구분하고 전자를 불교의 정통적인 수행 방법으로 채택하려는 것 같다. 바로는 『열반경』의 원형은 멸진정을 정점으로 하는 구차제정을 포함하지 않고 오로지 사정려만 말하고 있었다고 주장하고 있다.[28] 토머스(Thomas)도 같은 의견을 피력하고 있다. "입멸 과정이 이렇게 서술된 이유는 아마도 제4선에서 열반을 취하는 것이 초기 전승의 원래 모습이었을 것이다. 다른 선정 단계가

25) Tilmann Vetter, 앞의 책, p.xxi.
26) André Bareau, *Recherches sur la biographie du Buddha dans les Sūtra piṭaka et es Vinayapitaka anciens: de la quête de l'Eveil á la convrsion śāriputra et de Maudgalyāna*(Paris. 1963) pp.13-27; Tilmann Vetter (앞의 책, p.xxii)가 재인용.
27) Norman, 앞의 책, p.135 fn.
28) André Bareau, 앞의 책, 1970-71. vol, II, p.156.

부가되었을 때도 제4선에서 입멸한다는 전승은 여전히 이상과 같은 방식으로 보존되고 있는 것이다."[29] 제4선에서 입멸하였다는 최초기의 전승을 보존하고자 선정 출입 중 최후에 제4선을 두고 제4선에서 출정하여 입멸하였다고 말하고 있는 것이다.

9차제정이 아닌 사정려를 통해 붓다가 반열반에 들었다는 진술은 아마도 지혜(paññā)의 방법을 매우 강조하던 시기를 반영하고 있는지 모른다. 사정려는 본래 불교적인 것으로 지혜를 발생하는 것으로 설명되는 데 비해 사무색정은 지혜와 거의 관계가 없다. "지혜 없는 자에게 정려(jhāna)가 없고 정려 없는 자에게 지혜 없다. 정려와 지혜를 구족함으로써 열반에 이른다."[30] 정려의 어근을 풀이하는 붓다고사에게서 정려가 지적 측면을 본질로 하고 있음을 알 수 있다. "대상을 정려하는 것에 의해, 또는 장애를 불태우는 것에 의해 정려이다."[31] 그는 두 가지 점에서 정려(jhāna)를 설명하고 있는 것이다. 첫째, 정려가 장애를 불태워 없애 준다는 것은 한역의 지관(止觀) 중 지(止)에 해당하는 것으로 보인다. 둘째, 정려가 사유라고 말하는 것은 지관(止觀) 중 관(觀)에 상응하고 있다.[32]

붓다고사는 제사정려를 최상의 지식의 기초(abhiññā-pāda)로 이해하고 있다.[33] 불교적인 정려에서는 황홀 상태는 찾아볼 수 없다. 오히

---

29) Thomas, E. J. *The Life of Buddha as Legend and History* (3rd ed. 1949; London. First ed. London, 1927), p.153.

30) Dhammapāda, 372.

31) Visuddhimagga, p.150.

32) 說一切有部의 『阿毘達磨大毘婆沙論』(大正藏 27, p.411中)에서도 붓다고사와 마찬가지로 靜慮를 설명하고 있다.

33) Sumaṅgalavilāsinī II, p.603; Visuddhimagga 12-13 章. 三明은 뒷날 六神通(abhiññās)으로 확대된다. 새로이 부가된 셋은: 神足通(iddhividha), 天耳通(dibbasota), 그리고 他心通(cetopariyañāna). Karel Werner, 앞의 논문, pp.169f. 참조.

려 고양된 생기가 있을 뿐이다.34) 3명(三明)과 6신통 중 맨 마지막에 위치한 누진지(漏盡知)는 정각을 성취함에 필수 불가결한 것으로 비파사나(vipassanā) 수행을 통해 얻어질 수 있다.35) "비파사나-지혜(智慧)야말로 불교에서 결정적으로 해탈시키는 요소이다."36) 비파사나는 절대적으로 열반의 증득에 필요하지만 사무색정(四無色定)은 그렇지 않다. 사마타 수행만으로는 열반에 이를 수 없다. 왜냐하면 그들은 일시적으로 집착, 증오, 착각을 멈추거나 약화시킬 뿐이고, 그것들을 완전히 제거하지 못한다. 오로지 사마타(samatha, 止)와 결합된 비파사나(觀)가 이것을 성취할 수 있다.37) 『열반경』은 정려(jhāna)의 증득은 지혜를 발생하고 그래서 열반에 이른다는 것을 보여 주려고 의도한 것이라고 필자는 이해한다. 산스크리트어 『열반경』은 이런 해석을 뒷받침하고 있다. "제사정려를 획득하고 나서, 붓다·세존은 지혜의 눈을 가지고, 부동(不動)의 적정을 이루고 대열반을 이루었다."38) 이러한 경향을 따라 붓다고사도 상대적으로 사정려에 대해서 충분한 주석을 하고 있지만 붓다가 거치고 간 나머지 사무색정에 대해서는 거의 언급을 회피하고 있는 것이다.

b) 멸진정과 열반

열반과 관련하여 멸진정에 관한 아난다(Ānanda)의 언급도 멸진정에 관한 이견이 있었음을 보여 준다. 붓다가 멸진정에 들어갈 때,

---

34) Rhys Davids, *Pali-English Dictionary*, s.v. jhāna.
35) Nyāṇatiloka, *Buddhist Dictionary: Manual of Buddhist Terms and Doctrines* (4th rev. ed; Kandy, Sri-Lanka. 1980), s.v. abhiññā.
36) Nyāṇatiloka, 앞의 책, s.v. vipassana.
37) Peter Harvey, *An Introduction to Buddhism: Teachings, History and Practices* (Cambridge: Cambridge University Press. 1990), p.253.
38) Waldschmidt, 앞의 책, p.396.

아난다는 "아누룻다 존자여! 세존은 이제 막 열반에 드셨습니다."라고 말했다. 아누룻다 존자는 바로 잡았다. "아난다여, 그렇지 않다. 세존은 아직 열반에 드신 것이 아니다. 그는 단지 멸진정에 든 것이다."[39] 상응부(Saṃyutta-Nikāya)의 한 경전에 붓다의 마지막 입멸 과정을 말하고 있다. 먼저 내용을 살펴보자. 붓다는 최후로 제자들에게 가르침을 설한다.

그러고 나서 세존은 제1정려(第一靜慮, jhānaṃ)에 이른다. 제1정려에서 나와 제2정려에 이른다. 제2정려에서 나와 제3정려에 이른다. 제3정려에서 나와 제4정려에 이른다. 제4정려에서 나와 공무변처(空無邊處, ākāsānañcāyatanaṃ)에 이른다. 공무변처에서 나와 식무변처(識無邊處, viññāṇañcāyatanaṃ)에 이른다. 식무변처에서 나와 무소유처(無所有處, ākiñcaññāyatanaṃ)에 이른다. 무소유처에서 나와 비상비비상처(非想非非想處, nevasaññā-nāsaññāyatanaṃ)에 이른다. 비상비비상처에서 나와 상수멸에 이른다. 상수멸에서 나와 비상비비상처에 이른다. 비상비비상처에서 나와 무소유처에 이른다. 무소유처에서 나와 식무변처에 이른다. 식무변처에서 나와 공무변처에 이른다. 공무변처에서 나와 제4정려에 이른다. 제4정려에서 나와 제3정려에 이른다. 제3정려에서 나와 제2정려에 이른다. 제2정려에서 나와 제1정려에 이른다. 제1정려에서 나와 제2정려에 이른다. 제2정려에서 나와 제3정려에 이른다. 제3정려에서 나와 제4정려에 이른다. 제4정려에서 나온 즉시 반열반하였다.(Atha kho bhagavā paṭhamaṃ jhānaṃ samāpajji, paṭhamajjhānā vuṭṭhahitvā dutiyaṃ jhānaṃ samāpajji, dutiyajjhānā vuṭṭhahitvā tatiyaṃ jhānaṃ

---

39) Dīgha Nikāya, II, p.156. "Atha kho āyasmā ānando āyasmantaṃ anuruddhaṃ etadavoca - "parinibbuto, bhante anuruddha bhagavā"ti. "Nāvuso ānanda, bhagavā parinibbuto, saññāvedayitanirodhaṃ samāpanno"ti.

samāpajji, tatiyajjhānā vuṭṭhahitvā catutthaṃ jhānaṃ samāpajji. Catutthajjhānā vuṭṭhahitvā ākāsānañcāyatanaṃ samāpajji. Ākāsānañcāyatanā vuṭṭhahitvā viññāṇañcāyatanaṃ samāpajji. Viññāṇañcāyatanā vuṭṭhahitvā ākiñcaññāyatanaṃ samāpajji. Ākiñcaññāyatanā vuṭṭhahitvā nevasaññānāsaññāyatanaṃ samāpajji. Nevasaññānāsaññāyatanā vuṭṭhahitvā saññāvedayitanirodhaṃ samāpajji. Saññāvedayitanirodhā vuṭṭhahitvā nevasaññānāsaññāyatanaṃ samāpajji. Nevasaññānāsaññāyatanā vuṭṭhahitvā ākiñcaññāyatanaṃ samāpajji. Ākiñcaññāyatanā vuṭṭhahitvā viññāṇañcāyatanaṃ samāpajji. Viññāṇañcāyatanā vuṭṭhahitvā ākāsānañcāyatanaṃ samāpajji. Ākāsānañcāyatanā vuṭṭhahitvā catutthaṃ jhānaṃ samāpajji. Catutthā jhānā vuṭṭhahitvā tatiyaṃ jhānaṃ samāpajji. Tatiyā jhānā vuṭṭhahitvā dutiyaṃ jhānaṃ samāpajji. Dutiyā jhānā vuṭṭhahitvā paṭhamaṃ jhānaṃ samāpajji. Paṭhamā jhānā vuṭṭhahitvā dutiyaṃ jhānaṃ samāpajji. Dutiyā jhānā vuṭṭhahitvā tatiyaṃ jhānaṃ samāpajji. Tatiyā jhānā vuṭṭhahitvā catutthaṃ jhānaṃ samāpajji. Catutthā jhānā vuṭṭhahitvā samanantaraṃ bhagavā parinibbāyi.)[40]

위에 인용한 경전과 『열반경』을 비교해 보면, 멸진정에 관한 아난다와 아누룻다의 문답이 빠져 있는 것이 다른 점이다. 멸진정에 입정한 세존이 열반에 들었다고 오해한 아난다의 말이 빠져 있는 것이다. 그리피스(Griffiths)는 이러한 문헌의 차이를 심지어 문헌적으로, 이미 멸진정을 언급하는 것이 문제시된 결과에서 기인한다고 해석한다.[41] 오래된 전통에서는 멸진정은 불교 고유의 것으로 각각

---

40) Saṃyutta Nikāya I, p.158. 그렇지만 이 경전의 주석서(Sāratthappakāsinī Ⅰ, p.223)는 멸진정과 관련하여 아난다의 오해가 있었던 것처럼 다루고 있다. 이것은 아마도 『열반경』에 영향을 받은 결과라고 추측된다.

41) Griffiths, Paul J., *On Being Mindless : Buddhist Meditation and the*

팔해탈(八解脫)과 구차제정(九次第定)의 마지막 단계로 여겨졌다.[42] 그리고 멸진정은 선정 수행의 정점 이상으로 여겨지기도 했다. 분명히 열반과 대등하게 다루어졌다. 멸진정은 몇몇 초기경전에서 이 세상에서 인간이 경험할 수 있는 가장 완전한 열반인 것으로 이해되기도 한 것이다.[43] 그러나 『열반경』에서 멸진정은 확실히 열반(nibbāna)이나 대열반(parinibbāna)과 구별되고 있다. "8해탈과 9차제정의 최고 단계로서 멸진정은 그 자체 정신적 산물이고 조건지어지고 만들어진(saṃkhata) 상태로, 무조건적이고 만들어지지 않은 무위(無爲)의 열반과 동일하지 않다."[44] 바로(Bareau)는 『열반경』에서 멸진정은 열반과 다르다는 것을 나타내고자 도입되었다고 추정하고 있다.[45]

붓다고사는 왜 아난다가 멸진정에 관해 언급했는가를 설명한다. "멸진정에 든 세존이 호흡을 하지 않는 것을 보고 이 질문을 했다."[46] 멸진정에서는 호흡이 없어지므로, 멸진정에 든 사람은 죽은 것으로 오해되기 쉽다. 『청정도론』에서 붓다고사는 몇 가지 예를 보여 준

Mind-Body Problem(La Salle, Ill : Open Court. 1986), p.141. fn 8.

42) Ray, 앞의 책, pp.369f. 팔해탈은 예비 삼단체, 四處(āyatana)와 멸진정으로 이루어졌다. 틸만 베터(앞의 책, p.67)는 아마도 멸진정은 초기엔 모든 형상에서 자유로운 영역을 의미하지 않았고 불교적으로 수용된 것이고 아마도 한때 비상비비상처와 동일했으리라고 추측한다.

43) Rhys Davids, *Pali-English Dictionary*. Oxford: Pali Text Society p.207.

44) Boyd, 앞의 책, p.36.

45) Andrè Bareau, 앞의 책, 1970-71, vol. II, p.156.

46) Sumaṅgalavilāsinī II, p.594. 팔리어 『열반경』에서는, 아난다는 멸진정에 있는 붓다를 입멸했다고 오해하여 그렇게 말했던 것이다(Dīgha Nikāya II, p.156). 주의해야 할 것은 『열반경』에서는 아난다가 붓다고사가 이해하듯이 질문한 것은 아니고 탄식조로 열반에 들었다고 말한 것이다. 다른 본에 따르면 아난다는 이전에 붓다가 멸진정에 관해 말한 것을 회상하고 있다.

다. 멸진정에 든 한 장로를 시체로 오인하여 그를 화장하려고 했지만, 그 장로는 불타지 않았다.[47] 한 가지 더 예를 보면, 한 수행자가 법당에서 멸진정에 들어 있는 동안 법당에 불이 났다. 그 수행자는 불에 휩싸였지만, 화상을 입지 않았다.[48] 이들 예는 멸진정의 상태가 죽음의 상태와 매우 유사하다는 것을 보여 주고 있다.[49] 그렇지만 여전히 차이점은 남아 있다. 붓다고사의 주석에 따르면, 멸진정에 들어 있는 한, 죽음은 일어나지 않는다고 한다.[50]

다양한 주석 문헌 전통에 이르게 되면, 이 세상의 삶에서 열반과 동등시되곤 했던 멸진정은 그 중요성을 잃게 된다. "승원(僧院) 제도가 정착되어 인도불교를 풍미하게 됨에 따라, 정각을 이해하는 데도 교학(敎學) 중심의 승려의 입장에서 행해졌다. 지혜에 의한 해탈(prajñāvimukta)도 그러한 입장에서 널리 행해지게 되었다. 이러한 기간 동안, 멸진정의 증득(nirodhasamāpatti)은 불필요하게 생각되고, 심지어는 열반의 증득과 무관하다고 여겨졌다".[51] 이런 황홀 상태는 아라한(阿羅漢)이나 불환과(不還果, anāgāmi)를 얻은 이가 이 세상에서 실현할 수 있는 성취의 한 유형에 불과할 뿐이고, 완전한 깨달음을 이루는 데 본질적으로 필요한 것은 아닌 것이다.[52] 멸진정의 폄하는 승원 제도화의 관점에서 이해될 수 있다. 승원에서는

---

47) Visuddhimagga, p.380.

48) Visuddhimagga, p.706.

49) 죽은 사람과 멸진정에 든 사람의 차이는 Majjhīma Nikāya Ⅰ, p.296에 논의되었다. 멸진정에 든 사람에게는 생기(jīvita), 온기, 근(根)이 남아 있지만, 호흡이나 사고는 없다.

50) Sumaṅgalavilāsinī Ⅱ, p.594 ; An, YangGyu, T*he Buddha's Last Days*. Oxford: Pali Text Society 2003 p.185; Visuddhimagga, p.707.

51) Ray, 앞의 책, p.372.

52) Boyd, 앞의 책, p.37.

법(法, Dhamma)과 율(律, Vinaya)이라는 문헌을 학습함으로써 얻어지는 지혜를 중요시한다.

지혜(paññā)의 활현(活現)을 가능케 하는 제4정려(第四靜慮)와 달리, 멸진정에서는 어떠한 지적 활동도 보이지 않는다. 멸진정이 죽음과 유사한 종류의 상태로 묘사된다. 죽음과 유사한 상태에 있는 사람이 어떻게 지혜를 사용하여 열반에 이를 수 있을까? 아마도 붓다가 상수멸(想受滅, saññāvedayitanirodha)에 들었다는 문장은 단지 뒷날 이론화 과정에서 생긴 결과일 뿐이다. 그래서 멸진정에 들어 있는 상태에서가 아니라 멸진정에서 나온 이후에야 지혜를 사용하여 열반에 들었다고 말하는 것이다.[53]

3) 붓다의 최후심(最後心)에 관한 붓다고사의 견해

붓다고사는 붓다의 입멸 직전 최후의 순간에 대해 주석하고 있다. 붓다고사에 따르면 열반을 증득하는 데에는 두 가지 방식이 있다. 첫째는 선정(jhāna) 직후이고, 둘째는 반성(paccavekkhanā) 직후이다. 첫 번째 방식은 제4정려(第四靜慮)에서 나와 바방가(bhavaṅga)에 들어가고 그러고 나서 거기서 반열반에 들어가는 것이다. 두 번째 방식은 제사정려에서 나와 선정(jhāna)의 요소들을 반성하고 바방가에 들어가고, 그러고 나서 바로 거기서 반열반에 들어가는 것이다.[54] 이상 두 방식의 유일한 차이는 제사정려에서 나온 뒤 선정의 요소를 반성하는가 하지 않는가에 달려 있다. 붓다고사가 붓다는 두

---

53) Norman, 앞의 책, p.136.
54) Sumaṅgalavilāsinī II, p.594. An, YangGyu, *The Buddha's Last Days*. Oxford: Pali Text Society, 2003, p.185.

번째 방식을 선택했다고 말할 때, 그는 붓다가 맑고 주의 깊은 정신으로 열반에 들어갔음을 강조하고 싶었는지도 모른다.

그렇지만 두 방식의 차이는 그다지 크거나 중요하지 않게 보여, 붓다고사가 굳이 구분할 필요가 없지 않았나 하는 생각을 하게 된다. 팔리어 『열반경』에 따르면, 붓다는 제사정려에서 나온 직후 즉시 반열반에 들었다. 그러나 몇몇 다른 본들에 따르면 제사정려에 들어 있는 동안 붓다는 반열반에 들었다. 산스크리트어본은 이 문제에 대해 매우 분명하다. 아난다는 붓다가 제사정려에서 대반열반에 든다고 말한 것을 상기한다.[55] 다른 한역본을 살펴보자. "신중(身中)의 사대(四大)가 악(惡)에 노출(露出)되어 있고 전혀 가치 있는 것이 아님을 사유하였다. 머리를 북쪽으로 하고 손을 베고 우협(右脅)으로 눕고 무릎을 굽히고 다리를 포갠 채 곧 반열반하였다."[56] "곧 사선(四禪)에서 나와 무지기소수여니원지정(無知棄所受餘泥洹之情)으로 돌아갔다. 곧 반열반하였다."[57] "제사선(第四禪)에 들어간다. 곧 여기에서 반열반하였다."[58] "사선(四禪)에서 일어나 불(佛)은 반열반하였다."[59] "초선(初禪)에서 나와 다시 제2(第二), 제3(第三), 제4정려(第四靜慮)에 들어간다. 조용히 움직이지 않다가 곧 무여묘열반계(無餘妙涅槃界)에 들어간다."[60]

---

55) Waldtschmidt(ed.), *Mahāparinirvāṇasūtra*, 3 Berlin: Akademie-Verlag, 1950-51, p.396.

56) 『佛般泥洹經』(『대정장』 1, p.172下). "自惟身中四大惡露 無一可珍 北首枕手猗右脅臥 屈膝累脚 便般泥曰."

57) 『般泥洹經』(『대정장』 1, p.188中). "便從四靜慮反於無知棄所受餘泥洹之情 便般泥洹."

58) 『大般涅槃經』(『대정장』 1, p.205上). "入第四禪 卽於此地入般涅槃."

59) 『遊行經』(『대정장』 1, p.26中). "從四禪起 佛般涅槃."

60) 『根本說一切有部毘奈耶雜事』(『대정장』 24, p.399中). "從初禪出還入第二第三第四靜慮 寂然不動便入無餘妙涅槃界."

이들 다른 견해는 붓다가 선정(jhāna) 상태에서 열반을 이루었는지, 아니면 보통 의식 상태에서 열반을 이루었는지에 이견이 있었음을 반영하고 있다고 해석된다. 붓다가 제4정려(第四靜慮)에서 반열반을 이루었다고 하는 제본들은 붓다가 제4정려에서 정각을 이루었다고 하는 전통을 고려하면 쉽게 이해될 수 있다. 앞에서 논의했듯이, 정각의 진술과 입멸의 진술 사이에는 근접한 유사성이 있다. 입멸 과정은 정각 과정을 모델로 삼고 있는 것이다.

그렇지만 실론의 상좌부(Theravāda) 전통은 붓다의 입멸 과정을 자신들의 교리에 맞게끔 진술하고 있다. 즉 그들의 교리에 따르면, 모든 중생은 아라한을 포함해 그들의 신체가 똑같은 죽음 과정을 거치므로 똑같은 방식으로 죽어야 한다고 믿는다. 붓다가 제4정려에서가 아니라 제4정려에서 나온 뒤 반열반에 들었다는 기술을 주목하고 붓다고사는 상좌부의 전문용어 '바방가(bhavaṅga, 有分)'를 도입하여 붓다는 바방가에 들어감으로써 반열반에 들어갔다고 설명한다. 붓다고사는 좀 더 자세히 바방가를 통한 죽음을 설명한다. "모든 사람, 제불(諸佛)이거나 벽지불이거나 성문(聲聞)이거나, 심지어 개미나 곤충에 이르기까지 모두 바방가를 통해 그들의 수명을 마친다."61) 똑같은 죽음 과정이 붓다나 보통의 생명 존재, 심지어 개미까지 포함해 적용된다는 붓다고사의 설명은 신심 있는 불교도에게는 불경스럽게 들릴지도 모른다.

담마팔라(Dhammapāla)는 붓다고사의 주석을 부연한다. 바방가칫타(bhavaṅgacitta, 유분심)는 모든 의식 중 최후의 것으로,

---

61) Sumaṅgalavilāsinī II, p.594. "Ye hi keci buddhā vā paccekabuddhā vā ariyasāvakā vā antamaso kunthakipillikaṃ upādāya sabbe bhavaṅgacitteneva abyākatena dukkhasaccena kālaṅkarontīti."

따라서 죽음은 거기에서 일어나기 시작한다. 이런 죽음 과정은 모든 생명체에 적용된다.62) 붓다가 보통의 생명체와 마찬가지로 바방가를 통해 수명을 마쳤다고 설명함으로써 붓다고사는 붓다의 마지막 순간을 신비화하려는 어떠한 시도도 용납하지 않고 있다. 대조적으로 몇몇 한역본은 붓다가 제사정려를 통하여 반열반을 성취했다고 함으로써 붓다의 죽음을 신비화하는 경향이 보인다. 그러나 붓다고사의 견해는, 붓다가 이 세상에 육체를 가지고 살고 그의 육체가 윤회의 법칙에서 벗어나지 못하는 한, 그는 자신의 수명을 다른 생명체와 똑같이 마쳐야 한다는 것이다.

2. 입멸(入滅)과 정각(正覺)

앞서 우리는 『열반경』에 나타나는 입멸 과정이 붓다의 정각 과정과 밀접한 관계가 있음을 살펴보았다. 이제 좀 더 구체적으로 입멸과 정각을 살펴보자.

『열반경』은 붓다의 정각과 입멸을 동등하게 다루고 있다. 말라족의 푸쿠사가 바친 황금가사가 붓다의 몸에 입혀졌을 때, 찬란했던 그 가사는 광채를 잃어버린 것 같았다. 이 놀라운 광경을 보고 놀란 아난다에게 붓다는 설명한다. "아난다여! 그와 같도다. 아난다여! 두 경우에 여래(如來)의 피부는 매우 밝고 빛난다. 두 경우는 무엇인가? 아난다여! 여래가 무상(無上)의 최고의 정등 정각을 이루는 밤과, 여래가 무여의열반(無餘依涅槃)을 이루는 밤이다."63) 붓다의

62) Līnatthappakāsinī II, p.240.
63) Dīgha Nikāya II, p.134. "Evametaṃ, ānanda, evametaṃ, ānanda dvīsu

피부가 이 두 경우에 그렇게 빛난 이유는 둘다 서로 동등하기 때문이라는 것이다.

붓다고사는 붓다의 피부가 이 두 경우에 그렇게 빛나는 이유를 두 가지 측면에서 주석하고 있다. 첫째, 이 두 경우에 온 세계에 있는 신들이 음식물에 영양소를 넣어 이것이 피부를 빛나게 한다.64) 두 사건이 똑같이 특별하므로 신들은 특별한 영양소를 음식에 넣는다. 붓다고사의 주석은 『자타카(Jātaka)』를 참고하면 더 분명해진다. "다른 경우엔 신들은 영양소(oja)를 입 안으로 들어가는 음식에만 넣지만, 정각한 날과 입멸의 날에는 그것을 음식 그릇에 넣는다."65) 두 번째, 이 두 경우에 엄청난 행복감이 붓다로 하여금 특별히 광채를 나투게 한다. "정각한 날, 붓다가 '오늘, 수천 수백만 년 동안 쌓여 왔던 번뇌의 더미가 버려지게 되었다'고 사유할 때, 엄청난 행복감이 그에게서 일어났다. 마음이 침착하게 되고 행복해졌다. 마음이 행복하게 되자 피가 행복하게 되었다. 피가 행복하게 되자 의근을 비롯한 육근이 피부를 매우 빛나게 했다. 입멸의 날, 붓다가 '이제 오늘 나는 수백 수천의 제불(諸佛)이 들어간 반열반이라는 도시에 들어간다'고 사유할 때, 엄청난 행복감이 그에게서 일어났다. 마음이 침착하게 되고 행복해졌다. 마음이 행복하게 되자 피가 행복하게 되었다. 피가 행복하게 되자 의근을 비롯한 육근이 피부를 매우 빛나게 했다."66) 정각한 날과 마찬가지로, 입멸한 날도 붓다는 똑같은

---

kālesu ativiya tathāgatassa kāyo parisuddho hoti chavivaṇṇo pariyodāto. Katamesu dvīsu? Yañca, ānanda, rattiṃ tathāgato anuttaraṃ sammāsambodhiṃ abhisambujjhati, yañca rattiṃ anupādisesāya nibbānadhātuyā parinibbāyati."

64) Sumaṅgalavilāsinī II, p.570.

65) Jātaka I, p.68.

행복을 느꼈다. 주목할 것은 열반을 슬픔으로 여기지 않고, 오히려 정각과 같이 경사스러운 일로 여긴다는 것이다. 붓다고사가 특별한 음식과 엄청난 행복감을 똑같이 붓다의 육신을 빛나게 한 원인들로 이해했는데, 이 원인들의 이면에는 두 사건이 동등하다는 더 근본적인 이유가 있는 것이다.

정각과 열반이 동등하다는 생각을 붓다가 다시 피력하였다. "두 공양 음식은 다른 어떤 공양보다도 똑같은 열매, 똑같은 결과를 초래한다. 무엇이 그 둘인가? 무상 최고의 정각을 이루기 직전 여래가 취한 음식과 무여의열반(無餘依涅槃) 직전 여래가 취한 음식이다."[67] 다른 어떤 공양보다도 이 두 음식 공양이 똑같이 더 많은 결과를 가져오는 이유는 열반과 정각이 동일함에 기인한다. 붓다고사는 왜 이 두 공양 음식이 똑같은 결과를 가져오는지 설명하고 있다. "왜냐하면 열반은 똑같고, 등지(等至, samāpatti)도 똑같고, 회상도 똑같기 때문이다."[68] 첫 두 이유는 교리적인 측면에서 서로 밀접하게 연결되

---

66) Sumaṅgalavilāsinī II, pp.570-1. "Sambodhidivase cassa - "anekakappakoṭisatasahassasañcito vata me kilesarāsi ajja pahīno"ti āvajjantassa balavasomanassaṃ uppajjati, cittaṃ pasīdati, citte pasanne lohitaṃ pasīdati, lohite pasanne manacchaṭṭhāni indriyāni ativiya virocanti. Parinibbānadivasepi - "ajja, dānāhaṃ, anekehi buddhasatasahassehi paviṭṭhaṃ amatamahānibbānaṃ nāma nagaraṃ pavisissāmī"ti āvajjantassa balavasomanassaṃ uppajjati, cittaṃ pasīdati, citte pasanne lohitaṃ pasīdati, lohite pasanne manacchaṭṭhāni indriyāni ativiya virocanti."

67) Dīgha Nikāya II, pp.135f. "dve me piṇḍapātā samasamaphalā samavipākā, ativiya aññehi piṇḍapātehi mahapphalatarā ca mahānisaṃsatarā ca. Katame dve? Yañca piṇḍapātaṃ paribhuñjitvā tathāgato anuttaraṃ sammāsambodhiṃ abhisambujjhati, yañca piṇḍapātaṃ paribhuñjitvā tathāgato anupādisesāya nibbānadhātuyā parinibbāyati"

68) Sumaṅgalavilāsinī II, p.571 "Parinibbānasamatāya ca samāpattisamatāya ca anussaraṇasamatāya ca."

고 있다. 세 번째 이유는 부가적인 것으로, 수자타와 춘다가 똑같은 식으로 그들이 공양한 음식물에 대해 기억할 때 똑같이 행복했다는 것이다.

붓다고사는 첫 번째를 설명한다. "세존은 수자타가 공양한 음식을 드시고 유여의열반계(有餘依涅槃界, sa-upādisesa-nibbāna-dhātu)에 들고, 춘다가 공양한 음식을 드시고 무여의열반계(無餘依涅槃界, anupādisesa-nibbāna-dhātu)에 들었다. 이리하여 그 두 음식은 똑같은 과보를 초래한다. 왜냐하면 두 열반은 동일하기 때문이다."[69] 붓다고사가 유여의열반과 무여의열반이라는 용어를 사용하고 있는데, 담마팔라(Dhammapāla)는 전자를 유루-반열반(有漏-般涅槃, kilesa-parinibbāna)이라고 하고 후자를 오온-반열반(五蘊-般涅槃, khandha-parinibbāna)이라고 정의하고 있다.[70] 유루반열반은 정각(正覺, sammāsambodhi)의 동의어이다. "최초엔 열반과 깨달음(bodhi)은 똑같은 것을 지칭하는 것이었다."[71]

생전에 증득한 열반을 유여의열반(sa-upādisesa-nibbāna)이라고 하는데 여기에는 아직 오온(五蘊, khandha)이 연료(upādi)로서 남아 있다(sesa). 오온이 더 이상 존속하지 않을 때, 아라한은 무여의열반(anupādisesa-nibbāna)을 증득한다. 두 열반의 유일한 차이점은 집착

69) Sumaṅgalavilāsinī II, p.571. "Bhagavā hi sujātāya dinnaṃ piṇḍapātaṃ paribhuñjitvā sa-upādisesāya nibbānadhātuyā parinibbuto, cundena dinnaṃ paribhuñjitvā anupādisesāya nibbānadhātuyā parinibbutoti evaṃ parinibbānasamatāyapi samaphalā."

70) Līnatthappakāsinī II, p.222.

71) Gombrich, *How Buddhism Began : The Conditioned Genesis of the Early Teachings* (London & Atlantic Highlands : The Athlone Press. 1996), p.66. 그러나 대승불교 전통은 이들을 분리시키고 열반이 정각보다 열등하다고 본다(앞의 책, pp.66ff).

(執着, clining)에 있는 것이 아니고 집착의 대상이 되는 오온(clining aggreates)에 있다. 아라한이나 붓다의 경우 오온에 대한 집착은 사라지고 오로지 집착에서 벗어난 오온을 지니고 있을 때 유여의열반을 성취한 것이고 오온 자체마저도 해소될 때 얻어지는 열반이 무여의열반이다. 두 열반은 일시적으로 이름이 달리 붙여졌지만, 그들 사이의 차이는 두 열반의 궁극적인 상태의 가치에서 볼 때, 무의미하다. 각 열반은 정각이다.[72] 이 두 경우에 열반이라는 실재의 본질에는 어떠한 차이도 없다. 사실 경전에서 이 두 용어가 서로 교환되어 사용되고 있기 때문에 이 두 경우의 열반의 실재는 본질적으로 다르지 않다. 생전의 아라한이 죽었다고 해서 아라한이 되지 않는 것이 아니다. "아라한이 죽을 때 열반과 관련하여 더 이상 취해야 할 것은 없다. 그의 생존 시 열반은 노(老), 사(死), 재생(再生) 등에 속박되지 않는다. 물론 오온(五蘊)은 그러한 것에 속박된다."[73]

전통적인 상좌부의 견해는 두 열반이 분리되어 존재하지 않는다고 본다.[74] 『카타바투(Kathāvatthu)』는 두 열반이 동일하다고 논증하고 있다.[75] 『아비담맛타상가하(Abhidhammatthasangaha)』는 "열반은 본질상 하나이지만, 논리적으로 다루고자 둘로 나눈 것일 뿐이다."라고 설명하고 있다.[76]

---

72) Burford Desire, *Death and Goodness: the conflict of ultimate values in Theravāda Buddhism*(New York: Peter Lang Publishing. Inc. 1991), p.158.

73) Boyd, 앞의 책, p.34.

74) Burford, 앞의 책, pp.156ff.

75) Kathāvatthu II, 11.

76) S.Z Aung and C.A.F. Rhys Davids, *Compendium of philosophy*. Oxford: Pali Text Society, 2003, p.137. 번역자는 이 문제와 관련하여 실론의 주석서를 인용하고 있다. 열반을 둘로 나눈 것은 열반을 언어로 표현하는 데 한계

붓다고사는 어째서 이 두 열반이 동일한지 설명하고 있지 않지만, 이 문제에 대한 실마리를 제시해 준다. 두 번째 이유를 설명하면서, 그는 다음과 같이 말한다. "정각을 이루던 날, 그는 2,400,000코티의 등지(samāpatti)를 이루고 입멸의 날, 똑같은 수의 등지를 이루었다. 등지의 수가 동일하기 때문에, 따라서 이 두 열반은 똑같은 결과를 가진다."[77] 동일한 수의 등지가 정각과 열반을 동일하게 만드는 공통분모라는 것이다. 나가세나 장로도 이러한 주장을 지지하고 있다. 붓다의 정각의 날과 입멸의 날에만 붓다는 9차제정을 순서대로 그리고 거꾸로 들어간다고 한다.[78]

정각을 열반과 동일시하는 것은 붓다의 죽음에 대한 충격을 최소화하고 육신의 사후 붓다에게 어떤 일이 일어났는가 하는 물음에 답을 주고 있는 것으로 해석된다. 관심을 붓다의 죽음에서 붓다의 정각의 본질로 환원하고 있는 것이다. 이런 환원은 정각과 관련하여 붓다의 본질을 생각하도록 요구한다. 노만(Norman)은 여래 사후 존속 문제는 "붓다에 관한 사실을 알려는 참된 의도"에서 일어난 것이라고 추측한다.[79] 그는 계속해서 설명한다. "붓다는 여래였고, 열반을 증득했었다. 그러나 그는 여전히 살았었고, 그의 제자와 함께 지냈다. 열반의 증득이 육체적 상태에 뚜렷한 차이를 만들지는 않았다. 아마도 이러한 어려움의 결과로 두 개의 열반이라는 관념이 생겼을 것이다."[80] 정각 전후에 육체적으로 뚜렷한 변화가 있지 않았

가 있기 때문이라고 부연하고 있다.

77) Sumaṅgalavilāsinī II, p.572. "Abhisambujjhanadivase ca catuvīsatikoṭi-satasahassasaṅkhyā samāpattiyo samāpajji, parinibbānadivasepi sabbā tā samāpajjīti evaṃ samāpattisamatāyapi samaphalā."

78) Milindapañha, p.176.

79) K. R. Norman, *Collected Papers* I(Oxford: Pali Text Society), p.252.

다. 그러나 80세에 입멸하였을 땐 육체의 활동이 정지되었다. 이러한 차이를 설명하기 위해 두 종류의 열반이 생겼을 것이라고 추정하고 있다.

심지어 이 세상에서 붓다가 생존하고 있을 때에도, 붓다를 있는 그대로 보기는 어렵다고 경전은 말하고 있다. 붓다는 바다처럼 심오하고, 측량할 수 없고, 깊이를 잴 수가 없다. 왜냐하면 어떠한 수단을 통해서도 그를 헤아릴 수 없기 때문이다. 경전에서는 붓다를 오온과 동일시해서는 안 된다고 가르치고 있다.[81] 붓다의 본질은 생시에 오온과 연관될 수 없을 뿐만 아니라, 사후에도 마찬가지이다.[82] 여래는 오온의 관점에서 이해될 수 없음을 보임으로써, 사후 붓다는 완전히 소멸했다고 믿는 야마카(Yamaka)를 사리풋타(Sāriputta)가 바로잡은 후, 여래가 사후 존재하지 않는다고 말하는 것은 적절하지 못하다고 결론짓는다. "왜냐하면 이 세상에 살 때도 여래는 진실로, 실질적으로 파악될 수 없었다".[83] 이 세상 사람들이 붓다에게 접근이 가능할 때조차도 그를 정확히 안다는 것은 어렵다. 그러므로 사후 그가 존재하는지 안 하는지 논의하는 것은 더더욱 힘든 것이다. "여래는, 내(붓다)가 말하건대, 지금 이곳에서 추적될 수 없다."[84]

붓다는 박칼리(Vakkali)에게 "보기에 더러운 이 육신을 보는 것이 너에게 무슨 이득이 있느냐?"라고 반문하면서 붓다는 법(法, dhamma)을 보는 것이 여래를 보는 것이라고 가르친다.[85] 그의 참된 본질은

---

80) K. R. Norman, 앞의 책, p.253.
81) Majjhīma Nikāya I pp.486ff ; Saṃyutta Nikāya IV, pp.380ff ; Saṃyutta Nikāya Ⅲ, pp.116ff.
82) Peter Harvey, 앞의 책, p.48.
83) Saṃyutta Nikāya IV, p.384.
84) Majjhīma Nikāya I, p.140.

보리수 아래서 깨달은 법이다. 그는 성도 직후 선언했다. "내가 이제 막 증득한 이 법은 심오하고, 이해하기 어렵고 세속의 즐거움에 빠져 있는 사람들은 이 법을 이해하기 어렵다."[86] 하베이(Harvey)는 이 법을 열반으로 이해한다. "다른 말로, 열반을 '본다'는 것은 여래를 '본다'는 것과 마찬가지이다."[87] 여래와 붓다를 동일시하고 있고, 여래가 열반이기에 여래는 '법신(法身)'이라고 제안하고 있는 것이다. 본질적으로 여래에게 유여의열반은 무여의열반과 동일하다는 것을 알 수 있다. "오온(五蘊)이 현존하는가 그렇지 않은가, 즉 이 세상에서 또는 저 세상에서 오온이 존속(存續)하는가 그렇지 않은가 하는 논의는 열반의 실상과 관련하여 적절하지 않다."[88] 육신을 초월하여 붓다가 증득한 법에서 그의 본질을 찾아야만 하는 것이다. 이러한 관점에서 볼 때, 물론 정각자(正覺者)인 붓다의 신체적 죽음은 더 이상 극복할 수 없는 비극은 아니다.

3. 붓다의 사후(死後) 존속 여부

1) 『대반열반경』의 견해

육신의 죽음 후, 붓다와 중생 사이에는 주요한 차이가 있다. 중생은 태어나고 죽고 하는 윤회를 되풀이하지만 붓다는 다시는 태어나지 않는다. 붓다를 구성하고 있던 가화합(假和合)된 오온이 분산되

---

85) Saṃyutta Nikāya Ⅲ, p.120.
86) Majjhīma Nikāya I, p.167.
87) Peter Harvey, 앞의 책, p.45.
88) James W. Boyd, 앞의 책, p.34.

어 존재하지 않게 될 때 유일하게 남은 것은 무위법(無爲法) 즉 열반으로 윤회의 굴레 밖에 있다. 따라서 여래는 윤회 세계에서 자유로워 생로병사의 고통에 구속되지 않는다.89)

여래 사후의 존재 여부에 대해 『열반경』은 명확한 입장을 보이고 있지 않다. 이러한 태도는 붓다가 10가지의 문제에 대해 침묵을 고수한 것과 상통한다고 보인다. 무기(無記)의 문제에는 여래 사후의 존재에 관한 물음이 포함되어 있다. 10가지 무기는 다음과 같다. ①세계는 영원한가? ②세계는 영원하지 않은가? ③세계는 유한(有限)한가? ④ 세계는 무한(無限)한가? ⑤ 영혼은 육체와 같은 것인가? ⑥ 영혼은 육체와 다른 것인가? ⑦ 여래는 사후에 존재하는가? ⑧여래는 사후에 존재하지 않는가? ⑨여래는 사후에 존재하면서 동시에 존재하지 않는가? ⑩ 여래는 사후에 존재하지도 않고 존재 안 하지도 않는가? 열 가지 질문 중 여래의 사후 문제와 직접 관련하여 네 개의 질문이 나와 있을 정도로 여래의 사후 문제에 관한 논의가 활발하였다는 것을 짐작할 수 있다. 그러나 붓다는 이러한 문제에 대해 명쾌하게 대답하지 않았다.90)

붓다의 죽음에 『열반경』이 보여 주는 전체적인 분위기는 슬프고 절망적이다. 붓다가 입멸하자마자 두 명의 천신과 두 명의 비구 제자가 게송을 읊는다. 우리는 이 게송을 통하여 천신과 인간들이 붓다의 입멸을 어떻게 여기고 있는지 알 수 있다. 먼저 브라흐마 사함파티(Brahma Sahaṃpati) 천신의 게송을 살펴보자.

---

89) Norman, 앞의 책, 1993, p.260.

90) 10무기를 다루고 있는 경전은 붓다의 침묵을 실용적인 관점에서 답변하고 있다. 지금 당면하고 있는 고통의 해결에 노력해야 한다고 붓다는 독화살 비유로 설명하고 있다.

"모두 떠나야 한다.
세상에 생명을 가진 모든 존재는
자신의 만들어진 형체를 벗어야 한다.
심지어 세상에서 무상(無上)의 존재인 스승,
여래, 힘을 갖춘 자, 정각자도 입멸한다."
("Sabbeva nikkhipissanti, bhūtā loke samussayaṃ; Yattha etādi so satthā, loke appaṭipuggalo; Tathāgato balappatto, sambudd ho parinibbuto"ti).

브라흐마 사항파티 천신의 게송은 육체를 가진 모든 생명은 결국 육체의 죽음을 면할 수 없으며 심지어 붓다조차도 육신의 죽음을 피할 수 없다는 것을 말하고 있다.

제석천(Sakka)은 다음과 같은 게송을 읊는다.

"만들어진 것은 무상하다.
제행은 발생하고 소멸한다.
만들어진 것들은 사라지게 된다.
제행이 사라짐이 평화이다."
("Aniccā vata saṅkhārā, uppādavayadhammino; Uppajjitvā nirujjhanti, tesaṃ vūpasamo sukho"ti.)

제석천의 게송은 앞의 브라흐마 사항파티의 게송보다 더 교리적이다. 제행은 무상(無常)하여 생멸의 법칙에 종속된다. 생자필멸(生者必滅)의 법칙이 언급되고 있다. 여기까진 브라흐마 사항파티의 게송과 내용상 동일하다. 단지 브라흐마 사항파티의 게송이 좀 더 체

념적이라고 할 수 있다. 마지막 구절은 단순한 허무주의에서 벗어나게 해 준다. 제행무상이 없는 것이 진정한 평화라고 노래함으로써 열반을 허무로 이해하는 것을 막고 있다. 따라서 붓다의 죽음을 허무로 이해해서는 안 된다고 할 수 있다.

두 천신의 게송에 이어 두 명의 비구 제자의 게송이 전승되고 있다. 먼저 아누룻다(Anuruddha)의 게송을 살펴보자.

"호흡의 움직임은 없다.
마음은 굳게 확립된 채.
욕망에서 자유롭고 평정한
성자가 시간을 다하였네.
("Nāhu assāsapassāso, ṭhitacittassa tādino; Anejo santimārabbha, yaṃ kālamakarī muni.)
유한자의 고통에
흔들리지 않고
그의 마음은 꺼진 불꽃처럼
해탈을 이루었네."
(Asallīnena cittena, vedanaṃ ajjhavāsayi; Pajjotasseva nibbānaṃ, vimokkho cetaso ahū"ti.)

아누룻다(Anuruddha) 의 게송은 두 개로 이루져 있는데 첫 번째 게송은 제석천의 게송처럼 육신의 죽음을 담담하게 전하고 있다. 두 번째 게송은 육신의 죽음 너머에 있는 해탈을 노래하고 있다. 반면에 다음에 살펴볼 아난다의 게송은 보통 사람들의 심정을 가장 잘 표현하고 있다.

"두렵구나. 머리카락이 쭈뼛 섰다.
모든 것을 성취하신
붓다가 입멸하시니."
("Tadāsi yaṃ bhiṃsanakaṃ, tadāsi lomahaṃsanaṃ; Sabbākārav arūpete, sambuddhe parinibbute"ti).

안전과 행복을 지켜 주던 어버이를 잃어버린 어린아이의 심정이 아난다의 게송에 잘 녹아들어 있다. 아난다는 아직 아라한과에 이르지 못한 평범한 비구의 입장을 잘 대변하고 있다. 반면 아누룻다는 아라한으로서 붓다의 가르침에 따라 일반적인 감정에 휩쓸리지 아니하고 평정을 유지할 수 있었다. 결국 아난다와 아누룻다의 대조되는 두 가지 태도는 산문 형태로 곧이어 서술되고 있다.

어떤 비구들은 아직 탐욕에서 벗어나지 못해, 팔을 들어 올리고 울었다. 또 다른 비구들은 땅에 몸을 내던진 채 좌우로 구르면서 울며 탄식하였다. "너무 빠르구나, 세존의 입멸이. 너무 빠르구나, 여래의 입멸이. 너무 빠르구나, 세간의 눈이 사라지는 게." 그러나 탐욕에서 벗어난 비구들은 정념하고 정지하며 다음과 같이 사유하였다. '제행은 무상하다. 이것을 어떻게 할 것인가?'[91]

한편 붓다가 입멸할 즈음에 많은 아라한들이 먼저 입멸한 사건을 전승하고 있는 문헌들이 있다. 이런 문헌들은 붓다의 죽음이 아라한

91) Dīgha Nikāya II, p.140 ; p.159. "Bhikkhū avītarāgā appekacce bāhā paggayha kandanti, chinnapātaṃ papatanti, āvaṭṭanti vivaṭṭanti, "atikhippaṃ bhagavā parinibbuto, atikhippaṃ sugato parinibbuto, atikhippaṃ cakkhuṃ loke antarahito"ti. Ye pana te bhikkhū vītarāgā, te satā sampajānā adhivāsenti–"aniccā saṅkhārā, taṃ kutettha labbhā"ti."

에게 커다란 충격이었음을 드러내고 있는 것이다. 남방불교의 팔리어 경전엔 거의 보이지 않지만 한역 『아함경』엔 붓다의 입멸 소식을 듣고 아라한이 먼저 입멸한 이야기가 전해지고 있다. 한 문헌에 따르면 사리자(舍利子)는 비구 8만 명과 함께 입멸하였고 목련(目連)은 비구 7만 명과 더불어 입멸하였다고 한다.92) 붓다의 입멸과 관련하여 스스로 생명을 단축한 아라한의 입멸 이유는 차마 지켜볼 수 없다는 것이다. 아라한은 어떠한 것에도 애착이나 증오를 품지 않는 존재로 그려지고 있는 점을 고려할 때 "차마 지켜볼 수 없다(不忍見)"라는 입멸 이유는 생사에 구속되지 않는다는 아라한의 자질과 잘 부합하지 않은 측면이 있다. 그럼에도 많은 경전들이 그들의 입멸 이유를 불인견으로 한 것은 붓다의 입멸이 얼마나 슬픈 사건인지를 잘 보여 주는 것이다. 일반 범부에게 붓다의 입멸은 커다란 절망적인 사건이라서 범부가 고통스러워하고 슬퍼하는 것은 당연한 것이다. 그러나 아라한에게도 붓다의 입멸은 무상의 가르침으로 침착하게 받아들이기에는 너무나 큰 슬픔이므로 아라한들이 스스로 먼저 입멸한 것으로 묘사하고 있는 것이다. "아라한들이 불인견(不忍見)이라는 이유로 먼저 수명을 끊었다는 것은 붓다의 입멸에 관한 불교도들의 슬픔을 잘 대변하고 있는 것이다. 붓다의 입멸로 더 이상 이 세상에서 친견할 수 없다는 불교도들의 슬픔과 절망이 위대한 아라한들의 입멸 이유로 표출되고 있는 것이다."93)

붓다의 입멸로 기인한 신들과 인간들의 슬픔은 너무나도 생생히 묘사되고 있다. 그들은 붓다의 입멸을 듣고 '너무 빨리 세존이 반열

---

92) 『根本說一切有部毘奈耶雜事』(『대정장』 24, p.402下).
93) 졸고, 「붓다의 입멸과 관련한 아라한의 자살」 『불교문화연구』 vol. 3, 2002, p.17.

반에 들었다'라고 생각하면서, 어떤 이는 슬피 울고, 머리를 헤쳐 풀고, 또 어떤 이는 땅에 엎드려 앞뒤로 구르기도 했다. 범부들의 이러한 절망은 붓다가 우리를 이 세상에 남겨 놓은 채 가 버린 것으로 붓다의 입멸을 이해하는 데서 기인했다. 붓다의 제자들에게 붓다의 죽음은 붓다와 그의 제자들 사이의 단절을 의미한다. 제자들이 더 이상 그를 접촉할 기회가 없는 것이다.

붓다와 마라(Māra) 사이의 대화는 붓다가 입멸할 때 이제는 우리 중생들과의 관계가 단절되고 있음을 보여 준다. 『열반경』에 따르면, 마라는 붓다의 정각 직후 그에게 다가가 바로 입멸할 것을 요구했다.94) 마라의 목적은 붓다가 중생들에게 자신이 깨달은 법을 가르치지 못하도록 하는 데 있다. 붓다는 마라가 원하고 있는 것을 예견하고 자신의 가르침이 제자들에 의해 확립되기 전까지는 열반에 들지 않겠다고 대답한다. 이상의 대화를 통해, 우리는 붓다가 일단 반열반에 들면, 더 이상 중생들을 가르칠 수 없다는 것을 알 수 있다. 이런 맥락에서, 붓다가 열반에 들어갔기 때문에, 재세(在世) 시와 달리 더 이상 이 세상의 중생들에게는 존재하지 않는 것과 마찬가지로 여겨질 수도 있을 것이다.

그러나 주목해야 할 사실은 『열반경』에 사후 붓다가 존재하지 않는다고 분명히 말하고 있지 않다는 것이다. 내가 아는 한, 초기불교의 어떤 경전도 분명하게 붓다가 사후 존재하지 않는다고 말하고 있지 않다. 오히려 많은 경전들이 허무론적인 견해를 논박하고 있다. 아라한의 죽음에 관한 문제를 담고 있는 일군의 경전들을 조사한 후, 토머스(Thomas)는 다음과 같이 결론짓는다. "이제 분명한 것은 이

94) Dīgha Nikāya II, p.112.

른바 부정적인 견해라고 불릴 만한 어떠한 경구도 없다는 것이고, 그리고 허무론, 즉 해탈한 이는 단절되고, 파괴되고 사후 존속하지 않는다는 견해는 배척되고 있음이 확실하다."[95] 필자는 『열반경』도 토머스의 결론에서 벗어나 있지 않다고 해석하고 싶다.

한편, 붓다의 사후 존재 문제에 관하여 적극적으로 이해할 수도 있다. 사후 붓다가 존속하고 있는 것으로 해석할 수도 있는 것이다. 시모다 마사히로(下田正弘)는 『열반경』은 "본래 처음부터 열반에 존재하는 붓다의 영원한 본질을 전달하기 위해 편집되었다."라고 주장한다[96]. 붓다가 들어간 열반계(涅槃界, nibbāna-dhātu)를 붓다고사가 열반의 도시라고 비유했듯이 장소로 이해한다면, 붓다는 거기에 머물고 있다고 말할 수 있을 것이다. "죽은 이후에도 붓다가 완전히 소멸되어 존재하지 않는다고 생각되지 않았다. 오히려 열반의 세계에 존재하고 있다고 생각되었다."[97] "붓다는 형상 없이 보이지 않은 채, 열반계에 현존하고 있다."[98] 그리고 열반경은 4대 성지와 사리 신앙을 통해 붓다의 현존을 접할 수 있다고 제안하는 것으로 해석될 수도 있다. 4대 성지를 순례하고 붓다의 사리를 모시고 있는 불탑을 숭배함으로써, 사람들은 붓다를 종교적으로 살아 있고 현존한다고 믿게 된다.[99]

---

95) Thomas, E. J., *The Life of Buddha as Legend and History*. 3rd ed. London. First ed. London, 1949, p.191 fn 1.

96) Shimoda Masahiro, *A Study of the Mahaparinirvāṇasūtra with a Focus on the Methodology of the Study of Mahāyānasūtras*. Tokyo: Shunjū-sha. 1997, p.36. 자세한 논의는 pp.69-75.

97) Hirakawa, "Stupa Worship." *Encyclopaedia of Religions* (ed. Eliade) vol. 14, 1987, p.93.

98) Simoda Masahiro, 앞의 책, p.9.

99) 보수적인 승단의 전통은 붓다의 숭배에 대해 다소 자제하는 모습을 보여 주고

2) 붓다고사의 견해

수명을 다한 여래 사후 존속 문제에 대해 붓다고사는 어떻게 이해하고 있을까? 다음의 주석에서 그의 견해를 엿볼 수 있다. "입멸의 날, 붓다는 다음과 같이 생각하니 행복했다. '이제 오늘 나도 수백 수천의 많은 붓다들이 들어간 불사(不死)의 대반열반(大般涅槃, Mahāparinibbāna)이라는 도시에 들어갈 것이다."[100] 붓다고사가 열반을 도시로 비유한 것은 단순한 우연이 아니라 의도적으로 이루어진 것이다. 이러한 비유는 붓다고사가 붓다의 입멸 직전 경험한 순(順)·역(逆)의 9차제정을 행복한 경험으로 주석할 때 나타난다. "열반의 도시에 들어갈 때, 법왕(法王)인 붓다는 먼저 2,400,000코티에 이루는 모든 등지를 성취하고 모든 등지의 즐거움을 경험한다. 마치 이국(異國)에 가서 먼저 모든 친지를 포옹하고 즐거워하듯이."[101] 열반의 도시를 묘사하는 데 사용된 불사(不死, amata)라는 말도 주목할 만한 의미가 있다. 붓다는 아마도 윤회에서 벗어나는 것, 즉 재생이 없는 것을 추구했으므로 죽어 재생하는 일은 없다. 무상(無常)의 원리에 따르면 태어난 것은 반드시 사멸하게 마련이다. 생자필멸(生者必滅)의 이치가 적용되는 것이 윤회의 세계이다. 열반은 불생

있는 데 비해 숭배 의례는 재가자에게 많이 권장되고 있다. 자세한 것은 다음의 논문 참조. 졸고, 「불탑 신앙의 기원과 그 본질에 대해」 『종교연구』, 1999, pp.229-48.

100) Sumaṅgalavilāsinī Ⅱ, p.571. An, YangGyu, *The Buddha's Last Days*, Oxford: Pali Text Society, 2003, p.128.

101) Sumaṅgalavilāsinī Ⅱ, p.594. "Nibbānapuraṃ pavisanto pana bhagavā dhammassāmī sabbāpi catuvīsatikoṭisatasahassasaṅkhyā samāpattiyo pavisitvā videsaṃ gacchanto ñātijanaṃ āliṅgetvā viya sabbasamāpattisukhaṃ anubhavitvā paviṭṭho."

(不生)이고 불사(不死)이다. 이런 이유로 열반은 태어남도 죽음도 그리고 죽어 태어나는 일이 없는 것으로 설명된다. 따라서 열반을 성취한 붓다도 불생불사(不生不死)라고 논리적으로 유추할 수 있을 것이다.

『청정도론(淸淨道論, Visudhimagga)』에서 붓다고사는 열반을 허무론적으로 이해하는 것을 애써 배척하고 있다. 그는 열반을 무존재(無存在)로 여기지 않고 오히려 열반의 존재론적인 측면을 강조하고 있다.[102] 허무론적인 열반관을 붓다고사가 집중적으로 공격하는 것이 눈에 띈다. 냐나포니카(Nyanaponika)는 그 이유를 다음과 같이 설명하고 있다. "상좌부는 대승불교도들이 경량부를 향해서 비판했던 허무론을 잘 알고 있었으므로 이러한 비난을 받고 싶지 않았다."[103] 붓다고사는 자신의 견해를 다음의 경전 구절을 인용하여 근거로 삼고 있다. 우다나(Udāna)에서 붓다는 열반에 대하여 다음과 같이 말하고 있다. "비구들이여, 생기하지 않은 것이 있고 성장하지 않은 것이 있으며, 만들어지지 않은 것이 있으며 형성되지 않은 것이 있다. 만약 생기하지 않은 것이 없고 성장하지 않은 것이 없으며, 만들어지지 않은 것이 없고 형성되지 않은 것이 없다면, 생겨나고 성장하며 만들어지고 형성된 것들로부터의 해탈도 없을 것이다. 생기하지 않은 것이 있고 성장하지 않은 것이 있으며 만들어지지 않은 것이 있고 형성되지 아니한 것이 있기 때문에 생겨나고 성장하며 만들어지고 형성된 것들로부터의 해탈이 있는 것이다."[104] 태어나지 않고

---

102) Visuddhimagga, pp.507f. 붓다고사의 견해에 따라 담마팔라도 열반의 존재를 증명하고 있다. 자세한 것은 Nyāṇamoli, *The Path of Purification*(Colombo: A. Semase), p.581 fn 18 참조.

103) Nyanponika, *Anatta and Nibbāna: Egolessness and Deliverance* (Kandy: The Buddhist Publication Society, 1986), p.7.

변화하지 않고 만들어지지 않고 형성되지 않는 것은 다름 아닌 열반을 지칭한다. 이 구절은 불교 전통에서 형이상학적 실재나 궁극적 실재를 탐구하려는 학자들에 의해 종종 인용된다. 루네 요한슨(Rune Johansson)은 이상의 인용문에서 수식어만 있고 수식되는 명사가 생략된 점을 지적하며 열반을 존재론적으로 이해하려는 입장에 동의하지 않고 있다.[105] 필자는 형용사만 나열되어 있고 명사가 빠져 있는 것은 오히려 궁극적 실재로서 열반을 잘 드러내고 있다고 보인다. 궁극적 실재를 열반이라는 명사로 지칭하면서 생기는 오해를 막기 위한 것으로 볼 수 있다.

붓다는 정각을 추구하게 된 경위를 설명하면서 열반이 생로병사에서 벗어나 있다는 것을 밝히고 있다. "비구들이여! 정각하기 전 나는 생·노·병·사·고통·번뇌에 종속되어 있었고 생·노·병·사·고통·번뇌에 종속되어 있는 것을 추구하고 있었다. 그러고 나서 나는 이렇게 생각하였다. '왜 내가 생·노·병·사·고통·번뇌에 종속되어 있으면서 생·노·병·사·고통·번뇌에 종속되어 있는 것을 추구해야 하는가?' 나 자신 생에 종속되어 있으므로, 생에 종속되어 있는 것에 깃들어 있는 위험을 이해하고서 나는 태어나지 아니하고, 구속에서 벗어난 최고의 안전, 열반을 추구하고자 하였다. 나 자신 노·병·사·고통·번뇌에 종속되어 있으므로, 나는 늙지 아니하고, 병이 없고, 죽음이 없고, 슬픔이 없고, 번뇌가 없고, 구속에서 벗

---

104) Udāna, 80. "Atthi bhikkhave ajātaṃ abhūtaṃ akataṃ asankhataṃ, no ce taṃ bhikkhave abhavissa ajātaṃ abhūtaṃ akataṃ asankhataṃ, na yidha jātassa bhūtassa katassa sankhatassa nissaranaṃ paññāyetha. Yasmā ca kho bhikkhave atthi ajātaṃ abhūtaṃ akataṃ asankhataṃ, tasmā jātassa bhūtassa katassa sankhatassa nissaranaṃ paññāyati."

105) Rune, Johansson, *The Psychology of Nirvana*, London: George Allen and Unwin LTD, 1969, pp.55.

어난 안전 열반을 추구하였다."[106] 붓다가 열반을 생로병사의 법칙에서 벗어나 있으며 고통과 번뇌가 단절된 것으로 정의하고 있는 것을 볼 수 있다. 여기서 노만의 적절한 설명을 인용할 만하다. "죽지 않는(amata), 태어나지 않는(ajāta), 늙지 않는(ajara) 등의 말이 열반과 함께 사용될 때, 그것이 의미하는 바는 죽음, 재생, 늙음이 없는 곳으로, 죽음, 재생, 늙음이 있는 윤회와 대조적이다."[107] 토머스는 "열반은 일시적이고 무상(無常)한 속성의 세속적인 존재와 완전히 다른 종류의 존재로 여겨지고 있다"라고 확신한다.[108]

붓다고사는 어떻게 열반이 불사(不死)가 되는지 설명하고 있다. "열반은 만들어지지 않았기 때문에, 늙음과 죽음에서 자유롭다."[109] 그의 견해는 상좌부 전통에서 벗어난 독특한 것은 아니고, 이 전통에 매우 충실한 것이다. 커즌(Cousins)은 논장(論藏)에서 다루어지고 있는 열반의 존재론적 지위를 연구하고, 다음과 같이 결론짓고 있다. "모든 불교 전통이 일치하는 점은 열반은 무위법(無爲法)이고, 시간적인 것도 공간적인 것도 정신적인 것도 물질적인 것도 아니다. 그렇지만 단순히 유위법의 부재나 소멸도 아니다."[110] "무위(無爲, asankhata)라는 말은 열반이 무엇인지를 보여 주는 가장 중요한 용어이다. 왜냐하면 상좌부 불교에서 열반은 유일한 무위법(無爲法)이기 때문이다."[111]

초기경전에선 열반을 무위법(無爲法)으로서 정의하고 있다. "무엇

106) Majjhīma Nikāya I, no. 26
107) Norman, 앞의 책, p.262.
108) Thomas, 앞의 책, p.191 fn 1.
109) Visuddhimagga p.509.
110) L. S. Cousins, "Nibbāna and Abhidhamma" in *Buddhist Studies Review* 1, 2, 1983-4, p.107.
111) Norman, 앞의 책, 1993, p.137.

을 무위법이라고 하는가? 탐욕(貪欲)이 영원히 소진하고 진에(瞋恚)・우치(愚癡)가 영원히 소진하고 일체 번뇌가 영원히 소진하는 것, 이것을 무위법이라고 한다. 무엇을 무위도적(無爲道跡)이라고 하는가? 팔성도분(八聖道分)이 그것이다. 즉 정견・정지(正智)・정어・정업・정명・정방편(正方便)・정념・정정, 이것이 무위도적(無爲道跡)이다."[112] 탐욕・진에・우치의 소멸은 곧 열반을 의미한다. 무위법인 열반에 이르는 길이 8정도라고 밝히고 있는 것이다. 무위(無爲, asankhata)라는 말은 열반의 존재론적인 측면을 가장 잘 보여 주는 중요한 용어이다. 무위란 문자 그대로 '만들어지지 아니한'이라는 의미로 유위(有爲, sankhata)와 상대되는 말이다. 유위법 즉 유위의 존재는 원인과 조건에 의해 만들어진 것을 지칭한다. 유위법은 만들어진 것이기 때문에 반드시 소멸한다. 반면에 무위법은 어떤 원인에 의해 형성된 것이 아니라 스스로 존재하므로 생성과 소멸에서 벗어나 있다.

자존(自存)하는 열반에는 생주이멸(生住異滅)의 무상함은 없다. "유위(有爲)에는 생주이멸이 있지만 무위(無爲)에는 생주이멸이 없다. 이것을 모든 행(行)이 적멸(寂滅)한 열반이라고 한다."[113] 무위(asamskrta)의 문자적 의미는 더 이상 어떤 조건(인연)에 의해 조작(생성)되지 않은 것, 따라서 더 이상 소멸하지도 않는 것이라는 뜻이다. 다음과 같은 게송도 이런 경지를 표현하고 있다. "모든 행(行)은 무상(無常)하니 그것은 생멸(生滅)의 법이다. 생멸을 멸해

---

112) 『잡아함경』(『대정장』 2, p.224中). "云何無爲法謂貪欲永盡 瞋恚・愚癡永盡 一切煩惱永盡 是無爲法 云何爲無爲道跡 謂八聖道分 正見・正智・正語・正業・正命・正方便・正念・正定 是名無爲道跡."

113) 『잡아함경』(『대정장』 2, p.83下). "有爲者若生・若住・若異・若滅 無爲者不生・不住・不異・不滅 是名比丘諸行苦寂滅涅槃."

버리면 적멸(寂滅)은 즐거움이 된다."[114] 제행이 무상한 것이어서 생멸의 법칙에 종속되어 있지만, 적멸은 생멸에서 벗어나 있기 때문에 즐거움이라고 밝히고 있다. 물론 여기서 적멸이란 열반에 다름 아니다.

열반이 무위법이라는 의미는 열반이 세속에서 일어나는 모든 현상 즉 유위법을 초월해 있다는 것을 의미한다. "지(地), 수(水), 화(火), 풍(風)이 아닌 영역이 있다. 무한한 공간도 아니며, 무한한 의식도 아니고, 아무것도 없는 것도 아니고, 의식이나 무의식이 아닌 영역이 있다. 이 세상도 아니고, 세상을 넘어선 것도 아니고, 이 두 가지를 합친 것도 아니고, 달도 아니고, 해도 아닌 영역이 있다. 비구들이여, 그러므로 나는 선언한다. '그 영역은 오고 감도 없다. 머무름도 없고, 파괴도 없다. 생성도 없다. 고정된 것도 움직이는 것도 없다. 무엇인가에 의존하는 것도 아니다. 이것이 진정한 고통의 끝이다.'"[115] 지·수·화·풍은 물질계를 구성하는 기본 요소이다. 세상에 존재하는 모든 것은 지수화풍 4대(四大)로 형성되는 데 비해 열반은 이런 요소로 이루어지지 않았다는 것이다. 스스로 원인이 되어 스스로 자족하며 존재한다는 것이다. 이 세상의 유위법은 생주이멸의 변화 법칙에 종속되어 있지만 열반은 이런 종류의 생멸 법칙에서 벗어나 있다는 것이다. 여기서 열반에 관한 토머스의 견해를 소

---

114) 『잡아함경』(『대정장』 2, p.153下). "一切行無常 是則生滅法 生者旣復滅 俱寂滅爲樂."

115) Udāna, 80. "Atti bhikkave, tad āyatanaṁ, yattha n'eva paṭhavī na āpo na tejo na vāyo na ākāsānañcāyatanaṁ, na viññānañcāyatanaṁ, na ākiñcaññāyatanaṁ, na nevasaññānāsaññāyatanaṁ, n'āyaṁ loko na paraloko ubhocandimasūriyā, tad ahaṁ bhikkave n'eva āgatiṁ vadāmi na gatiṁ na ṭhitiṁ na cutiṁ na upapatthiṁ appatiṭṭhaṁ appavattaṁ anārammaṇam eva ta, es'ev'anto dukkhassā ti."

개하는 것이 적절하다. 토머스는 경전에 의거해 보면 열반은 일시적이고 무상한 속성을 지닌 세속적인 존재와 완전히 다른 종류의 존재로 여겨지고 있다고 확신한다.[116]

붓다는 자신의 열반 성취에 관하여 정각 직후 다섯 비구에게 선언하고 있다. 이 선언에서 열반과 무사(無死)가 동의어로 사용되고 있는 것을 볼 수 있다. "나는 병이 없는 위없이 안온한 열반을 구하여 곧 병이 없는 위없이 안온한 열반을 얻었고, 늙음도 없고 죽음도 없으며 근심 걱정도 없고 더러움도 없는 위없이 안온한 열반을 구하여, 곧 늙음도 없고 죽음도 없으며 근심 걱정도 없고 더러움도 없는 위없이 안온한 열반을 얻었다. 그리고 내게는 앎이 생기고, 소견이 생기고, 결정된 도품법(道品法)이 있어, 생은 이미 다하고 범행(梵行)은 이미 서고, 할 일은 이미 마쳐, 다시는 후세의 생명을 받지 않는다는 것을 사실 그대로 알았다."[117] 열반을 성취함으로써 더 이상 생사의 사슬에서 벗어나 영원한 생명을 얻었다는 것이다.

여기에서 열반의 속성으로 무병(無病), 무노(無老)·무사(無死)·무수우척(無愁憂慼)·무염오(無穢汚)가 등장하고 있는 것을 볼 수 있는데, 이 중 무병(無病), 무노(無老)·무사(無死)는 궁극적 실재로서 열반을 잘 표현하고 있다. 일체 물질은 병, 노, 사에 종속되어 있지만 열반은 이런 속성이 전혀 존재하지 않는다는 것이다. 해탈지견 즉 "후유(後有)를 받지 않을 것"이라는 자증(自證)의 선언은 다시 태

116) Thomas, E. J. *The Life of Buddha as Legend and History* 3rd ed. 1949; London.. p.191 fn 1.

117) 『중아함경』(『대정장』 1, p.777下). "我求無病無上安隱涅槃 得無病無上安隱涅槃 我求無老·無死·無愁憂慼·無穢汚無上安隱涅槃 得無老·無死·無愁憂慼·無穢汚無上安隱涅槃 生知生見 定道品法 生已盡 梵行已立 所作已辦 不更受有 知如眞."

어나지 않는다는 것을 의미한다. 재생(再生)하는 일이 없으므로 재사(再死)하는 일도 없다. 열반을 성취하였다는 것은 곧 생사의 윤회에서 벗어났다는 것을 의미한다. "만일 비구가 늙음·병듦·죽음에 대하여 싫어하고, 탐욕을 여의고, 완전히 소멸시켜 모든 번뇌〔漏〕를 일으키지 않고, 마음이 잘 해탈하면, 이것을 비구가 현세에서 반열반을 얻는 것이라고 한다."118) 열반은 유일하게 살아 있는 생명체를 소멸시키는 시간 너머에 존재한다.

만약 열반이 모든 것이 절멸된 상태라면, 그것은 허무 단멸론과 다르지 않다. 질병을 발생시키는 병원(病源)을 제거하면 건강이 회복된다. 탐, 진, 치의 일체 번뇌라는 병균이 완전히 소멸하게 된 것을 열반이라고 한다. 탐욕 등 일체 번뇌가 사라지는 순간 진정한 행복이 회복된다. 그러므로 열반은 고통의 소멸 즉 행복을 이미 내포하고 있는 것이다. 먹구름이 걷히면 태양이 빛나는 것처럼 번뇌가 사라지면 행복이 찬란히 빛나는 것이다. 열반은 단순히 번뇌가 사라진 것을 의미하는 것에 머물지 않고 한층 더 적극적인 내용을 담고 있다. 그러므로 열반에는 적극적이고 긍정적인 의미가 뚜렷하게 내포되어 있는 것이다. 열반에 관한 판데(Pande)의 견해를 인용하여 이 단락을 마칠 수 있다. "열반은 시간에 구속되어 있는 것이 아닐뿐더러, 궁극적 실재이고 이 진실의 실재는 영원하다."119)

붓다고사는 죽음(kālaṃ karoti)과 열반 또는 반열반을 구분하고 있다. 그에 따르면, 붓다는 반열반에 들어가려고 자신의 수명(kālaṃ akari)을 다했다고 한다.120) 불사(不死)인 열반의 본질을 열반을 증득한 붓

118) 『잡아함경』(『대정장』 2, p.101上). "若有比丘於老·病·死 厭·離欲·滅盡 不起諸漏 心善解脫 是名比丘得見法般涅槃."

119) Pande G. C, *Studies in the Origins of Buddhism* Delhi : Motilal Banarsidass. 1974, p.473.

다에게 적용시킬 때, 노만의 결론에 동의할 수 있게 된다. "여래는 열반에서 죽음을 경험하지 않는다. 왜냐하면 열반에는 죽음이 없기 때문이고, 열반에는 태어남도 늙음도 없기 때문이다."121)

열반을 존재하는 것으로 정의함으로써, 붓다고사는 사후 붓다의 존재 문제에 관한 허무론적인 견해를 피할 수 있었다. 그는 붓다의 입멸을 붓다가 열반이라는 불사의 도시에 간다고 말함으로써, 행복한 사건으로 다루고 있다. 『열반경』은 붓다가 죽음의 자리에 누워 있는 것을 다음과 같이 묘사하고 있다. "사자처럼 세존은 오른쪽으로 한 발을 다른 한 발에 포개고, 정신이 흐트러짐 없이 집중해 누웠다." 122) 붓다고사는 이러한 마지막 장면을 주석한다. "그(붓다)가 다시는 일어나지 않을 침상에 누웠기 때문에, 여기(『열반경』)에서는 자신의 마음을 기상에 두었다고 말하지 않았다. 그렇지만 이러한 문맥에서 '일어나지 않을'이란 말은 육체에 관해서만 한 말임을 이해해야 한다."123) 이것이 곧 입멸한 붓다가 중생 등의 기도에 호응한다는 것을 의미하는 것은 결코 아니다.

결국 『열반경』과 붓다고사의 견해에 따르면, 입멸한 붓다는 더 이상 그의 제자들에게 접근 가능하지 않다고 해석할 수 있다. 이러한 해석은 대승불교의 무주처열반(無住處涅槃)의 개념과 매우 대조적이다. 무주처열반에 의하면 붓다는 '깨달은 자'이기 때문에 윤회의

120) Sumaṅgalavilāsinī II, p.595. An, YangGyu, *The Buddha's Last Days*. Oxford: Pali Text Society. 2003, p.188 fn 1.

121) Norman, 앞의 책, p.262.

122) Dīgha Nikāya, II, p.137. "Bhagavā dakkhiṇena passena sīhaseyyaṃ kappesi pāde pādaṃ accādhāya sato sampajāno."

123) Sumaṅgalavilāsinī II, p.575. "Anuṭṭhānaseyyaṃ upagatattā panettha - 'uṭṭhānasaññaṃ manasi karitvā'ti na vuttaṃ. Kāyavasena cettha anuṭṭhānaṃ veditabbaṃ."

세계에 머물지 않고, 또한 고통 받고 있는 중생을 위해 입멸하지 않고 구제 활동을 하고 있다는 의미에서 열반에 머무는 것도 아니다.[124] 대승불교에서는 붓다의 자비와 힘은 매우 위대하다고 믿어 그는 아직도 최후의 열반에 들지 않고 중생을 도우면서 남아 있다고 생각된다.

중생과의 관계를 염두에 두면서 붓다의 사후 존속과 관련하여 붓다의 입멸을 정리해 보자면 파이(Pye)의 결론이 가장 적절하다고 생각된다. "오랜 기간 지속되는 천상의 즐거움에 머무는 것도 아니고 그렇다고 파괴적인 절멸이나 허무도 아니다. 반복해서 고통으로 이끄는 조건들에서 벗어난 신비한 해탈이라고 추측할 수 있다. 감각적인 세계에 붓다와 관련하여 남아 있는 것들은 오로지 사리일 뿐이다. 붓다의 입장에선 더 이상 업을 짓는 일이 없지만 그의 제자들의 신앙적인 삶에 거대한 잠재력으로 남아 있다."[125] 입멸한 붓다는 더 이상 즐거움으로 가득 찬 천상의 세계에 머무는 것도 아니고, 더군다나 고통의 세계에 구속되어 있지 않다. 이것이 곧 절대 허무를 의미하는 것은 아니므로 붓다의 입멸은 범부가 이해할 수 있는 것이 아닌 점에서 신비한 해탈이라고 부를 수 있다는 것이다. 붓다는 더 이상 육신을 가지고 중생을 제도하지 않는다는 점에서 업을 짓고 있지 않다. 그러나 붓다와 그의 가르침을 존중하고 따르는 제자들에겐 붓다는 여전히 거대한 힘으로 작용하고 있다.

---

124) 유식계의 대승에서 세운 열반에는 '본래자성청정열반(本來自性清淨涅槃)', '유여의열반(有餘依涅槃)', '무여의열반(無餘依涅槃)', '무주처열반(無住處涅槃)'의 네 종류가 있다. 무주처열반(無住處涅槃)은 지혜에 의해 번뇌장(煩惱障)과 소지장(所知障)을 여의었기에 생사미혹의 세계에도 머물러 안주함이 없다. 하지만 대자비심을 가지고 중생을 구제하기 위하여 미혹의 세계에서도 활동을 하기 때문에 열반에만 머물러 있음도 없다.

125) Pye, Michael, *The Buddha*. London: Duckworth, 1979, p.136.

***

붓다의 입멸 과정이 정각처럼 선정과 밀접히 연계되어 있다는 것은, 붓다는 마지막 순간까지 늘 '깨어 있음'을 말하려는 것이다. 이러한 의미에서 '깨어 있는 자'를 의미하는 붓다(Buddha)라는 용어가 역사적인 붓다에게 가장 맞는 호칭일 것이다. 육신의 죽음에서도 의식이 혼미한 것이거나 신비로운 황홀 상태에 있었던 것이 아니라 자신과 그 주위에 일어나고 있는 것에 대하여 또렷하게 깨어 있음을 말하고 있는 것이다.

붓다의 입멸 과정 중 9차제정은 불교 고유의 사정려와 멸진정에 외도의 사무색정(四無色定)이 결합된 것으로 『열반경』에서는 사정려(四靜慮)를 외도의 선정과 구분하고, 그리고 멸진정이 열반과 혼돈되는 것을 애써 구분하고 있다. 그리하여 순수한 불교 고유의 선정 수행인 사정려를 재천명하고 있는 것이다. 붓다의 반열반 과정은 정각 과정과 동일하다는 것을 논했다. 달리 말하면 유여의열반과 무여의열반이 동등하다는 것이다. 유여의열반은 정각(sammasambodhi)과 동의어이기 때문에, 붓다의 반열반은 정각과 동등하다는 결론을 내릴 수 있었다. 붓다의 반열반의 본질을 묻는 것은 그의 정각의 본질을 묻는 것이고, 반열반한 붓다의 존재 모습을 탐구하는 것은 정각한 붓다의 모습을 찾는 것이다. 사후 붓다의 존재 여부나 상태에 관한 물음도 생전에 정각한 붓다의 존재 모습에서 그 해답을 찾아야 하는 것이다. 이것이 『열반경』의 견해이다. 따라서 사후 그의 존재 여부를 묻는 것은 바른 접근법이 아니므로, 『열반경』도 붓다가 반열반했다고만 선언하고 그 이후에 대해서는 침묵을 지키고 있다.

그렇지만 열반에 관한 정확한 이해가 결여되어 있기 때문에 여러 가지 오해가 발생하게 되고, 붓다의 반열반도 그러한 오해에 기초하여 허무론적으로 해석하는 경향이 짙어지게 된 것 같다. 그리하여 붓다고사는 『열반경』을 주석하면서, 열반을 존재론적으로 이해하면서 부정적인 열반관을 부정하고 있는 것이다. 열반을 정각과 마찬가지로 긍정적인 것으로 파악함으로써, 붓다고사는 붓다의 반열반을 행복한 사건으로 보며, 허무론적인 시각을 부정하고 있음을 알 수 있다. 이러한 긍정적인 열반관은 뒷날 대승불교의 적극적인 열반관과 일맥상통한다고 볼 수 있다.126)

126) 대승불교에 이르면 열반에 관한 이해가 다양하게 나타나게 된다. 서로 다른 상반된 견해가 존재하기도 한다. 열반과 동의어로서 진여, 법신, 자성청정심, 일심 등 다양한 용어가 새로 나타난다. 대승불교의 궁극적 실재로서 열반에 관한 논의는 졸고를 참조하시오. 졸고, 「궁극적 실재로서의 열반」 『종교연구』 vol. 40, 2005, pp.71-94.

제6장 붓다의 입멸 과정과 그 해석

붓다의 입멸이라는 사건은 불교사에 가장 주요한 사건 중의 하나임이 틀림없다. 그래서 불교 문헌들은 그가 어떻게 입멸하게 되었는가를 자세히 다루고 있다. 다른 종교 교주들의 최후 심리 상태는 붓다만큼 자세히 알려져 있지 않다. 붓다의 입멸 직전의 정신 상태를 불교사에서 상세히 다루는 이유는 어디에 있을까? 여러 가지 요인들이 고려될 수 있겠지만, 불교의 목표가 윤회에서 벗어나 열반을 성취하는 것임을 먼저 염두에 두어야 할 것이다. 여래 사후 존속에 관한 물음이 붓다가 이 세상에 살고 있을 때에도 제기되는 것을 볼 수 있다.[1] 생사의 사슬에서 벗어난 성자의 사후 존재는 어떠할 것인가 하는 의문이 직접 붓다에게 던져지고 있는 것은 이 문제가 얼마나 중요하게 취급되는가를 보여 주는 것이다.

이런 난해한 질문에 대해 여러 가지 답변이 나와 있지만, 초기불교의 『열반경』에서는 붓다의 입멸 과정을 자세히 기록함으로써 이런 질문에 간접적으로 답하고 있다. 부파불교 시대에 이르러 설일체유부(說一切有部)의 논서에서는 붓다의 입멸 과정에 대해 새로운 시각

1) 이 문제는 여러 경전에서 매우 자세히 논의되고 있다. 예를 들면, Saṃyutta Nikāya의 한 장(IV, pp.374-402)은 여래(如來)의 사후 존재에 관한 논의로 가득 차 있다. 이 책 pp.193ff 참조.

이 제시되고, 동시에 입멸 과정에 대한 여러 가지 해석이 이루어지게 된다. 붓다의 입멸 과정을 주목함으로써, 불교도들은 윤회의 세계에서 열반의 세계로 들어간 붓다의 본질을 그의 반열반이라는 사건과 관련하여 간접적으로 해명하려고 하고 있다. 이 장에서는 설일체유부의 논서를 중심으로 붓다의 입멸 과정과 그 해석을 다루고자 한다. 설일체유부의 입장을 더욱 뚜렷이 밝힐 필요가 있는 곳에서는 남방 실론 상좌부(上座部)의 견해를 참고하고자 한다.

1.『대반열반경』 제본에 보이는 입멸 과정

『불반니원경』을 제외한 『열반경』 제본은 대체로 붓다의 입멸 과정을 큰 차이 없이 기술하고 있다. 먼저 팔리어본 『열반경』부터 살펴보자. 붓다는 최후로 제자들에게 가르침을 설한다.

> 그러고 나서 세존은 제일정려(第一靜慮, jhānaṃ)에 이른다. 제1정려에서 나와 제2정려에 이른다. 제2정려에서 나와 제3정려에 이른다. 제3정려에서 나와 제4정려에 이른다. 제4정려에서 나와 공무변처(空無邊處, ākāsānañcāyatanaṃ)에 이른다. 공무변처(空無邊處)에서 나와 식무변처(識無邊處, viññāṇañcāyatanaṃ)에 이른다. 식무변처(識無邊處)에서 나와 무소유처(無所有處, ākiñcaññāyatanaṃ)에 이른다. 무소유처(無所有處)에서 나와 비상비비상처(非想非非想處, nevasaññā-nāsaññāyatanaṃ)에 이른다. 비상비비상처(非想非非想處)에서 나와 상수멸(想受滅, saññā-vedayitanirodhaṃ)에 이른다. 이때 아난다 존자가 아누룻다 존자에게 말했다. "아누룻다 존자여! 세존은 반열반했습니다." (아누룻다 존자는 대답했다). "아난다 존자여! 세존은 반열반하지 않았습니다. 상수멸(想受

滅)에 이르렀습니다." 그러고 나서 세존은 상수멸에서 나와 비상비비상처에 이른다. 비상비비상처에서 나와 무소유처에 이른다. 무소유처에서 나와 식무변처에 이른다. 식무변처에서 나와 공무변처에 이른다. 공무변처에서 나와 제4정려에 이른다. 제4정려에서 나와 제3정려에 이른다. 제3정려에서 나와 제2정려에 이른다. 제2정려에서 나와 제1정려에 이른다. 제1정려에서 나와 제2정려에 이른다. 제2정려에서 나와 제3정려에 이른다. 제3정려에서 나와 제4정려에 이른다. 제4정려에서 나온 즉시 반열반하였다.2)

이상의 입멸 과정을 요약하면 다음과 같다. 제1정려 → 제2정려 → 제3정려 → 제4정려 → 공무변처 → 식무변처 → 무소유처 → 비상비비상처 → 상수멸 → 비상비비상처 → 무소유처 → 식무변처 → 공무변처 → 제4정려 → 제3정려 → 제2정려 → 제1정려 → 제2정려 → 제3정려 → 제4정려 → 반열반. 입멸 과정을 3단계로 나누어 볼 수 있다. 첫째 단계는 제1정려부터 시작하여 멸진정에 이르기까지의 단계로 9차제정을 순서대로 하나씩 출입하는 과정이다. 둘째 단계는 첫째 단계와 반대로 멸진정에서 시작하여 제1정려에 이르기까지 9차제정을 역순으로 하나씩 입출하는 과정이다. 셋째 단계는 제1정려에서 시작하여 제4정려까지를 순차적으로 출입하는 과정이다. 제1정려에서 제4정려까지를 4정려(四靜慮)라 하고, 공무변처에서 비상비비상처를 4무색정(四無色定)이라고 한다. 그리고 4정려와 4무색정을 합하여 팔등지(八等至)라 하고 팔등지에 멸진정을 더한 것을 9차제정이라고 이름한다. 4정려를 색계(色界)에 배대하고 4무색정을 무색계(無色界)에 배치한다. 이러한 분류 방식이 언제부터

2) Dīgha Nikāya II, p.156. 팔리어 원문은 이 책 pp.163ff 참조.

발생하였는지 정확하게 알 수 없지만, 부파불교에서는 이러한 분류법이 정착되어 있는 것을 볼 수 있다. 제 선정을 이렇게 삼계에 대응시키는 것은 인위적이라는 느낌을 받는다. 예를 들면 멸진정은 삼계(三界) 어디에도 소속되어 있지 않다는 점이다.[3] 어쨌든 이러한 체계에 따르면 붓다는 색계의 4정려와 무색계의 사무색정과 멸진정을 입출하고 제4정려에서 나와 반열반하였으므로 욕계에서 반열반한 것이다. 그리고 멸진정이 문제로 제기되고 있음을 살펴볼 수 있다.[4]

한역 『열반경』 제본을 살펴보자. 『반니원경』에 따르면 붓다는 제자에게 최후로 훈계한 뒤 선정에 들어가서 입멸한다.

> 붓다는 일선(一禪)을 사유(思惟)하고 제일선(第一禪)을 통과한다. 다시 이선(二禪)을 사유하고 제이선(第二禪)을 통과한다. 다시 삼선(三禪)을 사유하고 제삼선(第三禪)을 통과한다. 다시 사선(四禪)을 사유하고 제사선(第四禪)을 통과한다. 다시 공무제(空無際)를 사유하고 공무제를 통과한다. 다시 식무량(識無量)을 사유하고 식무량을 통과한다. 다시 무소용(無所用)을 사유하고 무소용을 통과한다. 다시 불상입(不想入)을 사유하고 불상입을 통과한다. 상지멸(想知滅)을 사유하고 상지멸을 통과한다. 이때 아난(阿難)은 아나율(阿那律)에게 불(佛)이 이미 반열반하였는지 묻는다. "아직 아니다. 불(佛)은 지금 상지멸(想知滅)을 사유하고 있다."라고 대답한다. 아난이 말했다. "이전에 불(佛)이 사선(四禪)의 사유

---

3) jhāna를 여기에서 靜慮라고 의역했다. 靜慮라는 용어는 설일체유부의 논서에서 널리 통용되고 있기 때문에, 본고에서는 jhāna(산스크리트어로는 dhyāna)를 정려로 번역하였다. 정려란 색계 사선만을 가리키고 있는 것을 논서를 통해서 알 수 있다. 『阿毘達磨大毘婆沙論』은 무색계의 사무색정이나 욕계의 삼매가 왜 정려가 될 수 없는지를 자세히 다루고 있다.(『大正藏』 27, p.411中).

4) 팔리어본 『대반열반경(Mahāparinibbāna-suttātanta)』을 중심으로 한 붓다의 입멸 과정에 관한 자세한 논의는 이 책 pp.162ff 참조.

에서 무지기소수여무위지정(無知棄所受餘無爲之情)에 이르고 이에 반열반한다고 설하는 것을 들었다." 이때 불(佛)은 상지멸을 버리고 돌아와 불상입을 사유했다. 불상입(不想入)을 버리고 무소용(無所用)을 사유했다. 무소용을 버리고 식무량(識無量)을 사유했다. 식무량을 버리고 공무제(空無際)을 사유했다. 공무제를 버리고 제사선(第四禪)을 사유했다. 사선을 버리고 제삼선(第三禪)을 사유했다. 삼선을 버리고 제이선을 사유했다. 이선을 버리고 제일선을 사유했다. 일선에서 나와 사유하여 다시 삼선에 이르렀다. 곧 사선에서 나와 무지기소수여니원지정(無知棄所受餘泥洹之情)으로 돌아갔다. 곧 반열반하였다.5)

이상의 입출 과정을 요약하면 다음과 같다. 일선의 사유 → 제일선 → 이선의 사유 → 제이선 → 삼선의 사유 → 제삼선 → 사선의 사유 → 제사선 → 공무제의 사유 → 공무제 → 식무량의 사유 → 식무량 → 무소용의 사유 → 무소용 → 불상입의 사유 → 불상입 → 상지멸의 사유 → 상지멸 → 불상입의 사유 → 불상입 → 무소용의 사유 → 무소용 → 식무량의 사유 → 식무량 → 공무제의 사유 → 공무제 → 제사선의 사유 → 사선 → 제삼선의 사유 → 삼선 → 제이선의 사유 → 이선 → 제일선의 사유 → 일선…… → 삼선 → 사선 → 무지기소수여니원지정 → 반니원. 이 한역본은 다른 제본과는 달리 9

5) 『般泥洹經』(『大正藏』 1, p.188中). "佛作一禪之思惟 通第一禪 又起二禪之思惟 通第二禪 又起三禪之思惟 通第三禪 又起四禪之思惟 通第四禪 又起空無際之思惟 通空無際 又起識無量之思惟 通識無量 又起無所用之思惟 通無所用 又起不想入之思惟 通不想入 又起想知滅之思惟 通想知滅 是時阿難 問阿那律 佛已滅度耶 答言 未也 佛方思念想知滅之思惟 阿難言 昔聞佛說 從四禪思惟 至於無知棄所受餘無爲之情 乃般泥曰 時佛捨想知滅還思不想入 捨不想入思無所用 捨無所用思識無量 捨識無量思空無際 捨空無際思第四禪 捨於四禪思第三禪 捨於三禪思第二禪 捨於二禪思第一禪 從一禪思復至三禪 便從四禪反於無知棄所受餘泥洹之情 便般泥洹."

차제정을 차례대로 들어갈 때마다 들어갈 선정에 대하여 들어갈 마음을 내고 있음을 보여 준다. 이것은 붓다의 의도를 강조한 것으로 보인다. 즉 의도적으로 각 선정을 들었다는 것이다.[6] 공무제(空無際), 식무량(識無量), 무소용(無所用), 불상입(不想入), 상지멸(想知滅)은 각각 공무변처, 식무변처, 무소유처, 비상비비상처, 상수멸에 해당되고 있음을 알 수 있다. 무지기소수여니원지정(無知棄所受餘泥洹之情)이 구체적으로 무엇을 말하고 있는지 알 수 없지만, 특정 선정에 들어가기 직전에 그 선정에 들어가려는 생각을 하고 있으므로 무지기소수여니원(無知棄所受餘泥洹)은 반열반과 동의어라고 여겨진다.

다른 모든 선정과 마찬가지로 붓다는 자신의 의지에 따라 반열반했다는 것을 강조하고 있는 것이다. 제4정려에서 나와 곧장 반열반한 것이 아니라 반열반 직전에 반열반에 관한 사유를 했다는 것은 욕계(欲界)로 돌아왔다는 것을 보여 주는 것으로 해석된다. 마지막 단계로 4정려를 출입할 때 제3정려에서 나와 제4정려에 들어갔다는 부분이 빠져 있다. 아마도 단순히 생략된 것으로 보인다. 그리고 상지멸(想知滅)과 반열반에 관하여 아난이 묻고 있는 장면도 나타난다.

『대반열반경』을 살펴보자.

> 여래는 곧 초선(初禪)에 든다. 초선에서 나와 제이선(第二禪)에 든다. 이선에서 나와 제삼선(第三禪)에 든다. 삼선에서 나와 제사선(第四禪)에 든다. 제사선에서 나와 공처(空處)에 든다. 공처에서 나와 식처(識處)에 든다. 식처에서 나와 무소유처(無所有處)에 든다. 무소유처(無所有處)에

---

6) 선정을 출입하는 경위를 살펴보면 5단계로 나눌 수 있다: ①入定(adverting) ②성취(attaining) ③선정의 지속(duration) ④出定(emerging) ⑤다시 살피는 것(reviewing). 제일 단계인 入定하려는 의도가 다른 『열반경』 제본에 비해 강조되고 있는 것이다.

서 나와 비상비비상처에 든다. 비상비비상처에서 나와 멸진정에 든다. 이때 아난은 여래가 조용하여 말씀이 없고 신체 지절(肢節)이 다시 동요함이 없음을 보고 곧 눈물을 흘리며 "세존이 지금 반열반하셨다."라고 말했다. 이때 아니루타(阿㝹樓馱)는 아난에게 "여래는 지금 아직 반열반하지 않았다. 조용하여 몸이 움직이지 않는 이유는 바로 멸진정(滅盡定)에 들어가기 때문일 뿐이다."라고 말했다. 이때 세존은 멸진정(滅盡定)에서 나와 곧 비상비비상처에 되돌아갔다. 이런 식으로 점차 차례대로 초선에 들어갔다. 다시 초선에서 나와 제이선에 들어갔다. 이선에서 나와 제삼선에 들어간다. 삼선에서 나와 제사선에 들어간다. 곧 여기에서 반열반하였다.7)

이상의 입출 과정을 요약하면 다음과 같다: 초선(初禪) → 제이선(第二禪) → 제삼선(第三禪) → 제사선(第四禪) → 공처(空處) → 식처(識處) → 무소유처(無所有處) → 비상비비상처(非想非非想處) → 멸진정(滅盡定) → 비상비비상처…… → 초선 → 제이선 → 제삼선 → 제사선 → 반열반. 공처와 식처는 각각 공무변처와 식무변처를 가리키고 있다고 생각된다. 이 한역본에서는 제4정려에서 반열반했다고 말하고 있으므로 붓다는 선정 상태에서 반열반했다는 것을 알 수 있다. 욕계의 인간계에 다시 내려오지 않고 입멸한 것이다. 아난이 멸진정과 반열반을 혼돈하고 있는 것을 알 수 있다. 신체가 움직

7) 『大般涅槃經』(『大正藏』 1, p.205上). "於是如來 卽入初禪 出於初禪 入第二禪 出於二禪 入第三禪 出於三禪 入第四禪 出第四禪 入於空處 出於空處 入於識處 出於識處 入無所有處 出無所有處 入於非想非非想處 出於非想非非想處 入滅盡定 爾時阿難 既見如來湛然不言 身體肢節不復動搖 卽便流淚而作是言 世尊今已入般涅槃 爾時阿㝹樓馱語阿難言 如來卽時 未般涅槃 所以湛然身不動者 正是入於滅盡定耳 爾時世尊出滅盡定 更還入於非想非非想處 乃至次第入於初禪 復出初禪 入第二禪 出於二禪 入第三禪 出於三禪 入第四禪 卽於此地入般涅槃."

이지 않는 점에서 멸진정과 반열반은 차이가 없기 때문이다.

『유행경』을 살펴보자.

세존은 곧 초선정(初禪定)에 든다. 초선에서 일어나 제이선(第二禪)에 든다. 제이선에서 일어나 제삼선(第三禪)에 든다. 제삼선에서 일어나 제사선(第四禪)에 든다. 사선에서 일어나 공처정(空處定)에 든다. 공처정에서 일어나 식처정(識處定)에 든다. 식처정에서 일어나 불용정(不用定)에 든다. 불용정에서 일어나 유상무상정(有想無想定)에 든다. 유상무상정에서 일어나 멸상정(滅想定)에 든다. 이때 아난은 아나율(阿那律)에게 세존은 이미 반열반했느냐고 묻는다. 아나율은 대답한다. "아난아! 아직 아니다. 세존은 지금 멸상정에 있다. 이전에 나는 불(佛)에게서 사선에서 일어나 반열반한다고 직접 들었다." 이때 세존은 멸상정에서 일어나 유상무상정에 든다. 유상무상정에서 일어나 불용정(不用定)에 든다. 불용정에서 일어나 식처정(識處定)에 든다. 식처정에서 일어나 공처정(空處定)에 든다. 공처정에서 일어나 제사선(第四禪)에 든다. 제사선에서 일어나 제삼선에 든다. 삼선에서 일어나 제이선에 든다. 이선에서 일어나 제일선에 든다. 제일선에서 일어나 제이선에 든다. 이선에서 일어나 제삼선에 든다. 삼선에서 일어나 제사선에 든다. 사선에서 일어나 불(佛)은 반열반하였다.[8)]

상기의 입출 과정을 요약하면 다음과 같다. 초선 → 제이선 → 제

---

8) 『遊行經』(『大正藏』 1, p.26中). "世尊卽入初禪定 從初禪起 入第二禪 從第二禪起 入第三禪 從第三禪起 入第四禪 從四禪起 入空處定 從空處定起 入識處定 從識處定起 入不用定 從不用定起 入有想無想定 從有想無想定起 入滅想定 是時 阿難問阿那律 世尊已般涅槃耶 阿那律言 未也 阿難 世尊今者在滅想定 我昔親從佛聞 從四禪起 乃般涅槃於時 世尊從滅想定起 入有想無想定 從有想無想定起 入不用定 從不用定起 入識處定 從識處定起 入空處定 從空處定起 入第四禪 從第四禪起 入第三禪 從三禪起 入第二禪 從二禪起 入第一禪 從第一禪起 入第二禪 從二禪起 入第三禪 從三禪起 入第四禪 從四禪起 佛般涅槃."

삼선 → 제사선 → 공처정 → 식처정 → 불용정(不用定) → 유상무상정(有想無想定) → 멸상정 → 유상무상정 → 불용정 → 식처정 → 공처정 → 제사선 → 제삼선 → 제이선 → 제일선 → 제이선 → 제삼선 → 제사선 → 반열반. 공처정(空處定), 식처정(識處定), 불용정(不用定), 유상무상정(有想無想定), 멸상정(滅想定)은 각각 공무변처(空無邊處), 식무변처(識無邊處), 무소유처(無所有處), 비상비비상처(非想非非想處), 상수멸(想受滅)과 대응하고 있다. 이 한역본에 따르면 붓다는 제4정려에서 나와 반열반하였다. 선정의 상태가 아닌 상태에서 반열반하였음을 알 수 있다. 제4정려와 반열반 사이에 간격이 있지만, 그 간격이 무엇이고 그리고 그것이 무엇을 의미하는지에 대해서 경전 편집자는 세심한 주의를 기울이지 않은 것 같다. 이 한역본에서도 멸진정과 반열반에 관한 혼돈이 있는 것을 확인할 수 있다.

『근본설일체유부비나야잡사』에 따르면 다음과 같다.

> 붓다는 마음을 편안히 하고 정념(正念)하여 초정려(初靜慮)에 들어간다. 여기에서 일어나 순차적으로 제이정려(第二靜慮)에 들어간다. 이런 식으로 비상비비상처(非想非非想處)와 멸수상정(滅受想定)에 이르러 조용하였다. 이때 아난타(阿難陀)는 아니로타(阿尼盧陀) 존자에게 지금 우리의 대사(大師)가 입멸했느냐고 묻는다. "불(佛)은 아직 열반하지 않았고 단지 멸수상정(滅受想定)에 머물고 있다"라고 답한다. 아난타는 말하였다. "나는 일찍이 불(佛)에게서 직접 다음과 같이 들었다: 만약 불·세존이 변제정(邊際定)에 들어가면 조용히 움직이지 않는다. 여기에서 곧 세간(世間)의 눈은 닫히고 반드시 입멸한다." 이때 세존은 멸수상정에서 일어나 역순으로 비상비비상처에 들어간다. 비상비비상처에서 나와 무소유처에 들어간다. 순서대로 식무변처에 들어가고 다음에 공무변처에 들어간다. 다음에 제사정려에 들어간다. 제삼정려에 들어가고 제이정려에 들어가고 초정려에 들어간

다. 초선에서 나와 다시 제이, 제삼, 제사정려에 들어간다. 조용히 움직이지 않다가 곧 무여묘열반계(無餘妙涅槃界)에 들어간다.[9]

입출 과정을 요약하면 다음과 같다. 안심정념(安心正念) → 초정려(初靜慮) → 제이정려(二靜慮)…… → 비상비비상처(非想非非想處) → 멸수상정(滅受想定) → 비상비비상처(非想非非想處) → 무소유처(無所有處) → 식무변처(識無邊處) → 공무변처(空無邊處) → 제사정려 → 제삼정려 → 제이정려 → 초정려 → 제이정려 → 제삼정려 → 제사정려 → 무여묘열반계(無餘妙涅槃界). 아난다가 언급한 변제정(邊際定)이란 제사정려(第四靜慮)를 가리키고 있음을 알 수 있다. 변제정은 선정 중에서 가장 수승한 선정으로 여겨진다. 제4정려에는 하하품(下下品)으로부터 상상품(上上品)까지의 구품(九品)이 있는데 그 마지막인 상상품(上上品)은 색계(色界)의 선정 가운데 최고가 되므로 변제정이라고 이름 한다.[10]

이 한역본에서는 제4정려에서 나와 반열반하였는지 제4정려에 들어 있는 상태에서 반열반하였는지 명료하게 알 수 없다. 그렇지만 문맥상 후자를 말하고 있는 듯하다. 마지막 단계로서 4정려를 출입

---

9) 『根本說一切有部毘奈耶雜事』(『大正藏』 24, p.399中). "安心正念 入初靜慮 從此起已 順次第入第二靜慮 乃至非想非非想處 及滅受想定寂然宴默 時阿難陀問尊者阿尼盧陀曰 今我大師爲入涅槃爲未入耶 答曰 佛未涅槃但住滅受想定 阿難陀言 我曾從佛親聞此語 若佛世尊入邊際定寂然不動 從此無間世間眼閉 必入涅槃 爾時世尊 從滅受想定出 逆次第入非想非非想處 從非想非非想出入無所有處 次入識無邊處 次入空無邊處 次入第四靜慮 入第三入第二入初靜慮 從初禪出還入第二第三第四靜慮 寂然不動便入無餘妙涅槃界."

10) 변제정(prāntakoṭika)에서 다음의 여섯이 얻어진다: 무쟁(無諍), 원지(願智), 사무애해(四無礙解). 붓다를 제외한 다른 성자는 변제정을 오직 가행(加行)만으로 얻지만, 붓다는 원하기만 한다면 그것을 이끌어 현전하게 한다. 그는 일체법에 대해서 자재하여 가행에 말미암지 않는다. 『아비달마구사론』(『大正藏』 29, p.142下).

하는 과정도 눈여겨볼 필요가 있다. 단지 지면을 아끼려고 한 것인지 알 수 없지만 제2정려, 제3정려, 제4정려를 차례대로 들어간다고만 말하고 있고, 출정(出定)하였다는 말이 빠져 있다. 즉 제2정려에서 나오지 않고, 바로 제3정려로, 그리고 제3정려에서 나오지 않고 바로 제4정려로 들어갔다고 말하고 있다. 단순히 출정 부분이 생략된 것인지 모르겠다. 이 한역본에서도 멸수상정(滅受想定)과 열반이 구분되고 있는 것을 볼 수 있다. 다른 한역 제본과 달리 선정에 관한 명칭이 널리 통용되고 있는 것을 사용하고 있는 것으로 보아 이 한역본은 다소 늦게 성립된 것임을 알 수 있다. 역자인 의정(義淨)은 선정 용어에 대한 정확한 지식을 갖추고 있었고 이미 그 시대에는 선정 용어들이 정착 단계에 있었다고 보인다.

마지막으로 『불반니원경』을 살펴보자.

> 붓다는 일어나 정좌하고 깊이 도원(道原)을 생각했다. 선악(善惡) 그리고 삼계(三界)를 버렸다. 나이가 79세에 이르렀다. 오직 생사(生死) 회류(迴流)의 연못을 끊었다. 사유하고 깊이 관찰하였다. 사천왕(四天王)에서 위로 불상입(不想入)에 이르렀다. 불상입에서 다시 신중(身中)으로 돌아왔다. 신중(身中)의 사대(四大)가 악(惡)에 노출되어 있고 하나도 가치 있는 것이 아님을 사유하였다. 머리를 북쪽으로 하고 손을 받치고 우협(右脅)으로 눕고 무릎을 굽히고 다리를 포갠 채 곧 반열반하였다.[11]

입출 과정을 요약하면 다음과 같다. 정좌(正坐) → 사도(思道) → 사유심관(思惟深觀) → 사천왕(四天王) → 불상입(不想入) → 신중

11) 『佛般泥洹經』(『大正藏』 1, p.172下). "佛起正坐 深思道原 棄是善惡 都及三界 年亦自至七十有九 惟斷生死迴流之淵 思惟深觀 從四天王 上至不想入 從不想轉還身中 自惟身中四大惡露 無一可珍 北首枕手猗右脅臥 屈膝累脚 便般泥曰."

(身中) → 우협와(右脅臥) → 굴슬(屈膝) → 반열반. 다른 『열반경』 제본과 매우 다르다는 것을 알 수 있다. 그리고 내용도 명료하지 않다. 사천왕은 욕계(欲界) 6천의 제일(第一)인 사왕천을 다스리는 신들로 제석천의 명령을 받아 인간의 행동거지를 살핀다. 불상입(不想入)은 비상비비상처(非想非非想處, nevasaññā-nāsaññāyatanaṃ)로 보인다. 따라서 이 선정은 무색계(無色界)에 속한다.

신체의 무상함을 관찰한 뒤 반열반했다고 말함으로써 신체의 무상(無常)을 중생들에게 가리키고 있다고 보인다. 무색계(無色界)의 비상비비상처까지 붓다가 들어갔음을 말하고 있고 멸진정(滅盡定)에 대해서는 언급하고 있지 않다. 색계(色界) 사선(四禪)에 해당하는 부분도 빠져 있다. 욕계에서 색계 그리고 무색계를 차례대로 거친 것인지 아니면 욕계에서 바로 무색계로 간 것인지 명료하지 않다. 다른 『열반경』 제본이 붓다의 선정 자세에 대해 불명확한 데 비해 이 한역본은 붓다가 정좌하고 있다고 밝히고 있다. 선정이 끝난 후에 붓다가 누웠다고 말하고 있으므로 붓다가 누운 채 선정(禪定)에 들지 않았음을 알 수 있다.

2. 『대반열반경』에 보이는 입멸 과정에 대한 설일체유부의 해석

1) 붓다의 입멸 과정 기술의 문제

지금까지 붓다의 입멸 과정에 대한 『열반경』 제본에 대해서 살펴보았다. 모두 동일하게 기술하고 있는 것은 아니지만 분명한 사실은 붓다는 선정을 출입하고 나서 입멸했다는 점이다. 그런데 여기서 의문이 하나 생긴다. 붓다의 입멸 과정을 어떻게 알 수 있었을까? 경전에 의거해 보면 붓다가 각각의 선정을 출입하고 나서 그것에 관해 말하고 있지 않다. 붓다의 내면의 선정 상태를 볼 수 있는 사람이 있었다고 생각해야 할 것이다. 이렇게 본다면 붓다의 입멸을 지켜보았던 비구들 중에 붓다의 선정 출입을 안 사람이 있었다고 유추해야 한다. 그럼 누구일까? 제일 먼저 아난다를 생각할 수 있다. 아난다는 붓다의 시자로서 25년이라는 긴 세월을 그림자처럼 옆에서 모셨기 때문에 어느 누구보다도 붓다의 마음 상태를 잘 알 수 있었을 것이다. 유부의 논서에는 이런 기대와는 달리 아난다가 멸진정과 열반을 구분하지 못하고 질문한 것에 대해 몇 가지 변론을 기술하고 있는데, 그중 이와 관련되는 내용을 살펴보자.

『아비달마대비파사론』은 세존이 제일정려에서 순차적으로 멸진정에 이를 때, 아난 존자가 아니율타 존자에게 세존이 지금 반열반했느냐고 묻고 있다.[12] 아난다가 물은 이유에 대해 크게 두 가지 상반된 입장이 있다. 첫째, 아난다는 알고 있으면서도 일부러 물었다. 아니율타 존자는 뛰어난 덕을 갖추고 있었지만 사람들에게 널리 알려져 있지 않았기 때문에 이번 기회에 존자의 덕을 선양하기 위해 질문하였다는 것이다. 이 설명은 아난다를 변론하려는 것이다. 두 번째 견해는 아난다는 정말 몰라서 질문을 했다는 것이다. 아난다는 스승의 임박한 입멸을 앞두고 마음이 근심에 차 있었기 때문에 알 수 없었다는 것이다. 평상심을 지니고 있을 땐 알 수 있다고 부분적으로 아난다의 능력을 인정하고 있다.

---

12) 이 부분에 대한 논서의 인용문은 이 책 pp.233 참조.

첫 번째 견해와 동일한 선상에서 어떻게 아난다가 알 수 있었는가를 설명하고 있다. "붓다가 선정에서 나온 이후에 아난은 그 직전의 마음 상태를 알 수 있다. 그때 아난이 몰랐던 이유는 붓다가 여전히 선정에 있었기 때문이다."[13] 붓다가 선정 상태에 있으면 그가 어떤 선정에 있었는지를 알 수 없고 출정한 연후에야 알 수 있다는 것이다.

아난다 다음으로 지목되는 비구는 아니율타 존자이다. 붓다의 선정 출입에 대한 아니율타 존자의 능력에 대해선 논서엔 논란이 보이지 않는다. 다만 아는 방식에 대하여 서로 다른 해석이 있다. 어떤 논사는 다음과 같이 주장한다. "세존께서 입멸하실 때 성문(聲聞)도 들 수 있는 등지에 들었기 때문에 그(아니율타)는 알 수 있었다."[14] 만약 성문이나 독각이 붓다와 마찬가지로 같은 선정을 수행했더라면, 붓다의 선정 상태를 알 수 있었을 것이다. 붓다가 출입하는 선정을 제자들도 할 수 있었으므로 입멸 직전 붓다가 취한 각종 선정을 잘 알 수 있었다는 것이다.

논서는 이러한 설명을 거부하고 붓다의 입멸 과정은 성문・연각이 공유할 수 없는 정려・해탈・등지였다고 주장한다. 그러나 유부의 논사들은 붓다가 입멸 직전에 특별한 선정을 취했다고 하는 견해를 살펴보았다. 그럼 어떻게 붓다의 입멸 과정을 알 수 있었을까? 이러한 물음에 대하여 논서는 답한다. "세존은 그때 성문・독각과 함께 선정을 출입할 수 있는 마음을 일으켰기 때문에 이것으로 말미암아 그 경지를 안다."[15] 이것을 비유로서 부연한다. 코끼리 왕이 깊

13) 『아비달마대비파사론』(『대정장』 27, p.958中). "佛出定已阿難知其前心而彼時不知者以佛猶在定故."
14) 『아비달마대비파사론』(『대정장』 27, p.958下). "世尊臨涅槃時 入共聲聞等至 故彼得知."
15) 『아비달마대비파사론』(『대정장』 27, p.958下). "世尊爾時起共聲聞獨覺入出定心

은 강을 건널 때, 그가 강물 속에 있으면 사람은 그를 볼 수 없다. 단지 그가 일으킨 물 자취를 보고 그가 물속 어디에 있는지 안다. 마찬가지로 세존도 깊고 깊은 등지라는 강에 머물고 있으면 일체의 성문·독각은 그의 상태를 알 수 없다. 선정에 들어가기 직전의 마음이나 선정에서 나온 후의 마음을 살핌으로써 붓다가 출입한 각각의 선정을 유추하여 알 수 있다고 설명하고 있다.

이런 설명은 아난다가 어떻게 붓다의 선정 출입을 알 수 있었는가에 관한 설명과 동일한 것이다. 일부 논사는 붓다의 선정은 결코 제자들이 알 수 있는 영역이 아니라는 입장을 견지하고 있다. 선정이 열등한 자는 자신보다 뛰어난 자들이 입출하는 선정을 헤아릴 수 없다고 밝히고 붓다와 그의 제자들의 선정력을 구분하고 있다. 또한 제자들 사이의 선정력도 구분하고 있다. "붓다가 성취한 등지(等至)는 성문·독각이 알 수 있는 바가 아니고, 독각이 성취한 등지(等至)는 성문이 알 수 있는 바가 아니고, 사리자(舍利子)가 성취한 등지는 다른 성문(聲聞)들이 알 수 있는 바가 아니고, 대목련(大目連)이 성취한 등지는 사리자를 제외한 다른 성문은 알지 못한다."[16] 종성의 차이에 따라 들어가고 나오는 등지에는 뛰어남과 하열의 차이가 있다고 설명한다. "종성(種性)과 반야(般若)에 차별이 있기 때문에 입출하는 등지에도 또한 우열이 있다. 열등한 자는 수승한 자에 대하여 헤아려 알 수 없기 때문에 이와 같이 말한다. 그러므로 불(佛)이 반열반할 때 부동명등지(不動明等至)에 들어간다. 사리자가 반열반

彼由此知是彼境故."

16) 『아비달마대비파사론』(『대정장』 27, p.821中). "佛所入等至 一切聲聞獨覺尙不知其名. 獨覺所入等至 一切聲聞不知. 舍利子所入 諸餘聲聞不知. 大目揵連所入 除舍利子 餘聲聞不知."

할 때 사자분신등지(師子奮迅等至)에 들어간다. 대목련(大目連)이 반열반할 때 향상빈신등지(香象頻申等至)에 들어간다. 아난타(阿難陀) 존자가 반열반할 때 선풍등지(旋風等至)에 들어간다. 근(根)과 혜(慧)에 차별이 있기 때문에 반열반할 때 들어가는 등지(等至) 또한 차별이 있다."17)

유부의 논서인 『아비달마대비파사론』엔 자세하게 두 상수 제자의 입멸에 대해 다루고 있다.18) 사리자의 사자분신등지(師子奮迅等至)는 다음과 같이 요약할 수 있다. 초선 → 이선 → 삼선 → 사선 → 공처(空處)・식처(識處)・불용처(不用處)・유상무상처(有想無想處) → 멸진정(滅盡定) → 유상무상처 → 불용처・식처・공처 → 제사선 → 제삼선 → 제이선 → 초선 → 제이선 → 제삼선 → 제사선. 앞서 열반경 제본에서 살펴본 붓다의 입멸 직전의 선정과 사리자의 사자분신등지 사이에 어떠한 차이가 있는지 분명하지 않다.

목건련의 향상빈신등지(香象頻申等至)는 다음과 같다. 초선 → 제이선 → 제삼선 → 제사선 → 공처 → 식처 → 불용처(不用處) → 유상무상처(有想無想處) → 화광삼매(火光三昧) → 수광삼매(水光三昧) → 멸진정(滅盡定) → 수광삼매 → 화광삼매 → 유상무상정(有想無想定) → 불용처 → 식처・공처・사선・삼선・이선・초선 → 비재

---

17) 『阿毘達磨大毘婆沙論』(『대정장』 27, p.821中). "然由種性般若有差別故 令所入出等至亦有勝劣 劣者 於勝不能測知故作是說 由此故說佛般涅槃時 入不動明等至 舍利子般涅槃時 入師子奮迅等至 大目連般涅槃時 入香象頻申等至 尊者阿難 陀般涅槃時 入旋風等至 皆由根慧有差別故 乃至般涅槃時 所入等至亦有差別." 붓다의 不動明等至와 阿難陀가 취했다고 하는 旋風等至가 구체적으로 무엇을 가리키는지 전하는 문헌을 찾을 수 없다. 아난의 반열반을 간결히 전하는 경전이 있다. "아난 존자는 곧 결가부좌하여 반열반하였다."(『대정장』 2, p.475上).

18) 『대정장』 27, p.954上. 사리자의 師子奮迅等至는 『대정장』 2, p.640上에, 목건련의 香象頻申等至는 『대정장』 2, p.641下에 보인다.

공중(飛在空中) 좌와경행(坐臥經行) → 신상출화(身上出火) → 신하출수(身下出水) → 신하출화(身下出火) → 신상출수(身上出水) → 십팔변 신족변화(十八變 神足變化) → 환하취좌(還下就座) 결가부좌(結跏趺坐) → 정신정의(正身正意) 계념재전(繫念在前) → 초선 → 제이선 → 제삼선 → 제사선 → 공처 → 식처 → 불용처 → 유상무상처 → 화광삼매 → 수광삼매 → 멸진정 → 수광 · 화광 · 유상무상처 · 불용처 · 식처 · 공처 · 사선 · 삼선 · 이선 · 초선 → 제이선 → 제삼선 → 제사선 → 멸도. 목건련의 향상빈신등지는 공중에서 비행하거나 걸어다니는 것이나, 몸에서 물이나 불을 내는 것과 같은 신이한 기적을 포함하고 있는 점에서 특이하다.

낮은 선정부터 높은 선정에 이르기까지 선정은 층별로 다양하므로 낮은 단계의 선정을 얻은 사람은 더 높은 선정을 알지 못한다는 것이다. 물론 그 역은 성립한다고 한다. 붓다가 출입하는 선정의 경우 제자들은 감히 출입할 수 없으므로 알 수 없다고 말하고 있다. 이런 주장은 붓다를 제자와 뚜렷이 구분하는 입장에 서 있다. 감히 어떤 제자도 스승인 붓다에 미칠 수 없다는 것으로, 붓다에 대한 존경과 신앙이 잘 드러나고 있다. 이런 입장에 선 사람들은 붓다의 입멸 과정에 대한 『열반경』의 기술은 허구이거나 붓다가 이전에 미리 말해 두었던 것을 실은 것이라고밖에 볼 수 없을 것이다.

2) 입멸 과정에 대한 유부의 해석

『불반니원경』을 제외한 『열반경』 제본을 비교하여 본다면 우리는 대체로 다음과 같은 공통분모를 찾을 수 있다. 첫째, 9차제정을 순서대로 그리고 역순으로 입출하고 색계사선을 통하여 입멸한다. 둘째, 멸진정과 열반을 분명히 구분하려는 시도가 보인다. 셋째, 제4정려를 통하여 입멸한다. 『열반경』 제본에서는 붓다가 왜 이런 과정을 경과하여 반열반하는지에 대한 설명이 전혀 나타나지 않고 있다. 따라서 부파불교 시대의 논사들은 이 문제를 다루지 않을 수 없게 되고 그러한 논의가 유부의 논서에 자세히 나타난다. 차례대로 살펴보자.

첫째, 왜 붓다가 9차제정과 사정려를 통하여 입멸하였는지 살펴보자. 『열반경』은 왜 이러한 과정을 통해서 붓다가 입멸하는지 설명하고 있지 않지만 외견상 우리가 파악할 수 있는 것은 붓다가 선정을 통해 입멸했다는 기술이다. 욕계는 물론이고 색계, 무색계는 윤회의 세계이다. 붓다가 열반에 들기 전에 삼계로 이루어진 윤회 세계를 모두 출입했다는 것은 무엇을 의미하는 것일까? 일체 중생 세계인 삼계를 출입하는 것은 중생을 사랑하는 자비심에서 이루어진 것이라고 필자는 추측해 본다.

『아비달마대비파사론』은 왜 세존이 입멸 직전 일체의 정려(靜慮)·해탈(解脫)·등지(等至, samāpatti)·등지(等持, samādhi)를 출입했는가를 다루고 있다.19)

① 과거의 모든 불(佛)을 따라, 세존도 그렇게 한다.

② 모든 선정에 자유자재하다는 것을 보여 주고자 함이다.

③ 후세의 유정으로 하여금 일체의 선정을 수행하도록 장려하고

19) 『阿毘達磨大毘婆沙論』(『大正藏』 27, p.956上). 정려는 4정려를, 해탈은 8해탈을, 等至는 8등지를 각각 가리키고 있다. 等持는 그 이외의 선정을 가리키고 있다. 등지(等至, samāpatti)와 등지(等持, samādhi)의 자세한 차이는 다음을 참조하시오. 권오민, 『아비달마불교』 민족사, 2003, p.299 fn 45. 이러한 여러 선정 용어는 서로 중복되는 면이 있는데, 여기서는 붓다가 모든 선정을 입출하였다는 것을 강조하고 있는 것 같다.

자 함이다.

④ 남게 될 사리(舍利)를 거듭 닦고자 함이다. 쇠약해진 몸을 북돋우고자 함이다. 춘다를 위하여 복전(福田)을 증광하고자 함이다. 육신이 부수어짐으로 인해 생기는 괴로움을 멈추고자 함이다.

⑤ 부유한 상인이 임종 시 창고를 열어 재물을 열람하고 자손에게 부촉한 연후 수명을 버린다. 마찬가지로 최상의 정법의 상주인 세존도 입멸 시 모든 공덕의 창고를 열어 일체의 정려·해탈·등지 등의 보배를 열람한 뒤 제자에게 이들을 부촉한 뒤 열반에 든다.

⑥ 묘음(妙音) 존자에 따르면 세존은 불퇴법(不退法)을 보이고자 함이다. 세존은 일체공덕을 성취하였고 일체에 대한 지혜를 얻었기 때문에 자재하다. 입멸 시 일체의 선정에 들어감을 보인 것은 여전히 자신이 성취한 것은 잃지 않았음을 보이게 한 것이다.

①과 ②는 세존이 왜 특정한 입멸 과정을 행하게 되었는가 하는 물음의 답변으로도 나타나고 있다. ④는 네 개의 설로 이루어져 있다. 논사는 이것을 동일한 설로 취급하고 있다. 생신 사리(舍利)를 다시 잘 닦음으로써 훗날 중생들에게 공양의 복덕을 짓게 했다는 것이다. 선정을 통해 쇠약해진 몸을 자양할 수 있다는 것이다. 특히 멸진정은 질병을 극복하는 데 유효한 것으로 여겨진다. 춘다를 위하여 선정 운운은 붓다고사의 주석서를 참고하면 잘 이해가 될 것이다.[20] ④는 전체적으로 육신과 관련하여 선정의 효과를 말하고 있으므로 네 개를 하나의 큰 설로 묶은 것 같다. ⑤는 붓다의 입멸 직전에 보인 선정이 불법 중에서 가장 중요하다고 말하는 것으로 자연히 ③과 연계된다. 선정이 가장 중요한 보배임으로 중생들은 선정을 수행하

20) Sumaṅgalavilāsinī II, p.572. An, YangGyu(2003), *The Buddha's Last Days*. Oxford: Pali Text Society. p.130.

도록 요청받는 것이다. ⑥은 붓다가 35세 성도(成道)한 이래 80세 입멸 직전까지 일체의 공덕 등을 잘 수지하고 있었음을 보여 준 것으로 이해한 것이다.

둘째, 열반과 멸진정이 구분되고 있는 부분에 대해서 살펴보자. 『아비달마대비파사론』은 세존이 제일정려에서 순차적으로 멸진정에 이를 때, 아난 존자가 아니율타 존자에게 세존이 지금 반열반하였느냐고 묻는 것에 대해 몇 가지 논의를 하고 있다. 먼저 『열반경』 제본을 살펴보자.

팔리어본 『열반경』에 따르면 세존이 멸진정에 들어 있을 때, 아난다는 멸진정과 열반을 혼동하였다. 이것을 아누룻다가 바로잡아 멸진정과 열반을 구분하여 세존은 멸진정에 들어 있다고 밝히고 있다. 팔리어본 『열반경』에 따르면 아난다는 탄식조로 세존이 입멸했노라고 이야기하고 있지만 다른 한역본은 질문 형식으로 되어 있다. 『반니원경』, 『유행경』, 『근본설일체유부비나야잡사』에서는 아난다가 아누룻다에게 묻고 있다. 반면에 『대반열반경』은 팔리어본과 마찬가지로 의문문이 아니다. 질문 형식으로 되어 있는 『열반경』 제본들은 한결같이 붓다에게서 입멸과 관련하여 들은 것을 회상하고 있다. 『근본설일체유부비나야잡사』에 따르면 아난다는 붓다에게서 붓다는 제4정려에서 나와 반열반한다고 들었노라고 회상한다.[21)]

『아비달마대비파사론』은 멸진정과 열반을 둘러싼 아난다와 아누룻다의 대화에 관하여 몇 가지 문제점을 제기하고 그 해답을 찾고 있다. 논서가 인용하는 대화와 『열반경』 제본에 보이는 대화에는 약간의 차이가 나타나므로 인용해 보자.

---

21) 『佛般泥洹經』에서는 멸진정에 관한 장면이 빠져 있으므로 다른 제본에 보이는 문제가 언급되지 않고 있다. 이 책 pp.223ff 참조.

그때 세존은 이 말을 마치고 나서 곧 초정려(初靜慮)에 든다. 차례대로 멸진정에 들어갔다. 그때 아난 존자는 아니율타(阿泥律陀) 존자에게 물었다. "세존은 지금 반열반했습니까?" "아닙니다. 단지 멸진정에 들어갔을 뿐입니다." "어떻게 알 수 있습니까?" "나는 직접 불(佛)에게서 세존은 제사정려(第四靜慮)에 들어가 부동적정정(不動寂靜定)에 의거하여 반열반하고 세간(世間)의 눈이 멸한다고 들었습니다."[22)]

『열반경』과 이 논서의 가장 큰 차이는 아난이 아니라 아니율타(阿泥律陀)가 과거에 붓다에게서 들은 것을 전언하고 있다는 것이다. 아난이 어떻게 붓다가 멸진정에 들었는지 알 수 있느냐고 반문하므로, 아니율타는 붓다의 가르침을 회상하고 있다. 물론 이들의 문답에서 일차적으로 주목해야 하는 것은 열반과 멸진정이 엄격하게 구별되고 있고, 멸진정에서가 아니라 반드시 제4정려에서 반열반한다는 것이다.

셋째, 사정려를 통하여 반열반했다는 기술에는 여러 가지 주요한 교리적인 문제가 얽혀 있다. 먼저 제4정려에서 어떻게 입멸하게 되었는가 하는 점에서는 차이가 발생하고 있는 것을 알 수 있다. 제4정려에 들어간 상태에서 입멸했는지, 출정한 이후에 입멸했는지에 관한 차이가 그것이다. 『대반열반경』, 『근본설일체유부비나야잡사』가 전자에 해당하고, 팔리어본 『열반경』, 『반니원경』, 『유행경』은 후자에 해당한다. 『불반니원경』은 비록 제4정려에서 출정했다는 표현

22) 『阿毘達磨大毘婆沙論』(『大正藏』 27, p.958b). "爾時世尊說此語已便入初靜慮 次第乃至 入滅盡定 時尊者阿難則問尊者阿泥律陀言 世尊今者已般涅槃耶 答言未也 但是入滅盡定耳 復問云何知耶 答言我親從佛聞 世尊入第四靜慮依不動寂靜定而般涅槃世間眼滅."

이 없지만, 다른 어떤 경전보다도 출정한 상태에서 입멸했음을 분명히 말하고 있다. 그리고 출정한 이후에 입멸했다면 입멸 직전의 정신적 상태는 어떠했는가 하는 점을 더 자세히 보여 주는 경전이 『반니원경』이다.

입정한 상태에서 반열반했다는 것은 색계에서 반열반했다는 것이 될 것이고, 출정한 이후에 반열반했다는 것은 욕계에서 반열반했다는 것이 될 것이다. 이러한 차이는 결국 『열반경』이 편찬될 당시에는 크게 문제시되지 않았던 것 같다. 따라서 포괄적으로 제4정려에서 반열반했다고만 해도 충분했던 것 같다. 그러나 뒷날 부파불교시대가 되면 이 문제는 매우 심각하게 논의되고 있음을 알 수 있다. 자세한 논의는 붓다의 최후심을 다룰 때 이루어질 것이다.

3. 붓다의 입멸 과정에 관한 설일체유부의 견해와 그 해석

『불반니원경』을 제외한 『열반경』 제본이 붓다의 입멸 과정에 대하여 대체로 큰 차이 없이 기술하고 있음을 살펴보았다. 그러나 설일체유부의 논서를 살펴보면, 붓다의 입멸 과정에 대해 동일하게 파악하고 있지 않음을 알 수 있다. 따라서 입멸 과정에 대한 해석도 동일하지 않음을 살필 수 있다. 『아비달마대비파사론』에서는 붓다의 입멸 과정을 『열반경』과 달리 이해하고 있는 견해들을 볼 수 있다. 몇 가지 견해가 있으므로 하나씩 살펴보자.

1) 욕계(欲界)의 선심(善心)…… → 제사정려(第四靜慮) → 반열반

『아비달마대비파사론』에서는 세존이 열반을 취할 때 왜 최후로 제4정려에 들어갔는가를 논의하는 과정 중에 붓다의 입멸 과정을 보여 주고 있다. 이 과정은 앞서 살펴본 『열반경』 제본의 서술과 약간 다르다는 것을 알 수 있다. 9차제정을 순서대로 순입(順入)하는 과정은 『열반경』과 동일하지만, 상수멸(想受滅)을 나와 제일선(第一禪)으로 역입(逆入)하는 과정은 사뭇 다르다. 그러다가 제일선에서 제4정려까지 순입하는 과정은 다시 동일하게 된다. 붓다의 입멸 과정을 이렇게 이해한 자들은 제4정려에 커다란 중요성을 두려 하고 있음을 알 수 있다. 세존이 네 번이나 제4정려에 들었다는 것은 그만큼 제4정려가 중요한 것이라는 것을 보여 주는 것이라고 믿고 있는 것이다.

> 세존이 반열반할 때 먼저 욕계(欲界)의 선심(善心)을 일으킨다. 여기에서 곧 초정려(初靜慮)에 들어간다. 초정려에서 제이정려(第二靜慮)로 들어간다. 이와 같이 순차적으로, 무소유처에서 비상비비상처에 들어간다. 비상비비상처에서 곧 멸수상정(滅受想定)에 들어간다. 멸수상정에서 나와 곧 무소유처(無所有處)에 들어간다. 무소유처에서 비상비비상처에 들어간다. 비상비비상처에서 식무변처에 들어간다. 식무변처에서 무소유처에 들어간다. 무소유처에서 공무변처에 들어간다. 공무변처에서 식무변처에 들어간다. 식무변처에서 제사정려(第四靜慮)에 들어간다. 제사정려에서 공무변처에 들어간다. 공무변처에서 제삼정려에 들어간다. 제삼정려에서 제사정려에 들어간다. 제사정려에서 제이정려에 들어간다. 제이정려에서 제삼정려에 들어간다. 제삼정려에서 초정려에 들어간다. 초정려에서 제이정려에 들어간다. 제이정려에서 제삼정려에 들어간다. 제삼정려

에서 제사정려에 들어간다. 제사정려에서 일어나 곧 반열반한다.[23]

이상의 입멸 과정을 도식화하면 다음과 같다. 욕계(欲界)의 선심(善心) → 초정려(初靜慮) → 제이정려(第二靜慮)…… → 무소유처(無所有處) → 비상비비상처(非想非非想處) → 멸수상정(滅受想定) → 무소유처(無所有處) → 비상비비상처(非想非非想處) → 식무변처 → 무소유처 → 공무변처 → 식무변처 → 제사정려 → 공무변처 → 제삼정려 → 제사정려 → 제이정려 → 제삼정려 → 초정려 → 제이정려 → 제삼정려 → 제사정려 → 반열반. 이상의 과정에서 볼 수 있듯이, 붓다가 제4정려를 네 번이나 출입했다는 것이 눈에 띈다. 그런데 논서는 마지막에 들어간 제4정려와 그 이전에 들어간 세 번의 제4정려를 구분하고 있다. 전자는 부동적정정(不動寂靜定)이라고 이름 붙일 수 있지만 후자는 그렇지 못하다는 것이다. 그 이유는 전자는 열반을 인연으로 했지만 후자는 열반을 인연으로 하지 않았다는 것이다.[24] 붓다가 입멸 직전에 들어간 최후의 제4정려만을 부동적정정(不動寂靜定)으로 보고 있는 것이다.[25]

이곳에서 보이는 입멸 과정은 다소 복잡한 것처럼 보이지만 사실

---

23) 『阿毘達磨大毘婆沙論』(『大正藏』 27, p.955下). "世尊臨般涅槃時先起欲界善心 從此無間入初靜慮 從初靜慮入第二靜慮 如是次第乃至從無所有處入非想非非想處 從非想非非想處無間入滅受想定 從滅受想定無間入無所有處 從無所有處入非想非非想處 從非想非非想處入識無邊處 從識無邊處入無所有處 從無所有處入空無邊處 從空無邊處入識無邊處從識無邊處入第四靜慮 從第四靜慮入空無邊處 從空無邊處入第三靜慮 從第三靜慮入第四靜慮 從第四靜慮入第二靜慮 從第二靜慮入第三靜慮 從第三靜慮入初靜慮 從初靜慮入第二靜慮 從第二靜慮入第三靜慮 從第三靜慮入第四靜慮 從第四靜慮起便般涅槃."

24) 『阿毘達磨大毘婆沙論』(『大正藏』 27, p.956上).

25) 부동적정정과 제4정려가 비록 유사하지만 다르다고 구별하는 견해를 살펴볼 것이다.

은 그렇지 않다. 팔리어 『열반경』에 보이는 입멸 과정과 비교해 보면, 제1단계 즉 9차제정의 입출은 동일하다는 것을 알 수 있으며, 제3단계(제1정려→제4정려)도 같음을 알 수 있다. 단지 제2단계(역순의 9차제정)와 상당히 차이가 나고 있는 것을 알 수 있다.

논서는 계속하여 왜 이러한 과정을 통해서 세존이 입멸하게 되었는가를 설명하고 있다.

① 과거에 제불(諸佛)이 모두 이런 과정을 통하여 입멸했기 때문에 세존도 이 법을 따른다.

② 세존은 모든 선정에 자재(自在)하다는 것을 보여 주고자 함이다. 선정에 자재(自在)로운 자는 멸진정까지 순차적으로 선정에 들어가고 멸진정에서 제일정려까지는 초입(超入)이 가능하다. 선정에 자재하지 못한 자는 순초(順超)도 하지 못하므로 당연히 역초입(逆超入)도 불가능하다.[26)]

③ 세존은 하기 어려운 일을 할 수 있음을 보여 주고자 함이다. 제일정려에서 멸진정까지 순차적으로 출입하고 멸진정에서 제일정려까지 순서대로 출입하지 않는 것은 힘든 일인데, 세존은 이 어려운 일을 해 보였다.

④ 세존은 자신의 위력이 대단하다는 것을 보여 주고자 함이다. 만약 성문·독각이 제1정려에서 멸진정까지 순서대로 출입하면 세존과는 달리 멸진정에서 제1정려까지 순서대로 출입하지 않으면서

---

26) 멸진정에서 제1정려까지의 9차제정을 순서대로 들어가지 않으면서 9정을 모두 섭렵할 수 있는 특별한 능력을 강조하고 싶은 것이다. 선정에서 자재력을 얻은 不時解脫의 아라한은 사정려, 사무색정의 8등지를 차례에 따라서 순차적으로 닦는 것이 아니라 一地를 초월하여 더욱 높은 단계의 정을 닦을 수 있는데, 이것을 超定이라고 한다. 『阿毘達磨大毘婆沙論』(『大正藏』 27, p.863下).

모든 선정을 출입할 수는 없다.

⑤ 아울러 멸진정에 들어가고자 함이다. 만약 세존이 그때 9차제정을 순서대로 출입하지 않았더라면 멸진정에 갈 수 없었을 것이다. 왜냐하면 멸진정은 비상비비상처에서 나온 뒤에야 가능하기 때문이다. 세존은 멸진정까지 포함하여 모든 선정을 들어가려고 이러한 과정을 택했다.[27]

②, ③, ④는 서로 긴밀히 연관되어 중복되는 면이 보인다. 자신의 위대한 선정력(禪定力)을 보여 주고자 이상의 입멸 과정을 택했다는 것이다. 이러한 입멸 과정은 오직 세존만이 할 수 있고 성문・독각은 할 수 없다고 밝힘으로써, 세존과 그의 제자를 구분하고 있다. 『아비달마대비파사론』은 붓다의 입멸 과정은 성문・연각이 공유할 수 없는 정려・해탈・등지였다고 주장한다. 선정이 열등한 자는 자신보다 뛰어난 자들이 입출하는 선정을 헤아릴 수 없다고 밝히고 붓다의 선정은 너무나 뛰어나 제자들이 미칠 수 있는 영역이 아니다는 것을 앞서 살펴본 바 있다. ⑤는 왜 제일정려에서 멸진정에 이르는 9정을 순차적으로만 할 수밖에 없었는가를 설명하고 있다.[28] ①은 ②~⑤의 설명으로도 만족스럽지 못한 부분이 있으므로 제시된 것 같다. ①은 어떠한 논리적인 논의도 거부하고 있는 듯하다.

---

27) 멸진정은 비상비비상처(非想非非想處)를 성취한 자나 불환과(不還果) 이상의 경지를 성취한 자에게 열려 있다. 멸진정은 모든 의식과 감정 등이 일시적으로 정지된 상태로 무기(無記) 상태와는 다르다.

28) 그렇지만 『佛般泥洹經』과 한 팔리어 경전은 멸진정을 언급하고 있지 않은 것을 앞서 살펴보았다. 이 책 p.223 참조.

2) 제4정려…… → 욕계(欲界)의 무부무기심(無覆無記心) → 반열반

입멸 과정에 관한 또 하나의 견해를 만나게 된다. 『반니원경(般泥洹經)』을 제외한 한역 제본, 산스크리트어본, 팔리어본 등은 9차제정을 순역으로 차례대로 출입하고 나서 다시 색계 사정려를 차례대로 입출한다. 그리고 제4정려에서 반열반하였다고 밝히고 있다. 팔리어본 『열반경』, 『반니원경』, 『유행경』은 제4정려에서 나와 반열반하였다고 기술하고 있다. 특히 팔리어본은 제4사정려에서 나온 즉시 반열반했다고 말함으로써 제4정려과 반열반에 간격을 크게 두지 않으려는 의도가 보인다. 반면에 『대반열반경』, 『근본설일체유부비나야잡사』는 제4정려에 들어 있는 상태에서 반열반한 것으로 되어 있다. 그런데 지금 살펴본 입멸 과정은 9차제정이 생략되어 있고 아울러 색계 사정려를 차례대로 출입하는 단계도 빠져 있다. 제4정려에서 시작하여 반열반하기까지 몇 개의 단계가 설정되어 있는 것이다.

> 제사정려(第四靜慮)에서 일어나 제삼정려의 근분(近分)에 들어간다. 제삼정려의 근분에서 일어나 제이정려의 근분(近分)에 들어간다. 제이정려의 근분에서 일어나 초정려(初靜慮)의 근분에 들어간다. 초정려의 근분에서 일어나 욕계의 선심이 나타나 앞에 존재하게 한다. 욕계의 선심에 곧이어 욕계의 무부무기심(無覆無記心)이 나타나 앞에 존재하게 한다. 곧 이 마음에 머물면서 반열반한다.[29)]

이상의 입멸 과정을 요약하면 다음과 같다. 제사정려(第四靜慮)

29) 『阿毘達磨大毘婆沙論』(『大正藏』 27, p.955中). "從第四靜慮起入第三靜慮近分 從第三靜慮近分起入第二靜慮近分 從第二靜慮近分起入初靜慮近分 從初靜慮近分起欲界善心現在前 欲界善心無間欲界無覆無記心現在前 即住此心而般涅槃."

→ 제삼정려(第三靜慮)의 근분(近分) → 제이정려(第二靜慮)의 근분(近分) → 초정려(初靜慮)의 근분(近分) → 욕계(欲界)의 선심(善心) → 욕계(欲界)의 무부무기심(無覆無記心) → 반열반. 여기의 입멸 과정 기술에는 매우 전문적인 선정 용어가 등장하고 있다. 따라서 이것은 선정에 대한 체계화가 상당히 진행된 이후에 이루어진 것임에 틀림없다. 색계의 4정려와 4무색정을 합하여 팔근본정(八根本定)이라 한다. 근분정(近分定)은 색계나 무색계가 아닌 욕계에 있으면서 하지(下地)의 수혹(修惑)을 끊고 선정을 얻기 위한 준비 단계이다. 8근본정에 대응하여 8근분정이 있는데, 초선(初禪)의 근분(近分)을 특히 미지정(未至定)이라고 한다. 하지의 수혹을 제압하여 근분정을 얻고 다음에 그 약화된 수혹을 완전히 끊어서 근본정을 얻는 것이 그 순서이다.[30)]

색계의 4정려에서 바로 반열반하는 것이 아니라, 대신에 제4정려보다 낮은 단계인 3정려를 설정한 것이다. 그런데 주목할 만한 것은 제1정려, 제2정려, 제3정려를 들어간 것이 아니라 그 근처만 출입했다는 것이다. 왜 제4정려에서 제3정려, 제2정려, 제1정려로 출입하지 않았는지 설명이 없지만, 색계의 제4정려의 입정 상태와 욕계의 출정 상태의 간격을 잇는 가교로서 몇 개의 근분정이 설정되고 있는 것을 볼 수 있다.

또 하나 주목할 만한 사실은 욕계의 선심(善心)에서가 아니라 욕계의 무부무기심(無覆無記心)에서 반열반하였다는 점이다. 무기는 이숙(異熟)의 과보를 초래하지 않는데, 유부무기(有覆無記)와 무부무기(無覆無記)의 두 종류가 있다. 유부무기는 이숙과(異熟果)를 초

---

30) 『阿毘達磨俱舍論』(『大正藏』 29, p.149中).

래하지 않지만 성도(聖道)를 방해하고 마음을 가려서 부정하게 하는 것으로 예컨대 색계·무색계의 번뇌나 욕계의 신견(身見)·변견(邊見) 같은 것이다. 불선(不善)과 더불어 오염성이 있다. 반면에 무부무기는 정무기(淨無記)라고도 하며 순수한 무기이다.[31] 세존은 모든 죄악을 제거하였으므로 선한 마음 상태에서 반열반했다고 생각하기 쉽다. 그러나 업과 윤회의 교리를 보면 이러한 생각은 잘못된 것임을 알 수 있다. 악업(惡業)과 마찬가지로 선업도 재생을 가져오기 때문이다. 악업이 괴로운 곳으로, 반면에 선업이 더욱 좋은 곳으로 인도하겠지만 근본적으로 윤회의 세계에 다름 아니다. 그러나 무기업은 재생(再生)을 가져오지 않는다. 따라서 반열반과 상통하게 되는 것이다. 반열반이란 재생이 없는 것을 가리키기 때문이다. 무기심에 관한 자세한 논의는 붓다의 최후심에서 다시 다루기로 하겠다.

3) 묘음(妙音) 존자의 견해

묘음 존자는 다음과 같이 주장한다. "붓다가 장차 입멸하려 할 때 제4정려(第四靜慮)에 곧이어 욕계의 선심이 나타나 앞에 존재한다. 욕계의 선심에 곧이어 욕계의 무부무기심(無覆無記心)이 나타나 앞에 존재하게 된다. 이 마음에 머물면서 반열반한다."[32] 요약해 보면 제4정려(第四靜慮) → 욕계의 선심 → 욕계의 무부무기심(無覆無記心) → 반열반의 순서이다. 묘음 논사는 바로 앞서 살펴본 입멸 과정 중 "제3정려(第三靜慮)의 근분(近分) → 제2정려(第二靜慮)의 근분

31) 『阿毘達磨大毘婆沙論』(『大正藏』 27, p.192中; p.196上).
32) 『阿毘達磨大毘婆沙論』(『大正藏』 27, p.955中). "佛將入涅槃時 第四靜慮無間欲界善心現在前 欲界善心無間欲界無覆無記心現在前 則住此心而般涅槃."

→ 초정려(初靜慮)의 근본"을 생략하고 있다. 존자에 따르면 세존은 제4정려에서 바로 욕계의 선심으로 간 것이다. 그는 제4선(第四禪)에서 나와 곧 욕계의 선심을 일으킬 수 있는 자는 세존밖에 없다고 주장한다. "도대체 제4정려에서 곧 욕계의 선심을 일으킬 자가 있느냐? 있다. 불(佛)이고 나머지 다른 자는 할 수 없다."[33] 제4정려와 욕계의 평상심 사이의 중간 단계를 생략함으로써 오히려 붓다의 선정력을 높일 수 있다고 부연하고 있는 것이다.

4. 반열반 직전 붓다의 최후 상태

1) 제4정려(第四靜慮)

『열반경』 제본이 붓다가 제4정려에서 입멸했다고 하는 점에서는 일치하지만, 입정한 상태에서인지 출정한 상태에서인지에 관한 차이가 있었음을 보았다. 서방의 건타라국(健馱羅國) 논사들은 다음과 같이 주장하고 있다. "세존은 제4정려(第四靜慮)에 들어가서 반열반하니 세간의 눈이 소멸하였다."[34] 문자 그대로 보면 제4정려에 들어간 상태에서 입멸한 것처럼 해석되지만, 논사들은 제4정려에서 출정하여 반열반했다고 주장하고 있다.

논사는 왜 제4정려에서 반열반하는지에 관한 설명을 하고 있다. 그 설명을 살피기 이전에 제사정려가 논서에서 어떻게 이해되고 있

33) 『阿毘達磨大毘婆沙論』(『大正藏』 27, p.955中). "問豈有能從第四靜慮無間 則起欲界善心耶 答有 謂佛非餘."

34) 『阿毘達磨大毘婆沙論』(『大正藏』 27, p.955中). "世尊入第四靜慮而般涅槃世間眼滅."

는지 살펴보자. 전삼정려(前三靜慮)가 심(尋), 사(伺), 사수(四受), 입식(入息), 출식(出息) 등의 팔재환(八災患)이 있어 유동자(有動者)라고 불리는 데 비해 제4정려는 이러한 것들이 없으므로 부동자(不動者)라고 불린다.35) 제4정려에는 다음의 네 가지 요소가 있다: 행사청정(行捨淸淨), 염청정(念淸淨), 비고락수(非苦樂受), 등지(等持). 등지(等持)는 심일경성(心一境性)이라고 하는 것으로 앞의 제3정려에도 보인다.36) 제4정려에서는 무엇보다도 청정의 요소가 수승함을 알 수 있다.

왜 세존이 반열반할 때 최후로 제4정려에 들어가는지에 대해 다섯 가지 이유를 들고 있다. 하나씩 간략히 살펴보자.37)

① 세존은 제불(諸佛)이 모두 한결같이 최후로 제4정려에 들어가고 거기서 나온 뒤 반열반하였으므로 세존도 그 법을 따랐다.

② 세존은 제4정려에 대해서 자유자재하다는 것을 보여 주고자 최후로 제4정려에 들었다.

③ 세존은 후세의 중생을 애민하였다. 세존의 반열반 이후 후세의 중생들은 일체의 지혜를 갖춘 세존도 입멸 시 제4정려에 들어갔음을 알고서 일체의 선정을 수행하려는 마음을 내도록 하기 위함이다.

④ 부유한 상인이 최후로 값진 보배를 바꾸면서도 그것을 애착하지 않는 것처럼 세존도 가장 수승한 제4정려를 버리면서도 아까워하지 않음을 보이고자 함이다.

⑤ 전륜성왕(轉輪聖王)이 이전에 관정(灌頂)하여 왕위를 받은 곳

---

35) 『阿毘達磨俱舍論』(『大正藏』 29, 147下).

36) 第一靜慮에는 尋, 伺, 喜, 樂, 等持의 다섯이 있고 第二靜慮에는 內等淨, 喜, 樂, 等持이 있다. 第三靜慮는 行捨, 正念, 正慧, 受樂, 等持가 있다. 『阿毘達磨俱舍論』(『大正藏』 29, p.146下).

37) 『阿毘達磨大毘婆沙論』(『大正藏』 27, p.955中).

에서 뒷날 목숨을 마친다. 마찬가지로 법왕인 세존도 제4정려에 의거하여 법왕이 되었다. 따라서 제4정려에 의거하여 반열반한다.

①, ②, ④가 세존의 입장에서기술된 것이라면, ③은 중생을 위한 붓다의 이타행을 보여 준다. 여기서 주목해야 하는 것은 제4정려가 선정 중에서 가장 수승하다고 밝히고 있는 부분이다. ④와 ⑤가 이 점을 밝히고 있다. 특히 ⑤는 무엇보다도 교리적인 측면에서 주목을 끈다. 붓다는 제4정려를 통하여 정각을 성취했기 때문에 입멸할 때도 제4정려에서 입멸한다는 것을 교리적으로 살펴보면 유여의열반과 무여의열반이 본질적으로 동일하다는 것을 근거로 한 설명이다.

2) 부동적정정(不動寂靜定)

『아비달마발지론』에 따르면 "세존은 부동적정정(不動寂靜定)에 의지하여 반열반하였다."[38] 논서는 부동적정정(不動寂靜定)에 들어가 있는 상태에서 반열반을 이루었는지, 아니면 부동적정정에서 나와서 반열반을 이루었는지 문제 삼고 있다. 이 논서에서는 간단히 후자가 옳음을 답변하고 있다. 이 문제는 『아비달마대비파사론』에서 좀 더 자세히 다루어지고 있다. 논서는 먼저 세존이 선정 상태에서 반열반하지 않음을 밝히기 위해 문제를 제기했다고 밝히고 있다. 그럼 부동적정정이란 무엇일까? 논서에 따르면 부동적정정은 제4정려와 유사하다고 밝히고 있다. "욕계(欲界)의 무부무기심(無覆無記心)에 상응하는 선정으로 제4정려와 유사하다."[39]

---

38) 『阿毘達磨發智論』(『大正藏』 26, p.1024上) "世尊依不動寂靜定而般涅槃." 멸진정에 들어간 붓다의 상태에 관한 아난다와 아누룻다의 대화에서도 부동적정정이 언급되고 있는 것을 알 수 있다.

39) 『阿毘達磨大毘婆沙論』(『大正藏』 27, p.955中). "欲界無覆無記心相應定. 似第四靜慮."

우리는 여기서 부동적정정(不動寂靜定)이 제4정려와 같지 않다는 것을 알 수 있다. 비록 이 둘은 매우 유사하지만 분명히 차이가 있다는 것이다. 우리는 앞서 제4정려는 부동적정정과 동일하다는 견해를 살펴보았다. 그러나 여기서는 세존은 제4정려에 의거하여 반열반한 것이 아니고 부동적정정에 의거하여 반열반했다고 주장하고 있는 것이다.

3) 욕계(欲界)의 무부무기심(無覆無記心)

지금까지 붓다의 입멸 과정에 관한 설일체유부 논사들의 견해를 세 종류로 나누어 살펴보았다. 이들 중 둘은 붓다가 제4정려가 아니라 무부무기심에서 반열반하였다고 주장하는 것을 보았다. 입멸 직전 붓다의 최후 심리 상태로 제4정려와 부동적정정이 선정 상태인 것에 비해 욕계의 무부무기심은 출정한 평상심이라는 차이가 눈에 띈다. 물론 앞에서 살펴보았듯이 제4정려의 입정 상태에서 입멸한 것이 아니라고 주장하고, 부동적정정이 제4정려와 유사하지만 동일하지 않다고 역설하고 있는 것은 교리적으로 어떤 문제에 봉착하고 있음을 짐작할 수 있다. 그럼 어떤 문제가 잠재하고 있는 것일까?

무부무기심(無覆無記心)은 유부무기심(有覆無記心)과 대조되는 말로, 둘 다 재생을 가져오는 업력이 없음을 뜻한다. 욕계(欲界)의 무부무기심에는 4종이 있다: 이숙(異熟) 무기, 위의(威儀) 무기, 공교(工巧) 무기, 통과(通過) 무기.[40] 왜 아라한은 오로지 무기심(無記心)에서만 머물면서 반열반하는가에 관한 물음의 답은 『아비달마대비파사론』에서 자세히 논의되고 있다. 먼저 논서는 논의의 목적을 밝히고

40) 『阿毘達磨大毘婆沙論』(『大正藏』 27, p.88上).

있다. 즉 아라한은 이미 모든 불선법(不善法)을 제거하고 선법(善法)을 성취하였으므로 선심(善心)에서 반열반한다고 오해하는 사견을 바로잡으려고 왜 아라한이 무기심에서 반열반하는지를 논의한다는 것이다. 논서에는 여덟 가지가 제시되고 있다. 하나씩 간략히 요약해 보자.41)

① 무기(無記)의 세력(勢力)은 작아서 심(心)의 단절을 따르기 때문이다. 선심(善心)과 악심(惡心)은 그 힘이 강대하여 재생을 가져오지만 무기심은 그 힘이 미약하여 재생을 초래하지 않기 때문에 무기심에 근거하여 반열반한다고 설명하고 있는 것이다.

② 무기심은 과환(過患)을 적게 일으키기 때문이다. 선심(善心)과 불선심(不善心)은 이숙과(異熟果)와 등류과(等類果)의 문으로 많은 과환을 일으키지만 무기심은 등류과의 문으로만 과환을 일으키니 과환이 적다는 것이다. 이숙과의 문으로 말미암아 천상에 태어나기도 하고 악도에 떨어지기도 하는데 등류과는 그렇지 않다는 것이다.

③ 아라한은 일체의 생(生)을 등졌기 때문이다. 즉 중생은 목숨이 마치려 할 때 재생을 바라며 의지력으로 선심을 일으켜 선한 곳에 태어나기를 바라지만 아라한은 이미 생을 버렸으므로 작의(作意)하지 않고 무기심으로 반열반한다.

④ 아라한은 이숙의 그릇[異熟器]을 구하여 나가지 않기 때문이다. 보통 중생은 임종 시 가행(加行)하여 선심을 일으켜 다음 생의 몸을 받기 원하지만 아라한은 재생의 몸을 원하지 않으므로 무기심으로 반열반한다.

⑤ 아라한은 자성심(自性心)에서 반열반하는데 이 자성심은 무기심

---

41) 『阿毘達磨大毘婆沙論』(『大正藏』 27, p.953中). 『아비달마발지론』(『大正藏』 26, p.1023下)에서는 간단히 무기심에서 반열반한다고만 언급하고 있다.

이다. 자성심은 상대적인 선악의 범주를 벗어난 청정심(淸淨心)을 가리키고 있는 것 같다. 붓다고사가 말하는 바방가칫타(bhavaṅgacitta)와 상통한다고 보인다.[42)]

⑥ 사람이 멀리 외국으로 떠날 때 먼 친구[下親友]는 집 앞에서 배웅하고 돌아가고 중간 정도의 친구[中親友]는 마을 경계까지 배웅하고 가까운 친구[上親友]는 국경까지 배웅한다. 마찬가지로 아라한은 욕계와 비상비비상처를 떠날 때 하친우인 불선염오심(不善染汚心)을 버리고 중친우인 선심은 무기심을 일으킬 때 버려지고, 상친우인 무기심은 반열반할 때 버려진다.

⑦ 욕계를 떠날 때 불선심(不善心)을 버리고, 비상비비상처를 떠날 때 일체의 염오심을 버리고 무기심을 일으켜 일체의 선심을 버린다. 마지막으로 반열반할 때 일체의 무기심을 버린다.

⑧ 존자 묘음(妙音)에 따르면 일체 선심은 모두 공용을 지어서 일으킨다. 공용이 있으면 다시 재생이 있게 마련이다. 아라한은 임종시 공용을 짓지 않으니 곧 무기심이기 때문이다.

⑦은 ⑥을 부연 설명한 것에 지나지 않는 것으로 둘 다 무기심이 반열반 직전의 마음 상태임을 밝히고 있다. 반면에 나머지 여섯 가지는 제각기 다른 각도에서 다른 용어로 설명을 하고 있지만 사실은 모두 같은 내용을 말하고 있다. 즉 무기심은 그 힘이 미약하여 재생을 가져올 수 없으므로 아라한은 이미 생에 대한 집착을 단절했으므로 무기심에서 반열반한다는 것이다. 결국 ①에 모두 수렴된다고 할 수 있다. 그러므로 세친은 『아비달마구사론』에서 ①만 제시하고 있다. 욕계에서 열반에 드는 마음은 위의로(威儀路)와 이숙생(異熟生),

42) 이 책 pp.182ff 참조.

두 가지 무기의 마음이며 공교처(工巧處)의 마음과 통과심(通果心)은 세력은 강성하여 열반에 드는 마음은 아니라고 설명하고 있다. "사(死)와 생(生)에는 오직 사수(捨受)와 상응하는 심(心)만이 허락된다. 사(捨)와 상응(相應)하는 심(心)은 명리(明利)하지 않기 때문이다. 나머지 수(受)는 명리(明利)하여 사(死)와 생(生)에 순종하지 않는다. 또한 이 두 경우 즉 사(死)와 생(生)에는 오직 산란심이고 선정심이 아니다. 유심(有心)이어야 하고 반드시 무심(無心)이 되어서는 안 된다. 정심(定心)에는 사(死)와 생(生)이 없다. 삼계(三界)와 구지(九地)가 다르기 때문이다. 가행(加行)이 발생하기 때문이다. 섭익(攝益)할 수 있기 때문이다. 그리고 무심(無心)에도 사생(死生)이 없다. 무심에서는 명(命)이 반드시 손상되지 않기 때문이다. 만약 소의의 몸이 변괴(變壞)하려 할 때, 반드시 출정하여 소의에 속하는 마음을 일으켜야 한다. 그런 연후에 명(命)이 마친다. 다시 다른 이치가 없다. 그리고 무심자(無心者)는 다시 생(生)을 받을 수 없다. 왜냐하면 원인이 없기 때문이다. 번뇌를 일으킴 없이 생(生)을 받을 수 없기 때문이다. 비록 사유(死有)에 삼성심(三性心)이 있다고 하지만, 열반에 들 때는 두 가지 무기에 의한다. 만약 욕계에서 유사이숙(有捨異熟)이라고 하면, 욕계에서 입멸할 때 위의(威儀) 무기와 이숙 무기를 갖춘다. 만약 욕계에서 무사이숙(無捨異熟)이라고 하면 욕계에서 입멸할 때 위의(威儀) 무기이고 이숙(異熟) 무기는 아니다. 왜 오직 무기에서만 입멸하는가? 무기의 세력(勢力)은 약해서 심(心)의 단절을 따르기 때문이다."[43] 열반에 들 때는 두 무기,

---

43) 『阿比達磨俱舍論』(『大正藏』 29, p.56上). "死生唯許捨受相應. 捨相應心不明利故. 餘受明利不順死生. 又此二時唯散非定. 要有心位必非無心. 非在定心有死生義. 界地別故. 加行生故. 能攝益故. 亦非無心有死生義. 以無心位命必無損. 若所依身將欲變壞.

즉 위의 무기와 이숙 무기에 의한다고 세친은 밝히고 있는 것이다.

제4정려와 무기심과의 차이를 살펴보면, 제4정려는 선정의 하나이지만 욕계의 무기심은 선정 상태에서 벗어난 보통 의식이다. 선정에서는 육신의 생명을 마치고 열반에 들 수 없는 것일까? 사(死)와 재생(再生)이 일어나려면 오직 산란심에서 가능하고 선정심이 아니라고 한다. 정심(定心)에는 사(死)와 생(生)이 없다고 한다. 그 이유로 몇 가지를 들고 있다. 첫째 선정심은 가행(加行)으로 얻어지는 것으로 활동적이다. 둘째 선정심은 계속 그 상태를 유지하려고 한다.44) 제4정려에 입정한 상태에서 붓다가 무여의열반을 성취할 수 없는 이유는 선정심이 무기심과 달리 활동적이라서 심(心)의 단절이 제대로 일어날 수 없다는 것이다.

남방 상좌부의 대표적 논사인 붓다고사는 붓다의 입멸 직전의 최후 순간을 주석하면서 붓다는 바방가(bhavaṅga)에 들어감으로써 반열반에 들어갔다고 설명한다.45) 담마팔라(Dhammapāla)는 붓다고사의 주석을 부연하면서, 바방가칫타(bhavaṅgacitta)는 모든 의식 중 최후의 것이므로, 죽음은 거기에서 일어나기 시작하고, 이런 죽음 과정은 모든 생명체에 적용된다고 설명하고 있다.46) 붓다고사

必定還起屬所依心. 然後命終. 更無餘理. 又無心者不能受生. 以無因故. 離起煩惱無受生故. 雖說死有通三性心. 然入涅槃唯二無記. 若說欲界有捨異熟. 彼說欲界入涅槃心亦具威儀異熟無記. 若說欲界無捨異熟. 彼說欲界入涅槃心但有威儀而無異熟. 何故唯無記得入涅槃. 無記勢力微順心斷故."

44) Pruden, Leo M.(trans), *Abhidharmakośabhāsyam* vol II, by Louis de La Valleé Poussin, Berkeley: Asian Humanities Press. 1988 p.448. 『아비달마구사론』(『大正藏』 29, p.56上)에는 이상의 두 가지 설명 이외에 또 하나의 설명이 있지만 충분히 이해되지 않는다.

45) Sumaṅgalavilāsinī II, p.594. An, YangGyu, *The Buddha's Last Days.* Oxford: Pali Text Society, 2003 p.187

46) Līnatthappakāsinī II, p.240.

가 바방가(bhavaṅga)를 무기(avyākata)로 보고 있는 점에서 설일체유부의 무부무기심과 다르지 않다. 아마도 설일체유부에서 무기를 더 세분하여 논하고 있는 것으로 보인다.

***

한 한역본을 제외한 『열반경』 제본이 붓다의 입멸 과정을 큰 차이 없이 기술하고 있는 것을 살펴보았다. 설일체유부의 논서에서는 『열반경』의 입멸 과정 기술과 다르게 기술하고 있는 것을 확인했다. 『열반경』의 입멸 과정을 논사들이 그대로 수용하고 있지 않다는 것은 무엇을 의미하는 것일까? 이에 대한 답은 여러 가지 입장에서 제시될 수 있지만 분명한 사실은 『열반경』의 입멸 과정 기술이 절대적인 권위로 받아들여지지 않고 있다는 것이다. 실론 상좌부를 대표하는 붓다고사가 철저히 팔리어 『열반경』의 기술을 그대로 수용하여 주석을 하고 있는 것과 매우 대조적이다.

『불반니원경』을 제외한 『열반경』 제본이 붓다가 제4정려를 통하여 입멸하였다고 밝히고 있지만, 선정 상태에서 입멸했는지 출정한 이후에 입멸했는지에 대해서는 차이가 발생하였음도 보았다. 『열반경』을 편집하였던 시기에는 이러한 미세한 부분까지 염두에 두지 않았던 것이다. 그리고 그 당시 이것은 문제가 되지 않았다는 것도 쉽게 유추할 수 있을 것이다. 그러나 부파불교 시대에 이르면 선정에 관한 교리가 체계화됨에 따라 이 문제를 분명히 해야 할 필요성이 대두된 것이다.

논사들은 붓다의 경우 입정한 상태로 수명을 마치고 입멸할 수 없음을 분명히 하고 출정한 후의 붓다의 최후심에 대한 논의를 전개하였다. 입멸 직전 붓다의 최후심이 무엇인가에 관한 이견들이 있었음을 살펴보았지만 욕계의 무기심으로 입멸한다는 주장이 교리적으로 가장 설득력을 얻게 된 것이다. 선심(善心)은 악심(惡心)과 마찬가지로 재생을 가져오지만 무기심은 재생력이 없기 때문에 윤회의 세계로 붓다를 이끌지 않는 것이다. 육체의 죽음과 함께 붓다가 입멸하였다는 기술에서 죽음과 열반이 전혀 다른 차원의 것임을 확인하게 된다.

유부의 논사들은 붓다의 입멸 과정을 동일하게 이해하고 있지 않지만 붓다의 선정의 출입은 붓다만이 할 수 있는 것으로 여기고 있는 점에서 일치한다. 성문이나 독각이 감히 할 수 있는 경지가 아님을 강조함으로써 붓다의 수승함을 드러내고자 한 것이다. 입멸 과정에 관하여 붓다를 성문이나 독각과 차별화하여 초인간화하고 있는 것이다. 이를 통해 붓다의 이상화가 부파불교 시대에 이르러 상당히 진행되었음을 유추할 수 있다. 초인화(超人化)된 붓다의 모습을 염두에 두면서 붓다의 입멸 과정에 관한 초기불교의 전승을 수정하고 자파의 교리 체계에 맞게끔 해석하였음을 확인할 수 있다.

제7장 붓다의 입멸 장면과 최후의 가르침

붓다의 입멸을 둘러싼 여러 가지 문제가 부파불교 논사들에겐 주요한 논의의 중심이었다. 일견 이러한 문제는 논의의 가치가 있는 것처럼 보이지 않지만 후대의 불교인들은 어떠한 의미가 있다고 상정하고 그 의미를 나름대로 추구했다. 붓다의 일거수일투족은 단순히 지나칠 일이 아니라 거기에는 깊은 의미가 있다고 본 것이다. 그들의 견해를 살펴봄으로써 그들이 지니고 있었던 불타관의 일면을 엿볼 수 있는 좋은 기회를 얻게 된 셈이다.

여기에선 붓다의 최후 순간 중 쿠시나라(Kusinārā)의 살라(Sāla) 쌍수 아래에서 누운 시점에서 시작하여 최후의 가르침을 남기는 순간까지 일어난 일들 중 논사들이 주요하게 논의하였던 문제들을 살펴보고자 한다. 살라 쌍수 밑에 누운 후 입멸 순간까지의 붓다의 행적을 전하는『열반경』제본이 한결같이 일치하고 있는 것은 아니지만 정리하면 대체로 다음과 같다. 시자 아난다(Ānanda)의 공덕에 대한 칭송, 붓다의 입멸 장소에 관한 문답, 붓다의 장례식에 관한 문답, 말라족(Mallas) 사람들의 붓다 친견, 최후의 제자의 귀의, 승단과 관련한 가르침, 입멸 직전의 최후 가르침 등이 그것이다. 순서에 약간의 차이가 있지만 대체로 이것들은『열반경』제본에 모두 나타나고 있다. 이상의 붓다의 최후 행적 중에서 본 장에선 붓다의 입멸 자세 및 장소, 시간 그리고 최후의 말씀을 중심으로 논사들의 견해를 살펴보고자 한다. 이러한 문제를 살핌으로써 그 당시 불교인들이 붓다에 관하여 어떠한 견해를 지니고 있었는지를 논구할 수 있다.

1. 붓다의 입멸 자세

1) 『대반열반경』 제본의 묘사

『열반경』 제본에 따르면 붓다는 파바(Pāvā)에서 마지막 공양을 마친 후 히란야바티(Hiraññavati) 강을 건너 말라족의 살라 숲에 도착한다. 그는 아난다에게 자신을 위해 두 그루의 살라나무 사이에 머리가 북쪽으로 향하도록 침상을 펴라고 말한다. 그러고 나서 오른쪽 옆구리를 바닥에 대고 누웠으며, 한 다리를 다른 다리 위에 올려놓는다. 이 자세가 열반상으로 불교의 예술 작품에 자주 등장한다.[1] 붓다가 왜 이러한 자세를 취했는가 하는 문제는 붓다 사후, 제자들이 주요하게 논의하였다. 이런 논의가 부파불교 시대의 논서에 정리되어 전해지고 있다.

논사들의 견해를 분석하기 전에 먼저 『열반경』 제본의 기술을 살펴보자. 팔리어본 『대반열반경』을 먼저 살펴보자. 쿠시나라의 살라(Sāla) 숲에 도착한 붓다는 아난다(Ānanda)에게 말했다. "아난다여! 너는 한 쌍의 살라나무 사이에 침대(mancakaṃ)의 머리를 북

---

1) 열반상에 관한 연구는 다음의 서적을 참조할 것. Ratan Parimoo, *Life of the Buddha in Indian Sculpture*. New Delhi: Kanak Publications, 1981. pp.30-43.

쪽으로 향하도록 준비하여라. 아난다여! 나는 지쳐 있어 누워야겠다."[2] 아난다는 붓다의 뜻대로 침대를 준비했다. 경전은 이어 붓다의 마지막 자세를 묘사하고 있다. "그때 세존은 우협으로 사자와(獅子臥, sīha-seyyaṃ)를 하고 한 발을 다른 발에 포갠 채 정념(正念, sato)하고 정지(正智, sampajāno)하고 있었다."[3] sato와 sampajāno는 붓다의 누운 자세를 묘사하는 데에서 주요한 역할을 하고 있는 것으로 보인다. 정념(sato)과 정지(sampajāno)는 팔리어 『열반경』 자체 내에서 여러 번 등장하고 있다. 대표적으로 몇 가지 예를 들면 붓다가 노령이라는 이유로, 여행의 피로라는 이유로, 질병이라는 이유로 평상시와 달리 정신이 흐려 있지 않았고 오히려 깨어 있음을 역설하고 있는 것이다. 안거(安居) 직후 붓다의 질병 극복을 묘사할 때, 수명을 방기할 때, 마지막 공양 직후 질병이 일어날 때, 이 두 용어가 함께 사용되고 있다.[4] 자칫 이런 상황에선 깨어 있기가 쉽지 않은 것인데 경전은 붓다가 정념을 유지하고 있었다고 밝히고 있다. 사자라는 이미지를 이용하여 강건함과 위엄을 붓다의 모습에 부가하고 있다. 80세라는 고령에 장기간의 도보 여행은 상당히 피로한 일임에 틀림없다. 병까지 걸려 있다면 한 걸음 한 걸음 발을 옮기는 것도 고통일 것이다. 극도로 지치고 약한 이미지가 여행 중인 붓다의 모습에 연결되는 것을 막고자 의도적으로 용맹스러운 사자의 이미지가 사용된 것이다.

한역 『대반열반경』은 팔리어 『열반경』보다 조금 더 자세한 묘사

---

2) Dīgha Nikāya II, p.137. "Iṅgha me tvaṃ Ānanda antarena yamaka-sālānam uttara-sīsakaṃ mañcakaṃ paññāpehi, kilanto`smi Ānanda, nipajjissāmīti."

3) Dīgha Nikāya II, p.137. "Atha kho Bhagavā dakkhiṇena passanena sīha-seyyaṃ kappesi pāde pādaṃ accādhāya sato sampajāno."

4) Dīgha Nikāya II, p.98; p.109; p.127.

를 하고 있다. "'너는 사라림(娑羅林)에 가서 한 곳에 홀로 있는 쌍수(雙樹)를 보거든 그 밑을 청소하여 청정(淸淨)하게 하라. 승상(繩床)을 안치하라. 머리를 북쪽으로 하라. 나는 지금 육신이 극도로 피로하고 고통스럽다'. 그때 아난과 모든 비구들은 붓다의 말씀을 듣고 슬픔과 비통이 배로 증가하였다. 아난은 눈물을 흘리며 말씀을 받들어 떠났다. 나무 밑에 이르러 청소를 하고 규정대로 자리를 폈다. 돌아와 청소와 자리 준비가 완료되었다고 아뢰었다. 그때 세존은 모든 비구들과 함께 사라림에 들어가 쌍수 아래 우협으로 자리에 누웠다. 마치 사자가 자는 것처럼 발을 포개어 누웠다. 마음을 단정히 하고 정념(正念)하였다."[5] 팔리어 『열반경』과 마찬가지로 사자의 이미지와 정념이라는 용어가 사용되고 있다.

『근본설일체유부비나야잡사』는 앞서 살펴본 두 경전보다 더 자세하다. "'너는 나를 위하여 쌍수(雙樹) 사이에 침상을 안치하라. 나는 그곳에서 머리를 북쪽으로 향하여 누울 것이다. 금일 중야(中夜)에 반드시 입멸할 것이다.' 이때 아난타(阿難陀)는 말씀대로 행하고 나서 세존께 가서 불족(佛足)에 정례(頂禮)하고 한쪽에 서서 합장하여 붓다의 말씀대로 안치하였음을 아뢰었다. 그때 여래는 곧 침상에 가서 우협(右脅)으로 누웠다. 양족(兩足)을 서로 겹치고 광명(光明)을 생각했다. 계의(繫意)하고 정념(正念)하였다. 관찰(觀察)하여 머물며 열반을 생각했다."[6] 사자의 이미지는 사용되지 않았지만 의식적

---

5) 『대반열반경』(『대정장』 1, p.199上). "汝可往至娑羅林中 見有雙樹 孤在一處灑掃其下 使令淸淨 安處繩床 令頭北首 我今身體極苦疲極 爾時阿難及諸比丘 聞佛此語 倍增悲絶 阿難流淚奉敕而去 至彼樹下灑掃敷施 皆悉如法 還歸白言 灑掃敷施 皆悉已畢 爾時世尊與諸比丘 入娑羅林 至雙樹下 右脅著床 累足而臥 如師子眠 端心正念."

6) 『근본설일체유부비나야잡사』(『대정장』 24, p.392中). "汝今爲我 於雙樹間安置床敷 我當於彼北首而臥 今日中夜必入涅槃 時阿難陀如教作已 詣世尊所 頂禮佛足 在一面

으로 광명과 열반을 생각하고 있었다고 기술하는 것이 특징적이다.

『유행경』은 머리를 북쪽으로 하여 누운 점을 강조하고 있다. "'너는 여래를 위해 쌍수 사이에 상좌(床座)를 마련하라. 머리 부분을 북쪽으로 하고 얼굴은 서방(西方)으로 할 것이다. 왜냐하면 나의 법(法)이 유포되어 오랫동안 북방(北方)에 머물 것이기 때문이다.' 그렇게 하겠노라고 대답하고 자리를 펴서 머리를 북쪽으로 향하도록 하였다. 그때 세존(世尊)은 스스로 승가리(僧伽梨)를 네 번 접어서 사자왕(師子王)처럼 우협으로 발을 포개어서 누웠다."[7] 앞서 살펴본 팔리어 『열반경』이나 『대반열반경』, 『근본설일체유부비나야잡사』에 비해 정념에 해당하는 부분이 빠져 있다.

『반니원경』에선 다음과 같이 묘사되어 있다. "그때 붓다는 현자 아난에게 말했다. '너는 소련(蘇連)의 쌍수 사이에 승상(蠅床)을 북쪽으로 두라. 나는 야반(夜半)에 멸도(滅度)하리라.' (아난이) 가르침을 받고 행하고 나서 돌아와 이미 준비되었다고 아뢰었다. 붓다는 쌍수에 이르러 승상(繩床)에 나아가 우협(右脅)으로 누웠다."[8] 이 경전에선 앞서 살펴본 사자의 비유나 깨어 있음에 관한 내용이 빠져 있다.

『불반니원경』은 이렇게 전하고 있다. "붓다는 아난에게 말했다. '빨리 가서 붓다를 위해 염가사(鹽呵沙)에 침상의 머리를 북쪽으로

立合掌白言 如佛所教並已安置 是時如來卽往就床 右脅而臥 兩足相重 作光明想 繫意正念 觀察而住 爲涅槃想."

7) 『유행경』(『대정장』 1, p.21上). "汝爲如來於雙樹間敷置床座 使頭北首 面向西方 所以然者 吾法流布 當久住北方 對曰 唯然 卽敷座 令北首 爾時 世尊自四牒僧伽梨 偃右脅如師子王 累足而臥."

8) 『般泥洹經』(『대정장』 1, p.184下). "彼時佛飭賢者阿難 汝於蘇連雙樹間 施蠅床令北首 我夜半當滅度 受教卽施 還白已具 佛到雙樹 就繩床側右脅而臥."

마련하라. 오늘 야반(夜半)에 불(佛)은 반열반할 것이다.' 아난은 명령을 받들고 그곳으로 가서 침상의 머리를 북쪽으로 향하게 하고 나서 돌아와 침상이 준비되었다고 아뢰었다. 불(佛)은 자리에서 일어나 염가사에 가서 침상 위에 우협(右脅)으로 누웠다."[9] 이 경전도 『반니원경』에서와 마찬가지로 사자와(獅子臥)나 정념이라는 말이 생략되어 있다.

『열반경』 제본은 한결같이 붓다가 머리를 북쪽으로 향하게 하고 우협으로 누었다는 점에 대해선 일치한다. 대체로 두 가지 점이 주목을 끈다. 첫째, 붓다가 의도적으로 머리를 북쪽으로 두었다는 것이다.[10] 왜 붓다가 이런 자세를 취하였는가 하는 물음에 대해 『유행경』을 제외한 다른 제본들은 침묵하고 있다. 이 문제는 부파불교시대에 이르러 북방의 논사들이 심각하게 다루게 된다. 자세한 논의는 다음 주제에서 소개될 것이다. 둘째, 붓다의 누운 자세를 사자의 누운 모습과 비교하는 부분이다. 팔리어 『열반경』, 한역 『대반열반경』,

---

9) 『불반니원경』(『대정장』 1, p.169上). "佛告阿難疾去爲佛於鹽呵沙 施床使北首 今日夜半 佛當般泥洹 阿難奉命 之彼施床床頭北首畢 還白言 施床已竟 佛起至鹽呵沙 得床猗右脅臥."

10) Petagama Gnanarama는 붓다가 머리를 북쪽으로 향해서 누었다는 일반적인 해석을 반박하고 있다. 북쪽으로 침상을 준비하라는 문장은 "uttara-sīsakaṃ mañcakaṃ paññāpehi" 인데 그는 이 문장을 다음과 같이 해석한다. 북쪽으로 이미 놓여 있는 침상을 준비하라는 말이지 의도적으로 붓다가 침상을 북쪽으로 놓으라고 한 것이 아니라는 것이다. 붓다고사의 주석서와 담마팔라의 복주를 인용하고 있다. uttara-sīsakaṃ(북쪽-머리)를 고유명사로 보고 있는 리즈 데이비즈(Rhys Davids)의 견해를 인용하며 자신의 입장을 밝히고 있다. 리즈 데이비즈는 uttara-sīsakaṃ을 지도자가 사용할 수 있도록 준비된 석판(石版)이나 목판(木板)응 지칭하는 고유명사로 보고 있다(Petagama Gnanarama, *The Mission Acccomplished*, Singapore: Ti-Sarana Buddhist Association. 1997. pp.58-9).

『유행경』은 사자의 비유를 사용하고 있다. 이들 세 경전은 붓다의 강건함과 깨어 있음을 강조하고 있다. 논사들도 이상의 두 가지 문제에 집중하고 있다.

2) 논사들의 해석

a) 머리를 북쪽으로 둔 이유

『아비달마대비파사론』에선 일곱 가지 설명이 제시되고 있다. 하나씩 살펴보면 다음과 같다.[11]

① 구시성(拘尸城)의 논사는 머리를 북쪽으로 하여 눕는다는 것을 보여 주고자 함이었다. 즉 그 나라의 논사들이 그런 식으로 눕기 때문에 붓다도 그 법을 따랐다고 보는 것이다.

② 붓다는 모든 논사를 조복시킨 무상(無上) 제일의 논사이므로 그렇게 누운 것이다. 이 부분의 설명은 명확하지 못한 면이 있다. ①과 관련하여 이해하여 보면 아마도 스승들이 자신의 죽음에 임박해 머리를 북쪽으로 두는 것이 전통적인 관습이었던 것 같다. 붓다는 최상의 스승이기 때문에 당연히 북쪽으로 머리를 두었다고 설명하고 있는 듯하다.

③ 세상 사람들의 허망한 믿음에서 붓다는 벗어나 있다는 것을 보여 주고자 함이었다. 구시국 사람들은 사자(死者)의 머리를 북쪽으로 두어야 길상하다고 믿고 있었다. 그런데 붓다는 아직 입멸하기 전인데도 일부러 북쪽으로 누웠다는 것이다. 아마도 그 나라 사람들은 북쪽은 죽은 자를 위한 방향이라고 믿고 있었지만 붓다는 살아

---

11) 『阿毘達磨大毘婆沙論』(『대정장』 27, p.956下).

있으면서 북쪽으로 머리를 둠으로써 민간의 속신(俗信)에서 자유롭다는 것을 보인 것이라는 설명이다.

④ 구시국 사람들의 부정심(不淨心)을 일으키지 않고자 함이다. 그 나라의 풍속에는 북방(北方)에 신을 위한 사당〔天祠〕을 건립했는데 만일 붓다가 발을 북쪽에 두고 누우면 그 나라 사람들이 자신들을 업신여긴다고 부정한 생각을 일으킬 수 있다. 괜한 오해를 사지 않으려고 그런 자세를 취했다는 것이다.

⑤ 붓다는 정법을 공경하고 있음을 나타낸 것이다. 붓다의 입멸 후 정법의 횃불이 북방에서 훨훨 타오를 것을 미리 알았기 때문에 머리를 북쪽으로 향하게 했다는 것이다. 정법에 대한 존경심으로 정법이 펼쳐질 곳의 방향으로 머리를 두었다는 것이다.12)

⑥ 이전에 붓다가 해 놓은 모든 일들이 점점 융성해지는 것을 보이고자 함이다. 붓다는 3무수겁(無數劫) 동안 많은 선근(善根)을 쌓았는데 그 선근이 점점 융성하여 시들어지는 일이 없다. 융성한 선근이 최고로 뛰어난 방향인 북방으로 향하고 있기 때문에 붓다는 머리를 그쪽으로 두고 누웠다.

⑦ 입멸 후 북쪽의 사람들이 점차로 더욱더 광대해지는 것을 보이기 위함이다. 물론 이런 경제적인 이유 이면에는 불교의 포교라는 것이 전제가 되고 있다. 따라서 ⑦은 ⑤와 ⑥과 함께 읽어야지 따로 읽어서는 제대로 의미가 전달되지 않는다.

---

12) 초기불교의 문헌은 대체로 붓다라는 한 개인보다도 법을 상위 개념으로 두고 있다. 붓다가 정각 직후 세상의 어느 스승에게서도 더 이상 배울 것이 없음을 알고 누구를 존경해야 할 것인가를 고민한다. 그때 그는 정법(正法)이야말로 자신이 존중하고 받들어야 하는 것으로 생각한다(『잡아함경』, 『대정장』 2, p.321下). 정법에 대한 이런 존경은 붓다의 일생 동안 계속 지켜지다가 마지막 순간에도 정법의 의향을 존중한다는 것이다.

①, ②, ③, ④는 구시국의 관습과 결부되어 있는 데 비해 ⑤, ⑥, ⑦은 붓다 사후 불교의 융성지를 예상하고 있다. 구시국 사람들 사이에선 북방이 전통적으로 좋은 방향이라고 믿어지고 있는데,[13] 불교도들은 그러한 믿음을 수용하기도 하고 부정하기도 한다. ①, ②, ④는 북방이라는 전통적인 방위에 대한 구시국 사람들의 신앙을 붓다가 수용하고 있는 것이다. 반면에 ③은 그러한 전통적인 민간의 믿음을 없애고자 함이라고 말하고 있다.[14]

일반적으로 인도인들은 시신을 지극히 부정한 것으로 여긴다. 죽음의 신이 살고 있는 남방으로 시신을 두는 것이 힌두교의 관습이다. 그러나 붓다가 북쪽으로 향하여 누웠다는 것은 이러한 힌두교의 신앙과 관습을 정면으로 부정한 것이다.[15] 이런 맥락에서 ③의 설명이 상당히 설득력이 있다. 전통적인 관습의 타파라는 해석은 다른 점에서도 나타난다. 전통적으로 힌두교도들은 집에서 임종하는 것을 바람직한 것으로 여기고 있다. 사랑하는 가족들이 지켜보는 중에 임

---

13) 전통적으로 힌두교도들은 남방이 죽음의 신이 다스리는 영역으로 생각하고 있기 때문에 시신의 머리를 남쪽으로 향하게 한다(Gombrich, *Theravada Buddhism- A Social History from Ancient Benares to Modern Colombo*. London: Routledge. 1991. p.123). 이런 점에서 구시국 사람들은 힌두교의 관습과 반대되는 신앙을 지니고 있었던 것으로 보인다. 붓다 당시에 이미 인도인들은 방위(方位)에 관한 신앙이 있었다. 『선생경』(『대정장』 1, p.70上)에 방위 신앙을 하고 있는 사람의 이야기가 나온다.

14) 한편 ③의 경우도 ①, ②, ④와 마찬가지로 전통적인 관습을 따랐다고 볼 수 있다. 생시에 잠을 잘 때 머리를 북방으로 하지 않고 시신을 북방으로 두는 구시국의 관습을 염두에 두고 논사들은 붓다가 일부러 생시에도 머리를 북쪽으로 두었다는 것이다. 그렇지만 지금 곧 붓다가 죽게 될 것이므로 생과 사의 시간적인 간격은 무시할 정도로 적다. 오히려 붓다가 자신의 죽음에 임박해 구시국의 전통적인 관습에 따라 북쪽으로 누운 것이라고 바라볼 수 있다.

15) Gombrich, 앞의 책, p.123.

종하는 것이 최상이라고 믿기 때문에 가능하면 집에서 임종하도록 조치한다. 임종이 임박하면 임종을 맞이한 사람을 집 입구나 그 사람이 평소 사용하던 방에 머리를 동쪽으로 향하게 하여 눕힌다. 사후 시신의 머리를 남쪽으로 향하게 한다.[16] 그런데 붓다가 숲에서 입멸하려는 것이나[17] 서쪽으로 얼굴을 향하도록 하고 머리를 북쪽으로 두는 것 모두가 전통적인 힌두교의 관습과 반대된다. 붓다가 임종을 맞이하여 관습에 얽매여 있는 사람들에게 입멸 자세로 마지막 가르침을 펴고 있는 것이라고 해석할 수 있다.

b) 우협으로 누운 이유

설일체유부의 논서에는 두 가지 설명이 제시되고 있다. ①붓다는 사자왕(獅子王)처럼 누운 것을 나타내려 함이다. ②이전에 제자들에게 우협으로 누울 것을 가르쳤기 때문에 붓다도 우협으로 누운 것이다. ②부터 먼저 살펴보면 중생의 눕는 자세에 네 종류가 있다: 사자왕처럼 눕는 것, 신처럼 눕는 것, 귀신처럼 눕는 것, 탐욕스러운 사람이 눕는 것.[18] 사자왕은 우협으로 눕고 신은 얼굴을 위로 향해 눕고, 귀신은 엎드려 눕고, 탐욕적인 사람은 왼쪽 겨드랑이를 대고 눕는다. 우협으로 눕는 것은 좌협으로 눕는 것과 상대되고 있다. 좌협

16) http://www.matiyapatidar.com/death_and_dying.htm.

17) 붓다가 원하기만 했더라면 사원이나 유력한 신도의 집에서 입멸할 수 있었을 것이다. 사실 한 한역본(『불반니원경』, 『대정장』 1, p.171中)은 왕이 붓다가 성내에 들어와 입멸할 것을 간청하고 있다.

18) 붓다고사(Sumaṅgalavilāsinī Ⅱ, p.574)는 신과 귀신을 함께 묶어 같은 범주인 귀신(peta)으로 여기고 있으며, 여래의 눕는 자세를 별도로 부가하고 있다(참고 Aṅguttara Nikāya Ⅱ, pp.244f). peta(귀신)는 피와 살이 없기 때문에 등을 대고 누워야 한다고 보고 있다. 신도 귀신과 마찬가지로 피와 살이 없으므로 등을 대고 누워야 하는 것이다.

으로 눕는 사람은 탐욕심을 위시한 번뇌를 가지고 있다는 것이며 반대로 우협으로 눕는 사람은 모든 번뇌에서 자유롭다는 사실을 가리키고 있다고 한다. 따라서 붓다가 제자들로 하여금 우협으로 누우라고 가르친 것은 번뇌에서 벗어날 것을 강조한 것이라고 보인다.

붓다는 종종 사자의 왕으로 비유된다. 모든 동물 중에서 사자가 가장 용맹하여 동물의 왕이 되듯이 붓다도 사람들 중에서 그러하다는 것이다. 붓다의 설법을 사자후(獅子吼)라고 하는 것도 이런 맥락에서이다. 동남아시아 상좌부의 대표적인 논사인 붓다고사는 사자의 누운 모습을 자세하게 묘사하고 있다. 동물의 왕인 사자는 자긍심이 대단하므로 자신의 흐트러진 모습을 보이지 않는다. 설령 자고 있는 동안이라도 흐트러짐 없이 위엄을 지키고 있다. 앞발 두 개를 포개어 한곳에 두고 뒷발 두 개를 포개어 다른 곳에 둔다. 꼬리를 뒷발 두 개 사이에 놓고 머리는 앞발 앞에 둔 채 잠을 잔다. 잠에서 깨어날 때 두려움 없이 일어나 자신의 자세를 관찰한다. 만약 사지가 조금이라도 흐트러져 있으면 불만족해하며 계속 누워 사냥하러 가지 않는다. 이런 방만한 자세는 맹수의 왕인 자신에겐 어울리지 않는다고 여긴다. 따라서 사자는 항상(자고 있을 때조차도) 방심하거나 방만한 자세를 취하지 않는다는 것이다.19)

붓다도 마찬가지로 항상 방심하지 않고 자신의 자세를 조금도 흐트러짐 없이 유지하고 있었다는 것이 경전의 편집자나 논사의 주장이다. 붓다는 마지막 순간에 즈음하여 심신이 극도로 피로해져 있었지만 방심하지 않고 위엄 있는 자세를 취했다는 것을 강조하고 있다. 붓다고사는 외견상 붓다의 누운 모습이 사자의 누운 모습과 유

---

19) Sumaṅgalavilāsinī II, p.574.

사하지만 내적으로 말하면 붓다는 그 당시 제4선(jhāna)에 입정한 것으로 이것이 여래의 누운 자세라는 것이다.[20] 이 제4선을 전통적으로 사자의 누운 자세라고 부르는 것뿐이라고 설명하고 있다. 여하튼 이 제4선에서 가장 큰 에너지가 생긴다고 한다.[21] 팔리어 『열반경』엔 붓다의 입멸 자세가 아주 간략하게 묘사되어 있는 데 비해 붓다고사는 아주 장황하게 붓다의 마지막 자세에 대해서 주석하고 있다. 이런 그의 자세한 주석은 붓다가 취한 자세가 힘없는 노인이 누운 모습으로 비칠 것을 염려한 결과로 보인다.

『열반경』 제본은 붓다의 누운 자세에 대하여 매우 간략하게 기술하고 있지만 붓다고사나 유부의 논사들은 이 누운 자세가 피로에 지쳐 기진맥진한 자세가 아니라 사자처럼 위엄 있는 자세라고 강조하면서 장황하게 주석하고 있다. 나이 많은 노인이 자신을 지탱할 힘이 없어 드러누워 사방을 분간하지 못하는 상태가 아니라 맹수의 왕처럼 힘이 있으며 깨어 있어 주위에서 일어나는 일을 잘 분간하고 있다는 것이다.

c) 앉지 않고 누워서 입멸한 이유

한 한역본을 제외한 『열반경』 제본은 붓다가 누운 채 입멸한 것으로 기술하고 있다.[22] 설일체유부의 논서에는 다섯 가지 이유가 제시되고 있다.[23]

---

20) 제4선은 초기불교의 명상 수행 체계에서 가장 중요시되고 있다. 전통에 따르면 제4선을 통하여 35세에 정각을 이루고 80세에 입멸했다고 한다. 붓다가 왜 제4선에서 입멸했는가 하는 문제는 후기의 논사들에게 주요한 문제로 대두되어 자세히 논의되었다. 이 논의에 대한 자세한 분석은 이 책 pp.242ff 참조.
21) Sumaṅgalavilāsinī Ⅱ, p.575.
22) 붓다 입멸 자세에 관한 내용은 이 책 pp.254-259 참조.
23) 『阿毘達磨大毘婆沙論』(『대정장』 27, p.957下).

① 대중으로 하여금 붓다의 전신(全身)을 쉽게 볼 수 있도록 하고자 함이다.

② 붓다가 누워서 입멸하면 신체의 도량(度量)이 나타나므로 분명히 알 수 있어 따로 억측을 불러일으키지 않는다.

③ 붓다는 속임수를 여의었다는 것을 보이고자 함이다. 만약 붓다가 앉아서 입멸하면 외도들은 어떻게 앉아서 입멸할 수 있는가 하고 의심하며 이것은 속임수라고 말할 것이므로 그것을 방지하려고 누워 입멸했다는 것이다.

④ 미래의 성자를 위해서이다. 미래의 아라한 중 몸이 허약하여 누워서 입멸하는 경우가 있을 때 세상 사람들이 붓다는 앉아서 입멸했는데 이 사람은 누워서 입멸하니 성자가 아니라고 비방하는 일이 일어날 것이다. 이런 비방을 막고자 붓다는 누워서 입멸했다.

⑤ 자신의 힘을 믿는 이의 교만을 끊게 하고자 함이다. 나라연(那羅延)의 힘을 갖춘 붓다도 무상(無常)의 법칙에 의해 핍박받아 누워 입멸하는데 하물며 우리 범부들이 어찌 조그마한 힘을 믿고 교만을 내겠는가 하고 반성하도록 하기 위해서라는 것이다. 나라연은 불법의 수호신으로 그 힘은 보통 소의 힘의 1,024배에 해당한다고 한다.[24]

붓다고사도 다섯 번째의 설명과 같은 견해를 제시하고 있다. 붓다고사의 계산법에 따르면 붓다의 힘은 다음과 같이 산출된다. 보통 코끼리가 소유한 힘의 10,000,000,000배에 해당하는 힘이 붓다의 힘이다. 보통 코끼리의 힘은 보통 사람 힘의 10배이다. 따라서 붓다는 보통 장정이 가진 힘의 10×10,000,000,000배를 소유하고 있다.

---

24) 『아비달마대비파사론』(『대정장』 27, p.155上). 나라연이란 원래 힌두교의 한 신이었지만 불교에서 수용되어 강력한 힘을 가진 보호신이 되었다.

이렇게 막강한 힘을 소유하고 있었던 붓다가 마지막 순간에는 기력이 쇠진하게 되어 눕게 되었다는 것이다.[25] 여하튼 북방의 유부나 남방의 상좌부는 평소 붓다의 힘은 보통 인간의 힘을 초월한 것으로 보고 있다. 상상하기 어려울 정도의 힘을 가진 붓다의 육신도 이렇게 마지막 순간 무상법의 희생이 되므로 자신의 힘만을 자만하는 자는 교만심을 없애야 한다는 것이다.

①과 ②는 같이 이해될 수 있다. 제자들이 직접 붓다의 시신을 목격함으로써 불필요한 억측이나 상상을 하지 못하게 한다. ①과 ②가 제자들의 미혹을 방지한 것이라면 ③은 외도들의 미혹을 방지하려는 것이라는 설명이다. 이런 종류의 의혹이 일어나는 것은 성인은 보통 사람과 다르다는 믿음에서 기인한다. 보통 사람들은 성인의 외형만 파악할 수 있기 때문에 성인의 신체 동작이나 행위가 보통 사람들과 다르다고 본다. 죽을 때도 성인은 보통 사람과 다른 자세를 취하고 죽는다고 믿는 경향이 있다. 이런 믿음을 방지하고자 정좌하지 않고 누워서 입멸했다는 것이다. ④와 ⑤는 사실상 붓다가 정좌하지 않고 누워서 입멸한 이유가 기력이 없었다는 것을 인정하고 있는 셈이다.

2. 붓다의 입멸 장소

1) 『대반열반경』 제본의 설명

『열반경』 제본에 따르면 붓다는 쿠시나라에서 입멸하였다. 쿠시

---

25) Sumaṅgalavilāsinī II, p.573.

나라는 붓다 당시에도 매우 조그마한 마을이었던 것 같다. 붓다가 이곳에서 입멸하려고 하자, 시자 아난다가 큰 도시에서 입멸할 것을 붓다에게 간청하는 장면이 있다. "존자여! 세존께서는 이 작은 마을(kuḍḍa-nagarake), 숲속의 마을(ujjaṅgala-nagarake), 장작더미의 마을(sākha-nagarake)에서 반열반하지 마십시오. 존자여! 왜냐하면 다른 거대한 도시(mahā-nagarāni)들이 있습니다. 예를 들면 참파(Campā), 라자가하(Rājagaha), 사밧티(Sāvatthi), 사케타(Sāketa), 코삼비(Kosambi), 바라나시(Bārāṇasi)가 있습니다. 세존께서는 그곳에서 반열반하소서. 그곳에는 부유한 왕족(Khattiya-mahāsāla), 부유한 사제(Brāhmana-mahāsāla), 부유한 장자(gahapati-mahāsāla)들이 여래에 대한 신심(信心)이 많이 있습니다. 그들은 여래의 시신을 공양할 것입니다."[26] 한역 제본도 거의 동일하게 말하고 있다.

『대반열반경』은 쿠시나라가 변방이고 협소하다(邊狹)고 묘사하고 있다.[27] 『반니원경』은 좁고 누추한 조그마한 성[褊陋小城]으로 묘사하고 있고,[28] 『불반니원경』은 쿠시나라는 소현(小縣)이며 더구나 지금 붓다가 누워 있는 곳은 성 바깥으로 취락도 적고 누추한 곳[薄聚鄙縣]으로 묘사하고 있다.[29] 『유행경』은 좁고 누추한 조그마한 성[褊

---

26) Dīgha Nikāya II, p.146. "Mā, bhante, bhagavā imasmiṃ khuddakanagarake ujjaṅgalanagarake sākhānagarake parinibbāyi. Santi, bhante, aññāni mahānagarāni, seyyathidaṃ - campā rājagahaṃ sāvatthī sāketaṃ kosambī bārāṇasī; ettha bhagavā parinibbāyatu. Ettha bahū khattiyamahāsālā, brāhmaṇamahāsālā gahapatimahāsālā tathāgate abhippasannā. Te thatāgatassa sarīrapūjaṃ karissantī"ti.
27) 『대반열반경』(『대정장』 1, p.200下).
28) 『반니원경』(『대정장』 1, p.169下).
29) 『불반니원경』(『대정장』 1, p.169下). 쿠시나라의 왕은 태자와 신하를 보내 붓다가 성안으로 들어와 입멸할 것을 간청하고 있다(p.171中).

陋小城]이며 잡초가 무성하고 이지러진 땅[荒毁之土]으로 묘사하고 있다.30) 근본설일체유부는 황야(荒野)와 자갈땅[磽确], 변방의 비루한 땅[邊隅卑陋]으로 묘사하고 있다.31)

아난다의 간청 이유는 평범한 사람들의 의식을 잘 반영하고 있다. 위대하신 스승이 외지고 조그마한 장소에서 죽는다는 것은 어울리지 않는다고 보는 것이다. 죽은 후에도 이런 누추한 곳에선 추도나 장례도 초라하게 치러지거나 제대로 행하여지지도 않을 것이라는 염려이다. 위대한 성인의 죽음은 많은 사람들의 추도를 받고 성대하게 치러져야 한다는 것이 일반인의 상식이다.

아난다의 간청에 대해 붓다는 다음과 같이 거절하고 있다. "아난다여! 그렇게 말하지 마라. 즉 이 작은 마을(kuḍḍa-nagarake), 숲속의 마을(ujjaṅgala-nagarake), 장작더미의 마을(sākha-nagarake)이라고 말하지 마라. 아주 먼 과거에, 아난다여! 마하수닷사나(Mahasudassana, 大善見)왕이 있었다. 이 왕은 전륜선왕이며 정법의 왕이며, 지상의 사방을 정복한 왕이며, 그의 영토는 안전하게 정착되었고, 그는 7가지 보배를 갖추고 있었다. 바로 그 왕이 이 쿠시나라에 왕궁을 두고 있었다. 그 당시 이곳은 쿠사바티(Kusavati)라고 불리며 동서는 12요자나, 남북으로 7요자나에 걸친 광대한 지역이었다. 아난다여! 쿠사바티는 강대한 수도로 번창했으며 많은 사람들이 거주하였으며 수많은 사람들이 왕래하였고 먹을 것은 풍부하였다."32) 쿠사바티는

---

30) 『유행경』(『대정장』 1, p.21下).
31) 『근본설일체유부비나야잡사』(『대정장』 24, p.392).
32) Dīgha Nikāya Ⅱ, p.146. "Māhevaṃ, ānanda, avaca; māhevaṃ, ānanda, avaca - 'khuddakanagarakaṃ ujjaṅgalanagarakaṃ sākhānagarakan'ti. "Bhūtapubbaṃ, ānanda, rājā mahāsudassano nāma ahosi cakkavattī dhammiko dhammarājā cāturanto vijitāvī janappadatthāvariyappatto

깊은 산속의 작은 마을이 아니라 위대한 전륜성왕이 왕궁을 두었던 왕도로 수많은 사람들이 거주했던 거대한 도시였음을 붓다는 이야기하고 있다. 쿠시나라의 영광스러웠던 과거를 이야기하며 현재의 초라한 모습을 변명하고 있다. 세속적인 관습에 순응하려는 아난다의 간청을 붓다가 거절하고 있다. 그러나 그 거절 이유를 살펴보면 일반인의 상식을 부정하고 있는 것이 아니라 오히려 따르고 있다. 즉 과거 전생에 이 땅은 풍요롭고 아름다운 거대한 수도였다는 것이다.33)

아난다의 간청 및 그 이유에 대해 붓다의 답변은 신화적인 요소가 내재해 있어 일반인에게는 설득력이 없는 것처럼 들린다. 어쨌든 이러한 아난다의 간청이나 붓다의 답변은 『열반경』이 형성될 때 벌써 입멸 장소를 둘러싼 문제가 심각하게 다루어지고 있었음을 보여 주고 있다. "붓다는 카필라밧투(Kapilavatthu)에 태어났지만 마가다(Magadha)의 라자가하(Rājagaha), 코살라(Kosala)의 사밧티(Savatthi), 바스타(Vasta)의 코삼비(Kosambi)와 같은 대도시에서 살기도 하였으며

---

sattaratanasamannāgato. Rañño, ānanda, mahāsudassanassa ayaṃ kusinārā kusāvatī nāma rājadhānī ahosi, puratthimena ca pacchimena ca dvādasayojanāni āyāmena; uttarena ca dakkhiṇena ca sattayojanāni vitthārena. Kusāvatī, ānanda, rājadhānī iddhā ceva ahosi phītā ca bahujanā ca ākiṇṇamanussā ca subhikkhā ca."

33) 쿠시나라와 관련된 붓다와 아난다의 대화는 한역 『열반경』 및 산스크리트본 『열반경』에는 실려 있지만 팔리어 니카야에선 독립된 별개의 경전으로 『마하수닷사나-숫단타(Mahasudassana-suttanta)』로 존재한다. 이 경전에 따르면 붓다는 지난 과거세에 여러 번 이곳에서 전륜성왕으로 죽었지만 이번 생애에는 마지막으로 붓다로서 입멸하여 다시 태어나는 일이 없을 것이라고 밝히고 있다. 『열반경』에 보이는 쿠시나라와 관련된 붓다와 아난다의 짧은 대화가 『마하수닷사나-숫단타』로 발전하고 그 다음 『마하수닷사나-숫단타』에 근거하여 Mahasudassana Jataka(no 95)가 형성되었다고 보고 있다(Petagama Gnanarama, *The Mission Acccomplished*, Singapore: Ti-Sarana Buddhist Association. 1997. pp.23-4).

많은 독립 국가를 방문하면서 가르침을 베풀었다. 쉽게 주목할 수 있듯이 붓다는 매우 빈번하게 마가다와 코살라 왕국을 방문하다가 마침내 마지막 생애 20년을 사밧티에서 보냈다. 그러므로 붓다의 생애와 행적을 찬미하는 제자들 사이엔 말라족이 다스리는 보잘것없는 마을인 쿠시나라의 사라(Sala) 숲에서 입멸한 것에 대해서 불편한 마음이 있었음이 틀림없다."[34] 큰 도시에서 활동했던 붓다가 마지막 순간에 조그마한 마을에서 입멸한 것에 대해 제자들의 심기가 불편했으리라고 보는 것은 있을 법한 외도의 비판을 염두에 두면 적절한 유추라고 할 수 있다.

다수의 학자들은 붓다가 자신의 고국 카필라밧투를 가는 도중 쿠시나라에서 입멸했다고 해석하고 있다.[35] 어떤 근거로 카필라밧투를 여정의 목표지로 설정한 것일까? 『열반경』에 보이는 붓다의 마지막 여로는 29세 때 보살이 출가 결심을 하고 왕궁을 떠나 남쪽으로 내려왔을 때의 여로와 비교될 수 있다. 보살은 고향인 카필라밧투(Kapliavatthu)를 떠나 콜리야족(Koliyas), 말라족(Mallas), 마이네야족(Maineyas)의 나라를 거쳐 베살리(Vesali)에 이른다. 그러고 나서 라자가하(Rājagaha)에 가서 마침내 우루벨라(Uruvelā)에 이른다. 붓다의 마지막 여로는 반대로 라자가하에서 출발하여 날란다(Nālandā), 파탈리(Paṭali), 베살리(Vesali), 그리고 최후에 쿠시나라(Kusinārā)에서 여정이 끝난다. 대체로 두 여정이 서로 같은 길을 택하고 있다는 것을 알 수 있다. 보살이 출가했을 때 걸었던 여로와 붓다가 최후로 택했던 여로가 동일한 것이라고 가정한다면 붓다

34) Petagama Gnanarama, *The Mission Acccomplished*, Singapore: Ti-Sarana Buddhist Association. 1997. p.26.
35) 대표적으로 中村元을 들 수 있다. 『ゴ-タマ・ブッダ』 II, 東京: 春秋社 1995. p.6.

의 최후 목표지는 카필라밧투라고 유추할 수 있다.

『열반경』에 나타난 붓다의 여로를 『수타니파타(Suttanipāta)』(no.1012-3)에 보이는 여로와 비교해 보면 그 종착 예정지가 카필라밧투였을 것임을 짐작할 수도 있다. 『수타니파타』에 따르면 고행자 바라비(Bhāravi)의 제자들이 붓다를 찾아 쿠시나라에서 파바(Pāvā), 보고나가라(Bhogonagara), 베살리(Vesāli), 라자가하(Rājagaha)로 향하고 있다. 이때 붓다는 카필라밧투를 거쳐 사밧티에서 출발하고 있다. 이런 여정을 미루어 보면 남쪽에서 북쪽으로 가는 길은 카필라밧투와 사밧티로 향하고 있다는 것을 알 수 있다. 이 여로에 근거하여 발트슈미트는 붓다는 자신의 고향인 카필라밧투를 목표지로 하여 여행하다가 쿠시나라에서 입멸하였다고 주장하고 있다.36) 고향인 카필라밧투를 붓다의 최종 여행지로 추정하는 견해는 사람은 죽을 때 고향을 생각하고 고향에서 목숨을 마치려고 한다는 일반적인 생각이 전제되어 있다. 불교 문헌에 나타나는 대표적인 예로 사리풋타(Sāriputta)를 이야기할 수 있다. 사리풋타가 임종할 즈음 자신의 고향을 찾아가 자기가 태어난 집에서 수명을 다한다.37)

고향인 카필라밧투를 목표지로 붓다가 여행하였다고 하는 견해에 의거하면 붓다는 자기가 원하지 않는 곳에서 객사한 것이다. 한편, 이런 객사설에 대항하여 붓다는 의도적으로 쿠시나라를 선택했다는 견해도 있다. 라자가하(Rājagaha)나 바이살리 같은 대도시보다 조그마한 마을을 선택한 것은 붓다의 품성이 겸손하기 때문이라는 주

---

36) Waldschmidt, Ernst, "Die Überlieferung vom Lebensende des Buddha." *Abhandlungen der Akademie der Wissenschaften in Götingen: Philologisch-Historische Klasse*, nos. 29-30. Götingen.Waldschmidt. 1944-48. pp.344f.

37) An, YangGyu, *The Buddha's Last Days*. Oxford: Pali Text Society 2003. pp.83ff.

장도 있다.[38] 즉 평소 붓다는 검소함과 고요를 즐겼기 때문에 번잡한 대도시에서 입멸하는 것을 피했다는 것이다. 또 하나의 견해는 정치·사회적인 추론하에 이루어진 것이다. 자신의 출생 왕국인 석가국이 코살라의 속국이었기 때문에 그곳에서 열반에 드는 것은 적합하지 않았다는 것이다. 비록 말라족은 붓다의 직계 친척은 아닐지라도, 자신과 같은 몽골계 인종이었으며 자신의 친척이나 다름없었다는 이유에서 차선책으로 말라족의 쿠시나라를 자신의 입멸 장소로 결정하였다는 것이다.[39] 이상의 두 설명은 붓다가 객사하지 않고 자신의 의지에 따라 선택하였다고 보는 관점에서 부파불교 시대의 논사와 같은 불타관을 보여 주고 있다.

2) 붓다고사의 견해

붓다고사는 세 가지 이유를 들어 붓다가 이곳에서 반드시 입멸할 것을 결심했다고 한다. 붓다고사에 따르면 파바에서 마지막 공양을 한 이후 극도로 지쳐 있었으므로 파바에서 쿠시나라까지 8~12마일 거리를 오는 동안에 스물다섯 번이나 앉아서 쉬어야 했다. 온갖 힘을 다해 해 질 녘에 살라 숲에 겨우 도착할 수 있었다.[40] 붓다고사는 붓다가 이렇게 힘들게 쿠시나라에 온 경위를 먼저 밝히고 그 이

38) Nārada, *The Buddha and His Teachings*. Saigon. 1964. p.129.
39) Chamnong Tongprasert, "My Political Thought on the life of the Buddha" in the Overseas Going Buddhist Missionary Monks Class V, (Bangkok: Dhammaduta Bhikkhus Going Abroad, 2000), pp.77-96. An electronic version available at http://www.purifymind.com/ThoughtBuddhaLife.htm.
40) Sumaṅgalavilāsinī II, p.573.

유를 세 가지로 설명하고 있다. 첫째, 『대선견왕경(Mahāsudassana-sutta)』을 가르치기 위해서라는 것이다. 만약 쿠시나라가 아닌 다른 곳에서 입멸한다면 이 경전을 설할 필요성이 없어지기 때문에 이곳 쿠시나라에서 입멸했다는 것이다. 『열반경』에 따르면 붓다가 입멸할 즈음 시자 아난다가 붓다에게 이 작고 누추한 쿠시나라 마을이 아닌 다른 마을에서 입멸할 것을 권청한다. 그때 붓다는 이곳은 전생에 위대한 제국의 수도였으며 자신은 이 나라의 전륜성왕으로서 통치하다가 이 수도에서 죽었다고 말하며 쿠시나라의 옛 영광을 간략히 말하고 있다. 『열반경』에 기록되어 있는 이 짤막한 붓다와 아난다의 대화는 팔리어 경장에서는 『대선견왕경(Mahāsudassana-sutta)』이라는 별개의 경전으로 독립되어 나와 있다.[41] 이 경전을 설하고자 쿠시나라에 일부러 왔다는 것이다. 즉 아난다로 하여금 이 마을에 관해 질문을 유도하게 하여 이 경전을 설하여 많은 사람이 모두 선(善)을 행하도록 하였다는 것이다.

둘째, 수밧다(Subhadda)를 교화하고자 이곳에 왔다. 이 외도는 오직 붓다만 교화할 수 있으므로 그가 머물고 있는 쿠시나라에 왔다. 『열반경』에 따르면 그는 붓다의 최후의 제자가 된다. 붓다가 입멸한다는 소식을 듣고 그는 붓다에게 찾아와 진리에 관해 질문하고 답을 듣고 나서 출가하게 된다.[42] 특별히 왜 그를 마지막으로 교화하게 되었는지 살펴보면 다음과 같다. 전생에 두 형제가 함께 농사를 지었는데 형은 매우 관대하여 수행자에게 공양을 민첩하게 했지만 동생은 언제나 늦었다. 이런 과보로 현생에 형은 붓다의 첫 제자인

---

41) 반면에 산스크리트본이나 한역 제본에서는 『열반경』의 일부로 존재하고 있다.
42) 『열반경』 제본에 이 두 사람의 대화가 나오고 있으며, Milindapañha. p.130 에도 이 대화가 논의되고 있다.

아냐타콘다냐(Aññāta-Koṇḍañña)가 되었고 동생은 수밧다(Subhadda)가 되어 붓다의 최후 제자가 된다.43)

셋째, 사리를 둘러싼 분쟁을 막기 위해서라는 것이다. 쿠시나라에는 도나(Doṇa)라는 브라흐민이 있어 사리 소유로 말미암은 분쟁을 해결할 수 있다. 즉 다른 곳에서 입멸하면 화장 후 사리를 서로 소유하려다가 싸움이 일어나 많은 살상이 일어날 수 있지만 쿠시나라에는 현명한 도나가 있어 분쟁을 잘 해결하여 사리를 공정하게 분배할 수 있다고 붓다가 예견했다는 것이다. 『열반경』에 따르면 쿠시나라국 사람들이 붓다의 사리를 독점하려고 하자 이웃 7국의 병사가 도착하여 그들도 마찬가지로 사리를 독점하려는 전쟁 상황이 벌어지게 된다. 이때 도나가 나타나 전쟁으로 치닫는 싸움을 평화롭게 해결한다.44)

붓다고사는 이상의 세 가지 이유 때문에 붓다가 기력이 소진되었음에도 굳이 쿠시나라에 입멸하고자 왔다는 것이다. 그의 설명에 따르면 붓다는 이상의 세 가지를 미리 예견하여 온 것으로 우연이 아니라는 것이다. 붓다고사의 설명은 다분히 『열반경』에 있는 내용을 가지고 이루어진 것에 불과하다는 비판을 피하기가 어렵다. 단순히 우연히 발생한 일련의 사건에 지나지 않는다는 주장에 붓다고사는 강력히 반발하겠지만 우연으로 보는 시각을 무시하기는 어렵다. 사전에 정밀하게 계획된 것이 아니라 단순한 우연으로 볼 것인지, 붓다고사의 주장대로 붓다의 미래를 예지하는 전지(全知)에 의한 것인지 하는 문제는 불타관의 문제이다. 붓다를 어떻게 보는가에 따라 이상과 같은 문제가 발생하고 해결을 기대한다. 여하튼 붓다고사는

---

43) Sumaṅgalavilāsinī II, p.588.
44) Dīgha Nikāya II, pp.165f.

붓다의 전지한 능력으로 보고 있는 것이다.

3) 설일체유부 논사의 견해

『아비달마대비파사론』에선 여덟 가지 이유가 제시되고 있다.[45] 하나씩 살펴보자.

① 모든 역사(力士)를 제도하고자.

② 외도(外道)인 소발타라(蘇跋陀羅, Subhadda)를 교화하고자.

③ 보갈사(補羯娑, Pukkusa)로 하여금 독각(獨覺)의 보리(菩提) 종자를 심게 하고자. 보갈사는 말라(末羅, Mallas) 사람으로 아라라가라마(阿羅羅迦羅摩, Āḷāra Kālāma)의 제자였다. 붓다가 파바로부터 쿠시나라로 오는 도중에 붓다를 만난 그는 자신의 스승의 불가사의한 선정을 자랑한다. 이에 붓다는 자신의 선정이 더 훌륭하다고 보갈사를 설득한다. 이에 보갈사는 붓다에게 귀의한다.[46] 보갈사의 귀의는 붓다의 지위를 재확인하는 의미가 있다. 성도 전 붓다는 한때 아라라가라마를 스승으로 삼았다. 불행하게도 이 스승은 붓다가 성도할 때 이미 세상을 떠나고 없었으므로 붓다는 그에게서 자신이 더 훌륭하다는 것을 확인받을 수 없었던 것이다. 만약 그가 살아 있었더라면 그는 붓다의 제자가 되었거나 붓다가 자신보다 훌륭하다는 것을 인정했을 것이다. 아니면 적어도 붓다가 한때 그의 제자였다는 기억을 약화시킬 수 있었을 것이다. 이런 일이 가능하지 않은 상황에서 그의 제자를 대신 끌어들여 붓다에게 귀의시킴으로써 붓다의 위대성을 재천명한 것으로 해석된다.

---

45) 『阿毘達磨大毘婆沙論』(『대정장』 27, pp.956中).

46) Dīgha Nikāya II, pp.130ff.

④ 보갈사(補羯娑)의 아내로 하여금 무상정등보리(無上正等菩提)의 종자를 심게 하고자.

⑤ 구시성의 역사들이 경멸당하는 것을 중지시키고자. 다른 도시의 사람들이 구시성의 사람들을 업신여기고 있었으므로 붓다가 다른 곳에 입멸하면 이 마을 사람들은 붓다의 사리를 얻지 못할 것을 염려하여 이곳에 입멸했다는 것이다. 구시성은 천민들이 거주했거나 생활수준이 매우 낮아 큰 도시의 사람들이 무시하고 있었던 것 같다. 따라서 붓다의 가르침의 혜택을 제대로 받을 기회가 적었던 것이다. 그것을 염려하여 붓다가 이곳에 입멸함으로써 구시성의 사람들은 자연스럽게 자신들의 입지를 높일 수 있고 붓다의 가르침을 접할 수 있는 계기가 마련된 것이라고 보고 있다.

⑥ 붓다의 사리를 널리 유포시키고자. 구시성 사람들은 심신이 용감하고 건전하며 나누기를 좋아한다는 것이다. 용감하고 굳세므로 다른 사람들에게 비굴하게 굴복하여 붓다의 사리를 강탈당하지 않는다. 그리고 함께 나누어 가지는 것을 좋아하므로 주체적으로 널리 사리를 분배하리라는 것이다. 구시성 사람들은 자신들만이 붓다의 사리를 간직하려다가 다른 도시의 사람들과 싸우는 일을 일으키지 않는다는 것이다.

⑦ 붓다의 입멸 시, 붓다가 받는 공양은 전륜성왕(轉輪聖王)보다 몇천 배 더 받는데, 큰 도시에서 입멸할 경우 받는 공양이 전륜성왕을 능가하더라도 특별하지 않게 생각되는 데 비해 작은 마을에서 받는 공양은 도시에서 받는 공양과 비슷하더라도 더 특별하게 생각된다는 것이다. 부유한 도시의 호화로운 장례는 비일비재하여 특이한 것이 되지 않지만 작은 마을에서 행해지는 호화로운 장례는 규모가 같더라도 눈에 띈다는 것이다.

⑧ 전생에 붓다가 여기에서 신명을 버렸기 때문에 이번 생애에도 이곳에서 입멸한다는 것이다. 이러한 설명은 『열반경』 제본에 나오는 것과 같다.

①과 ⑤는 쿠시나라의 사람들을 위하여 이곳을 입멸 장소로 선택했다는 것이다. ②, ③, ④는 특정한 개인을 위하여 붓다가 이곳을 선택했다는 것이다. ⑥은 붓다의 사리 분배를 위해, ⑦은 붓다의 영광을 드높이려는 의도에서라는 설명이다. ⑧은 이상의 설명들이 만족스럽지 못하므로 『열반경』의 의견을 따르고 있는 듯하다. 어느 것이 정답인지 알 수 없지만 분명한 것은 여러 가지 답안이 제시되었다는 자체가 붓다의 입멸 장소에 관한 문제가 심각하게 논의되었다는 것을 보여 주고 있다.

이상 여덟 가지 설명 중 수밧다와 쿠시나라 사람들을 위해 쿠시나라를 입멸 장소로 선택했다고 보는 견해가 우위를 점하고 있다. 질병으로 몸이 불편함에도 붓다가 수밧다와 쿠시나라 사람들에게 법을 설한 필연성에 대해 자세히 밝히고 있는 문헌이 있다. 이 문헌은 설일체유부에 의해 전승된 것으로 유부 논사의 설명도 이 문헌에 근거한 것으로 추정된다. 붓다와 수밧다, 그리고 쿠시나라 사람들의 인연은 전생으로 거슬러 올라간다. 전생에 한 마리 사슴 왕과 천 마리의 사슴이 숲에 살고 있었다. 사냥꾼이 온다는 전갈을 받은 사슴 왕은 자신의 안위보다 다른 사슴들의 안위를 먼저 생각했다. 사슴 왕은 미약한 사슴들을 위하여 냇가〔川〕에 들어가 자신을 징검다리로 만들어 모두 피신시켰다. 사슴 왕의 등을 밟고 사슴들이 건너갔기 때문에 사슴 왕의 몸이 몹시 상하게 되었다. 그럼에도 어린 사슴 한 마리가 물을 건너지 못하는 것을 보고 다가가 등에 업고 건네주었다. 마침내 기력이 다하여 죽기에 이르렀을 때 왕은 다음 생에도 이들을 구원하고자 하는 발원을 세웠다. 이런 발원으로 수밧다와 쿠시나라 사람들을 위해 마지막으로 이곳 쿠시나라로 왔다는 것이다. 붓다는 전생에 사슴 왕이며 수밧다는 전생에 어린 사슴이며 쿠시나라 사람들은 전생의 사슴들이다.47)

『열반경』 제본이나 후기의 논사들이 여러 가지 설명을 하고 있지만 분명한 것은 붓다가 쿠시나라에서 객사한 것이 아니라 붓다 자신이 이곳을 의도적으로 선택했다는 것이다. 위대한 붓다가 작은 시골 마을에서 여행 중 초라하게 죽었다고 폄하하여 말하는 자가 있었던 것으로 추정된다. 왜소한 마을에서 많은 사람들의 이목도 끌지 못한 채 마지막 숨을 거두었다는 것은 붓다의 위대한 명성에 어울리지 않는 것으로 보통 사람들은 생각하기 쉽다. 따라서 불교도들은 이렇게 왜곡될 수 있는 사실을 바로잡으려고 이 작은 마을에 커다란 의미를 부여하고 붓다가 깊은 뜻을 가지고 이곳을 입멸 장소로 선택했다고 본 것이다.

3. 붓다의 입멸 시간

붓다의 입멸 연대에 관한 연구는 불교학 학자 및 인도학 학자들 사이에서 광범위하고 자세하게 연구되어 왔다. 붓다의 탄생 및 활동 시기는 불교인들에게 매우 주요한 사안임에 틀림없다. 인도 고대사를 연구하는 학자들도 붓다의 입멸 연대를 매우 중요시했다. 연대기적 기록이 전무한 인도의 고대사에 붓다의 입멸 연대는 인도 고대사

---

47) 『근본설일체유부비나야잡사』(『대정장』 24, p.397中).

를 연대기적으로 이해하는 데 가장 주요한 역할을 하고 있기 때문이다. 이런 불교 내외의 각별한 관심 때문에 입멸 연대에 관한 국제학술대회가 개최되기도 하였다.48)

『열반경』에선 입멸 연대에 관한 어떠한 시사점도 발견할 수 없다. 대신 우리는 입멸할 즈음의 계절과 시간을 추측할 수 있다. 『열반경』에 따르면, 붓다는 바이살리에서 수명을 포기한 지 3개월 뒤에 입멸한다. 만약 3개월이 붓다의 마지막 우안거의 종료 시기부터 계산된다면 붓다의 입멸 시기는 겨울(12월이나 1월)이 될 것이다. 팔리어 율장이 사용하고 있는 월수 개념과 중국의 음력이나 현재 우리가 사용하고 있는 태양력을 정확하게 비교하여 계산하는 것은 간단하지 않을 것이다. 초기불교 전통을 고수하고 있는 현 남방불교의 안거 시기를 참고하는 것이 붓다 당시의 안거 시기를 이해하는 데 가장 적합하고 현실적인 방법이 될 것이다.

안거 기간은 3개월인데 시작 시기에 따라 두 종류가 있다. 첫째는 아살하(Āsālhā, 6월~7월)의 보름날에서 카룻티카(Kārttikā, 10월~11월)의 보름까지 3개월 동안이고, 두 번째는 첫 번째보다 한 달 늦게 시작하는 것이다.49) 전안거로 보면 붓다의 입멸은 11월에, 후안거를 따져 보면 12월이 될 것이다. 현장(玄奘)에 따르면 마가다(Magadha) 지

48) 성대한 국제학술대회의 성과물로 다음의 저서가 나왔다. *The Dating of the Historical Buddha. Die Datierung des Historischen Buddha*. Edited by Heinz Bechert. 2 Vols(of 3). (Symposium zur Buddhismusforschung, IV, 1-2) pp. xv + 525; x + 530. Göttingen, Vandenhoeck & Ruprecht, 1991-2. 우리나라에선 윤호진의 논문이 있다: 「불멸연대고(佛滅年代考)」, 『불교학보』 vol. 25, 1988, pp.201-223.

49) Vinaya Piṭaka II, p. 131. Fleet, "The Day on which Buddha Died". *Journal of the Royal Asiatic Society*, 1909, p.18.

방의 안거는 당(唐)나라 달력으로 5월 16일에 시작해서 8월 15일에 끝난다고 한다.50) 중국과 우리나라에선 전안거는 음력 4월 15일부터 3개월이고 후안거는 음력 5월 15일부터 3개월간으로 이해하고 있다.51)

『열반경』에서 우리는 붓다의 입멸 시기가 겨울에 이루어졌다는 것을 추측하게 하는 전거를 찾을 수 있다. 붓다가 사라 나무 밑에 누웠을 때 때아닌 꽃이 피었다고 한다. "바로 그때 꽃이 피는 시기가 아니었지만 사라 쌍수는 꽃을 활짝 피웠다. 꽃들은 여래(如來)의 몸에 비처럼 내렸다. 여래의 몸 여기저기에 떨어져 여래를 공양하려 하였다." 52) 사라 나무에 대해 간략히 알아보자. 사라 나무는 자라면 3m 내지 4m까지 자라고 나뭇가지는 둘레로 50cm, 길이로 80cm까지 자란다. 사라 나무는 많은 양의 열매를 맺는데 이 열매는 사원에서 향으로 사용된다. 두 종류의 사라 나무가 있는데 록스버로(Roxburgh) 수종은 더운 여름에 꽃을 피우고 드루리(Drury) 수종은 3~4월에 꽃을 피운다. 꽃의 색상은 엷은 노란색이고 꽃의 크기는 대략 직경 2cm이다.53) 사라 나무의 개화 시기는 무더운 여름인 것을 알 수 있다.

『유행경』(『대정장』 1, p.30上)은 열반일을 2월 8일로, 『선견율비파

---

50) 『대정장』 51, p.918下.

51) 전안거는 불교 이전부터 외도들이 사용했던 방식인 데 비해 후안거는 불교 교단에서 처음으로 도입한 제도라고 한다(이태원, 『초기불교 교단생활』 서울: 운주사 2000, p.70).

52) Dīgha Nikāya II, p.137. "Tena kho pana samayena yamaka-sālā sabba-phāliphullā honti akāla-pupphehi. te tathāgatassa sarīraṃ okiranti ajjhokiranti abhippakiranti tathāgatassa pūjāya."

53) Fleet, J. F., "The Tradition about the Corporeal Relics of Buddha." *Journal of the Royal Asiatic Society*, 1906. p.659. fn 1.

사(善見律毘婆沙)』(『대정장』 24, p.673中)은 2월 15일로, 『삼론현의(三論玄義)』(『대정장』 45, p.8中)에서도 2월15일로 보고 있어 겨울로 보고 있다. 반면에 『불반니원경』(『대정장』 1, p.175下)은 4월 8일로, 『반니원경』(『대정장』 1, p.190下)도 4월 8일로 이른 봄에 붓다가 입멸했다고 보고 있다. 붓다의 열반일에 관하여 『유행경』이 『불반니원경』이나 『반니원경』보다 팔리어 『열반경』에 더 가깝다. 티베트의 주석가들은 붓다의 열반일을 늦가을(10~11월)로 잡고 있다.[54] 설일체유부도 카릇티카(Kārttikā, 10~11월)월 8일로 잡고 있다.[55]

이상의 열반일이 『열반경』이 암시하고 있는 날짜와 정확하게 맞지는 않다. 붓다가 수명을 포기한 시기와 이들이 제시하고 있는 열반일의 간격은 3개월이 되지 않기 때문이다.[56] 갠지스 강 중류 지방의 우기가 서력으로 6월에서 9월이므로[57] 이 기간을 붓다의 우안거 기간으로 잡는다면 붓다는 안거 후 3개월이 지난 뒤 입멸했으므로 12월에 입멸하게 되는 셈이다. 이상의 열반일이 모두 봄이 아니라 거의 초겨울을 가리키고 있기 때문에 대체로 상통하고 있다고 할 수 있겠다. 반면에 현재 남방의 상좌부는 붓다의 입멸일을 베사크월에 두고 있다. 베사크의 보름은 대체로 4월 27일에서 5월 25일 사이에 해당한다. 붓다 당시엔 4월 22일에서 5월 25일 사이에 해당한다.[58]

---

54) Obermiller, *The History of Buddhism in India and Tibet*. Delhi: Sri satguru publications(2nd edition in 1986). p.71.
55) Fleet, The Day on which Buddha Died. *Journal of the Royal Asiatic Society*, 1909, p.22. 플리트는 이 날짜가 정확하다고 변론하고 있다.
56) Thomas, E. J., *The Life of Buddha as Legend and History*. London 1949 (3rd ed.). pp.157ff.
57) 윤병식, 「초기불전의 성립연구(I)」 『불교학보』 1993. p.86 fn 59.
58) Fleet, J. F., "The Tradition about the Corporeal Relics of Buddha." *Journal*

『열반경』 제본에 따르면 붓다는 새벽녘에 입멸한 것으로 되어 있다. 『대반열반경』에 의하면 붓다는 후야분(後夜分)에 입멸한 것으로 되어 있다.[59] 남방 상좌부를 대변하는 붓다고사도 붓다의 입멸 시간은 이른 새벽으로 보고 있다. 붓다고사는 붓다가 새벽에 입멸하였다고 주석하고 있다. "붓다가 입멸하는 날 붓다는 수면을 통해 바방가에 들어갈 기회가 없었다. 왜냐하면 초야에 그는 말라족 사람(Mallas)들에게 가르침을 베풀고, 중야에 수밧다에게, 후야에 비구들에게 가르침을 베풀었기 때문이다. 이른 새벽에 붓다는 입멸하였다."[60] 붓다고사에 따르면 붓다는 초야에, 중야에, 그리고 후야에 각각 다른 제자들에게 법을 계속 설하고 나서 이른 새벽에 입멸했다. 이런 바쁜 일정 때문에 붓다는 잠을 잘 기회가 없었다고 설명하고 있다.

유부의 논사들은 붓다의 입멸 시간에 특별한 관심을 보이고 있다. 그들은 붓다가 중야(中夜)에 입멸하였다고 믿고 있으며 그러면 왜 중야(中夜)에 입멸하였는가를 논의하고 있다.[61]

① 중야가 가장 적정(寂靜)하기 때문이다. 인도는 몹시 더워 낮엔 일을 할 수 없어 일을 많이 하는 초야(初夜)나 후야(後夜)는 소란스럽다. 반면에 중야는 매우 조용하다. 붓다는 항상 적정을 좋아하고 찬미하였으므로 중야에 입멸하였다.

② 붓다는 양의 많고 적음에 있어 모자라거나 버리거나 하는 일 없

---

of the Royal Asiatic Society, 1906. p.659. fn 1. 이 책 p.59 참조.

59) 『대반열반경』(『대정장』 1, p.198下)

60) Sumaṅgalavilāsinī II, p.575. "Niddāvasena pana taṃ rattiṃ bhagavato bhavaṅgassa okāsoyeva nāhosi. Paṭhamayāmasmiñhi mallānaṃ dhammadesanā ahosi, majjhimayāme subhaddassa pacchimayāme bhikkhusaṅghaṃ ovadi, balavapaccūse parinibbāyi."

61) 『아비달마대비바사론』(『대정장』 27, p.957中).

이 적정한 양을 잘 조절한다는 것을 보이고자 함이다. 즉 붓다는 초야에 명(命)을 유지하고 후야에 수(壽)를 버렸다. 중야에 명을 유지하고 수를 버리면서 그 중간에 입멸하였다.

③ 대중으로 하여금 생사의 어둠에 대하여 싫증과 공포심을 내게 하려 함이다. 붓다는 가율저가월(迦栗底迦月, Kārttikā)의 8일 밤중에 입멸하였는데 그때 달은 이미 산 너머로 사라져 온 천지가 어두웠다. 마찬가지로 붓다의 밝은 달도 대열반산으로 숨어 버림으로써 세상은 무명으로 가득해졌다. 물리적인 밝은 달도 사라지고 그리고 정신적인 빛도 사라지므로 그 어둠은 세상 사람들로 하여금 공포심을 내게 만들어 세상에 대한 집착을 벗어나게 했다.

④ 붓다는 평소에 중정(中正)에 머무는 것을 좋아하였다. 전생에 보살이었을 때 천상의 세계 중간에 자리 잡고 있는 도사다천(覩史多天)에 태어났고 이 세상에 인간으로 태어날 땐 중인도(中印度)의 겁비라벌솔도성(劫比羅筏窣堵城)에 태어났다. 중야에 성(城)을 넘어 출가하고 중도행으로 정각하고 중도에 머물러 중생들에게 설법하고 중야에 입멸하였다.

①은 인도의 자연환경 즉 기후에 그 원인을 두고 있다. 붓다는 평소 고요함을 좋아하므로 사람들이 분주하게 일하지 않는 시간인 중야에 입멸했다는 것이다. ②는 수명을 적절히 시간별로 잘 조절하면서 중야에 입멸했다는 것이다. 초야에 수(壽)를 유지하고 후야에 명행을 버리고 중야에 입멸하였다는 것이다.[62] ③은 자연적이고 물리적인

62) 수(壽)는 수행(壽行)을 의미하고 명(命)은 명행(命行)을 의미한다. 자세한 것은 이 책 pp.88ff 참조.

중야의 어둠과 더불어 인식론적인 지혜 광명의 소멸은 사람들로 하여금 자신이 살고 있는 어둠의 세계에서 벗어나고 싶어 하는 마음을 내도록 한다는 것이다. ④는 ②와 밀접하게 관련되어 있는데, 중도의 교리가 얼마나 주요한 위치를 차지하고 있는가를 말하고 있다. 중도의 교리에 입각하여 붓다는 초야도 후야도 아닌 중야에 입멸하였다고 설명하고 있는 것이다.

4. 붓다의 최후 가르침

1) 붓다가 상체를 보인 이유

한역 『열반경』 중 일부 경전은 붓다가 상체를 드러내고 제자들에게 자세히 관찰하게 하는 장면이 있다. 『유행경』을 먼저 살펴보자. “세존은 울다라승(鬱多羅僧)을 펼쳐서 금색(金色)의 팔을 보여 주었다. 비구들에게 말했다. '너희는 여래가 세상에 때때로 출현하는 것이 우담발화(優曇鉢花)가 때마침 한 번 출현(出現)하는 것과 같다는 것을 알아야 한다.'”[63] 산스크리트어본에선 다음과 같이 전하고 있다. “세존은 상의를 벗으며 비구들에게 말하였다. '비구들이여! 여래의 몸을 응시하여라. 비구들이여! 여래의 몸을 응시하여라. 그 이유는 무엇인가? 마치 우담발라 나무 꽃을 지켜보는 것처럼, 여래(如來)·응공(應恭)·정등각(正等覺)을 친견하는 것은 어렵다.'”[64]

---

63) 『유행경』(『대정장』 1, p.26中). “世尊披鬱多羅僧 出金色臂 告諸比丘 汝等當觀如來時時出世 如優曇鉢花時一現耳.”

64) Waldschmidt, Ernst(1950-51), *Mahāparinirvāṇasūtra*, 3 Berlin: Akademie-

『근본설일체유부비나야잡사』에는 다음과 같이 기술되고 있다. "여래는 대비심(大悲心)으로 상의(上衣)를 벗어 신상(身相)을 드러내었다. 모든 비구들에게 말했다. '너희는 지금 불신(佛身)을 관하라. 왜냐하면 여래(如來)·응공(應恭)·정등각(正等覺)은 오담발라화(烏曇跋羅華)처럼 만나기 어렵다.' 그때 모든 비구들은 조용히 있었다. 붓다께서 말씀하셨다. '법(法)은 모두 이와 같이 제행무상(諸行無常)이다. 이것이 나의 최후 가르침이다.'"[65)]

유부의 논사들은 이상의 경전과 약간 다르게 다음과 같이 이해하고 논의하고 있다. "그때 세존은 상의를 벗어 상체 부분을 보여 주며 비구들에게 말했다. '너희는 마땅히 나를 관(觀)해야 한다. 너희는 마땅히 나를 찰(察)해야 한다. 그 이유는 무엇인가? 왜냐하면 여래(如來)·응공(應恭)·정등각(正等覺)은 출현하기도 어렵고 친견하기도 어렵기 때문이다. 구담발라화(漚曇跋羅華)를 보는 것보다 더 어렵다.'"[66)] 논사들은 먼저 왜 붓다가 상체를 보였는가를 논의하고 있다. 두 가지 이유를 들고 있다. 첫째 제자들에게 붓다의 몸을 친견하는 공덕을 짓도록 해 주기 위해서라는 것이다. 어떤 사람이 사마타(奢摩他)를 12년간 수행하여 얻은 공덕도 잠깐이나마 붓다의 몸을 보아 생긴 공덕보다 못하다는 것이다. 둘째 무상을 깨닫고 무상하지 아니한 법을 추구하라고 격려하기 위해서라는 것이다. 붓다가 3무수겁(三無數劫) 동안 쌓았던 복의 더미가 잿더미가 되기 전에 그

Verlag(42. 9;10).

65) 『근본설일체유부비나야잡사』(『대정장』 24, p.399上). "如來大悲愍故 遂去上衣現其身相 告諸苾芻汝等今者可觀佛身 汝等今者可觀佛身 何以故 如來應正等覺 難可逢遇如烏曇跋羅華 時諸苾芻咸皆默然 佛言 法皆如是諸行無常 是我最後之所教誨."

66) 『阿毘達磨大毘婆沙論』(『대정장』 27, p.957下). "爾時世尊袒上身分告苾芻衆曰 汝應觀我汝應察我 所以者何 如來應正等覺 難可出現 難可得見 過漚曇跋羅華."

것을 보고 견고한 법을 추구하도록 독려하려는 것이다. 붓다의 육신은 32상(相) 80종호(種好)의 덕을 갖추고 있지만 이러한 것도 결국 한 줌의 재로 변하게 되는 것을 보고 무상을 벗어난 것을 추구하라는 것이다. 이른바 마지막 순간까지 자신의 몸을 가지고 무상법을 가르치고 있는 것으로 논사들은 이해하는 것이다.

『근본설일체유부비나야잡사』에는 가관(可觀)이라는 용어가 『유행경』에는 당관(當觀)이라는 말이 사용되어 있고 『아비달마대비파사론』엔 응관(應觀)과 응찰(應察)이라는 용어가 나타나고 있다. 논사들은 관(觀)과 찰(察)을 엄격하게 구분하여 사용하고 있는 것으로 보고 있다.67)

① 관(觀)이란 안식(眼識)으로 보는 것을 말하고 찰(察)이란 의식(意識)으로 살핀다.

② 관(觀)이란 무분별심(無分別心)으로 찰(察)이란 분별심(分別心)으로 보는 것이다.

③ 관(觀)이란 현재(現在)를 살피는 것이고 찰(察)이란 미래(未來)를 살피는 것이다.

④ 관(觀)이란 생신(生身)을 살피는 것이고 찰(察)이란 법신(法身)을 헤아린다.

⑤ 관(觀)이란 소집(所集)을 보는 것이고 찰(察)이란 소증(所證)을 헤아리는 것이다.

⑥ 관(觀)이란 소염(所厭)을 보는 것이고 찰(察)이란 소흔(所欣)을 헤아리는 것이다.

⑦ 관(觀)이란 상호(相好)를 보는 것이고 찰(察)이란 공덕(功德)

67) 『阿毘達磨大毘婆沙論』(『대정장』 27, p.958上).

을 헤아리는 것이다.

관(觀)이란 눈이라는 감각기관을 의미하므로 붓다를 관한다는 것은 눈에 의해 파악되는 붓다의 색신(色身)을 의미한다. 반면에 찰(察)이란 미루어 헤아리는 것으로 붓다를 찰한다는 것은 눈으로는 파악되지 않는 붓다의 법신(法身)을 의미한다. 색신의 무상함을 관하면서 동시에 법신의 상주를 찰하라는 것이다. 색신에만 집착하면 허무주의에 빠질 가능성이 있으므로 동시에 법신을 찰하는 것이 권장되는 것으로 보인다. 경전에 비해 논사들이 찰을 더 부가한 의도가 여기에 있는 것이다. 무상한 붓다의 색신만 이야기하면 단견(斷見)에 빠질 수 있기 때문에 붓다의 법신을 말하려고 찰이라는 용어를 굳이 부가한 것이다.

2) 붓다의 최후 가르침

팔리어본 『열반경』에 따르면 붓다는 제자들에게서 불법에 의심이 없다는 말을 듣고 다음과 같은 최후의 가르침을 남긴다. "비구들이여! 이제 나는 너희에게 말한다. 제행(諸行)은 소멸되기 마련이다. 방일하지 말고(appamādena) 정진하라."68) 무상한 세계에서 벗어나도록 정진하라는 가르침은 붓다의 유언으로 제자들에게 남겼을 법한 내용이다. 불방일(不放逸)의 원어는 appamāda인데 부정 접두사 a와 pamāda로 이루어진 말이다. pamāda는 어떤 자극에 의해 정신이 마비된 것을 가리키는 말로 특히 만취한 상태를 가리킨다. 따라서 appamāda는 마음이 깨어 있는 상태를 의미한다. 단순히 무엇인

68) Dīgha Nikāya II, p.156. "Vayadhammā saṃkhārā, appamādena sampādethāti."

가를 게으름 피우지 않고 열심히 하는 것(diligent)이 아니라 마음이 또렷이 각성(覺醒)한 상태(vigilance)이다.69) 불방일의 가르침은 결국 붓다(깨어 있는 자, 覺者)라는 말과 상통하는 것이다. 붓다가 최후의 유교(遺敎)로 불방일을 남겼다는 것은 붓다 자신도 최후 순간까지 '깨어 있음'을 의미하는 것이다. 불방일은 모든 덕목 중에서 가장 포괄적인 것으로 다른 모든 덕목을 포함한다고 가르치고 있다. "모든 중생들의 발자국이 코끼리 발자국에 포함되듯이, 코끼리 발자국이 가장 거대한 것으로 여겨지듯이, 모든 훌륭한 덕은 불방일을 그들의 기초로 삼고, 불방일은 모든 덕목 중에서 가장 거대한 것으로 여겨진다."70) 밤하늘에 온갖 별들이 빛나지만 그것들은 달빛에 비길 바가 아니다. 달빛은 밤하늘에서 가장 위대하다고 여겨진다. 마찬가지로 세상에는 여러 선(善)의 길이 있지만 불방일을 근본으로 하므로 불방일이 최대가 되고 최상이 된다고 가르치고 있다. "비구들이여, 온갖 착한 법은 모두 불방일을 근본으로 하고, 모두 불방일에 의해 이루어진다. 그러므로 불방일을 모든 착한 법 중에서 최상이라고 말하는 것이다."71)

『반니원경』에는 다음과 같이 붓다의 최후 가르침이 기록되어 있다. "너희 비구들은 붓다의 의용(儀容)을 관(觀)하라. 다시 보기 어렵다. 지금부터 일억 사천여 년 후에야 미륵불(彌勒佛)이 나올 뿐이다. 항상 만나기는 어렵다. 천하의 구담발(漚曇缽)은 꽃을 피우지 않고 열매를 맺는다. 만약 꽃을 피우면 곧 세상에 붓다가 출현할 것이

69) Nyānatiloka, *Buddhist Dictionary: Manual of Buddhist Terms and Doctrines*. Kandy. 1980.
70) Saṃyutta Nikāya V, p.43.
71) Saṃyutta Nikāya V, p.44.

다. 붓다는 세상의 태양으로 항상 중생의 무지를 제거하는 것을 생각한다. 나는 성사(聖師)로서 나이 79세에 이르렀다. 해야 할 바는 이미 모두 펼쳐 보였다. 너희는 그것을 힘써라. 밤이 이미 반을 지났다."[72] 이 경전에선 붓다 출현의 어려움과 붓다 친견이 얼마나 소중한 기회인가를 강조하고 있다.

『불반니원경』은 아주 간략하게 붓다의 최후 말씀을 전하고 있다. "불(佛)은 비구(比丘)들에게 말했다. '이미 밤이 지났으므로 다시 소리 내지 마라.'"[73] 이 짤막한 말 이전에 붓다나 붓다의 가르침에 조금의 의혹도 없다고 하는 제자들의 신앙고백이 나타나 있다. 이 경전은 다른 경전과 달리 붓다의 최후 말씀에 관하여 그렇게 큰 의미를 부여하고 있지 않은 것 같다. 제자들을 두고 떠나는 스승이 제자들을 위해 특별히 의미심장한 말씀을 최후로 할 것이라는 일반적인 기대를 저버리고 있다.

『대반열반경』엔 다른 경전과 달리 다소 감동적인 장면이 추가되어 있다. 제자들에게서 불법에 관해 어떠한 의혹도 없다는 말을 듣고 나서 최후로 제자들에게 다음과 같이 말하고 있다. "'너희가 만약 내가 신(身)·구(口)·의(意)로 잘못한 것을 보았다면 너희는 나에게 말해야 한다.' 그때 모든 비구들은 붓다의 이 말씀을 듣고 눈물을 흘리며 슬퍼했다. '여래(如來)가 어찌 신(身)·구(口)·의(意)로 아주 작은 잘못이라도 지었겠습니까?'라고 대답했다. 이에 여래는 곧 게(偈)를 설했다.

72) 『般泥洹經』(『대정장』 1. p.188中). "汝諸比丘 觀佛儀容 難復得睹 卻後一億四千餘歲 乃當復有彌勒佛耳 難常遇也 天下有漚曇鉢 不華而實 若其生華 則世有佛 佛爲世間日 恒憂除衆冥 自我爲聖師 年至七十九 所應作者 亦已究暢 汝其勉之 夜已半矣."

73) 『불반니원경』(『대정장』 1, p.172下). "佛告比丘 夜已且半 勿復有聲."

제행(諸行)은 무상(無常)하다. 이는 생멸(生滅)하기 마련이다.
생멸(生滅)이 사라진 것, 적멸(寂滅)을 즐거움으로 삼는다.

그때 여래는 이 게송을 설하고 모든 비구들에게 말했다. '너희는 마땅히 알아야 한다. 일체(一切)의 만들어진 것은 모두 무상(無常)하다는 것을. 지금 비록 금강(金剛)과 같은 나의 몸도 또한 무상하여 변화할 수밖에 없다. 생사 중에서 가장 두려운 것이다. 너희는 응당 근행(勤行)하고 정진(精進)하라. 빨리 생사(生死)의 불구덩이에서 벗어나도록 하라. 이것이 나의 최후의 가르침이다. 나는 반열반할 것이다. 그때가 이미 이르렀다.'"[74] 이 경전은 다른 어떤 경전보다 붓다의 최후 순간을 자세히 보여 주고 있다. 서두 부분에서 붓다는 자신이 자신도 모르게 잘못한 것이 있는가를 제자들에게 묻고 있다. 이 부분에서 붓다의 겸손을 느낄 수 있지만 그것보다는 마지막 순간까지 붓다는 깨어 있었기 때문에 어떠한 잘못도 무의식적으로 하지 않았다는 것을 강조했다고 보는 것이 더 타당할 것이다. 붓다라는 말 자체가 '깨어 있음'을 의미하기 때문에 붓다는 최후까지 무명(無明)에 의해 미혹되는 바가 없었다는 것이다.

『유행경』에선 세존은 금색(金色)의 팔을 보여 주고 여래 출현의 어려움을 말한 뒤 불방일을 가르치고 있다. "비구들이여! 방일(放逸)하지 마라. 나는 불방일(不放逸)로써 스스로 정각(正覺)에 이르렀

---

74) 『대반열반경』(『대정장』 1, p.204下). "汝等若見我身口意脫相犯觸 汝當語我 時諸比丘聞佛此語 流涙懊惱而白佛言 如來豈當有身口意微細過耶 於是如來卽便說偈 諸行無常 是生滅法 生滅滅已 寂滅爲樂 爾時如來 說此偈已 告諸比丘 汝等當知 一切諸行 皆悉無常 我今雖是金剛之體 亦復不免無常所遷 生死之中極爲可畏 汝等宜應勤行精進 速求離此生死火坑 此則是我最後教也 我般涅槃 其時已至."

다. 무량(無量)의 중선(衆善)도 또한 불방일로 얻어진 것이다. 일체 만물은 무상한 존재이다. 이것이 여래가 마지막으로 가르치는 바이다."[75] 『근본설일체유부비나야잡사』도 『유행경』과 마찬가지로 상체를 보여 주고 여래 출현의 소중함을 말한다. 그러나 단지 무상법만 말하고 불방일은 생략되고 있다. "법(法)은 모두 이와 같이 제행무상(諸行無常)이다. 이것이 나의 최후 가르침이다."[76] 산스크리트어 『열반경』도 상체를 보여 주며 무상법을 가르치고 있다. "비구들이여! 침묵하라. 만들어진 것들은 사라지게 마련이다."[77] 비록 불방일의 가르침이 언표되고 있지 않지만 무상법(無常法)의 가르침에 포함되어 있다고 보아야 할 것이다. 무상법만을 말한 것이라면 그것은 소극적인 허무주의나 운명론으로 이어질 것이다.

『열반경』 제본은 붓다의 마지막 말씀을 동일하게 전하고 있지 않지만 대부분 불방일을 붓다의 최후 유훈으로 말하고 있다. 전체적으로 『열반경』 제본에 담긴 붓다의 최후 가르침은 무상에 대한 철저한 자각과 거기서 벗어난 세계에 대한 추구의 두 축으로 이루어져 있다. 붓다는 생멸에 종속되어 있는 무상한 법에서 벗어나 생멸을 초월한 세계를 추구하도록 권고하고 있다. 무상의 세계에서 벗어나는 방법으로 불방일이 제시되고 있다. 단순히 부지런히 노력한다는 것이 아니라 사념처 수행법을 의미한다고 보인다. 순간순간 자신에게서 일어나고 있는 것을 알아차리는 것, 방심하지 않고 관찰한다는

---

75) 『유행경』(『대정장』 1, p.26中). "比丘 無爲放逸 我以不放逸故 自致正覺 無量衆善亦由不放逸得 一切萬物無常存者 此是如來末後所說."

76) 『근본설일체유부비나야잡사』, (『대정장』 24, p.399上). "法皆如是諸行無常 是我最後之所教誨."

77) Waldschmidt, Ernst(1950-51), *Mahāparinirvāṇasūtra*, 3 Berlin: Akademie-Verlag(42. 11).

것이다.

논사는 붓다의 최후 가르침을 다음과 같이 이해하고 있다. “너희 비구들은 재묵(裁默)하고 제행(諸行)이 소멸되는 것이라고 관찰하라.”[78] 붓다가 최후로 이런 가르침을 설한 이유를 제자들의 슬픔을 막고자 한 것이라고 한다. 붓다가 장차 입멸하므로 비구들의 슬픔이 극심하였다. 그래서 붓다는 그 비애를 멈추게 하여 제행무상을 관하도록 한 것이다. 이어 논서는 붓다의 최후 가르침의 내용을 몇 가지 방식으로 분석하고 있다. 첫째, “재묵(裁默)이란 정념(正念)을 유지하라는 것이다. 제행(諸行)이 소멸되는 것이라고 응당 관찰하라는 것은 정지(正知)를 일으키라는 것이다.”[79] 둘째, “재묵이란 사마타(奢摩他, samatha)를 수행하라는 것이고 제행을 관(觀)한다는 것은 비발사나(毘缽舍那, vipassanā)를 수행하라는 것이다.”[80] 셋째, “재묵이란 우비(憂悲)를 멈추게 하는 것이고 제행을 관한다는 것은 관행(觀行)을 일으키라는 것이다.”[81]

넷째, 묘음(妙音) 존자의 견해를 소개하고 있다. “재묵이란 다른 사람의 비애(悲哀)를 멈추게 하기 위함이다. 제행이 소멸되는 것이라고 응당 관찰하라는 것은 자신이 성취한 것은 망실(忘失)하지 않는다는 것을 드러내는 것이다.”[82] 존자의 설명은 계속 이어지며, 붓

---

78) 『阿毘達磨大毘婆沙論』(『대정장』 27, p.958上). “汝等苾芻 且可裁默 應觀諸行 是盡滅法.”

79) 『阿毘達磨大毘婆沙論』(『대정장』 27, p.958上). “可裁默者令住正念 應觀諸行 是盡滅法者 令起正知.”

80) 『阿毘達磨大毘婆沙論』(『대정장』 27, p.958上). “可裁默者 令修奢摩他 觀諸行者 令修毘缽舍那.”

81) 『阿毘達磨大毘婆沙論』(『대정장』 27, p.958上). “可裁默者 令止憂悲 觀諸行者 令起觀行.”

82) 『阿毘達磨大毘婆沙論』(『대정장』 27, p.958上). “可裁默者 欲止他悲哀應 觀諸行是

다가 정각한 지 얼마 되지 않았을 때 설하였다는 게송을 인용하고 있다. "제행은 무상하여 생멸(生滅)하기 마련이다. 일어난 것은 멸하기 때문이다. 그 적묵을 즐거움으로 삼는다."[83] 지금 입멸 순간에 이전의 게송에 의거하여 제행은 소멸하기 마련이나 붓다 자신이 성취한 것은 잃어버리는 것이 아님〔無忘失法〕을 설한다는 것이다. 존자의 설명에서 무망실법(無忘失法)은 제행과 상반되는 것으로 열반에 다름 아닌 것이다. 붓다의 육신은 제행이므로 생멸의 법칙에 종속되지만 붓다가 이룩한 열반은 무망실법으로 생멸의 무상을 초월해 있다는 것이다. 존자의 이해에 따르면 붓다는 최후의 가르침을 통해 무상법에 집착하지 말고 그것을 초월한 법을 추구하도록 했다는 것이다.

***

붓다의 마지막 순간을 전하고 있는 『열반경』에 따르면 붓다는 마지막 공양을 들고 질병에 걸린 채 쿠시나라의 작은 마을에서 입멸한 것으로 되어 있다. 이런 묘사는 자칫하면 붓다의 최후 순간을 왜곡시키기 위한 자료로 해석되기 쉽다. 붓다가 식중독에 걸려 인사불성 상태로 외진 마을에서 객사했다고 악의적으로 험담할 수 있는 것이다. 이런 외도의 악담을 불교인들은 그냥 둘 수는 없다. 붓다의 최후 행적을 목격한 제자들에겐 이상과 같은 악담은 들리지 않았을 것이다. 그러나 시간이 지나감에 따라 붓다의 입멸 상황을 의도적으로

盡滅法者 顯自成就無忘失法."

83) 『阿毘達磨大毘婆沙論』(『대정장』 27, p.958上). "諸行無常 有生滅法 以起盡故 彼寂爲樂." 이 구절은 초기경전 여기저기 자주 등장하고 있다. 무상과 그것의 초월에서 오는 즐거움을 말하고 있다.

왜곡하여 해석하는 자들이 나타났을 것이다. 이런 악담에 대응하려면 붓다의 입멸 상황을 바르게 전달할 필요가 있다는 것을 불교인들은 느꼈을 것이고 이런 노력의 산물이 부파불교의 논서에 나타나고 있는 것이다.

외도가 행하였을 만한 악담에 대한 반격으로, 붓다는 자신의 예지에 의해 자신의 입멸 장소를 선택하였고 입멸 순간까지 전혀 흐트러짐 없이 온전히 깨어 있었다는 것이다. 붓다의 이런 각성 상태는 붓다의 최후 가르침에도 그대로 나타나고 있다고 보는 것이다. 무상법을 자각하고 방일하지 말라는 붓다의 가르침은 단순히 제자들을 위해 설했다기보다는 붓다의 마지막 순간도 방일하지 않음을 보여 주고 있는 것으로도 보아야 한다. 자신이 불방일하지 못하면서 제자들에게 불방일을 가르칠 수 없는 것이다.

붓다의 최후 행적을 불교인들이 정확하게 개관적으로 기술하고 있는지 아니면 단순히 미화하고 있는지 지금으로선 객관적으로 판단하기 어렵다. 이 문제에 대한 해답의 실마리는 불타관의 연구에서 찾을 수밖에 없다. 붓다의 본질을 어떻게 보는가에 따라 그 답은 달라질 수밖에 없다. 『열반경』에 보이는 불타관보다 부파불교의 논서에 보이는 불타관이 훨씬 붓다를 초인화하고 있는 것은 분명한 사실이다. 『열반경』도 붓다를 단순하게 인간적인 수준에서 다루고 있는 것은 결코 아니지만, 있었던 사실을 왜곡해 가면서 미화하지는 않은 것으로 보인다. 하여튼 붓다가 무기력하게 벽촌에서 객사하였다는 험담을 불교인들은 그대로 받아들일 수 없었다는 것을 충분히 확인할 수 있었다.

제8장 붓다의 장례식

역사적인 붓다의 입멸을 다루고 있는 초기불교 『열반경』에 따르면 붓다는 사라 쌍수 아래에서 입멸하였다. 붓다의 시신 처리 과정에 대해 자세한 사정이 경전에 전해져 오고 있다. 이 장에선 붓다의 입멸 직후부터 불탑 건립에 이르기까지 과정 중 주요한 사항을 선별하여 다루어 보고자 한다. 즉 붓다의 시신에 대한 예경, 시신 운구, 다비식 등을 집중적으로 살펴보고자 한다. 붓다의 장례식을 전하는 문헌들에는 신화적인 요소가 내재해 있다. 신화적인 요소는 과학적인 이성이나 평범한 상식적인 시각 앞에선 허구에 불과하다. 이 장에선 이런 신화적인 요소를 바로 무시하거나 그렇다고 억지로 왜곡해 가며 무리하게 해석하려고 하지 않는다. 일단 이적은 이적으로 텍스트 그대로 보여 주고 그 이적의 이야기 이면에 숨겨진 의도를 천착하고자 한다. 신화적인 요소 이면에 숨어 있는 의미를 합리적으로 이해하고자 한다. 신화적인 요소를 역사적인 사건 배후에 놓여 있는 의도나 의미를 풍부하게 하려는 장치로 보고자 하는 것이다.

붓다의 장례와 관련된 문헌은 팔리어 『열반경』을 비롯하여 몇 가지 문헌들이 존재하고 있다. 본 장에선 팔리어 『열반경』을 먼저 살피고 나서 한역 『열반경』을 제시하는 것으로 하였다. 이렇게 하는 이유는 팔리어 『열반경』이 한역 『열반경』보다 한층 더 역사적 사실에 근접하고 있다는 추정에 근거한 것이기 때문이다. 아무래도 한역 『열반경』은 인도의 원전이 중국인을 고려하면서 번역이 이루어진 것이기 때문에 번역 당시 중국의 풍습이나 문화가 반영될 소지가 있다. 그리고 아울러 붓다가 입멸한 후 몇 세기가 지난 시기에 번역이 이루어졌기 때문에 붓다를 향한 신앙이 더 깊어졌으리라고 추론할 수 있다. 붓다에 대한 신애(信愛)가 강화되면서 붓다를 신격화하거나 초인화(超人化)하는 과정 속에서 신화적인 요소가 개입될 수 있다. 필요한 경우엔 팔리어본 『열반경』에 대한 붓다고사(Buddhaghosa)의 주석도 참조하고자 한다.

1. 붓다의 장례 지시

1) 붓다와 전륜성왕

붓다는 붓다, 벽지불, 아라한, 전륜성왕 등 네 종류의 사람에겐 성대한 장의(葬儀) 즉 전륜성왕의 장법(葬法)을 지시하고 있다. 전륜성왕 장법이 심각하게 제기되는 맥락은 붓다의 시신 처리와 직접 연관되어 있기 때문이다. 붓다는 유언으로 자신의 시신을 전륜성왕을 장례하는 방법으로 처리하라고 권고하고 있다. 전륜성왕이라는 명칭이 지적하듯이, 그는 법의 수레바퀴를 굴리는 자이다. 전륜성왕은 자신이 굴리는 수레바퀴를 따라 전진하여, 사대륙을 정복하고 법(法)에 일치하여 자기 백성의 행복을 위해 자신의 왕국을 통치한다.[1] 여기서 수레바퀴는 법의 수레바퀴이다. 우리는 즉시 법의 수레

---

1) Dīgha Nikāya II, pp.173f. Majjhīma Nikāya II, pp.172ff.

바퀴가 붓다와 전륜성왕을 연결시키는 고리임을 『전법륜경(轉法輪經, Dharmacakrapravartana-sūtra)』에서 알 수 있다. 수레바퀴를 굴린다는 상징에서, 즉 만민의 통치자라는 관점에서 붓다는 법의 수레바퀴를 굴리는 자(dharamacakrapravartayati)라고 묘사된다. 전륜성왕은 정의로운 법왕(法王, dhammiko Dhammarājā)으로 정의된다. 붓다는 법(法, Dhamma)이야말로 진정으로 전륜성왕들 중의 왕이라고 선언한다. 전륜성왕이 오직 법(Dhamma)에만 의존하고, 법만을 존중하고, 백성에게 정의로운 보호를 베풀 듯이, 붓다도 법에 의존하고 백성들에게 정의로운 피난처를 제공한다.[2)]

초기불교 문헌은 전륜성왕과 붓다 사이의 밀접한 유사성을 보여준다. "이 둘은 너무 가깝게 연결되고 있어서 서로 다른 역할을 하고 있지만 동일한 자로 여겨진다."[3)] 고살(Ghosal)은 이런 밀접한 유사성을 다음과 같이 이해하고 있다. "전륜성왕은 종교적인 세계의 스승과 비교해, 세속적인 세계의 통치자로 한 짝을 이룬다. 외형상의 육체 모습, 이른바 대인(大人, Mahāpurisa)의 32상을 닮고 있을 뿐만 아니라 출생, 죽음, 화장(火葬), 추모 등의 경이로운 사건에서도 서로 닮고 있다. 아울러 보편적인 시혜자(施惠者)로서 똑같이 특별한 역할을 한다는 점에서 서로 닮아 있다."[4)] 붓다가 중생을 위하여 세계 전역에 법을 시설(施設)하듯이, 전륜성왕도 백성들의 복지를 위하여 전 세계를 통치한다. "비구들이여, 이 세상에 태어난 이 두 사람은 많은 사람들의 복지와 행복을 위해 태어났다. 그들 둘은 누구

---

2) Aṅguttara Nikāya III, p.149.
3) Ling, Trevor. *The Buddha: Buddhist Civilisation in India and Ceylon*. London: Maurice Temple Smith Ltd..1973 p.145.
4) Ghosal, U. N., *A History of Indian Political Idea*. Bombay: Oxford University Press. 1959. p.79.

인가? 아라한이고 정각자인 여래(如來)와 전륜성왕이다."[5]

전륜성왕의 개념은 불교 흥기 이전에 이미 형성되어 있었다고 파라나리타나(Paranaritana)는 주장하고 있다. 그에 따르면 북인도 국가의 몇몇 왕들이 전륜성왕으로 여겨졌다고 한다.[6] 전륜성왕의 개념이 최초로 발견되는 문헌은 브라흐만교의 『마이트라야니 우파니사드(Maitrayani Upanisad)』이다. 이 문헌에 따르면 광대한 지역을 다스리는 왕으로 묘사되고 있다. 이러한 전륜성왕 개념이 불교에 도입되어 불교의 근본 가르침에 맞게끔 변용된 것이라고 페타가마 그나나라마(Petagama Gnanarama)는 설명하고 있다. 그는 찻카밧티 시하나다 수타(Cakkavatti Sihanada Sutta)에 보이는 전륜성왕의 덕행과 붓다의 덕행이 유사하다고 결론 내리고 있다. 최종적으로 붓다의 장례식이 전륜성왕의 장례법과 같이 치러져야 한다는 것은 결국 붓다와 전륜성왕이 동등하다는 것을 보여 주는 것이다. 찻카밧티 시하나다 수타는 『열반경』의 전륜성왕 장례법 운운은 아소카 왕 시기에 형성된 것으로 보고 있다.[7] 붓다와 전륜성왕의 유사성에 대한 교리는 붓다 재세 시에 일어난 것이 아니고 붓다의 입멸 직후 발생한 것으로 발트슈미트(Waldschmidt)는 추정하고 있다.[8]

전륜성왕이나 붓다의 유골을 탑을 세워 봉안해야 하는 이유를 간략히 살펴보자. 전륜성왕의 유골을 공양해야 하는 이유에 대해 다음

---

5) Aṅguttara Nikāya Ⅰ, p.76.

6) Paranaritana S. "Stupas in Ceylon", *Memoirs of the archaeological Survey of Ceylon*, V. Colombo 1946 - 1947. p.2.

7) Petagama Gnanarama, *The Mission Acccomplished*, Singapore: Ti-Sarana Buddhist Association. 1997. pp.13-4.

8) Waldschmidt, Ernst(1944 - 48), *Die Üerlieferung vom Lebensende des Buddha. Abhandlungen der Akademie der Wissenschaften in Göttingen: Philologisch- Historische Klasse*, nos. 29 - 30. Göttingen.

과 같은 답이 기술되고 있다. "전륜성왕은 법(法)으로 다스려 자기 자신도 살생을 행하지 않고, 다른 사람에게 살생을 시키지도 않으며, 자기 자신도 도둑질을 하지 않고, 다른 사람에게 도둑질을 시키지도 않으며, 자기 자신도 음란한 짓을 하지 않고, 다른 사람에게 남의 아내를 범하게 시키지도 않으며, 자기 자신도 거짓말・꾸밈 말・욕・이간질하는 말로 이편과 저편을 싸움 붙이는 일・질투・성냄・어리석음이 없다. 스스로 마음이 전일하고 곧아 항상 바른 소견만을 가지며, 또 다른 사람도 바른 소견을 가지게 합니다."[9] 전륜성왕은 10선업을 스스로 행하고 다른 사람도 행하게 만들며, 스스로 정견을 가지며 다른 사람도 정견을 가지도록 하였기 때문에 전륜성왕을 위해 꼭 탑을 세워야 한다고 밝히고 있다.

여래를 위해 반드시 탑을 세워야 하는 이유에 대해 다음과 같은 답이 기술되고 있다. "여래는 10역(力)을 원만하게 갖추었다. 그 10역은 성문(聲聞)이나 벽지불이 미칠 수 있는 일이 아니며, 전륜성왕(轉輪聖王)도 미칠 수 없으며, 세간의 어떤 중생도 능히 미칠 수 있는 일이 아니다. 또 여래는 네 가지 두려움 없음〔四無畏〕이 있어, 대중 가운데에서 능히 사자처럼 외쳐 범륜(梵輪)을 굴린다. 또 여래께서는 해탈하지 못한 이를 해탈케 하시고 벗어나지 못한 이를 벗어나게 하시며, 반열반(般涅槃)하지 못한 이를 반열반하게 해 준다. 구호해 줄 사람이 없는 사람은 덮어 보호해 주고, 장님에게는 눈이 되어 주며, 병든 이를 위해서는 곧 의사가 되어 준다. 그래서 하늘과 세상

---

9) 『증일아함경』(『대정장』 2, p.816中). "轉輪聖王以法王治 自不殺生 復教他人使不行殺 自不與不取 復教他人使不竊盜 己不婬劮 復教他人不犯他妻 己不妄言・綺語・惡口・兩舌鬥亂彼此・嫉妒・恚・癡 己意專正 恒行正見 亦使他人習其正見." 비슷한 내용이 『증일아함경』(『대정장』 2, p.642中)에도 보이고 있다.

사람, 그리고 마(魔)와 또는 마천(魔天)들이 모두 높이고 받들어 모시지 않는 이가 없고, 공경하고 귀하게 여긴다. 또 여래는 나쁜 갈래 세계의 중생들을 돌려 좋은 곳으로 이르게 한다."[10] 붓다는 어느 누구도 미칠 수 없는 10역(力)과 4무소외(無所畏)를 갖추고 중생들을 구제해 주었기 때문에 사후 탑 공양을 받을 자격이 있다고 자세하게 설명하고 있다.

붓다는 네 종류의 사람, 즉 붓다, 벽지불, 아라한, 전륜성왕이 죽으면 화장한 후 탑을 건립해 존경을 표시해야 한다고 가르치고 있다. 벽지불과 아라한의 장법을 대략 살펴본 후 열반경에 보이는 붓다와 전륜성왕의 장법을 살펴보자. 물론 성대한 장의 즉 전륜성왕의 장법을 지시하고 있다. 먼저 벽지불의 장례식과 관련하여 수보리 벽지불의 장례식이 한역 경전에 나오고 있다. 왕자 수보리는 왕궁을 몰래 빠져 나와 출가 수행하여 5취온(取蘊)을 관찰하고 나서 '이른바 익힌 법〔習法〕은 다 사라지는 법〔盡法〕이다'라고 깨닫고 그 자리에서 곧 벽지불(辟支佛)이 되었다. 그는 산속으로 가서 혼자 나무 밑에서 무여열반(無餘涅槃) 세계에서 반열반(般涅槃)하였다.[11] 이런 사실도 모르고 수보리의 부왕인 음향왕은 왕자를 찾아 나가 드디어 나무 아래에 앉아 있는 아들을 보게 된다. 아들이 죽은 것을 알고 아들의 시신

---

10) 『증일아함경』(『대정장』 2, p.816下). "如來十力具足 此十力者非聲聞・辟支佛所能及逮 轉輪聖王所不能及 世間群萌所不能及也 如來四無所畏在大衆中 能師子吼轉於梵輪 如來不度者度 不脫者脫 不般涅槃者令般涅槃 無救護者與作覆蔭 盲者作眼目 與諸疾病作大醫王 天及世人・魔・若魔天 靡不宗奉 可敬可貴 迴於惡趣令至善處." 좀 더 간결한 내용이 『증일아함경』(『대정장』 2, p.642中)에도 보이고 있다. "如來有十力・四無所畏 不降者降 不度者度 不得道者令得道 不般涅槃者令般涅槃 衆人見已 極懷歡喜 是謂 阿難 如來應與起偸婆."

11) 『증일아함경』(『대정장』 2, p.815下).

을 거두어 왕궁으로 돌아가 화장하려고 하였다. 그때 산속에 있던 신들이 왕에게 아뢰었다. "이분은 벽지불이지, 왕자(王子)가 아닙니다. 그런 까닭에 화장하여 사리(舍利)를 취하는 법을 왕자의 법으로 해서는 안 됩니다. 왜냐하면 우리는 과거 모든 부처님의 제자들인데, 그 모든 부처님께서는 세상에는 반드시 탑을 세워야 할 네 종류의 사람이 있다고 하셨습니다. 어떤 사람이 그 네 종류의 사람인가? 여래(如來)・지진(至眞)・등정각(等正覺)을 위해 꼭 탑을 세워야 하고, 벽지불을 위해서 반드시 탑을 세워야 하며, 여래의 제자로서 번뇌가 다 없어진〔漏盡〕 아라한을 위해서 꼭 탑을 세워야 한다고 그렇게 가르치셨습니다. 따라서 마땅히 전륜성왕의 몸을 화장할 때처럼 여래와 벽지불의 몸을 화장할 때도 그와 같이 해야 합니다."[12]

그때 음향왕은 다시 신에게 어떻게 공양하고 전륜성왕의 몸을 화장합니까 하고 물었다. 수신(樹神)이 대답하였다. "전륜성왕을 위해 쇠로 곽(槨, 널)을 만들고, 그 안에 향유(香油)를 가득히 부어 전륜성왕의 몸을 목욕시키고 나서 희고 깨끗한 겁파육의(劫波育衣)[13]로 싼 뒤에, 다시 무늬가 있는 비단 옷을 그 위에 덮고, 곽 안에 넣어 쇠뚜껑으로 덮고 여러 곳에 못을 칩니다. 그러고 나서 백 장(張)의 하얀 천으로 그 곽을 싸고는 갖가지 향을 땅에 쌓아 놓고 쇠 곽을 그 속에 올려놓은 다음 이레 낮 이레 밤 동안 꽃과 향을 공양하고, 비단으로 만든 번기와 일산을 달고 풍악을 울립니다. 이레가 지난 뒤에는

---

12) 『증일아함경』(『대정장』 2, p.816中). "此是辟支佛 非是王子 蛇旬舍利法 不如王子法 所以然者 我是過去諸佛弟子 諸佛.亦有此教 世有四人應與起偸婆 云何爲四 如來・至眞・等正覺應起偸婆 辟支佛應起偸婆 如來弟子漏盡阿羅漢應起偸婆 當蛇旬轉輪聖王身時 蛇旬如來・辟支佛身 亦復如是."

13) 팔리어로는 kappāsa vattha라고 한다. 또는 겁패의(劫貝衣)라고도 하며, 번역하여 목면의(木棉衣), 또는 면의(棉衣)라고 한다.

왕의 몸을 다시 가져다가 화장하고, 그 사리를 주워야 합니다. 화장하고 나서는 이레 낮 이레 밤 동안 끊이지 않고 공양을 하다가 네거리에 탑을 세웁니다. 그러고는 다시 향·꽃·번기·일산 등 갖가지로 공양합니다. 대왕이여, 마땅히 알아야만 합니다. 전륜성왕의 사리는 이와 같이 공양해야 합니다. 그리고 모든 불여래(佛如來)와 벽지불과 아라한도 그렇게 하면 됩니다."[14] 신하들은 왕의 명령을 받고 금(金) 평상에 눕혀 수레에 싣고 국내로 돌아갔다. 이때 음향왕은 신들이 지시한 대로 장례식을 치렀다.[15] 수보리 벽지불의 장례식은 붓다가 지시한 전륜성왕 장례법과 크게 다르지 않다.

아라한의 장례식에 대해 대애도(大愛道)와 그의 제자들의 경우를 살펴보자. 대애도가 입멸하자 차마 비구니·우발색 비구니·기리시구담미(基利施瞿曇彌) 비구니·사구리(舍瞿離) 비구니·사마(奢摩) 비구니·발타란차(鉢陀蘭遮) 비구니·가전연 비구니·사야 비구니 등 상수(上首) 5백 비구니들은 선정에 들어 각각 멸도하였다. 그때 세존께서 아난에게 그들의 장례를 위해 야수제 대장에게 가서 다음과 같이 장구를 준비하라고 지시하고 있다. "평상 5백 개·좌구(坐具) 5백 개·소(酥) 5백 병·기름 5백 병·꽃 5백 수레·향 5백 봉지·섶나무 5백 수레를 빨리 준비하라."[16] 그때 아난은 야수제 대장에게 가서 붓다의 지시를 전했다. 야수제 대장은 곧 지시대로 화장할 때 쓸 물건을

---

14)『증일아함경』(『대정장』 2, p.816中). "轉輪聖王與作鐵槨 盛滿香油 沐浴轉輪聖王身 以白淨劫波育衣 纏裹其身 復以綵畫之衣而覆其上 而著槨中 復以鐵蓋而蓋其上 處處施釘 復以百張白疊而裹其槨 以種種雜香積在乎地 以鐵槨安著其中 七日七夜之中 華香供養 懸繒·幡蓋 作倡伎樂 過七日後 復取王身而蛇旬之 以取舍利 蛇旬復經七日七夜不絶 於四徼道中而起偸婆 復以香華·幡蓋種種供養 大王當知 供養轉輪聖王舍利 其事如是 諸佛如來·辟支佛·阿羅漢亦復如是."

15)『증일아함경』(『대정장』 2, p.816下).

16)『증일아함경』(『대정장』 2, p.822中). "速辦五百床具 五百坐具 五百瓶酥 五百瓶油 五百輿花 五百裹香 五百車薪."

모두 준비한 뒤에 세존께 나아갔다. 부처님께서 말씀하셨다. "너희는 지금 각기 대애도의 몸과 5백 비구니의 몸을 메고 비사리성을 나가 넓은 들판으로 가자. 내가 그곳에서 그 사리에 공양하리라."[17]

야수제는 곧바로 대애도 등이 있는 곳으로 가서 5백 사람에게 분부하여 각각 그 몸을 들어 평상 위에 올려놓게 하였다. 세존께서 모든 비구 대중에게 앞뒤로 둘러싸여 대애도의 곁으로 가셨다. 그때 세존께서 아난과 난다와 나운(羅云)에게 말씀하셨다. "너희는 대애도의 몸을 들어라. 내 지금 몸소 공양하리라."[18]

그때 석제환인(釋帝桓因)을 위시한 신들은 세존께 나아가 세존께서 몸소 수고하시지 말고 자신들이 지금 그 사리에 공양하겠다고 말하자 붓다는 신들에게 말씀하셨다. "그만두시오, 그만두시오, 천왕들이여. 나 여래가 스스로 알아서 할 것이다. 이것은 여래가 마땅히 행할 일이요, 하늘·용·귀신들이 할 일이 아니다. 왜냐하면 부모는 자식을 낳아 많은 이익을 주었기 때문이다. 즉 젖을 먹이고 안아 키운 은혜가 중하다. 그러니 그 은혜를 갚아야 한다. 은혜를 갚지 않으면 안 된다. 그리고 모든 하늘들은 꼭 알아야 한다. 과거에도 여러 불세존(佛世尊)을 낳으신 그 어머님이 먼저 멸도(滅度)하셨다. 그런 일이 있고 나면 그 불세존께서 모두 스스로 다비하고 그 사리에 공양하곤 하였다. 가령 미래에 모든 불세존을 낳은 어머니가 먼저 멸도하신다면 그 후에 모든 부처님들은 모두 직접 공양할 것이다. 이런 방편으로써 여래가 마땅히 직접 공양해야 하는 것이고 하늘·용·귀신이 할 일이 아님을 알 수 있을 것이다."[19] 그때 세존께서는

---

17) 『증일아함경』(『대정장』 2, p.822下). "汝今各取大愛道身及五百比丘尼身 出毘舍離到曠野之處 吾欲於彼供養舍利."
18) 『증일아함경』(『대정장』 2, p.822下). "汝等擧大愛道身 我當躬自供養."

몸소 직접 평상의 한쪽 다리를 드시고 난다가 한쪽 다리를 들고 나운이 한쪽 다리를 들고 아난이 한쪽 다리를 들고 허공을 날아 저 무덤 사이에 있는 화장터로 갔다. 그 중간에 사부대중인 비구·비구니·우바새·우바이는 오백 비구니의 사리를 들고 그 무덤 사이로 갔다.[20] 그때 세존께서 야수제 대장에게 다시 평상 두 개·좌구 두 개·섶나무 두 수레를 준비하고, 향과 꽃을 두 사미니의 몸에 공양하라고 지시한다.

야수제 대장이 잠시 후에 곧 공양할 도구를 준비하였다. 그때 세존께서 전단 나무를 각각 모든 천신들에게 전해 주셨다. 그때 세존께서 다시 대장에게 각각 오백 비구니의 시신을 가져다가 각각 분별하여 공양하고 두 사미니도 또한 그렇게 하도록 권고하였다. 붓다의 지시대로 대장은 부처님의 분부를 받고 각각 공양하고 곧 가져다가 화장하였다. 그때 세존께서 다시 전단 나무를 대애도의 몸 위에 놓았다. 그때 대장은 불이 꺼지고 나서 사리를 가져다 탑을 세웠다. 부처님께서 대장에게 오백 비구니의 사리도 가져다가 탑을 세우면 오랜 세월 동안 한량없이 많은 복(福)을 받을 것이라고 말하며 탑의 신앙과 보존을 장려하고 있다.[21]

---

19) 『증일아함경』(『대정장』 2, p.823上). "止 止 天王 如來自當知時 此是如來所應修行 非是天·龍·鬼神所及也 所以然者 父母生子多有所益 長養恩重 乳哺懷抱 要當報恩 不得不報恩 然諸天當知 過去諸佛世尊所生母先取滅度 然後諸佛世尊皆自供養蛇旬舍利 正使將來諸佛世尊所生之母先取滅度 然後諸佛皆自供養 以此方便 知如來應自供養 非天·龍·鬼神所及也."

20) 『증일아함경』(『대정장』 2, p.823上). ."世尊躬自擧床一脚 難陀擧一脚 羅云擧一脚 阿難擧一脚 飛在虛空 往至彼塚間 其中四部之衆 比丘·比丘尼·優婆塞·優婆夷 擧五百比丘尼舍利至於塚間."

21) 『증일아함경』(『대정장』 2, p.823上).

2) 전륜성왕의 장례법

붓다의 장례 지시를 전하고 있는 『열반경』 제본을 살펴보기 전에, 먼저 『세기경』의 「전륜성왕품」에 전륜성왕(轉輪聖王, cakkavatti)의 장례에 관한 이야기를 정리해 보자. 전륜성왕이 죽자 온 백성은 춤추고 노래하며 전륜성왕의 장례를 치렀다.

> 왕의 옥녀보, 거사보, 주병보와 나라의 백성들은 향탕(香湯)으로써 왕의 몸을 씻고 오백 장의 겁패(劫貝, 무명천)로 싸고 차례로 묶었다. 왕의 몸을 들어 금관 안에 넣고 향유를 뿌린 뒤 철관 속에 넣었다. 다시 목관으로 밖을 덧씌우고 온갖 향나무를 쌓아 위를 거듭 덮은 다음 화장했다. 네거리 길머리에 칠보탑(七寶塔)을 세우니 가로와 세로가 각각 1유순이고 갖가지 색이 뒤섞인 7보로 장식하였다. 그 탑의 4면에는 각각 문이 하나씩 있고 7보로 만든 난간을 둘렀다. 그 탑의 4면엔 가로와 세로가 각각 5유순이나 되는 빈터가 있었는데, 일곱 겹의 담장과 일곱 겹의 난간, 일곱 겹의 그물, 일곱 겹의 가로수가 있었다. ……중략…… 그 탑이 다 완성되자 옥녀보, 거사보, 주병보와 온 나라의 백성들이 모두 와서 이 탑에 공양했다. 모든 궁핍한 자에게 보시할 때에 밥을 필요로 하는 이에겐 밥을 주고 옷을 필요로 하는 이에겐 옷을 주었다. 코끼리와 말과 보배 수레도 모두 그 필요에 따라 주고 저들이 요구하는 대로 모두 주었다. 전륜성왕의 위신과 공덕은 그 일이 이와 같다.[22]

---

22) 『세기경』(『대정장』 1, p.121上). “其王玉女寶・居士寶・主兵寶・國內士民 以香湯洗浴王身 以劫貝纏五百張疊 次如纏之 奉擧王身 置金棺裏 以香油灌置鐵槨裏 復以木槨重衣其外 積衆香薪重衣其上 而耶維之 於四衢道頭起七寶塔 縱廣一由旬 雜色參間 以七寶成 其塔四面各有一門 周匝欄楯 以七寶成 其塔四面空地縱廣五由旬 園牆七重・七重欄楯・七重羅網・七重行樹 ……중략…… 其塔成已 玉女寶・居士寶・典兵寶・擧國士民皆來供養此塔 施諸窮乏 須食與食 須衣與衣 象馬寶乘 給衆所須 隨意所與 轉輪聖王威神功德其事如是.” 여기에 상응하는 팔리어 문헌은 현존하지 않는다.

이상 인용문은 크게 두 부분으로 분석할 수 있다. 첫째 부분은 시신을 염해서 입관하고 다비하는 것까지이고, 나머지 부분은 탑을 세우고 공양하는 것이다. 첫째 부분에서 눈에 띄는 내용은 오백 장의 천으로 염했다는 것과 금관을 위시해 세 개의 관이 등장하고 있는 것이다. 이런 것들은 전륜성왕의 장례를 위엄 있게 보이기 위한 것으로 보인다. 둘째 부분은 첫째 부분에 비해 매우 자세하다. 그만큼 많은 비중을 두고 있는 것이다. 중략된 내용은 탑 주위의 건축물에 관한 것이다. 인용의 마지막에 생전에 널리 베풀었던 전륜성왕의 덕을 기리며 탑에서 가난한 백성에게 물질적인 보시를 베푼다고 밝히고 있다.

『열반경』 제본 중 먼저 팔리어 『열반경』을 살펴보자. 아난다(Ānanda)는 붓다에게 장례 절차에 대해 묻는다. 붓다가 입멸한 뒤 어떻게 붓다의 시신을 처리해야 할 것인가라는 질문에 붓다는 바로 대답하지 않는다. 재가신자들이 붓다의 시신을 처리할 것이므로 붓다는 아난다에게 그런 일에 전념하지 말고 열반을 성취하도록 스스로 수행하라고 응답한다. 거듭되는 요청에 붓다는 전륜성왕의 시신을 처리하듯이 여래의 시신도 다루어야 한다고 대답한다. 아난다가 다시 전륜성왕의 장례법을 묻자 붓다는 자세히 기술하고 있다.

아난다여! 전륜성왕의 몸을 새로운 천으로 싼다. 그렇게 새로운 천(kappāsa)으로 싼 다음 두들겨 다듬질한 면(vattha)으로 감싼다. 두들겨 다듬질한 면으로 감싼 다음 다시 새로운 천으로 감싼다. 이와 같은 방식으로 전륜성왕의 유체를 오백 겹씩 감싼다. 그러고 나서 기름 철관(tela-doṇi ayasa)에 유체를 넣는다. 그러고 나서 또 하나의 철로 만든 기름관에 넣는다. 온갖 종류의 향나무 장작을 쌓고 전륜성왕의 유체를 태운다. 그러고 나서 네거리에 전륜성왕의 탑을 세운다. 아난다여! 이것이 바로 전륜성왕의 시신을 처리하는 방법이다."[23]

붓다고사에 따르면 새 천은 베나레스산(産)으로, 그 당시 가장 품질이 좋았다. 베나레스에서 만들어진 천은 너무 좋아서 기름을 흡수하지 않았기 때문에 다듬질한 면을 새 천 위에 감쌌다고 한다.[24] 라바나(Rāvaṇa) 왕의 시신을 처리할 때, 먼저 시신을 아마(亞麻)제의 의류(kṣauma-vāsas)로 싼다고 하는데[25], 여기에서처럼 마(麻)나 면(綿)이 아니지만 종류는 시대에 따라 달라질 수 있다. 따라서 붓다의 경우도 특이한 것은 아니다. 다만 오백 겹씩이나 쌌는지는 확인할 수 없지만 아마도 붓다에 대한 존경심에 비례하여 천의 수가 늘어난 것이 아닐까 생각된다. 다사라타(Dasaratha) 왕의 시신을 입관할 때 사용된 관도 기름통(tailadroṇī)이었다고 한다.[26] 붓다의 경우에도 철로 된 기름관이 사용된 점은 왕들의 시신 처리와 유사하다는 것을 알 수 있다. 다사라타 왕의 시신을 기름관에 넣은 이유는 멀리 떨어져 있는 왕자들이 바로 올 수 없었기 때문에 시신을 부패하지 않도록 보존하려는 것이다.[27] 마찬가지로 붓다의 시신을 기름

---

23) Dīgha Nikāya II, p.141. "Rañño Ānanda cakkavattissa sarīraṃ ahatena vatthena veṭhenti. Ahatena vatthena veṭhetvā vihatena kappāsena veṭhenti, vihatena kappāsena veṭhetvā ahatena vatthena veṭhenti. Etena upāyena pañcahi yuga-satehi rañño cakkavattissa sarīraṃ veṭhetvā ayasāya tela-doṇiyā pakkhipitvā aññissā ayasāya doṇiyā paṭikujjetvā sabbagandhānaṃ citakaṃ karitvā rañño cakkavattissa sarīraṃ jhāpenti, cātummahāpathe rañño cakkavattissa thūpaṃ karonti. Evaṃ kho ānanda rañño cakkavattissa sarīre paṭipajjanti."

24) Sumaṅgalavilāsinī II, p.584.

25) 杉本, "佛陀の葬儀と舍利及び塔供養-Sarīra-, Thūpa-pūjā." *Buddhist Studies.* 1972 March vol. II, p.45.

26) 杉本, 앞의 논문, p.45.

관에 넣어 둔 것도 마하카사파(Mahākassapa)를 기다리기 위한 것으로 보인다.[28] 한편 존(John)은 기름관은 사리와 관련하여 이해하여야 한다고 주장하고 있다. 화장한 후 나무 재와 분리하여 사리를 잘 보존하고자 한 것으로 이해하고 있다.[29]

시신을 깨끗한 천으로 감싸는 것은 시신을 소중히 다룬다는 것을 의미한다. 새 천과 다듬질한 면을 각각 오백 겹씩 감싼 것은 시신에 대한 존경의 정도가 그만큼 큰 것이기 때문이다. 그리고 화장할 때 시신이 남김없이 잘 타게 하는 역할도 고려할 수 있다. 아울러 시신의 내부에서 흘러나오는 액체 성분의 물질을 잘 흡수하여 외부에 누출되지 않게 하는 기능도 생각할 수 있다. 미관상 또는 위생상 목적으로 여러 겹의 천을－비록 일천 겹은 아닐지라도－ 감았을 수도 있다. 7일 동안 붓다의 시신이 부패하지 않은 것에 대해 플리트(Fleet)는 합리적인 해석을 하고 있다. 말라족 사람들이 옷감과 향료를 가져온 것은 붓다의 시신을 염하기 위한 것이라고 보고 있다. 물론 경전 자체엔 염을 했다는 기록은 없지만 옷감과 향료를 사람들이 가져왔다는 것은 염을 하기 위한 것으로 해석하고 있다. 염을 하였기 때문에 부패를 방지할 수 있었다는 것이다.[30]

여기서 의문을 제기할 수 있다. 목관이 아니고 왜 철관일까? 그 당시 철은 나무보다 훨씬 소중하였으므로 철로 만든 관을 사용하여

---

27) 杉本, 앞의 논문, p.45.
28) 자세한 것은 이 책 p.344 참조.
29) John S. Strong, "The Buddha's Funeral", *The Buddhist Dead*, edited by Bryan J. Cuevas and Jacqueline I. Stone. University of Hawaii Press, 2007, pp.37-41.
30) Fleet, J. F., "The Tradition about the Corporeal Relics of Buddha." *Journal of the Royal Asiatic Society*, 1906, p.660.

위대한 사람의 시신을 모신 것이다. 그리고 또 한편으로는 사리를 제대로 보존하고 온전하게 수습하고자 불에 타지 않는 철관이 등장한 것이라고 생각된다. 나무 재와 붓다의 사리를 분리하려면 금속관이 필요하다.[31] 화장한 후 유골을 모신 탑을 네거리에 건립하라고 한 지시와 연관이 있는 것이다. 가지가지 아름다운 향을 내는 나무 장작으로 화장하는 것도 존경의 마음이 들어간 것이다. 화장에 사용되는 나무가 향나무인 것은 특이한 것이 아니다. 다른 왕의 다비에도 향나무가 사용되고 있기 때문이다. 귀한 향나무를 위대한 사람의 다비에 사용하는 것은 인지상정의 발로이다. 그런데 일반 세속적인 왕의 다비에는 시신을 영양의 모피 위에 놓아두고 여러 가지 매장품, 희생 동물을 함께 다비에 붙이지만 붓다의 다비엔 이런 것들은 보이지 않는다.[32] 결국 전륜성왕 장법은 붓다의 가르침－예를 들면 불살생계－을 준수하면서 장례에 필요한 최소한의 것을 요구하고 있다. 동물 살생을 하지 않고, 최상의 천이나 장작 등을 선별하여 지낸 가장 존경스러운 장법이라고 할 수 있다.

『반니원경』에선 붓다는 다음과 같이 장례에 관해 자세히 지시하고 있다.

"마땅히 전륜왕법으로 해야 한다. 새로운 겁파면(劫波綿)으로 몸을 감싸고 나서 오백 장의 전(氈)으로 차례로 감싼다. 금관(金棺)에 몸을 넣고 마유(麻油)·택고(澤膏)를 부어 넣고 금관을 들어 제이의 대철곽(大鐵

---

31) 반대로 플리트(Fleet)는 철로 만든 관은 불에 타거나 녹지 않는 것에 주목하여 철의 색상을 지닌 목관으로 추정하고 있다(Fleet, J. F., "The Tradition about the Corporeal Relics of Buddha." *Journal of the Royal Asiatic Society*, 1906. p.661. fn 4).

32) 杉本, 앞의 논문, p.45.

槨) 안에 넣는다. 그 위에 여러 가지 향을 쌓고 다비에 붙인다. 사리를 수습하여 사거리에 탑묘를 세운다. 탑묘에 비단을 걸고 탑임을 표시하고 비단을 건다. 꽃과 향을 공양하고 예배하고 섬긴다. 이것이 전륜성왕의 장법이다."[33]

팔리어 『열반경』과 비교해 보면 철관 대신에 금관이 등장하고 있다. 이것은 당연히 금이 철보다 더 귀한 것이므로 붓다의 시신을 안치하는 관으로선 금관이 당연히 더 적합하다고 본 것이다. 팔리어본에는 천 오백 장과 면 오백 장을 이야기하고 있는 데 비해 『반니원경』에선 겁파면 한 장과 전 오백 장을 언급하고 있다.

『유행경』에서 붓다는 자신의 장례 절차에 대해 다음과 같이 말하고 있다.

"아난이여! 그대들이 나를 장례 지내고자 하면 먼저 향탕(香湯)으로 몸을 씻겨라. 새 겁패(劫貝)로 몸을 두루 감아라. 오백 장을 차례대로 감아라. 몸을 금관에 넣고 마유(麻油)를 쏟아 부어라. 금관을 제이의 대철곽 안에 넣어라. 전단향곽(旃檀香槨)으로 그 겉을 덧씌운다. 온갖 명향(名香)을 쌓고 그 위를 두텁게 하고 다비에 붙여라. 다비한 후 사리(舍利)를 수습하고 사거리에 탑묘를 세워라. 탑묘에 비단을 걸어라. 지나가는 행인들로 하여금 모두 불탑을 친견하게 하고 여래(如來)・법왕(法王)의 교화를 사모하게 한다. 살아서 복리를 얻고 죽어서 천상에 태어날 것이다. 단, 도를 얻은 자는 제외한다."[34]

---

33) 『반니원경』(『대정장』 1, p.186下). "當如轉輪王法 用新劫波錦 纏身體已以五百張〔疊*毛〕次如纏之 內身金棺 灌以麻油澤膏畢 擧金棺 置於第二大鐵槨中 衆香積上 而闍維之 訖收舍利 於四衢道 立塔起廟 表刹懸繒 奉施華香 拜謁禮事 是爲轉輪王之葬法也."

34) 『유행경』(『대정장』 1, p.20中). "阿難 汝欲葬我 先以香湯洗浴 用新劫貝周遍纏身 以五百張疊次如纏之 內身金棺灌以麻油畢 擧金棺置於第二大鐵槨中 旃檀香槨次重於外

이러한 장례법은 전륜성왕의 장례법이라고 붓다는 밝히고 있다. 차이가 나는 부분은 탑을 세운 후 얻는 공덕의 효과가 다르다. 전륜성왕의 탑을 친견하면 "정화(正化)를 사모하게 되고 이익되는 바가 많다"[35]고 하는 데 비해 불탑을 친견하면 살아서 이익을 얻는 것 이외에 죽어서 천상에 태어난다고 한다. 팔리어 『열반경』과 다른 점이 보인다. 향탕으로 붓다의 시신을 씻는 것, 금관과 전단향곽이 사용된 것, 비단을 탑에 거는 것 등이다.

『불반니원경』은 붓다의 지시를 다음과 같이 싣고 있다.

"장례법은 금설(錦褻)을 사용하여 몸을 감싸고 겁파육(劫波育) 열 장으로 번갈아 가며 그 위를 얽어매고 가관(假棺)에 안치한다. 기름진 향고(香膏)를 겁파육 위에 쏟아 붓는다. 호향(好香)인 것은 모두 위에 둔다. 재신(梓薪)·장신(樟薪)·전신(旃薪)으로 관을 덮고 섶나무를 관의 아래위에 둔다. 다비가 끝나면 사리를 수습하고 사거리에 탑과 절을 세운다. 반저(槃著) 위에 비단과 북을 매달고 꽃과 향기 연등을 매단다. 비행황제(飛行皇帝)의 장법은 이와 같다. 붓다의 경우엔 이것보다 더 뛰어나야 한다."[36]

비행황제는 전륜성왕의 이역어(異譯語)이다. 여기서 특이한 것

積衆名香 厚衣其上而闍維之 訖收舍利 於四衢道起立塔廟 表刹懸繒 使諸行人皆見佛塔 思慕如來法王道化 生獲福利 死得上天."

35) 『유행경』(『대정장』 1, p.20中). "思慕正化 多所饒益."

36) 『불반니원경』(『대정장』 1, p.169中). "葬法如飛行皇帝殯葬之法 佛復踰彼 阿難言 葬聖帝法云何 佛告阿難 葬法用錦褻以纏身 劫波育十張 交纏其上 著假棺中 以澤香膏 灌劫波育上 其有好香 皆以著上 以梓薪樟薪旃薪 以蓋覆棺 以薪著上下 蛇維訖畢 斂舍利 於四交道 起塔立刹 以槃著上 懸繒鼓 華香燃燈 飛行皇帝葬法若斯 佛復勝之."

은 붓다의 장법은 전륜성왕의 장법보다 더 뛰어나야 한다고 강조하고 있다는 점이다. 금관이니 은관이니 하는 언급도 없고 대신 간결한 가관이 나오고 있고, 오백 겹의 천 대신에 열 장의 면이 나오고 있는 것으로 보아 제반 문헌 중 가장 간소한 붓다의 장례법을 제시하고 있다. 오히려 이 경전에선 다비 후 세워야 할 탑에 관한 설명이 자세하다.

『불반니원경』에서 아난은 이가(理家)의 붓다의 장례법에 관한 질문을 받고 비행황제(飛行皇帝)의 장례법으로 대답하고 있다.

> "새로 짠 겹비단으로 몸을 단단히 싸고 새 겁파육(劫波育)으로 다시 그 위를 싸고[37] 은관에 모시고 윤택한 향유를 부어 몸까지 스며들게 하고 덮개로 그 위를 덮습니다. 전단향 나무 장작, 침향 나무 장작, 가래 나무 장작, 녹나무 장작을 관의 위아래로 차곡차곡 쌓되, 네 면의 높이와 너비를 각기 30길〔丈〕이 되게 하고 불을 붙여 다비하고, 12부의 악기를 함께 연주하고 좋은 향과 꽃을 모두 그 위에 뿌립니다. 사리를 수습하되, 재와 숯은 골라서 버리고 좋은 향수로 충분히 깨끗이 씻어 황금병 속에 넣고 황금병을 황금 평상 위에 안치하여 궁중에 모시고 궁전에서 재계(齋戒)합니다. 90일이 되면 반드시 네거리 길에 탑과 찰간을 세우고 비단 번기를 걸고 꽃과 향을 뿌리며 음악을 연주합니다. 비행황제의 장례법은 이와 같지만 부처님의 장례법은 마땅히 그것보다 훌륭해야 합니다."[38]

앞서 붓다가 아난에게 지시한 장례법과 아난이 이가에게 말하는

37) 여기에선 겁파육의 숫자가 등장하고 있지 않지만 실제로 이가들은 4장의 겁파육으로 싸고 있다. 『불반니원경』(『대정장』 1, p.173下).
38) 『불반니원경』(『대정장』 1, p.173上).

장례법이 동일하지 않다는 것을 확인할 수 있다. 장례에 관한 붓다의 유언과 비교해 보면 아난이 전하는 장례법은 더 자세하고 더 호사롭게 묘사되고 있다. 가관(假棺) 대신에 은관이 등장하고 다비단의 정확한 크기까지 제시되고 있다. 다른 『열반경』 제본에선 붓다가 지시한 장례법과 아난이 재가자들에게 전달한 장례법이 거의 동일하다.

『근본설일체유부비나야잡사』에서 아난이 전륜성왕의 장법에 관해 문의하자 붓다는 다음과 같이 설명하고 있다.

> "전륜성왕의 수명이 끝난 후, 500근(斤)의 상묘(上妙)한 첩서(疊絮)를 사용하여 몸의 아래위를 감싼다. 각각 500의 묘의(妙衣)로 장식한다. 철관(鐵棺) 안을 향유(香油)로 가득 채운다. 왕의 시신을 들어 관에 넣은 후 관의 덮개를 덮는다. 여러 향목(香木)으로 그 관을 태운다. 다음엔 향유(香乳)를 쏟아 부어 화염을 소멸시킨다. 왕의 유골을 수습하여 금병(金甁)에 안치한다. 네거리에 대탑(大塔)을 세우고, 번당(幡幢)·솔개(傘蓋), 그리고 온갖 아름다운 향화(香華)로 공경하고 공양한다. 존중하고 찬탄하고 대재회(大齋會)를 갖는다. 아난타여! 이처럼 전륜성왕을 공경하고 공양한다. 내가 입멸한 후 사람과 천신이 공양할진대 마땅히 전륜성왕보다 배로 뛰어나야 한다."[39]

특이한 점은 다른 제본과 달리 철관만 운위되고 있고, 향유(香乳)

---

39) 『근본설일체유부비나야잡사』(『대정장』 24, p.394下). "轉輪聖王命終之後 以五百斤上妙疊絮 以用纏身上下 各有五百妙衣以爲裝飾 於鐵棺中滿盛香油 舁王置內然後蓋棺 以諸香木焚燒其棺 次灑香乳以滅炎火 方收王骨安置金甁 於四衢道與建大塔 幡幢傘蓋諸妙香華 恭敬供養尊重讚歎設大齋會 阿難陀 如恭敬供養轉輪聖王 於我滅後人天供養 當倍過此." 붓다의 지시와 달리 실제로 사람들은 금관을 사용하여 붓다의 시신을 안치한다(『대정장』 24, p.400中).

를 쏟아 부어 화염을 소멸시키라는 소화 방식이 언급되어 있다.

『대반열반경』에서 붓다의 장례에 관한 지시가 가장 자세하게 제시되고 있다. 붓다의 시신은 전륜성왕(轉輪聖王)에게 공양하는 법에 따른다고 말하면서 장법에 대해 붓다는 설명하고 있다.

"아난아, 전륜성왕에게 공양하는 법은 깨끗하게 새로 짠 무명과 고운 모직물을 합하여 그 몸을 감싼다. 이와 같이 천 겹을 싸서 금관(金棺)에 넣고, 또 은관(銀棺)을 만들어 금관을 넣고, 또 동관(銅棺)을 만들어 은관을 넣고, 또 철관(鐵棺)을 만들어 동관을 넣은 후에 많은 미묘한 향유(香油)를 붓고, 또 관의 안쪽에는 향을 바르고 꽃을 뿌리고 여러 가지 악기를 연주하고, 노래하고 찬패를 읊어 덕(德)을 찬탄한다. 그런 후에 덮개를 덮고, 큰 보배 수레를 만들되 지극히 높고 넓게 하며, 수레의 덮개와 난간은 온갖 미묘한 것으로 장엄하고 관을 그 위에 안치한다. 또 성(城) 안에 다비할 장소를 마련하되, 4면에 물을 뿌려 청소하여 지극히 청정하게 하고, 좋은 전단향과 모든 좋은 향을 모아서 큰 향섶을 만들고, 또 향섶 위에 비단과 흰 모포를 깔고, 큰 보배 휘장을 쳐서 그 위를 덮는다. 그런 후에 수레를 마주 들고 다비할 장소에 이르러 향을 사르고 꽃을 뿌리며 음악을 연주하여 공양하고, 향섶 주위를 일곱 번 돈다. 그런 후에 관을 향섶 위에 안치하고 향유를 뿌린다.

불을 사르는 법은 밑에서 불을 붙이고, 다비를 마치면 사리(舍利)를 수습하여 황금병에 모시고 곧 그곳에다 투파(兜婆, stupa)를 세우되 표찰(表刹)[40]로 장엄하며 비단 번기와 일산을 걸고, 모든 사람들이 언제나 매일 향을 사르고 꽃을 뿌리고, 가지가지로 공양하게 한다. 아난아, 전륜성왕에게 공양하는 법은 그 일이 이와 같음을 알아야 한다. 나의 몸을 다비하는 것 또한 전륜성왕과 같이 하여라. 그러나 탑을 세우는 것은

---

40) 탑 위에 높이 세운 당간을 표찰이라 한다.

성왕과 다름이 있으니 표찰로 장엄하고 아홉 개의 일산을 달아야 한다. 만일 어떤 중생이 비단 번기와 일산을 달고, 향을 사르고 꽃을 뿌리며 또 등불과 촛불을 켜고, 나의 투파에 예배하고 찬탄하면 이 사람은 오랫동안 큰 복과 이익을 얻게 될 것이다."[41]

금관 등 네 개의 관이 운위되고 있는 것이나 관을 장엄하는 방법이나 관을 운반하는 상여에 관한 장엄 등의 언급은 붓다의 장례를 성대하게 꾸미려는 의도를 드러내고 있다. 다른 제본과 달리 이 문헌은 성 내부에서 다비장을 찾아야 한다고 구체적으로 지적하고 있다. 이런 지시는 실제로는 지켜지지 않고 성 밖에서 다비되었다. 『대반열반경』에선 다비까지의 절차는 전륜성왕이나 붓다나 모두 동일하지만 유골을 수습하여 탑을 세울 때 차이가 나타난다고 말하고 있다. 전륜성왕의 탑과 달리 불탑은 표찰로 장엄되고 아홉 개의 일산을 달아야 한다고 밝히고 있다.

전륜성왕 장법이란 과연 역사적으로 실재했던 것일까? 대답은 부정적일 수밖에 없다. 왜냐하면 전륜성왕이라는 개념 자체가 신화적이고 비역사적인 것이기 때문이다. 전륜성왕에 대한 이야기는 초

---

41) 『대반열반경』(『대정장』 1, p.199下). "阿難 供養轉輪聖王之法 用新淨綿及以細氎合纏其身 如是乃至積滿千重 內金棺中 又作銀棺 盛於金棺 又作銅棺 盛於銀棺 又作鐵棺 盛於銅棺 然後灌以衆妙香油 又復棺內 以諸香華而用塗散 作衆伎樂 歌唄讚頌 然後下蓋 造大寶輿 極令高廣 軒蓋欄楯 衆妙莊嚴 以棺置上 又於城中作闍維處 掃灑四面極令淸淨 以好栴檀及諸名香 聚爲大積 又於積上 敷舒繒氎 施大寶帳 以覆其上 然後舁擧至闍維處 燒香散華 伎樂供養 繞彼香積 周迴七匝 然後以棺置香積上 而用香油 以澆灑之 然火之法 從下而起 闍維旣竟 收取舍利 內金甁中 卽於彼處 而起兜婆 表剎莊嚴 懸繒幡蓋 諸人民等 恒應日日 燒香散華種種供養 阿難當知 供養轉輪聖王之法 其事如是 闍維我身 亦與王等 然起兜婆 有異於王 表剎莊嚴 應懸九繖 若有衆生 懸繒幡蓋 燒香散華 及然燈燭 禮拜讚歎我兜婆者 此人長夜獲大福利."

기경전 여기저기에 나타난다. 그렇지만 붓다 당시에 이런 개념이 형성된 것은 아니라고 스기모토(杉本)는 추정하고 있다. 그는 한 조각에 근거하여 기원전 50년경에 전륜성왕에 관한 개념이 형성된 것으로 보고 있다.42) 이 주장은 전륜성왕의 개념 형성 시기를 너무 늦게 잡고 있는 듯하다. 리즈 데이비즈는 전륜성왕의 기원을 붓다 당시 강성하였던 코살국 왕에서 찾고 있는 데 비해 나카무라 하지메(中村元)는 아소카 왕을 모델로 하여 형성된 것이라고 주장한다.43) 앙드레 바로(André Bareau)는 붓다의 장례식은 전륜성왕의 장례식에 준한다는 문구는 역사적으로 마가다국(Magadha)의 위대한 왕들의 성대한 장례식에 기인한다고 추정하고 있다. 기원전 4세기경 난다(Nanda) 왕조 왕들의 거대한 장례식에 관한 이야기를 뒷날 『열반경』 제작자들이 소문으로 듣고 이 구절을 만들어 넣었다는 것이다.44) 발트슈미트(Waldschmidt)는 고대 인도의 문헌인 『라마야나(Rāmāyana)』에 나오는 다사라타(Dasaratha) 왕의 장례식이 붓다의 장례식과 유사하다고 지적하며 전륜성왕의 장법은 여기에 근거한다고 추정하고 있다. 왕이 죽자 기름이 가득한 관에 시신을 안치한 것이나 장자가 나타나 장례를 주관한 것과 가섭의 등장은 짝을 이루고 있다는 것이다.45) 진 프르질루스키(Jean

---

42) 杉本, 앞의 논문, p.42.

43) Rhys Davids, *Dialogues of the Buddha*, vol II, Oxford: Pali Text Society, 1989. p.155; 中村元, 『ゴータマ・ブッダ』II, 東京: 春秋社 1995 p.403 fn 5.

44) André Bareau, "La composition et les étapes de la formation progressive du Mahāparinirvāṇasūtra ancien." *Bulletin de l'École Française d'Extrême-Orient* 66, 1979, pp.45-103.

45) Waldschmidt, Ernst, "Die Überlieferung vom Lebensende des Buddha." *Abhandlungen der Akademie der Wissenschaften in Götingen: Philologisch - Historische Klasse*, nos. 29-30. Götingen. 1944~48. pp.344f.

Przyluski)는 전륜성왕의 개념은 헬레니즘(Hellenism)이나 근동(近東) 지역의 제왕에 기인한다고 보고 있다. 구체적인 예로 알렉산더 대왕(Alexander the Great, BC 356~323)의 장례식을 들고 있다. 그의 사후 유골을 서로 차지하려고 다투는 마케도니아인(Macedonians)들의 모습은 붓다의 사리를 서로 차지하려는 싸움과 유사하다. 왕의 유골이 안치된 곳은 번영할 것이라는 믿음이 붓다의 사리 신앙에 이어진 것으로 보고 있다.46)

앞서 살펴본 전륜성왕의 탑에 관한 『세기경』의 기술은 현존하는 산치(Sanchi) 대탑을 연상시킨다. 물론 『세기경』의 탑이 현존의 산치 대탑보다 웅장하지만 아마도 그 당시 왕의 탑을 모델로 삼아 이루어진 것이 아닐까 한다. 특히 아소카 왕의 탑을 모델로 『세기경』에서 전륜성왕의 탑에 관해 말하고 있다고 유추할 수 있다. 『세기경』의 상당 부분이 팔리어 문헌에 보이지 않고 있는 점이나 한역 경전에만 아소카 왕에 관한 경전이 있는 것은 아소카 왕과 전륜성왕의 관련성을 시사하고 있는 것이다.

붓다가 직접 자신의 장례법을 전륜성왕과 같이 지내라고 지시했다고 믿는 것은 무리이다. 다른 경전에 묘사된 붓다의 성격이나 언행에서 짐작해 보건대 붓다는 매우 검소한 성격의 소유자로 허례허식으로 끝날 수 있는 장례법을 원하지 않았을 것이다.47) 그런데 왜 여기서 『열반경』 저자(또는 편자)가 전륜성왕을 언급했을까? 전륜성왕이라는 명칭이 지적하듯이, 그는 법의 수레바퀴를 굴리는 자이

---

46) Jean Przyluski, "La ville du cakravartin: Influences babyloniennes sur la civilisation de I'Inde," *Rocznik Orientalistyczny* 5, 1927, pp.165-168.

47) Pategama Gnanarama, *The Mission Accomplished*, Singapore: Ti-Sarana Buddhist Association, 1997, p.59.

다.[48] 굴러가는 수레바퀴에 따르면서, 전륜성왕은 전진하여 사대륙을 정복하고 법(法)에 일치하여 자기 백성의 행복을 위해 그의 왕국을 통치한다.[49] 전륜성왕이 오직 법에만 의존하고, 법만을 존중하고, 백성에게 정의로운 보호를 베풀 듯이, 붓다도 법(Dhamma)에 의존하고 백성들에게 정의로운 피난처를 제공한다.[50]

초기불교 문헌에서 전륜성왕과 붓다는 너무 가깝게 연결되고 있어서 서로 다른 역할을 하고 있지만 동일한 인물로 여겨질 정도이다. 붓다의 생애와 관련하여 살펴보면 붓다의 탄생 직후 전륜성왕에 관한 언급이 처음 등장한다. 갓 태어난 보살을 관찰하고 그에게 두 가지 길이 놓여 있다고 예언하는데 그중 하나가 전륜성왕이었다. 전륜성왕은 종교적인 세계의 스승과 비교해, 세속적인 세계의 통치자로 한 짝을 이룬다. 붓다가 중생을 위하여 세계 전역에 법을 시설(施設)하듯이, 전륜성왕도 백성들의 복지를 위하여 전 세계를 통치한다. 붓다는 중생의 정신적인 행복을 위해 노력하는 데 비해 전륜성왕은 백성이 물질적인 행복을 누리도록 통치한다. 붓다나 전륜성왕이나 모두 중생의 행복을 도모하는 점에서 동일하다.[51]

붓다의 제자들이 특히 재가신자들이 세속적인 관점에서 왕처럼 붓다도 성대하게, 아니 왕보다 더 성대하게 장례 지내고 싶어 했을 것이다. 이런 맥락에서 보면 붓다의 장례법에 관한 기술이 매우 번

---

48) 어떤 학자들은 바퀴(cakka, 輪)를 전차의 수레바퀴로 보고 있지만, 다른 한편에선 무기의 일종인 원반(圓盤)으로 보고 있다. 바퀴의 도형은 인더스 문명의 모헨조-다로의 유적품에 나오고 있으며 불교 흥기 시대의 화폐에도 나오고 있다. 中村元, 앞의 책, p.403 fn 6.

49) Dīgha Nikāya Ⅱ, pp.173f. Majjhīma Nikāya Ⅱ, pp.172ff.

50) Aṅguttara Nikāya Ⅲ, p.149.

51) Aṅguttara Nikāya Ⅲ, p.76.

잡하게 발전해 간 모습을 충분히 짐작할 수 있다.

붓다는 『열반경』에서 불탑은 전륜성왕(轉輪聖王)의 그것과 똑같아야 한다고 말하고 있다.[52] 붓다 사후 그의 육신이 어떻게 다루어져야 할 것인가 하는 문제와 관련하여 전륜성왕이 언급되고 있는 것이다. 왜 여기서 『열반경』 저자(또는 편자)가 전륜성왕을 언급했을까? 신앙적인 측면에서 교주(붓다)는 가장 흔히 그리고 가장 효과적으로 상징을 통해 전륜성왕과 매우 밀접하게 동일시되고, 세속적인 왕권과 긴밀히 연결된 의례 체계를 통해 신앙의 대상이 되고 있기 때문이다.[53]

2. 붓다의 장례 절차

1) 붓다의 시신에 대한 경례

붓다의 시신에 대한 최초의 일을 살펴보자. 팔리어 『열반경』에 의거해 간략히 요약하면 다음과 같다. 후야에 붓다의 입멸이 있었으므로 아누룻다(Anuruddha)와 아난다는 새날이 밝아올 때까지 기다리며 붓다의 가르침에 대해 이야기하였다. 해가 떠오르자 아누룻다는 아난다에게 쿠시나라(Kusinārā)에 가서 사람들에게 붓다의 입멸을

52) 주목할 만한 것은, 한 경전(Aṅguttara Nikāya Ⅰ, p.77)에서는 붓다와 전륜성왕만이 탑 신앙의 대상이 될 자격이 있다고 한다.

53) Reynolds, Frank E., "The Two Wheels of Dhamma: A Study of Early Buddhism", In *The Two Wheels of Dhamma* ed. by Bardwell L. Smith. AAR Studies in Religion No.3. Chambersburg, PA:American Academy of Religion. 1972, p.14.

전하고 적절한 행위를 할 수 있도록 알리라고 요청한다. 마침 그때 쿠시나라의 말라족은 어떤 문제를 논의하고자 회당에 모여 있었다. 아난다에게서 붓다의 입멸 소식을 들은 범부들은 격심한 슬픔으로 통탄하였다. 그러고 나서 말라족 사람들은 향료, 화환, 악기, 오백 벌의 옷을 모아 붓다의 시신이 있는 곳으로 갔다. 춤, 음악, 꽃, 향료 등으로 붓다의 시신에 경례하며 낮 시간을 보냈다. 이렇게 일주일간 붓다의 시신에 대한 예의를 표했다.[54] 입멸한 장소에서 7일 동안 말라족은 불신(佛身)에 공양만 하고 불신을 관검하지 않았다. 심지어 그 기간 동안 아난다에게 붓다의 장례법에 관해 묻지도 않고 있다. 만 7일이 되어서야 다비장에 가서 비로소 불신을 관검하였다.[55]

한역 『대반열반경』에 따르면 붓다의 입멸을 지켜본 말라족 사람들은 마지막으로 불신에 경례한다. 아난은 비구니와 우바이로 하여금 먼저 불신에 공양하도록 한다. 그러고 나서 나머지 사람들이 친견하도록 하였다. 아난은 붓다의 장례법에 대해 알려 준다. 역사(力士)들은 다비 장구, 상여를 준비하고 불신을 상여 위에 안치하고 분향하고 산화하며 악기를 연주하였다. 이렇게 7일 동안 붓다의 시신에 경례하였다. "7일이 되었을 때 모든 역사들은 새로 짠 깨끗한 무명과 고운 모직으로 여래의 몸을 감싼 후에 금관(金棺) 안에 모셨다. 그 금관 안에 우두전단향 가루와 미묘한 꽃을 뿌린 다음, 곧 금관을 은관(銀棺)에 모시고, 또 은관을 동관(銅棺)에 모시고, 또 동관을 철관(鐵棺)에 모셨다. 또 철관을 보배 수레 위에 모시고 모든 악기를 연주하고 노래와 찬가를 읊어 찬탄하고, 모든 천신들은 허공에서 만다라(曼陀羅) 꽃, 마하(摩訶)만다라 꽃, 만수사(曼殊沙) 꽃, 마하만수사 꽃을 뿌리

---

54) Dīgha Nikāya II, pp.158-9.
55) Dīgha Nikāya II, pp.161.

고 아울러 하늘 음악을 연주하고 가지가지로 공양한 후에 차례로 모든 관을 덮었다."[56] 사라 쌍수에서 7일 동안 상여에 안치한 채 공양하고 7일째 관검한 것은 팔리어 『열반경』과 동일하다.

『반니원경』에 따르면 아난은 성안으로 들어가 붓다의 입멸을 사람들에게 알린다. 이가(理家)들은 붓다의 시신을 궁중 안으로 운구하여 모셨다. 30만의 군중이 모여 모두 함께 공양하다가 7일째 염하여 관에 모시는데, 모든 백성이 12부 악기를 연주하고 밤낮으로 등불을 켰으며, 등불은 성 앞에서 12리까지 한 걸음마다 이어졌다.[57] 『반니원경』에서 시신을 성안으로 운구하여 안치하고 공양하는 모습은 장대하기 그지없다. 30만이라는 사람 숫자도 대단하지만 수많은 등불이 밤낮으로 타고 있는 정경도 인상적이다. 물론 이런 광경은 과장된 것으로 붓다의 검소했던 장례를 미화하는 과정에서 만들어진 것으로 보아야 한다. 팔리어 『열반경』과 비교해 보면 이런 과장은 쉽게 파악된다. 붓다의 입멸 장소는 결코 인구가 30만이나 되는 도시가 아니었고 오히려 조그마한 벽촌이었다고 아난다는 밝히고 있다.[58] 성중의 사람들은 아난에게서 붓다가 지시한 장법을 전해 듣고 장구(葬具)를 준비하면서 악기, 꽃, 등불 등으로 공양하면서 7일을 보낸 것은 앞서 살펴본 경전과 같지만 불신(佛身)을 성중으로 운구한 것은 다르다. 대체로 시신은 불결하고 무서운 존재로 여겨진다. 따라서 사람들은 가능하면 시신을 보는 것을 피하려고 하며 빠

---

56) 『대반열반경』(『대정장』 1, p.206上). "時諸力士以新淨綿及以細㲲 纏如來身 然後內以金棺之中 其金棺內散以牛頭栴檀香屑及諸妙華 卽以金棺內銀棺中 又以銀棺內銅棺中 又以銅棺內鐵棺中 又以鐵棺置寶輿上 作諸伎樂歌唄讚歎 諸天於空 散曼陀羅花 摩訶曼陀羅花曼殊沙花 摩訶曼殊沙花 幷作天樂 種種供養 然後次第下諸棺蓋."

57) 『반니원경』(『대정장』 1, p.189上).

58) Dīgha Nikāya II, p.146.

른 시간 안에 시신을 처리하고자 한다. 그런데 붓다를 사람들이 많이 살고 있는 성중으로 안치하였다는 것은 일반적인 장례 절차와 상반된다. 즉 붓다의 육신을 특별히 대하고 있는 것이다.

『유행경』에서도 대략 같지만 서둘러 다비를 하려다가 제지당하는 부분이 다르다. 말라족 사람들은 아난에게서 붓다의 입멸 소식을 듣고 각각 자기 집으로 돌아가 향, 꽃, 악기를 준비하여 붓다가 입멸한 사라 쌍수로 나아가 공양한다. 이렇게 하루를 공양한 뒤 붓다의 유신을 평상에 안치하고 다비장으로 운구하려고 하였지만 들 수가 없었다. 인도와 같은 더운 지역에선 부패 속도가 빠르기 때문에 죽으면 바로 화장하는 것이 일상적인 장례법이다. 말라족이 하루만 공양하고 시신을 화장하는 것은 전통적인 장례법을 따른 것이라고 할 수 있다. 이에 비해 천신들은 7일 동안 붓다에게 공양하고자 하였기 때문에 운구하지 못하도록 하였다. 천신들의 뜻에 따라 말라족은 우선 성안으로 다시 들어가 도로를 정비하고 향을 피웠다. 다시 쌍수로 돌아가 7일 동안 악기, 꽃, 향기로 공양하였다.[59] 말라족 사람들이 처음엔 붓다의 장례를 하루만 하려고 했다는 것은 그 당시 정황으로 보아 자연스러운 것으로 보일는지 모르지만 독실한 불자들에겐 너무 성급한 것으로 생각되었을 것이다. 『유행경』이 다른 경전에 비해 일상적인 시각을 가진 사람에겐 역사적인 사실에 더 충실하다고 보일 것이다.

『불반니원경』에서는 서심(逝心)과 이가(理家)가 붓다의 입멸 소식을 듣고 그들의 왕에게 알리고 왕은 붓다의 장례를 극진하게 치르라고 당부한다. 이가와 민(民)은 불금상(佛金牀)을 들고 왕성으로 들어갔다. 천신은 보석으로 불금상을 덮고 공양하였다. 이가와 민은

59) 『유행경』(『대정장』 1, p.27下).

아난에게서 장례법을 듣고 7일 동안 공양하고자 하였다. 이가들은 불금상을 들고 서문으로 나갔다가 되돌아와 성 중앙에 7일 동안 안치하였다. 30만 명이 모여 붓다의 시신을 관검(棺斂)하였다. 백성들은 열두 악기를 연주하였고 등불을 주야로 밝혔다. 제석천을 비롯한 천신들은 붓다의 시신을 공양하였다.60) 불신을 성안에 안치하고 30만 명이 공양하였다는 『불반니원경』의 묘사는 앞서 살펴본 『반니원경』과 거의 같다.

『근본설일체유부비나야잡사』에 따르면 장사(壯士)들은 붓다의 입멸을 전해 듣고 갖가지 향료, 꽃, 악기를 구비하고 쌍수로 가서 붓다에게 공양하였다. 아난다에게서 붓다의 장례법을 듣고서 하루나 이틀로는 필요한 장구를 준비하지 못할 것을 알고 7일을 달라고 요청한다. 구시나라 사람뿐만 아니라 인근에 거주하는 사람들까지 모두 모여들어 극진하게 붓다에게 공양하였다.61) 만 7일이 되어 관검하였다는 사실은 기록되어 있지 않지만 문맥상 생략된 것으로 보면 역시 이 문헌에서도 7일째 관검이 이루어진 것으로 보고 있다고 할 수 있다. 이 문헌에선 분명하게 7일장을 하게 된 이유를 밝히고 있다. 붓다가 지시한 장례법을 실행하고자 한다면 장구를 준비하는 데에 7일이 더 소요된다는 것이다.

이상의 내용에서 우리는 두 가지 점을 눈여겨보아야 한다. 첫째 모든 경전이 붓다가 입멸한 지 7일째 그의 시신을 관검하였다고 전하고 있는 점이다. 붓다의 경우 일주일간 시신을 관검하지 않고 두었다는 것은 아마도 붓다의 시신은 다른 사람들과 달리 부패하지 않는다는 것을 보여 주는 것으로 이해하여야 할 것이다. 붓다의 육신

60) 『불반니원경』(『대정장』 1, p.173上).
61) 『근본설일체유부비나야잡사』(『대정장』 24, p.400中).

은 특별하다는 것을 나타내는 것으로 보인다. 붓다의 육신관이 신앙적으로 전개될 근거가 되고 있다. 둘째 붓다의 시신을 어디에서 공양했느냐에 두 가지 의견이 나오고 있다. 팔리어 『열반경』, 『대반열반경』, 『유행경』, 『근본설일체유부비나야잡사』는 붓다가 입멸한 장소인 숲에서 공양하였다고 하는 반면에 『불반니원경』, 『반니원경』에선 붓다의 시신을 성안에 안치하여 공양하였다고 전하고 있다. 과거 인도인의 일반적인 풍습에 따르면 시신을 마을 안에 7일 동안이나 안치하지 않았기 때문에 『불반니원경』, 『반니원경』은 붓다의 경우는 특별한 사건으로 만들고 있는 것이다. 물론 이런 전승은 붓다가 다른 사람과 달리 위대하여 제자들이 마지막 순간까지 가까이에서 존경하였다는 것을 말하고자 한 것으로 보인다.

대략, 이상의 경전들은 한결같이 붓다가 입멸한 지 7일 동안 극진하게 불자(재가신자)들이 붓다의 장례를 준비하면서 공양을 했다고 밝히고 있다. 다소 과장된 부분도 있지만 7일장으로 붓다의 장례를 치렀다는 점은 역사적인 사실에 근거한 것으로 보인다. 왜 7일장인가 하는 물음에 대한 가장 가능성 있는 대답은 『근본설일체유부비나야잡사』에서 말하고 있듯이 장구를 준비하려 함이었다고 할 수 있다. 가능한 한 장기(葬期)를 연장하려고 한 것은 붓다와의 이별을 연기하려는 불제자들의 석별의 감정을 드러내는 것이라고 생각된다. 한편 불제자들은 붓다에게 공양함으로써 공덕을 지을 수 있다. 붓다는 최고의 복전(福田)이므로 비록 죽었다고 할지라도 여전히 육신의 모습을 지니고 있으므로 살아 있을 때와 마찬가지로 공양하면 최고의 복덕을 지을 수 있는 것이다. 현재 태국에서 행하여지는 이른바 큰스님의 장례식을 보면 공덕 짓기 개념이 뚜렷해진다. 보통 일반인이 죽으면 24시간 이내에 화장하지만 큰스님이 죽으면 몇 개월—어떤 경우엔 몇 년－이 지나서야 화장한다. 이 기간 동안 큰스님의 육신은 복전으로서 기능을 유지한다. 가능하면 많은 사람이 친견하고 공양하여 복을 짓도록 화장을 연기하는 것이다.62) 붓다의 시신에 대한 말라족의 공양은 일종의 축제를 연상시킨다. 음악, 무용, 꽃, 향료 등으로 붓다를 공양하는 장면은 더 이상 죽음을 애도하는 장례식이 아니라 붓다의 사리를 공양하는 전주곡으로 여겨질 수도 있겠다.63) 현재 동남아시아 불교인들이 사리를 봉행하는 축제를 연상시킨다.

2) 화장장으로의 운구

팔리어 『열반경』에 따르면 붓다가 입멸한 장소에서 7일간 시신에 경례를 한 후 말라족 사람들은 7일째 되던 날 시신을 화장장으로 옮기려고 하였다. 여덟 명의 말라족 수장들이 머리를 씻고 새 옷을 입고 시신을 들고 이동하려고 하였지만 들 수가 없었다. 그래서 그들은 이 문제를 아누룻다에게 문의하였다. 아누룻다는 그 이유를 설명하고 있다. 말라족 사람들이 붓다의 시신을 남문으로 도시의 남쪽 외곽의 한 지점에 운반하고 가무와 음악으로 시신을 경례하고 나서 거기서 화장하려고 계획하고 있는 것에 대해 신들이 반대하기 때문이라는 것이다. 말라족의 의도와 달리 신들은 붓다의 시신을 성의 북쪽으로 옮기고 북문을 통해 도시 중앙으로 들어간다. 그리고 나서

---

62) Charles F. Keyes, "Monastic Funerals (Thailand)", Frank E. Reynolds and Jason A. Carbine, editors *The Life of Buddhism*. University of California press, 2000, pp.125-6.

63) John S. Strong, "The Buddha's Funeral", *The Buddhist Dead*, edited by Bryan J. Cuevas and Jacqueline I. Stone. University of Hawaii Press, 2007, p.42.

동문을 통해 성 밖으로 나간다. 가무와 음악으로 경례하며 성의 동쪽에 있는 마쿠타반다나(Makuṭa-bandhana)라는 말라족 사원으로 운반하여 거기서 화장하려고 한다는 것이다.64)

운구를 담당한 사람들이 말라족의 수장이었다는 점을 주목할 필요가 있다. 대체로 인도에선 시신을 염하고 옮기고 태우는 일을 하는 사람들을 가장 천한 사람으로 여긴다.65) 붓다의 시신을 운구하는 자가 말라족의 수장이라는 것은 붓다의 육신을 특별히 다루고 있음을 의미한다. 불길한 것으로 여기고 있는 것이 아니라 존경과 영예의 대상으로 여기고 있기에, 붓다의 시신을 운구한다는 것은 하나의 커다란 영광이자 특권이라고 생각하기에 수장들이 이 일을 맡고 있는 것이다.

말라족과 천신 간의 이견은 방향, 운구 안치 장소, 화장 장소 등에서 드러나고 있다. 말라족은 성안으로 운구하지 않고 성의 남쪽에서 다비하려고 하고 있지만 천신은 성안으로 운구, 안치하여 공양을 하고 동문으로 나가서 마쿠타반다나에서 다비하려고 하고 있다. 말라족은 붓다의 시신을 마을 안으로 들여오지 않고 바로 남쪽 외곽에서 다비하려고 한 데 비해 천신들은 북문을 통해 마을 안으로 들어가 공경한 후 동문으로 나와 마쿠타반다나 신묘에서 다비하고자 하였다. 북방은 말라족 사람들이 신성히 여기던 방향이므로,66) 천신들은 북방을 통해 시신을 운구하고 신묘에서 다비하려고 했지만 말라

---

64) Dīgha Nikāya II, p.160. 디파밤사(Dīpavaṃsa xvii 102 103)에 따르면 마힌다(Mahinda)의 시신은 동문을 통해 아누룻다푸라(Anurudhapura) 시에 들어가서 도심의 중앙을 관통한 후 남문 밖으로 운구되고 있다.

65) Basham A.L. *The Wonder That Was India*, South Asia Books 3rd edition. 2000, p.176.

66) 『아비달마대비파사론』(『대정장』 27, p.956下).

족 사람은 붓다의 시신일지라도 시신인 이상 부정하므로 마을 안으로 들여보내지 않고 남방 외곽에서 다비하려고 했다. 마쿠타반다나는 불교 흥기 이전에 인도인들이 고래로 신앙하고 있던 신들을 모신 신묘(神廟, cetiya)의 하나로 보인다. 따라서 이 신묘는 사람들이 신성시하였을 것이다.67) 이런 성역에서 말라족은 다비하려고 하지 않았던 것이다.

『대반열반경』도 팔리어 경전과 같은 내용을 전하고 있다. 역사(力士)들은 7일 동안 붓다의 유체에 공양을 하고 여래의 관(棺)을 모시고, 성 주변을 두루 돌아 모든 백성이 마음껏 공양 올리게 한 후에 성의 남쪽으로 가서 다비하려고 하였다. 모든 힘을 다하여 여래의 관을 들었으나 들리지 않았다. 무슨 까닭인지 몰라 아누루타에게 물었다. 아누루타가 많은 사람들에게 말하였다. "그 까닭은 허공에 있는 모든 천신들이 부처님 관을 모시고 성 주변을 두루 돈 후에 북문으로 들어가서 성안에 머물기를 바라기 때문이니, 모든 천인(天人)들이 가지가지로 공양 올리도록 허락한 후에 동문으로 나가서 보관지제(寶冠支提)로 가서 다비해야 마땅할 것입니다."68) 말라족과 천신의 의견 차이를 비교하면 말라족에 비해 천신은 붓다의 시신을 특별하게 다루고 싶어 하는 것이다. 대체로 시신은 부정한 것으로 여겨 성안으로 들여보내지 않는 것이 말라족의 관습이었기 때문에 붓

67) 불교가 흥기하면서 불교를 믿게 된 사람들은 신묘를 붓다나 그의 제자들을 위한 수행 공간으로 바꾸어 갔다. 붓다고사에 따르면 마쿠타반다나는 말라족의 왕들이 자신들을 치장하려고 사용한 왕실 부속물로 보고 있는 데 비해 담마팔라는 왕의 즉위식이 행하여지는 곳으로 보고 있다(Līnatthappakāsinī II, p.241).

68) 『대반열반경』(『대정장』 1, p.206中) "所以然者 虛空諸天欲令佛棺周匝繞城 從北門入住於城中 聽諸天人種種供養 然後應從東門而出 往於寶冠支提之所 而闍維之."

다의 시신도 성중으로 운구하지 않으려고 했던 것이다. 반면에 천신은 이런 관습을 부정하고 붓다의 시신을 신성시하여 많은 사람들이 공양할 수 있도록 성중에 안치하고자 하였던 것이다.

『유행경』에 따르면 말라족 사람들은 붓다의 시신에 공양한 지 하루가 지난 뒤 붓다의 몸을 평상 위에 안치하고 평상을 함께 들었지만 들리지 않았다. 그때 아나율은 모든 말라족 사람들에게 말했다. "그대들은 향과 꽃과 음악으로써 사리에 공양하고 하루를 지낸 뒤 부처님의 몸을 평상 위에 안치하고 말라족 동자들을 시켜 평상의 네 귀를 들게 하고, 깃발과 일산을 받쳐 들고 향을 사르고 꽃을 뿌리고 음악을 공양하며 동쪽 성문으로 들어가 모든 마을을 두루 들러 모든 백성이 공양할 수 있게 하려고 합니다. 그다음에는 서쪽 성문으로 나가 높고 탁 트인 곳에서 사유에 붙이려고 합니다. 그러나 모든 천신의 생각에는 7일 동안 사리를 모셔 두고 향과 꽃과 음악으로써 예경하고 공양하려 합니다. 그 다음에 부처님 몸을 평상 위에 안치하고 말라족의 동자들이 평상의 네 귀를 들게 하고, 깃발과 일산을 받쳐 들고 꽃을 뿌리고 향을 사르고 여러 가지 음악을 공양하며 동쪽 성문으로 들어가 모든 마을을 두루 들러 모든 백성이 공양할 수 있게 하려고 합니다. 그 다음에는 북쪽 성문으로 나가 희련선하(熙蓮禪河)를 건너 천관사(天冠寺)에 가서 사유에 붙이고자 합니다. 천신들은 이런 생각으로 평상을 움직이지 않게 한 것입니다."[69] 여기에선

---

69) 『유행경』(『대정장』 1, p.27下). "汝等欲以香花伎樂供養舍利 竟一日已 以佛舍利置於床上. 使末羅童子擧床四 擎持幡蓋 燒香散花 伎樂供養 入東城門 遍諸里巷 使國人民皆得供養. 然後出西城門 詣高顯處而闍維之. 而諸天意欲留舍利七日之中 香花伎樂 禮敬供養. 然後以佛舍利置於床上. 使末羅童子擧床四角 擎持幡蓋 散花燒香 作衆伎樂 供養舍利 入東城門 遍諸里巷. 使國人民 皆得供養. 然後出城北門 渡凞連禪河 到天冠寺而闍維之. 是上天意 使床不動."

운구를 바로 하지 못한 주된 이유가 말라족 사람들이 붓다가 입멸한 지 하루 만에 화장하려고 하였기 때문에 천신들이 방해하였다고 한다. 또 하나의 이유는 말라족은 성 외부의 넓은 들판에서 다비를 하려고 하는 데 비해 천신들은 말라족이 신성시하는 사당에서 다비를 하고자 하였기 때문이다. 이런 차이들은 궁극적으로 붓다를 어떻게 보느냐의 시각에 기인한다. 이 경전에선 운구의 방향이 주요한 문제로 부각되고 있지 않다.

『불반니원경』에는 흥미롭게도 천신들이 붓다의 장례를 치르고자 하는 내용이 실려 있다. 붓다의 시신을 모신 침상을 들고 성의 서문으로 들어가려고 하였지만 침상이 들리지 않자 아나율에게 물었다. 아나율은 천신의 탓이라고 말하고 있다. "모든 천신들이 염하여 관에 모시고 싶어 하기 때문에 침상이 들리지 않도록 하였습니다."[70] 아나율은 곧 천상으로 올라가 범천과 제석 등 모든 천신들을 타일렀다. "아난이 모든 천신들께서 장사 지내려 하는 뜻을 사절한 것은 바로 부처님의 뜻입니다." 범천과 제석 등 모든 천신들이 말하였다. "우리가 장사 지낼 도구를 가지고 이곳에 왔으니 우리는 침상의 오른쪽에서, 국왕과 백성은 침상의 왼쪽에서 따르고, 기악과 꽃과 향은 세존의 뒤를 따르는 것이 어떻겠습니까?" 아나율은 돌아와 아난에게 천신들의 뜻을 말하였다. 아난이 말하였다. "천신들이 염하여 관에 모시는 것은 위로 부처님의 지시를 어기는 것이지만 효심으로 보내드리려는 것이니 가능합니다."[71] 아나율이 범천과 제석에게 그 일

---

70) 『불반니원경』(『대정장』 1, p.173中). "諸天欲得棺斂故 令床不擧."

71) 『불반니원경』(『대정장』 1, p.173中). "阿難謝諸天葬儀之趣 自是佛意 梵釋諸天曰 吾等以持葬具來至此 寧可令吾等於床右面 國王黎民于床左也 伎樂華香 送世尊乎?" 答曰 吾當還報 阿那律還以天意具報阿難 阿難曰 欲棺斂者 上違佛教 爲孝送者可."

을 보고 들은 대로 알리니, 모든 천신들이 기뻐하며 내려와 불금상의 오른쪽에 섰고, 국왕과 백성은 침상의 왼쪽에 섰다. 천신들의 적극적인 장례 참여가 부각되고 있다.

『반니원경』을 보면, 7일간 불신(佛身)을 공양하고 나서 청년들이 구다신지(漚荼神地)에 운구하여 거기서 다비하려고 하였다. 이에 비해 천신들은 다른 의견을 가지고 있었다. 두 가지로 요약할 수 있다. 첫째, 화씨족 청년들은 불상의 왼쪽 측면을 담당하고 천신들은 불상의 우측을 맡고 백성이 그 뒤를 따른다. 둘째, 성의 동문으로 운구하여 들어가 성 중앙에 안치하고 천상의 음악을 베풀고 공양한 뒤 서문으로 나가 구다신지에서 화장한다.[72] 이 경전에선 청년들이 불상을 들 수 없었던 주된 이유는 성안으로 운구하여 공양하지 않고 바로 화장하려는 데 있다. 물론 신들이 불상 운구에 참여해야 한다는 의견도 있지만 더 큰 이유는 성안으로 운구하지 않으려는 데 있다고 보아야 한다. 이 경전에선 다른 『열반경』과 달리 처음부터 사람들이 신성시하는 신지(神地)에서 화장하려고 하고 있다.

『근본설일체유부비나야잡사』에선 한 노인이 사람들에게 어떻게 운구하여 화장할 것인지 제안하고 있다. 두 가지 사항으로 정리할 수 있다. 첫째, 여자는 깃발을 들고 남자는 상여를 멘다. 노인들은 향료, 꽃 등을 들고 향을 피우며, 음악을 연주하며 따른다. 둘째, 성의 서문으로 들어가 동문으로 나가 금사하(金沙河)를 건너 계관제저(繫冠制底)에 옮겨 화장한다. 첫째 사항은 성별 연령에 관계없이 모든 사람들이 운구에 참여할 수 있도록 해야 한다는 평등 참여를 보여 주고 있다. 둘째 사항은 성의 중앙을 통과하고 그들이 소중히 여

---

72) 『반니원경』(『대정장』 1, p.189上).

기는 계관제저에서 화장한다는 것은 붓다를 왕 이상으로 소중히 여기는 것을 의미한다. 계관제저는 그 이름에서 알 수 있듯이 왕이 즉위하거나 왕이 주요한 제사를 치를 때만 사용하는 신성한 지역으로 보인다. 천신들은 이상의 제안에 대체로 동의하지만 자신들이 적극적으로 참여하지 못하는 것에 불만을 피력하고 있다. 자신들이 화채(華綵)를 지니고 온갖 묘향(妙香)을 피우고 천기악(天伎樂)을 연주하여 공양을 하고 싶다는 것이다.[73] 여기에선 운구 방향이나 다비장에 관한 이견은 전혀 언급되지 않고 있다.

티베트어 『열반경』에는 다른 이유가 제시되고 있다. 말라족은 7일간 장례 준비를 완료한 후 7일째 사라 쌍수로 가서 붓다의 시신을 꽃, 향료, 악기 등으로 공양하였다. 그러고 나서 붓다의 시신을 성의 서문을 통하여 성안으로 운구하고 동문으로 나가려고 하였다. 그런데 운구를 여자들이 하려고 하였다 이에 천신들이 남자들이 운구해야 한다고 밝히고 있다.[74] 여기에선 운구 방향이나 다비 장소가 문제가 되는 것이 아니라 운구 주체가 여자인지 남자인지가 쟁점으로 부각되고 있다.

붓다의 시신 운반과 관련하여 말라족과 신들이 서로 각기 다른 방향과 장소를 제시한 것은 고대 인도 풍습의 수용 여부에 기인한 것이라고 추정된다. 말라족과 신들의 뚜렷한 이견은 붓다의 시신을 도시 안으로 들여올 것인가의 여부에 있다. 대체로 고대 인도에선 시신은 불결하거나 두려운 존재로 여겼기 때문에 시신을 마을 안으로 가져오는 것은 용납되지 않는 것이다.[75] 시신은 주위를 오염시키는

---

73) 『근본설일체유부비나야잡사』(『대정장』 24, p.400下).
74) Rockhill, William Woodville, *The Life of Buddha and the Early History of his Order*. London. 1884 p.143.

것이기에 사람들이 살지 않는 곳에서 처리하려고 하였다. 이런 풍습에 따라 말라족은 붓다의 시신을 마을 안으로 들여오려고 하지 않았던 것이다. 이에 비해 신들은 붓다의 시신은 오염의 근원도 아니고 공포스러운 존재도 아니라는 것을 보여 주고 있다.

말라족과 신들의 두 번째 이견은 시신 운반 방향에 있다. 고대 인도의 방위 신앙이 반영되고 있는 것이다. 우리는 다른 초기 경전에서도 방위 신앙의 흔적을 찾아볼 수 있다.[76] 가장 오래된 관습에 따르면 시신은 동쪽이나 서쪽으로 옮기는 것이다. 시간이 경과한 후 마누 문헌에는 북쪽으로 시신을 옮기라고 하고 있다. 말라족은 남쪽을 죽음의 방향으로 믿고 있는 데 비해 신들은 북쪽과 동쪽을 제시하고 있다. 일반적으로 고대 인도에선 시신을 남쪽 혹은 남동쪽으로 운반하고 화장한다고 한다. 남동쪽에 조령계(pitṛ - loka)로 들어가는 문이 있다고 신앙하였다.[77] 후세의 어떤 문헌에 따르면 시신은 마을의 중앙을 관통하지 않고 수드라의 시신은 남문, 바이샤의 시신은 서문, 크샤트리아의 시신은 북문, 바라문의 시신은 동문에서 운반되는 것으로 되어 있다.[78]

셋째, 화장장에 대해서도 이견을 보이고 있다. 말라족은 화장터를 도시의 남쪽 외곽 한 지점에서 화장하려고 하였다. 시신을 오염과 공포의 원인으로 보았기 때문에 인적이 드문 곳에서 화장하려고 하

---

75) Rhys Davids(trans), *Dialogues of the Buddha* II, Oxford: Pali Text Society, 1991. p182.

76) 『선생경』(『대정장』 1, p.70上).

77) 杉本, "佛陀の葬儀と舍利及び塔供養-Sarīra-, Thūpa-pūjā." *Buddhist Studies*. 1972 March vol. II, p.41; p.51. 남방에 죽음의 신인 야마(Yama)가 있었다고 믿어지고 있었다(中村元, 『ゴ-タマ・ブッダ』II, 東京: 春秋社 1995, p.397).

78) 杉本, 앞의 논문, p.44.

였던 것이다. 화장터와 관련된 고대 인도 문헌을 살펴보면 대개 화장터는 타다 남은 시체로 어지러워져 있고 개나 독수리가 시신을 뜯어 먹는 장면이 그려지고 있다.79) 이런 사정으로 신들은 말라족이 신성시하는 그들의 사당에서 화장하려고 하였다. 신들의 입장에선 붓다의 시신은 그들이 섬기는 신 이상으로 존경받아야 하기 때문에 말라족이 가장 신성하게 여기는 장소에서 화장하려는 것이다. 요컨대 신들의 의향은 말라족의 미신적인 관습을 파기하는 데 있는 것으로 보인다. 붓다의 시신은 다른 사람들의 시신과 같은 종류로 보거나 다루어서는 안 된다는 것이다.

『열반경』 제본이 대체로 말라족이 신성하게 여기는 신묘에서 다비가 행하여진 것으로 보고 있다. 그렇지만 화장장의 정확한 방향이나 위치에 대해서는 서로 일치하지 않고 있다. 그리고 운구 방향에 대해서도 서로 일치하지 않고 있다. 어느 『열반경』이 정확한지 판단하기란 쉬운 일이 아니다. 한역 『열반경』이 중국인의 생활 습관이나 풍속을 고려한 것이라고 볼 때 다분히 인도 원전을 그대로 번역하지 않았을 개연성이 크다. 이런 점에서 팔리어 『열반경』이 전하고 있는 내용이 역사적인 사실에 더 가깝다고 추론할 수 있을 것이다. 물론 그렇다고 팔리어 『열반경』이 전달하고 있는 이야기를 액면 그대로 받아들이는 것도 바람직하지 않을 것이다. 다만 여기서 붓다의 시신을 성안으로 운구하는 과정에서 이견이 있었다는 것은 짐작할 수 있다. 적어도 이 문제가 『열반경』이 편집될 때 또는 그 이전부터 심각한 문제였다는 것은 틀림없는 사실이다.

---

79) Basham A.L. *The Wonder That Was India*, South Asia Books 3rd edition. 2000, p.177.

3) 화장 준비와 점화 실패

화장(火葬) 즉 다비에 해당하는 팔리어는 jhāpeti(to burn)로 문자 그대로 '태운다'는 의미이다. 먼저 불교의 장례법인 화장의 특징에 대하여 고찰할 필요가 있다. 붓다 당시에 여러 종류의 장례법이 있었던 것으로 보인다. 불교 흥기 이전에 이미 인도 사회에서는 화장이 장례법으로 정착되고 있었다. 즉 화장 제도는 불교에서 처음으로 시작된 것이 아니라 힌두교들 사이에서 이미 행해지고 있었다. 불교 경전에 의거하면 화장은 붓다 재세 시에 불교도들 사이에서 행해졌음을 알 수 있다. 병들어 죽은 비구를 길가에 방치한다는 소식을 접한 붓다는 제자들에게 "비구가 죽으면 반드시 다비하여야 한다"라고 권고하고 있다. 그리고 화장이 어려우면 수장(水葬), 매장(埋葬), 임장(林葬) 순으로 시신을 처리할 것을 가르치고 있다.[80] 이 문헌은 화장이 붓다 재세 시에 화장이 제일의 장례법임을 보여 주고 있다. 화장과 관련하여 불교는 힌두교와 다른 면을 보여 주고 있다. 힌두교에 따르면 시신을 태운 뒤 남은 뼈를 강(특히 갠지스 강)에 던져 넣는다. 반면에 불교인들은 유골을 부도나 납골당에 안치한다. 이와 같이 불교도들 사이에서 행해지던 화장은 인도를 여행한 중국 승려들도 목격하고 있으므로 화장 의식은 불교 장례법으로 정착되어 유행하였음을 알 수 있다.[81]

고대 인도 관습에 따르면 해탈을 성취한 것으로 여겨지는 사문의 시신은 화장하지 않고 매장한다. 이런 사정은 지금도 지켜지고 있

80) 『根本說一切有部毘奈耶雜事』(『대정장』 24, p.286下).
81) 화장에 대한 현장(629~695)의 기록은 『大唐西域記』(『대정장』 51, p.877下)에, 義淨(635~713)의 기록은 『南海寄歸內法傳』(『대정장』 54, p.216下)에 남아 있다.

다. 브라흐민이나 힌두 고행자도 매장된다. 이와 대조적으로 불교에선 비구들이 죽으면 화장하였다. 붓다 생전에 그의 비구 제자들이 죽으면 화장하는 장법이 정착되었고 붓다도 자연히 화장법을 따랐다.82) 존(John)은 화장에 대해 부연하고 있다. 화장 장법은 불교나 힌두교에서나 공통되는 장법이지만 두 가지 차이가 있다. 첫째, 힌두교 전통에선 보통 일반인의 경우 화장은 재생을 확보하려는 의례로 현신의 몸을 남김없이 완전히 소각한다. 반면에 불교의 화장은 대체로 사리를 기대한다. 둘째, 힌두교의 산야신(saṃyāsin)은 범행기에 들어가면서 가족과 친지와 완전히 단절하므로 죽었을 때 화장해 줄 사람이 없다. 그래서 이들이 죽으면 땅에 매장하거나 강에 던져 버린다.83) 화장은 땔나무를 구해야 하므로 비용이 많이 들지만 땅에 묻거나 강에 던지는 것은 경제적 부담이 없기 때문에 쉽게 시신을 처리할 수 있기 때문이다. 해탈을 성취한 성인이 죽을 경우 불교 이외의 다른 종교에선 매장이 원칙이지만 불교에선 성인은 물론이고 보통 비구도 모두 화장하였다.

화장 전후의 사정을 팔리어 『열반경』에 의거해 간략히 요약하면 다음과 같다. 말라족들은 신들의 의향에 따라 붓다의 시신을 마쿠타반다나로 옮긴다. 그러고 나서 신들은 아난다에게 시신을 어떻게 다루어야 하는지 묻는다. 아난다는 붓다가 입멸 전 알려 주었던 전륜성왕 장례법에 대해 말해 준다. 말라족은 아난다의 말대로 붓다의

82) André Bareau, "La composition et les étapes de la formation progressive du Mahāparinirvāṇasūtra ancien." *Bulletin de l'École Française d'Extrême-Orient* 66, 1979, pp.45-103.

83) John S. Strong, "The Buddha's Funeral", *The Buddhist Dead*, edited by Bryan J. Cuevas and Jacqueline I. Stone. University of Hawaii Press, 2007, p.44.

시신을 천으로 감싸고 철제 기름관에 넣는다. 온갖 종류의 향이 나는 나무 장작을 쌓고 그 위에 관을 올려놓는다. 말라족의 수장 네 명이 머리를 감고 새 옷을 입고 장작더미에 불을 붙였으나 불이 붙지 않았다. 말라족은 아누룻다에게 그 이유를 묻는다. 아누룻다는 이 또한 신들이 방해하고 있다고 대답한다. 마하카사파가 아직 붓다의 시신에 예를 올리지 못했기 때문에 신들이 불을 붙지 않게 한다는 것이다.[84] 불이 붙지 않도록 방해한 천신들은 전생에 가섭의 제자들이었다고 붓다고사는 주석하고 있다. 전생에 자신의 스승이었던 가섭이 아직 붓다의 장례식장에 도착하지 않은 것을 알고서 가섭을 위해 다비를 지연시키고 있었다는 것이다.[85]

『대반열반경』은 화장 전후의 사정을 다음과 같이 전하고 있다. 말라족은 보관지제에 이르러 다비를 준비했다. 우두전단향과 여러 가지 향을 모아서 쌓아 향섶을 만들고, 향섶 위에 비단과 모직을 깔고, 큰 보배 휘장을 펼쳐 그 위를 덮고, 보배관을 마주 모시고 그 향섶 주위를 일곱 번 돌고 향을 사르고 꽃을 뿌리고, 온갖 악기를 연주하고 보배관을 향섶 위에 모시고 미묘한 향이 나는 향유를 주변까지 두루 부었다. 곧이어 아래에서부터 불을 붙였으나 불이 타려 하지 않았다. 이렇게 두 번, 세 번 태웠지만 역시 또 불이 붙지 않았다. 그러자 모든 사람들은 그 까닭을 몰라 곧 이 일을 아누루타에게 물었다. 아누루타가 말하였다. "그 까닭은 존자 마하가섭(摩訶迦葉)께서 탁차나기리국(鐸叉那耆利國)에 계시다가 여래께서 반열반에 드시려 한다는 말을 듣고 오백 명의 비구와 함께 세존을 뵈려고 오고 있습니다. 이 때문에 여래께서 불이 타지 않도록 하시는 것입니다."[86]

---

84) Dīgha Nikāya II, pp.160-164.
85) Sumaṅgalavilāsinī II, p.602.

『유행경』에서도 대가섭이 아직 도착하지 않았기 때문에 점화할 수 없다고 전하고 있다. 말라족 사람들은 곧 함께 성으로 들어가 장구들을 마련했다. 천관사로 돌아와 깨끗한 향탕으로 부처님 몸을 목욕시키고, 새 겁패로 몸을 두루 감되 오백 겹으로 차곡차곡 묶듯이 감싸고 몸을 황금관에 넣고 깨 기름을 부어 채웠다. 다시 금관을 들어 두 번째 큰 철관에 넣고, 전단향 나무로 짠 덧관으로 겉을 거듭 싸고, 온갖 기이한 향을 그 위에 쌓았다. 그때 말라족의 대신(大臣)이 큰 횃불을 들고 부처님의 시신을 안치한 장작더미에 불을 붙이려 하였다. 그러나 불이 붙지 않았다. 다른 말라족 대신이 잇달아 장작더미에 불을 붙였지만 역시 불은 붙지 않았다. 그때 아나율이 여러 말라족 사람들에게 말했다. "대가섭(大迦葉)이 그의 제자 오백 명을 거느리고 지금 파바국(波婆國)에서 오는 중인데, 사유하기 전에 도착하여 부처님 몸을 뵙고자 합니다. 그래서 천신이 그 뜻을 알고 불이 붙지 못하게 하는 것입니다."[87]

『불반니원경』에도 가섭이 도착하지 않았기 때문에 점화가 되지 않는다고 밝히고 있다. 서쪽 성문을 벗어나 주려파단전(周黎波檀殿)으로 가서 부처님을 강당에 모셨다. 서심과 이가들은 부처님께서 남기신 지시대로 겹비단으로 부처님 몸을 싸고, 겁파육 일천 장으로 그 위를 반대 방향으로 싸고, 은관에 모시고, 윤택한 향유를 몸까지 스며들도록 붓고, 천개(天蓋)로 그 위를 덮었다. 이가들이 함께 관을 모시고 주려파단전에서 내려와 뜰 한가운데에 전단향 나무 장작 등을 높이와 너비

86) 『대반열반경』(『대정장』 1, p.206下). "所以然者 尊者摩訶迦葉在鞞叉那耆利國 聞於如來欲般涅槃 與五百比丘從彼國來 欲見世尊 是以如來不令火然."

87) 『유행경』(『대정장』 1, p.28中). "大迦葉將五百弟子從波婆國來 今在半道 及未闍維欲見佛身 天知其意 故火不燃."

가 30길이 되게 쌓고, 모든 중생들이 꽃과 향을 섶 위에 뿌렸다. 이가들이 섶에 불을 붙였는데, 타지 않자 아나율에게 물었다. 아나율이 대답하였다. "부처님께 기구(耆舊) 제자가 있는데 이름이 대가섭(大迦葉)입니다. 그 사람이 두루 유행(流行)하면서 교화하다가 지금 제자 이천 명과 무앙수(無央數)의 천인들과 함께 돌아와 부처님을 뵙고자 하기 때문에 부처님께서 불이 붙지 않도록 하신 것입니다."88)

『반니원경』에 따르면 구소(漚蘇) 대신이 불을 붙이려고 시도하였으나 제대로 이루어지지 못했다. 그 이유는 천신들이 대가섭(大迦葉)과 그의 오백 제자가 파순(波旬)에서 오고 있는 도중임을 알고 그들이 예불할 수 있도록 하고자 점화를 연기하였다고 한다.89)

『근본설일체유부비나야잡사』에도 점화가 되지 않는 이유를 천신이 가섭을 위한 것으로 보고 있다. "대가섭파(大迦攝波)와 오백 제자들이 길을 따라오고 있다. 세존의 금색 전신(全身)을 친견하고 다비하는 모습을 보고자 한다. 그들을 기다리려고 천신들이 불을 붙지 아니하게 한다".90)

『열반경』 제본이 다비장에서 점화가 되지 않은 이유에 대해서 동일한 답을 기술하고 있다. 가섭이 붓다의 시신을 마지막으로 친견할 수 있도록 천신들이 점화를 연기하고 있다는 것이다. 이것은 가섭이 사실상 장주(葬主)임을 표방하는 것이며 나아가 붓다의 후계자임을 인정하는 것이다. 장주가 장례식에서 선친을 친견하지 못하는 것은 있을 수가 없다. 붓다의 장례식에 가섭이 장주로서 참여하지 못한다

88) 『불반니원경』(『대정장』 1, p.173下). "佛有耆舊弟子 名大迦葉 周行敎化 今者來還將弟子二千人 諸天無央數 欲完見佛 令火不燃."

89) 『반니원경』(『대정장』 1, p.189中).

90) 『근본설일체유부비나야잡사』(『대정장』 24, p.401中) "爲大迦攝波與五百徒衆隨路而來 欲見世尊金色全身親觀焚燎 爲待彼故天不令燒."

는 것은 장례식이 원만하게 이루어지지 않은 것을 의미한다. 장주인 가섭이 친견함으로써 비로소 다비가 가능할 수 있었다는 것이다.

4) 점화와 소화

팔리어 『열반경』을 살펴보면, 마하카사파와 그의 오백 제자가 마침내 다비장에 도달한다. 어느 방향에 붓다의 발이 놓여 있는지 의아해할 때 관에서 붓다의 양족이 나오게 된다. 마하카사파와 그의 제자들이 붓다의 발에 엎드려 절을 하자 저절로 불이 붙었다. 피부, 살, 내장 등 모든 신체가 찌꺼기 없이 완전히 타 버리고 오로지 뼈만 남게 되었다. 시신을 싸고 있던 오백 겹의 천과 포 중에서 제일 안쪽의 천과 가장 외부의 포만이 탔다. 붓다의 시신이 모두 타 버리자 하늘에서 물이 내려오고 땅에서 물이 솟아 불을 껐다. 그리고 말라족 사람들도 향수가 든 물을 가져와 불을 껐다.[91] 점화에서 소화(消火)에 이르기까지 몇 개의 이적(異跡)이 보인다. 첫째, 관에서 붓다의 발이 나왔다. 둘째, 불이 저절로 점화되었다. 셋째, 시신을 싸고 있던 오백 겹의 천과 포 중에서 제일 안쪽의 천과 가장 외부의 포만 타지 않았다. 넷째, 하늘과 땅에서 각각 물이 나와 소화하였다. 가섭의 머리를 향해 붓다의 양족이 나왔다는 곽시쌍부에 대해 붓다고사는 가섭의 선정력으로 설명하고 있다. 가섭은 제4선정(jhāna)에 들어가 신통력을 발휘하여 붓다의 양족이 관에서 나와 자신의 머리에 닿도록 하였다.[92] 붓다고사는 점화에 대해서도 저절로 이루어진 것으로 보고 있지 않다. 천신들의 힘에 의해 사방에서 동시에 불

91) Dīgha Nikāya II, pp.160-164.
92) Sumaṅgalavilāsinī II, p.603.

이 붙었다고 주석하고 있다.[93] 하늘과 땅에서 물이 나와 화장장의 불을 소멸시켰다는 기술은 붓다 탄생 시의 일을 연상시킨다. 붓다가 태어나자 하늘에서 찬물과 더운물이 나와 보살의 몸을 적셨다고 탄생 전설에서 이야기하고 있다.[94] 이것은 보살의 탄생이 비범하다는 것을 보이는 것이며 입멸 시에도 화장장의 불이 하늘과 땅의 물에 의해 꺼졌다고 하는 것도 같은 맥락으로 이해해야 할 것이다.

『유행경』은 앞서 살펴본 팔리어 『열반경』에 비해 점화에 관해 자세하다. 가섭과 그 제자들이 다비장에 이르러 아난에게 불신(佛身)을 보여 달라고 요청하지만 아난이 거절하는 사이에 붓다의 양족이 관에서 나왔다. 가섭은 붓다의 양족에 예배했다. 그때 4부중(四部衆)과 위의 모든 천신도 동시에 예배했다. 이에 붓다의 발이 갑자기 사라졌다. 대가섭은 향 더미를 세 번 돌고 게송을 지어 설했다. 예를 갖춘 대가섭이 이 게송을 설하고 나자 그때 불을 붙이지 않았는데도 화장 더미가 저절로 탔다. 모든 말라족 사람들이 제각각 말했다. "지금 불이 맹렬하게 타올라 불꽃이 너무 거세어 제어할 수 없다. 사유한 사리가 혹시 녹아 버리지나 않았을까? 어디에서 물을 구해 이 불을 꺼야 할까?" 그때 화장 더미 곁에 불도를 독실히 믿던 사라수신(娑羅樹神)이 있었다. 그는 곧 신력(神力)으로써 화장 더미의 불을 껐다.[95] 팔리어 『열반경』에 비해 이적이 적다. 시신을 싸고 있던 오백 겹의 천과 포의 소진 여부에 관한 내용이 빠져 있어 자연히 모두 소진한 것으로 보고 있는 것이다. 대신에 수신이 소화한 내용

---

93) Sumaṅgalavilāsinī II, p.603.

94) N.A. Jayawickrama, *The Story of Gotama Buddha*. Oxford: The Pali Text Society. p.70.

95) 『유행경』(『대정장』 1, p.29上). "今火猛熾 焰盛難止 闍維舍利 或能消盡 當於何所求水滅之 時 佛積側有娑羅樹神 篤信佛道 尋以神力滅佛積火."

이 부각되어 있다. 붓다의 양족이 나온 것이 가섭에 의한 것인지 붓다에 의한 것인지 명확하지 않다.

『대반열반경』은 다음과 같이 전하고 있다. 가섭은 비구들과 함께 구시나성으로 가서 보관지제에 이르러 여래의 관이 향섶 위에 있는 것을 보고 슬피 울고 눈물을 흘리며 그 주위를 일곱 번 돌았다. 그리고 향섶 위에 올라 보배관이 있는 곳에 이르러 여래의 발이 있는 곳에서 목이 메도록 울부짖으며 예를 올렸다. 그때 여래께서 보배관 속에서 두 발을 내보이시니 가섭은 이것을 보고 배나 더 슬프고 놀랐다. 곧 향과 꽃으로 부처님 관에 공양하고 예배하고 찬탄하는 것을 모두 마치고 나자 그때 두 발이 저절로 도로 들어갔다. "가섭이 곧 땅으로 내려오자 붓다의 위신력으로 향섶 사면에서 저절로 불이 일어 7일이 지난 후에 보배관이 모두 녹았다. 그때 모든 천신들이 비를 내려 불이 꺼지도록 하자 모든 역사들이 사리를 수습하였는데 붓다의 몸을 감싼 천 장의 모직 중에 가장 안쪽의 한 장과 밖의 한 겹은 본래의 모습대로 타지 않고 사리를 싸고 있었다."96) 붓다가 발을 내민 것이나 붓다의 위신력으로 점화되었다는 것은 붓다가 사후 여전히 어떤 힘을 발휘하고 있다는 것을 보여 준다. 다비가 7일간 지속되었다는 것은 이 경전에서만 밝히고 있는 것으로 다비가 크게 이뤄졌음을 알 수 있다. 천신이 비를 내려 불을 소화한 것도 이 경전에서만 나오고 있다. 가장 안쪽과 바깥쪽의 천만이 타지 않았다고 하는 이적도 나오고 있다.

『불반니원경』에서는 다음과 같이 전한다. 대가섭이 붓다의 황금

96) 『대반열반경』(『대정장』 1, p.207上). "迦葉卽便還下於地 以佛力故香積自然 四面火起 經歷七日 寶棺融盡 於時諸天 雨火令滅 諸力士衆收取舍利 以千張氎 纏佛身者 最裏一張及外一重 如本不然 猶裹舍利."

관을 보면서 세존의 머리와 발이 어느 쪽에 놓여 있는지 고민하고 있을 때, 붓다께서 가섭에 응답하시어 두 발을 쌍으로 내보이셨다. 대가섭은 곧 머리와 얼굴을 붓다의 발에 대어 예를 올리고 붓다의 공덕을 게송으로 말하였다. 대가섭이 찬탄을 마치고 나자 천인, 귀신, 용, 국왕, 백성이 모두 붓다의 발에 예를 올렸다. 대중이 예를 마치자 붓다의 발이 다시 관 속으로 들어갔다. 서심과 이가들이 불을 놓아 다비하자, 천신들이 꽃과 향을 뿌렸다. "모든 이가들이 생각하였다. '부처님의 살이 다했을 것이니, 곧 향수를 부어 불을 끄고 사리를 잘 씻어 황금 병에 모셔야겠다.' 붓다의 속옷과 겉옷이 처음과 다름없이 이어져 있었고 몸을 감쌌던 겁파육만이 완전히 탔다. 사리를 수습하여 모신 병을 황금 평상 위에 모시고 다시 궁중으로 들어갔다."[97] 『불반니원경』에는 곽시쌍부의 기적과 속옷과 겉옷이 타지 않았다는 이적만이 나와 있을 뿐이다. 서심과 이가들이 불을 놓아 다비하였고 향수로 소화하였다고 하여 점화나 소화를 이적으로 다루지 않고 있다.

『반니원경』에서도 『유행경』과 마찬가지로 아난이 다비 준비가 완료되었으므로 가섭을 위해 관을 열어 줄 수 없다고 한다. 이때 관에서 붓다의 양족이 나왔다. 이에 가섭이 불족(佛足)에 경례하고 다비 장작더미를 세 번 돌고 나서 한 곳에 물러나 섰다. 이어 비구, 비구니, 청신자, 청신여 그리고 각종 신들이 나아가 불족에 경례하고 다비 장작더미를 세 번 돌고 나서 한 곳에 물러나 섰다. 이에 장작더미에 저절로 불이 붙었다. 불이 소진되고 네 그루의 나무가 자라났다.[98] 다른 경전과 비교해 나무 네 그루가 화장장에서 자라났다는

---

97) 『불반니원경』(『대정장』 1, p.174中). "諸理家商 佛肌肉盡 卽以香乳 澆火令滅 熟洗舍利 盛以金甖 佛內外衣 續在如故 所纏身劫波育爲燋盡 取舍利甖 著金床上 以還入."

이야기는 일종의 부활을 의미하는 이적이 아닐까 추측해 본다. 소화 방법이 구체적으로 명시되지 않고 있다.

『근본설일체유부비나야잡사』에선 가섭과 그 제자들이 관을 열어 불신을 싸고 있던 천을 풀어 불족에 경례하였다고 전하고 있다. 다시 관을 복원하고 다비 더미 위에 놓고 한곳에 머물렀다. "붓다의 여위(餘威)와 모든 천신의 힘에 의해 향목(香木)에 저절로 불이 일어났다. 이때 아난타(阿難陀)가 우요(右繞)하며 게송을 읊었다. '여래의 묘체(妙體)가 원적(圓寂)에 돌아갔구나. 자연히 불이 일어나 여신(餘身)을 태우니. 오직 내외 한 쌍의 옷만은 온전하구나. 나머지 천의(千衣)는 불에 소화되었네.' 이때 구시나성(拘尸那城)의 모든 장사 등이 우유로 불을 끄고자 하였다. 곧 화장장에서 홀연 네 그루의 나무가 나왔다: 금색유수(金色乳樹), 적색유수(赤色乳樹), 보리수(菩提樹), 오담발수(烏曇跋樹). 이들 나무에서 우유가 흘러나와 불을 모두 껐다."[99] 점화는 붓다의 위력과 천신에 의해 일어난 이적으로 보고 있다. 한 쌍의 옷이 타지 않은 이적이나 홀연 나무가 성장하여 나무에서 우유가 나와 소화한 이적도 나오고 있다. 소화와 관련하여 여러 가지 이적이 나오는 것은 역사적으로 보아 소화하기가 무척 힘들었다는 것을 보여 주는 것이라고 추측할 수 있다.

98) 『반니원경』(『대정장』 1, p.190上) "於是佛積不燒自燃 賢者阿難 時說頌曰　佛以中外淨　爲梵世之身 本乘精神下 而今措於是 錦纒氎千過 不用衣著軀 亦不以浣濯　如一淨鮮明 至終其夜 佛積燒盡 自然生四樹 蘇禪尼樹 迦維屠樹 阿世褆樹 尼拘類樹 國諸豪姓共撿佛骨 盛滿黃金甖 置于輿床 舁入城中著大殿上 共作伎樂."

99) 『근본설일체유부비나야잡사』(『대정장』 24, p.401中) "由佛餘威及諸天力 所有香木自然火起 時阿難陀右繞火積說伽他曰　如來妙體歸圓寂　自然火起燎餘身 唯留內外一雙全所有千衣隨火化 時拘尸那城諸壯士等 欲以牛乳注火令滅 未瀉之頃其火積中忽生四樹 一金色乳樹 二赤色乳樹 三菩提樹四烏曇跋樹 於此樹中乳自流出令火皆滅."

산스크리트어본, 티베트어본 그리고 『근본설일체유부비나야잡사』에 따르면, 카사파가 쿠시나가라 화장터에 도착했을 때, 그는 관을 열고 붓다의 시신을 감고 있던 천을 벗겨 내고, 붓다에게 존경을 표시했다. 그러고 나서 시신을 새로이 천으로 감았다.100) 이러한 기술은 특이하다. 왜 카사파가 그렇게 힘들게 천을 벗겨 내고 그러고 나서 시신을 다시 감쌌을까? 이러한 절차는 『라마야나(Rāmāyana)』의 다사라타(Dasaratha) 왕 사후에 일어난 일과 비교하면 가장 잘 이해할 수 있다. 거기에는 왕의 시신은 그의 후계자 바라타(Bharata)가 오기까지 7일 동안 기름통에 보존되었다. 바라타가 도착했을 때, 그는 자신의 아버지를 위해 장례식을 주관한다. 발트슈미트(Waldshmidt)는 카사파가 붓다의 시신을 위해 유사한 장례 절차를 행하고 있다고 해석한다.101) 바라타 왕자가 후계자로서 장례식을 치렀듯이, 카사파도 계승자로서 붓다를 계승하고자 장자(長子)의 역할을 하고 있는 것으로 『열반경에』 묘사되고 있는 것이다.

마하카사파가 화장터에 이르러 붓다의 시신이 놓여 있는 관을 중심으로 오른쪽으로 세 번 도는 것은 생전에 붓다를 친견하는 것과 같은 방식이다. 다사라타 왕의 화장엔 제관들이 불에 공물을 던져 넣고 만트라를 외우며 사마 베다의 찬가를 부른다. 왕비들은 왼쪽으로 화장장을 세 번 돈다. 이런 의식은 힌두교의 경전에도 기록되어 있다. 일반적으로 인도에선 우요(右繞, pradakṣiṇa)는 천체에서 태양의 운행에 따르는 것으로 청정한 존재, 길상한 것에 대한 예의적

---

100) Rockhill 앞의 책 p.144; 『근본설일체유부비나야잡사』(『대정장』 24, p.401中).
101) Waldschmidt, Ernst, "Die Überlieferung vom Lebensende des Buddha." *Abhandlungen der Akademie der Wissenschaften in Götingen: Philologisch- Historische Klasse*, nos. 29-30. Götingen.Waldschmidt. 1944-48. pp.344f.

인 행위인 데 비해 좌요(左繞, prasavya)는 사자에 대한 의례 행위이다. 시신은 이미 오염된 공포의 존재로 여기기 때문에 살아 있는 사람에 대한 예의와 정반대의 방향을 취하고 있는 것이다.[102] 붓다의 시신에 대한 우요는 인도 일반의 습속을 배척하는 동시에 붓다의 시신은 더럽거나 두려운 존재가 아니라 길상하고 특별한 존재로 받아들이는 것이다.

이적들에 대해 모든 경전들이 한결같지 않음을 볼 수 있었다. 곽시쌍부에 대해 『대반열반경』, 『불반니원경』은 붓다의 힘에 의해 이루어진 것으로 보고 있는 데 비해 다른 나머지 경전들은 이적 자체만 언급하고 있다. 흥미로운 것은 『근본설일체유부비나야잡사』는 가섭이 직접 관을 열고 있다. 이 문헌에선 곽시쌍부를 이적으로 다루지 않고 있다. 점화에 관해서 팔리어 『열반경』, 『유행경』, 『반니원경』은 자연 점화로 보고 있는 데 비해 『대반열반경』은 붓다에 의해 일어난 것으로, 『근본설일체유부비나야잡사』는 붓다와 천신에 의해 일어난 것으로 보고 있다. 『불반니원경』은 사람에 의한 점화로 보고 있어 이적으로 다루지 않고 있다. 내외 한 쌍의 천이 타지 않은 것에 대해 팔리어 『열반경』, 『대반열반경』, 『불반니원경』, 『근본설일체유부비나야잡사』는 이적으로 다루고 있지만 나머지 경전들은 언급조차 하지 않고 있다. 소화에 대해서 팔리어 『열반경』에선 하늘과 땅에서 나온 물에 의해 소화되었다고 보는 데 비해, 『유행경』에선 수신에 의한 것으로, 『대반열반경』에선 천신에 의한 것으로, 화장터에서 자란 나무에서 나온 우유에 의한 것으로 보고 있다. 반면에 『반니원경』에선 자연 소화로 보고 있으며 『불반니원경』에선 사람들에 의한 소화로 기술하고 있어 이

102) 杉本, 앞의 논문, p.46.

적으로 보고 있지 않다. 결국 다수의 경전이 이적이라고 말하고 있는 각각의 일들에 대해 이적으로 보지 않는 경전이 있다는 것은 무엇을 의미할까? 지나치게 붓다의 장례와 관련하여 신비화하려는 경향에 대한 우려의 목소리가 반영된 것으로 볼 수 있다.

5) 불탑의 건립

말라족은 화장한 후 남은 붓다의 사리를 마을 회당에 모셔 놓고 창과 방패로 무장한 채 회당을 둘러싸고 사리를 보호하였다. 7일 동안 음악, 무용, 화환, 향수 등으로 사리를 봉양하였다. 한편 이웃 나라의 왕과 백성도 붓다의 입멸 소식을 듣고 사리를 모시고자 하였다. 마가다(Magadha)의 국왕인 아자타삿투(Ajatasattu), 베살리의 리차비족(Licchavis of Vesali), 알라카파의 불리족(Bulis of Allakappa), 라마가마의 콜리족(Kolis of Ramagama), 파바의 말라족(Mallas of Pava) 들이 각각 사리를 요구하였다. "세존은 크샤트리아족 출신이다. 우리도 크샤트리아족이다. 세존의 사리를 받을 자격이 있다. 우리는 세존의 사리를 모실 탑을 건립하고 사리를 기념하는 축제를 열 것이다." 카필라밧투의 석가족(Sakyas of Kapilavatthu)도 사리를 요구하였다. "세존은 우리 종족 사람으로 가장 위대한 분이다. 우리는 세존의 사리를 받을 자격이 있다. 우리는 세존의 사리를 모실 탑을 건립하고 사리를 기념하는 축제를 열 것이다."[103)]

---

103) 석가족은 붓다의 말년에 코살라국에 의해 거의 절멸된 것으로 다른 경전에 기록되고 있다. 그런데 붓다의 입멸 직후 석가족이 나타나 사리를 요구하는 것은 뒷날 만들어진 이야기일 것이다. 발트슈미트는 『열반경』의 이 문구를 액면 그대로 받아들여 석가족이 강건한 국가로 건재하고 있었다고 주장하고 있다. Waldschmidt, Ernst (1944-48), "Die Üerliefeung vom Lebensende des Buddha". Abhandlungen der Akademie der Wissenschaften in

베타디파(Vethadipa)라는 한 브라흐민이 붓다의 사리를 요구하였다. "세존은 크샤트리아족 출신이다. 그리고 나는 크샤트리아족이다. 나는 세존의 사리를 받을 자격이 있다. 나는 세존의 사리를 모실 탑을 건립하고 사리를 기념하는 축제를 열 것이다."

쿠시나라의 말라족은 이웃 나라의 사리 요구를 듣고 결의하였다. "세존은 우리나라에서 입멸하였다. 세존의 사리를 어느 누구에게도 나누어 줄 수 없다." 이렇게 사리를 둘러싼 전쟁이 발발하려고 할 때 도나(Dona)라는 브라흐민이 개입하여 분쟁을 해결한다. 도나는 사리를 8등분하여 8개국에 각각 똑같이 나누어 주면 어떻겠냐고 제안한다. 사리를 8등분하고 나서 도나는 사리를 나눌 때 사용했던 용기를 자신에게 주면 탑을 세워 공양하겠다고 요청한다. 이렇게 사리가 모두 분배된 이후 핍팔리바나의 모리야족(Moriyas of Pipphalivana)이 뒤늦게 도착하였다. 사리 분배가 끝난 뒤라 화장하고 남은 재를 가지고 가서 탑을 세웠다. 붓다의 입멸 후 10개의 탑이 건립된 것이다: 8개의 진신 사리탑, 용기탑, 그리고 재탑.

존(John)은 힌두교의 사후 의식(navaśrāddha)과 붓다의 사리 신앙을 유사한 것으로 보고 있다. 힌두교의 사후 의식에 따르면, 죽은 날부터 10일 동안 10개의 쌀로 만든 둥근 모양의 음식(piṇḍa)을 죽은 자를 위해 바친다. 이 음식은 죽은 자가 다음 세상에 새로운 몸으로 태어날 수 있도록 하는 자양분이 되며 동시에 굶주린 귀신(preta)이 되지 않도록 한다. 존은 이런 힌두교의 음식처럼 붓다의 사리도 붓다의 새로운 몸을 위한 기능을 한다고 주장한다.[104] 그러나 이런

Göttingen: *Philologisch-Historische Klasse*, nos. 29-30.

104) John, 앞의 논문, p.47.

견해는 전반적인 불교 교리와 맞지 않다. 힌두교의 경우 재생하는 데에 새로운 몸이 필요하지만 붓다의 경우는 재생하지 않으므로 더 이상 육신이 필요하지 않다. 사리는 붓다의 새로운 몸이라고 보기보다는 붓다를 대신하는 성물(聖物)로 보는 것이 타당할 것이다.

『열반경』 권말에 초기 불탑의 소재지와 관리자를 보여 주는 두 시구(詩句)가 있다. 이 두 시구에 따르면, 불탑은 붓다의 지시대로 승원에 세워지지 않고 도시 내에 세워졌다. 마가다 국왕인 아자타삿투는 라자가하에 탑을 건립했고, 베살리의 리차비족은 베살리에, 카필라밧투의 사캬족은 카필라밧투에, 불리족은 알라카파에, 콜리야족은 라마가마에, 베타디파 사람은 베타디파에, 파바의 말라족은 파바에, 쿠시나라의 말라족은 쿠시나라에 탑을 세웠다. 도나는 용기를 탑에 안치하고, 핍팔리바나의 모리족은 재를 탑에 안치했다. 붓다의 유골을 모신 탑은 8개, 사리를 분배했을 땐 사용된 용기를 모신 탑 하나, 다비한 후 남은 재를 모신 탑 하나, 이렇게 모두 10개의 탑이 만들어졌음을 기술하고 있다.[105]

첫 시구는 최초기 10개의 불탑의 소재지와 건립자를 보여 주는 데 비해 두 번째 시구는 불탑의 소재지와 관리자에 변화가 일어났음을 보여 준다. 여덟 불탑 중 일곱 불탑은 인도 내에 머물렀지만 하나는 라마가마(Rāmagāma)에 옮겨지고 거기서 용(龍, Nāgas)에 의해 보존, 숭배되었다. 첫 번째 시구에 보이지 않는 붓다의 송곳니 네 개의 소재지도 새로이 언급되고 있다.[106] 새로운 두 번째 시구는 흥미롭게도 사리 숭배가 확대되어 인간 세계뿐만이 아니라, 위로는 천상

105) Dīgha Nikāya II, p.166.
106) Dīgha Nikāya II, p.167.

그리고 아래로는 용들의 세계까지 포함하고 있는 것이다.

불탑에 관한 이들 두 시구는 사리 분배와 그 확산을 기록하고 새로운 불교 신앙의 중심지를 사리 보유지로 주장함으로써 그 중심지를 정당화한 것을 문헌학적으로 나타내 주고 있다.107)

첫 번째 시구는 10개의 불탑을 나열하고 다음과 같이 맺고 있다. "과거에 이렇게 있었다." 붓다고사는 이 문장은 제3결집 때, 즉 아소카(Asoka) 시대에 첨가되었다고 말한다.108) 첫 10개의 불탑은 제3결집까지 변함없이 그대로 있었다고 해석될 수 있을 것이다. 붓다고사에 따르면, 두 번째 시구는 스리랑카에 있던 승려들이 만들었다.109) 제3결집 후 어느 시기, 첫 10개의 불탑의 소재지에 변화가 일어났음을 보여 준다. 토머스(Thomas)는 두 번째 시구는 아소카 왕 시대 이후에 작성되었다고 확신한다. 왜냐하면 이 시구에는 간다라(Gandhāra)라는 지명이 언급되고 있기 때문이다. 간다라에는 아소카 왕 시대가 되어서야 처음으로 불교가 전파되었다.110) 두 시구를 통해 불탑이 적어도 아소카 시대 전에도 승원 바깥에 여전히 존속했음을 알 수 있다. 불탑이 승원 바깥에 위치하고 있기 때문에 승려가 그것들을 돌보기는 어려웠을 것이다. 오히려 왕이나 다른 부유한 재가자들이

---

107) Trainor, Kevin Michael, "The Relics of The Buddha: A study of the cult of relic veneration in the Theravada Buddhist tradition of Sri Lanka". Ph. D. thesis. Columbia University. 1990. p.162.

108) Sumaṅgalavilāsinī II, p.615. An, YangGyu , *The Buddha's Last Days*. Oxford: Pali Text Society. 2003. p.225.

109) Sumaṅgalavilāsinī II, p.615. 그렇지만 산스크리트본과 티베트본, 그리고 한 한역본도 똑같은 시구가 실려 있다. 만약 붓다고사가 옳다면, 북방 전통은 스리랑카에서 이것을 빌려 온 것이다. 토머스(Thomas)는 다른 해석을 내리고 있다: "스리랑카의 비구들이 새 리스트를 경전에 부가했는지 모른다. 그렇지만, 그들이 작성한 것은 아니다."(Thomas, E. J., *The Life of Buddha as Legend and History*. 3rd ed(1949). London. p.159.

110) Thomas, 앞의 책, p.159.

불탑을 관리한 것이다. 『열반경』이 기록하고 있듯이 인도의 왕들은 적극적으로 불탑 건립에 참여하고 있다.

존 마셜(John Marshall)은 붓다의 사리를 모신 탑을 숭배하기 시작한 것은 아소카 왕에 의해 비로소 시작되었다고 주장하고 있다.[111] 이런 주장에 대해 파테가마는 아소카 왕이 불탑 신앙을 처음으로 시작하는 것이 아니라 그에 의해 탑 신앙이 대중화되었다고 주장하고 있다.[112] 파테가마의 주장이 더 합리적이다. 불탑 신앙은 아소카 왕 이전부터 있었지만 아소카 왕에 이르러 본격적으로 대중화되고 하나의 주요한 의식(ritual)으로 발전되었다고 보는 것이 타당하다. 불탑 신앙과 관련 불교 전승에 의하면 아소카 왕이 이전부터 전해 오던 사리를 모두 모아 84,000개의 절을 짓고 탑을 건립하였다고 한다. 이런 전승은 아소카 왕이 불탑 신앙의 대중화에 지대한 영향을 주었음을 보여 주는 것이다.

3. 붓다의 화장에 관한 부파불교 논사의 견해

이상으로 우리는 『열반경』 제본이 전하는 붓다의 장례에 관하여 살펴보았다. 화장 전후로 여러 가지 이적들이 나오고 있는 것도 다룬 바 있다. 부파불교 시대의 논사들은 이들 기적 중 두 가지 사항에 대해 자세한 논의를 펼치고 있다.

---

111) Marshall, Sir John. *Monuments of Sanchi*, London · Delhi: Swati publications, 1940. p.21.

112) Petagama Gnanarama, *The Mission Acccomplished*, Singapore: Ti-Sarana Buddhist Association. 1997, p.12.

1) 향유로 소화한 이유

『아비달마대비파사론』에는 왜 향유(香乳)로써 붓다의 시신을 태운 불을 소멸했는지에 관한 물음을 제기하고 몇 가지 답변을 내놓고 있다. 『아비달마대비파사론』은 먼저 향유로 불을 끄게 된 경위에 대해 기술하고 있다. 대가섭파 존자가 여래의 시신을 태운 불을 향유로써 꺼야겠다고 생각할 때 네 갈래로 뻗친 향유가 공중에서 내려와 불을 일시에 꺼지게 했다고 논서는 밝히고 있다.[113] 그리고 향유로 불을 끈 이유에 대해 네 가지 답변이 기록되어 있다.

① 그 당시 그 나라의 풍습으로는 선인이 목숨을 마치면 향유로써 몸을 태우는 불을 껐다. 탐욕스러운 범부가 죽으면 몸을 태우는 불을 술로써 껐다. 붓다는 선인 중에서도 가장 수승한 분이므로 당연히 향유로써 불을 끈 것이다.

② 붓다의 사리(유골)를 지극히 청정하게 하고자 향유를 뿌린 것이다.

③ 붓다의 생신(生身)은 젖으로 성장되었기 때문에 이제 사리도 역시 향유로써 씻는다.

④ 향유는 기름지면서도 불을 끌 수 있다. 대개 소유(酥油) 등의 기름은 기름지기 때문에 활활 타오르게 하여 불을 끌 수 없고, 물이나 술은 불을 끌 수 있지만 기름지지 않다. 오직 향유만 기름지면서 불을 끌 수 있기에 존자 대가섭은 향유를 사용하여 불을 껐다.

①은 붓다 당시의 관습을 말한 것이다. 성인에겐 귀한 향유를, 범부에겐 술을 사용한다는 것은 성인의 덕에 향유가 잘 어울리고 욕심

---

113) 『아비달마대비파사론』(『대정장』 27, p.958下). 이것은 앞서 살펴본 『열반경』 제본과 일치하지 않는다.

많은 범부에겐 술이 잘 부합한다. 화장 시에 사용되는 향유와 술로 화장되는 사람의 생전 업을 보여 주는 것이다. ②는 사리의 중요성을 강조하고 있다. 붓다의 사리에 묻어 있는 먼지나 재를 물이 아니라 향유로 씻었다는 것이다. 사리가 소중한 것이기에 그에 걸맞게 향유로 씻었다는 것이다. ③은 보살이 태어나 젖을 먹고 성장하였는데, 죽을 때 사리를 젖으로 씻는다는 것은 붓다의 탄생과 죽음을 동등하게 연관 짓고 있는 것이다. ④는 앞서 살펴본 ①, ②, ③과 다르다. 앞서 세 개의 답변은 붓다와 관련된 것이지만 ④는 향유의 독특한 성질 때문에 사용하였다고 설명하고 있다. ④는 ①, ②, ③의 보완 설명으로 보지 않으면 불자들에겐 별로 의미 있는 답변이 아니다. 일반적으로 불을 소화할 땐 물을 사용하는 것이 보통이다. 물은 흔한 것이어서 구하기가 어렵지 않기 때문이다. 붓다의 경우에는 흔한 물이 아니라 귀한 향유가 사용되었다는 것은 붓다에 대한 존경의 마음이 드러난 것으로 불타관의 전개 과정과 관련이 있다.

2) 내외 한 쌍의 천만 타지 않은 이유

『아비달마대비파사론』에선 붓다의 시신을 화장한 후 왜 두 벌의 옷만이 타지 않았는지에 대해 묻고 대답하고 있다. 상기의 논서는 먼저 아난(阿難) 존자가 붓다가 반열반한 지 7일 동안 여래를 불태우는 장작더미를 오른쪽으로 돌면서 다음과 같은 게송을 말했다고 기술하고 있다.

> "일천 벌 옷으로 붓다를 싸서 화장하였는데
> 오직 두 벌의 옷만이 타지 않았구나!

즉 겉옷과 속옷이네
이것이야말로 기특한 일이라네".114)

붓다의 시신을 감싸던 일천 벌의 옷 중에서 오로지 제일 바깥의 겉옷과 맨 안쪽의 속옷만이 화장한 후에도 타지 않았다는 말이 아난다의 입에서 나왔다고 밝히고 있다. 천이나 옷은 불에 잘 타는 것인데 어떻게 해서 오직 두 벌만이 타지 않았는가에 대해 논사들은 네 가지 답변을 제시하고 있다.115)

① 붓다를 존경하고 믿던 천신(天神)들이 위신력으로 타지 않게 하였다.

② 붓다의 원력(願力)으로 가능하였다. 붓다는 속옷은 사리가 흐트러지거나 더러워지지 않게 하였고 제일 바깥의 옷은 재(灰)를 날리지 않게 했다. 붓다는 청정을 유지하고자 하였다.

③ 여래의 정법에 내호(內護)와 외호(外護)가 있다는 것을 보여주고자 함이다. 내호란 청정한 비구, 비구니를 말하고 외호란 독실한 국왕과 대신을 말한다.

④ 여래의 내심(內心)과 외신(外身)이 모두 청정하다는 것을 보여주고자 함이다. 내심의 청정은 온갖 번뇌와 습기(習氣)를 여의었다는 것을 말하고 외신의 청정은 가장 수승한 상호의 이숙업(相異熟業)을 말한다.

①에는 천신들이 왜 내외 한 쌍만 타지 않게 만들었는지에 관한 설명은 나타나지 않고 있다. 그 답은 ②, ③, ④에서 찾아볼 수 있다. ②

114) 『아비달마대비파사론』(『대정장』 27, p.958下). "千衣纏佛葬　唯二衣不燒　謂外及襯身　此爲奇特事."
115) 『아비달마대비파사론』(『대정장』 27, p.959上).

는 화장한 후 사리의 청정을 확보하고 타고 남은 재가 바람에 날리지 않도록 하였다는 것이다. ③은 불법이 외호와 내호의 덕분으로 사라지지 않고 영원할 것이라는 견해이다. ④는 붓다의 완벽함을 나타내고 있다. 내적으로 마음은 어떠한 번뇌로도 오염되지 아니하고 청정하며, 외적으로 육신은 32상 80종호의 특상을 갖추고 있어 청정하고 아름답다는 것이다. ③이 불교라는 종교가 유지되는 것에 관심을 보인 반면 ④는 붓다의 완전성을 보여 주고 있다. 이상의 답변 중 ①은 대체로 문제를 신비 자체로 덮어 두려는 경향이 있으며, ②가 가장 실용적이며 ③, ④는 상징적인 답변이라고 할 수 있다. 존(John)은 사리 보존과 관련하여 타지 않은 옷을 설명하고 있다. 타고 남은 한 쌍의 옷은 단지 붓다의 육신을 덮는 것이 아니라 사리를 위한 옷이다. 재를 뒤적이며 붓다의 사리를 찾지 않아도 되기 때문이다.[116)]

***

『열반경』 제본이 모두 동일하게 말하고 있지 않지만 대략 다음과 같이 정리할 수 있다. 사라 숲에서 입멸한 붓다의 시신을 운구하는 과정에서 일어난 이적은 천신들의 개입에 의해 발생했다. 천신들은 붓다의 시신을 성안으로 옮겨 안치하고 극진하게 마지막 예를 올리고 싶었고 사람들이 신성시하는 성지에서 화장하고자 하였다. 붓다의 시신을 7일간 공양하였다는 것은 모두 똑같이 말하고 있는 점으로 보아 역사적인 사실로 보아도 크게 잘못된 것은 아닐 것이다. 7일장은 붓다를 보내는 제자들의 아쉬운 마음이나 붓다에 대한 신애

---

116) John S. Strong, 앞의 논문 p.37.

(信愛)를 마지막으로 충분히 표현할 수 있는 기회로 보인다. 현실적으로 필요한 장구를 준비하는 데에 7일이 소요되었다고 밝히고 있는 경전이 있으므로 7일장을 한 현실적인 이유를 여기서 찾을 수 있다.

마지막 7일째, 처음에 운구가 쉽지 않았던 이유에 대해선 『열반경』 제본이 같은 답변을 하고 있지 않다. 말라족은 대체로 붓다의 장례를 자신들의 관습에 따라 치르려고 하는 점에서 천신만큼 붓다에 대한 신앙이나 신애가 깊지 못하고 있다. 붓다의 시신을 다른 사람의 시신과 같이 오염된 것으로 여겨 성중에 들여보내지 않으려고 하는 것이나 자신들이 신성시하는 장소에서 다비를 하지 않으려는 것은 이런 사실을 입증하고 있다. 천신들을 등장시켜 운구를 저지한 것은 붓다의 장례 절차를 둘러싸고 사람들 사이에 이견이 있었던 역사적 사실을 반영한 것으로 보인다. 또 다른 각도에서 보면 어쩔 수 없이 운구를 해야 하는 심정을 보여 주는 것으로 보인다. 보내고 싶어 하지 않는 마음에 이런저런 핑계를 대며 운구를 연기하는 것이다.

시신 운구 과정에서 다비에 이르기까지 몇 가지 이적이 운위되는 것은 붓다를 단순히 한 평범한 인간으로 여기는 잘못을 시정하는 역할을 하고 있다. 생전에도 붓다는 범상한 인간이 아니었듯이 죽음 직전에도 이적이 나타날 수밖에 없다는 것이다. 출생 때 나타난 이적처럼 이 세상을 떠날 때도 이적을 보임으로써 붓다의 신비성을 담보하고 있다. 따라서 그의 장례는 보통 인간의 장례식과 다를 수밖에 없다. 그러나 한편으로는 붓다를 지나치게 초인간화 또는 신격화하려는 경향으로 나아가지 않는다. 『열반경』 제본이 기술하고 있는 이적이 한결같지 않다는 사실은 붓다를 과도하게 신격화하려는 의도를 제어하고 있는 것이다.

붓다의 장례에 관한 이야기는 크게 세 가지 모티브로 구성되어 있다고 볼 수 있는데, 이적이 모티브의 구현에 적절한 역할을 하고 있다. 첫째, 붓다의 장례를 가장 융성한 장례로 묘사함으로써 붓다의 위대성을 보여 주려고 하였다. 세속의 세계에서 가장 위대한 존재인 전륜성왕의 장례법과 같거나 그 이상으로 장례를 치른 이야기는 붓다가 전륜성왕보다 더 위대한 존재라는 것을 보여 주는 것이다. 둘째, 붓다의 장례와 관련하여 비불교도들의 비난을 방어하려는 의도를 제시할 수 있다. 역사적인 붓다의 장례는 매우 간소하였으리라고 생각된다. 생전의 붓다의 행적이나 성격을 보면 붓다는 당신의 장례를 번잡하게 그리고 성대하게 치르라고 유언하지 않았을 것이다. 『열반경』의 언표 이면에 놓여 있는 역설적인 사실에 따르면 붓다의 장례를 외도들은 매우 초라하게 여겼을 것이다. 붓다는 인적이 드문 벽지에서 몇몇 제자들이 지켜보는 가운데 조용히 입멸하였다. 입멸 직전 붓다는 중병으로 격심한 고통에 시달리기도 하였다. 외도의 눈에는 객사 또는 횡사로 비칠 가능성이 많다. 이런 외도의 폄훼에 대항하여 전륜성왕의 장례와 같이 성대하였다고 주장하거나 수많은 사람들이나 신들이 붓다의 장례에 참여하였다고 기술한 것으로 보인다.

셋째, 다비 시의 점화에서 일어난 일은 가섭의 등장을 중요시하고 있다. 가섭이 붓다 사후 사실상 붓다의 후계자라는 것을 보여 주는 장치로 보인다. 가섭이 붓다에게 마지막 예를 표하지 않는 이상 장례가 완결될 수 없다는 것은 가섭이 장주이며, 붓다의 후계자임을 천명한 것이다. 선종에서는 삼처전심이라 하여 세 곳에서 붓다가 당신의 법을 가섭에게 전하였다고 믿고 있다. 『열반경』에는 이 중 하나인 곽시쌍부가 나오고 있다.

붓다의 장례식을 전하는 문헌에서 우리는 다음과 같은 사실들을 장례의 특징으로 이끌어 낼 수 있다. 첫째, 붓다의 장례식은 평화적이라고 할 수 있다. 동물을 죽이거나 식물을 해치는 살생이 없다. 붓다 당시 브라흐만교에서 치러지던 희생제의는 수많은 동물을 잡아 죽였다. 소, 말, 양 등 숱한 희생으로 이루어진 피의 제사였던 것에 비해 붓다의 장의에는 이런 살생이 전혀 없다는 것이다. 둘째, 백성들을 괴롭히지 않았다는 점이다. 붓다의 제자들이 자발적으로 장례를 행한 것이다. 물론 장례 절차는 붓다의 지시를 비구들이 재가자에게 전하는 방식이었지만 실질적으로 장례를 거행한 주체는 재가자와 천신이었다. 브라흐만교에선 왕들의 제사를 준비하려고 백성을 강제로 동원하여 동물들을 죽이게 하여 원성을 야기한 데 비해 붓다의 장례에는 사람들이 억지로 강요되어 참여한 것이 아니다.

셋째, 붓다의 장례는 사람들에게 경제적인 부담을 끼치지 않았다. 막대한 비용이 들어가는 제물이 전혀 언급되지 않고 있다. 새로운 천, 등, 향료, 장작 나무 등 일상적으로 어렵지 않게 구할 수 있는 것들이다. 제의용으로 고기 요리를 한다거나 채소 요리를 하는 일이 없었고 술이 준비되지 않았다. 오계를 지키는 불자의 입장에선 살생이나 음주와 관련된 일을 붓다의 장례식에서 하는 것은 어울리지 않는 것이다. 마지막으로 7일 동안 이루어진 붓다의 장례식에서 붓다에 대한 제자들의 신애가 충분히 표현되었다. 너무 성급하게 다비하여 붓다와의 이별에 따른 감정을 표출하지도 않았으며 그렇다고 너무 더디게 다비하여 번거롭게 느끼지 않도록 하였다.

참고문헌

1. 원전 자료(原典 資料)

1) 팔리어와 한역 원전 자료

Aṅguttara Nikāya

Dīgha Nikāya

Dhammapāda

Jātaka

Jātaka-aṭṭhakathā

Kathāvatthu

Līnatthappakāsinī

Madhuratthavilāsinī

Majjhīma Nikāya

Milindapañha.

Pañcappakaraṇa-aṭṭhakathā

Papañcasūdanī

Paramatthadīpanī

Sāratthappkāsinī

Saṃyutta Nikāya

Sumaṅgalavilāsinī

Vinaya-piṭaka

Visuddhajanavilāsinī

Visuddhimagga

***이 책에서 사용된 팔리어 문헌은 Pali Text Society에서 간행된 것임.

『根本說一切有部毘奈耶雜事』(『大正藏』 24)

『大般涅槃經』(『大正藏』 1)

『般泥洹經』(『大正藏』 1)

『佛般泥洹經』(『大正藏』 1)

『部執異論』(『大正藏』 49)

『世紀經』(『大正藏』 1)

『十八部論』(『大正藏』 49)

『阿毘達磨俱舍論』(『大正藏』 29)

『阿毘達磨大毘婆沙論』(『大正藏』 27)

『阿毘達磨發智論』(『大正藏』 26)

『遊行經』(『大正藏』 1)

『異部宗輪論』(『大正藏』 49)

『異部宗輪論述記』(『大日本續藏經』 83-3)

『增一阿含經』(『大正藏』 2)

『品類足論』(『大正藏』 26)

*** 『大正藏』은 『大正新修大藏經』의 약자임.

2) 원전 번역 자료

An, YangGyu(2003), *The Buddha's Last Days*. Oxford: Pali Text Society.

Aung S.Z. and Mrs C.A.F. Rhys Davids(1993), *Points of Controversy*, Oxford: Pali Text Society.

Aung S.Z. and Mrs C.A.F. Rhys Davids(1995), *Compendium of*

Philosophy, Oxford: Pali Text Society.

Jayawickrama, N A(2002), *Story of Gotama Buddha.* Oxford: Pali Text Society.

Masefield P.(1995), *Udana Commentary,* Oxford: Pali Text Society.

Pruden, Leo M.(1988), *Abhidharmakośabhāsyam by Louis de La Valleé Poussin,* Berkeley: Asian Humanities Press.

Rhys Davids(1993), *Dialogues of the Buddha* II,. Oxford: Pali Text Society.

Sister Vajirā and Francis Story(1988), *Last Days of the Buddha.* Kandy: Buddhist Publication Society.

Waldschmidt, Ernst(1950-51), *Mahāparinirvāṇasūtra,* 3 Berlin: Akademie-Verlag.

Walshe, Maurice(1987), *The Long Discourse of the Buddha.* Boston: Wisdom Publication.

2. 연구 자료

Anesaki, M.(1911), "Docetism(Buddhist)." *Encyclopaedia of Religion and Ethics*(ed. Hastings 1908-26) vol. 4, pp.835-40.

Bareau André(1963), *Recherches sur la biographie du Buddha dans les Sūtrapiṭaka et es Vinayapitaka anciens: de la quête de l'Eveil á la convrsion śāriputra et de Maudgalyāna.* Paris.

_____ (1970-71), *Recherches sur la biographie du Buddha dans les Sūtrapiṭaka et les Vinayapiṭaka anciens. 2: Les derniers mois, le parinirvāṇa et les funérailles. 2 volumes. Paris:* École *Française d' Extrême-Orient.*

_____ (1979), "La composition et les étapes de la formation progressive du *Mahāparinirvāṇasūtra* ancien." *Bulletin de l'École Française d'Extrême-Orient* 66, pp.45-103.

Basham, A. L.(2000), *The Wonder That Was India*, South Asia Books 3rd edition.

Bhikkhu Bodhi(1993), *A Comprehensive Manual of Abhidhamma* Kandy: Buddhist Publication Society.

Boyd, James W(1980), "The Theravāda View of Saṃsāra" in *Buddhist Studies in Honour of Walpola Rahula* ed. by Somaratana Balasooriya et al., London: Gordon Fraser. pp.29-43.

Bronkhorst Johannes(1986), *Two Traditions of Meditation in Ancient India*. Stuttgart.

Burford Grace G.(1991), *Desire, Death and Goodness: the conflict of ultimate values in Theravāda Buddhism*. New York: Peter Lang Publishing. Inc.

Chamnong Tongprasert(2000), "My Political Thought on the life of the Buddha" in the Overseas Going Buddhist Missionary Monks Class V, (Bangkok: Dhammaduta Bhikkhus Going Abroad, pp.77-96. electronic version available at http://www.purifymind.com/ThoughtBuddhaLife.htm

Charles, F. Keyes(2000), "Monastic Funerals(Thailand)", Frank E. Reynolds and Jason A. Carbine, editors *The Life of Buddhism*. University of California press.

Collins, Steven(1990), "On the Very Idea of the Pali Canon."

Journal of the Pali Text Society XV, pp.89-126.

Cousins, L. S.(1983-4) "Nibbāna and Abhidhamma" in *Buddhist Studies Review* 1, 2 pp.95-109.

Damien, Keown(1995), *Buddhism & Bioethics*. London: Macmillan Press LTD.

Dube, S. N.(1980), *Cross Currents in early Buddhism*. New Delhi: Manohar Publications.

Eliade Mircea(1982), *A History of Religious Ideas vol ii: From Gautama Buddha to the Triumph of Christianity*. tr. by Willard R. Trask, Chicago and London: The University of Chicago Press.

Fleet, J. F.(1906), "The Tradition about the Corporeal Relics of Buddha." *Journal of the Royal Asiatic Society*, pp.655-71; 881-913.

_____ (1909), "The Day on which Buddha Died." *Journal of the Royal Asiatic Society*, pp.1-31.

Freedman, Michael(1977), "The Characterization of Ānanda in the Pāli canon of the Theravāda: A Hagiographic Study". PhD dissertation, McMaster University.

Gethin, Rupert(1992), *The Buddhist Path to Awakening: a Study of the Bodhi-Pakkhiya Dharmā*. Leiden: E. J. Brill.

Ghosal, U. N.(1959), *A History of Indian Political Idea*. Bombay: Oxford University Press.

Gombrich, Richard F.(1991), *Theravāda Buddhism: A Social History from Ancient Benares to Modern Colombo*. London: Routledge & Kegan Paul.

_____ (1996), *How Buddhism Began: The Conditioned Genesis of the Early Teachings.* London & Atlantic Highlands: The Athlone Press.

Gordon, Wasson R. (1982), "The Last Meal of the Buddha". *Journal of the American Oriental Society* 102. 4 pp.591- 603.

Griffiths, Paul J. (1986), *On Being Mindless: Buddhist Meditation and the Mind-Body Problem.* La Salle, Ill: Open Court.

Guang Xing(2002), "The Problem of the Buddha's Short Lifespan", *World Hongming Philosophical Quarterly* Vol. 2002, No. December. avialable at http://hub.hku.hk/handle/123456789/44513

Hajime Nakamura(1987), *Indian Buddhism : A Survey with Bibliographical Notes.* Delhi: Motilal Banarsidass Publishers Private Limited.

Hamilton, Sue(1996), *Identity and Experience: The Constitution of the Human Being According to Early Buddhism.* London: Luzac Oriental.

Harvey, Peter(1990), *An Introduction to Buddhism: Teachings, History and Practices.* Cambridge: Cambridge University Press.

Heinz, Bechert(ed.)(1991-2) *The Dating of the Historical Buddha. Die Datierung des Historischen Buddha.* 2 Vols(of 3). (Symposium zur Buddhismusforschung, IV, 1-2) pp.xv + 525; x + 530. Göttingen, Vandenhoeck & Ruprecht, DM 310, 256.

Hirakawa Akira(1987), "Stupa Worship." *Encyclopaedia of Religions* (ed. Eliade) vol. 14, pp.92-96.

Jaini, Padmanabh S.(1958), "Buddha's Prolongation of Life." *Bulletin of the School of Oriental and African Studies 21,* pp.546-52.

Jean, Przyluski(1927), "La ville du cakravartin: Influences babyloniennes sur la civilisation de I'Inde," *Rocznik Orientalistyczny* 5.

John S. Strong(2007), "The Buddha's Funeral", *The Buddhist Dead*, edited by Bryan J. Cuevas and Jacqueline I. Stone. University of Hawaii Press

Juliane, Schober(1997), "Trajectories in Buddhist Sacred Biography" in *Sacred Biography in the Buddhist Traditions of South and Southeast Asia* edited by Juliane Schober, Honolulu; University of Hawaii Press.

King, Winston L.(1980), *Theravada Meditation: The Buddhist Transformation of Yoga*. Pennsylvania State University Press.

Lily de Silva(1988), "Some Exegetical Techniques Employed in the Pali commentaries", *Sri Lanka Journal of Buddhist Studies*, pp.91-108.

Ling Trevor(1973), *The Buddha: Buddhist Civilization in India and Ceylon*. London: Maurice Temple Smith Ltd.

Marshall, Sir John(1940). *Monuments of Sanchi* London · Delhi: Swati Publications. 1940.

Nārada(1964), *The Buddha and His Teachings*. Saigon.

Norman, K. R.(1993), *Collected Papers* IV. Oxford: Pali Text Society.

Nalinaksha Dutt(1929), "The Doctrine of Kaya in Hinayana and Mahayana" *The Indian Historical Quarterly* vol 5:3, September.

Nyāṇatiloka(1980), *Buddhist Dictionary: Manual of Buddhist Terms and Doctrines*. 4th rev. ed. Kandy, Sri Lanka.

Ṅyāṇamoli(1972), *The Life of the Buddha*. Kandy: Buddhist Publication Society.

Obermiller(1932), *The History of Buddhism in India and Tibet* Delhi: Sri satguru publications(2nd edition in 1986).

Pande, G. C.(1974), *Studies in the Origins of Buddhism*. Delhi: Motilal Banarsidass.

Paranavitana S.(1946 - 1947), *Stupas in Ceylon, Memoirs of the archaeological Survey of Ceylon,* V. Colombo.

Paravahera Vajirañāna(1975), *Buddhist Meditation in Theory and Practice*. Kuala Lumpur: Buddhist Missionary Society.

Pategama Gnanarama(1997), *The Mission Accomplished*, Singapore: Ti-Sarana Buddhist Association.

Patricia Eichenbaum Karetzky(1992), *The Life of the Buddha: Ancient Scriptural and Pictorial Traditions,* University Press of America.

Pye Michael(1979), *The Buddha*. London: Duckworth.

Ratan Parimoo(1981), *Life of the Buddha in Indian Sculpture*. New Delhi: Kanak Publications.

Ray Reginald A.(1994), *Buddhist Saints in India*. Oxford University Press.(1997), "Nāgārjuna's Longevity" in *Sacred Biography in the Buddhist Traditions of South and Southeast Asia*. Juliane Schober(ed). Honolulu: University of Hawaii Press.

Reynolds Frank E.(1972), "The Two Wheels of Dhamma: A Study of Early Buddhism", In *The Two Wheels of Dhamma* ed. by Bardwell L. Smith. AAR Studies in Religion No. 3. Chambersburg, PA: American Academy of Religion. pp.6-30.

_____ (1976), "The Many Lives of Buddha: A Study of Sacred Biography and Theravāda Tradition," in *The Biographical Process,* ed. by Fank E. Reynolds and Donald Capps. The Hague: Mouton pp.37-61.

Rhys Davids(1997), *Pali English Dictionary,* Oxford: Pali Text Society.

Rockhill William Woodville(1884), *The Life of Buddha and the Early History of his Order.* London.

Rune Johansson(1969), *The Psychology of Nirvana,* London: George Allen and Unwin LTD

Shimoda Masahiro(1997), *A Study of the Mahaparinirvāṇasūtra with a Focus on the Methodology of the Study of Mahāyānasūtras.* Tokyo: Shunjū-sha.

Suzuki, Daisetz T.(1939) "The Shin Sect of Buddhism". *Journal of Shin Buddhism.* available at http://www.nembutsu.info/suzuki1.htm

Thomas, E. J.(1949), *The Life of Buddha as Legend and History.* 3rd ed. London. First ed. London, 1927.

Toschiichi Endo(1997), *Buddha in Theravada Buddhism: A Study of the Concept of the Buddha in the Pali commentaries.* Dehiwela: Buddhist Cultural Centre.

Trainor Kevin Michael(1990), *The Relics of The Buddha: A study of the cult of relic veneration in the Theravada Buddhist tradition of Sri Lanka.* Ph. D. thesis. Columbia University.

Vetter, Tilmann(1988), *The Ideas and Meditative Practices of Early Buddhism.* Leiden: E. J. Brill.

Waldschmidt Ernst(1944-48), *Die Üerlieferung vom Lebensende des Buddha*. Abhandlungen der Akademie der Wissensch aften in Göttingen: Philologisch Historische Klasse, nos. 29-30. Göttingen.

_____ (1950-51), *Das Mahāparinirvāṇa sūtra. Text in Sanskrit und Tibetisch, verglichen mit dem Pāli nebst einer* Über-*setzung der chinesischen Entsprechung im Vinaya der Mūlasarvāstivādins, auf Grund von Turfan-Handschriften herausgegeben und bearbeitet*. Berlin: Akademie-Verlag.

Werner, Karel(1980), "Bodhi and Arahattaphala: from early Buddhism to early Mahayana." in Philip Denwood and Alexander Piatigorsky ed., *Buddhist Studies: Ancient and Modern*. London: Curzon Press. pp.167-81.

杉 本(1972),"佛陀の葬儀と舍利及び塔供養-Sarīra-, Thūpa-pūjā." *Buddhist Studies*. vol. II.

中村 元(1995), 『ゴ-タマ・ ブッダ』 II 東京: 春秋社

中村 元(1994), 『ブッダ最後の旅』 東京: 岩波文庫.

권오민(1994), 『有部阿毘達磨와 輕量部哲學의 硏究』 서울: 경서원.

권오민(2003), 『아비달마불교』 서울: 민족사.

안양규(2005), 「궁극적 실재로서의 열반」 『종교연구』 vol. 40, pp.71-94.

안양규(2002), 「붓다의 입멸과 관련한 아라한의 자살」 『불교문화 연구』 vol. 3, 2002, pp.1-17.

안양규(1999), 「불탑신앙의 기원과 그 본질에 대해」 『종교연구』 vol. 18, pp.229-48.

윤병식(1993), 「초기불전의 성립연구(I)」 『불교학보』 vol. 30, pp.85-121.

윤병식(1988), 「불멸연대고(佛滅年代考)」 『불교학보』 vol. 25, pp. 201-223.

이태원(2000), 『초기불교 교단생활』 서울: 운주사.

3. 인터넷상의 자료

http://www.buddhistpilgrimage.info/buddhism_course_08.htm.cf. Mahathera Ledi Sayadaw, THE NIYAMA-DIPANI: The Manual of Cosmic Order at http://www.ubakin.com/ledi/MANUAL04.html.

http://www.buddhistpilgrimage.info/buddhism_course_08.htm.

Sayagyi U Chit Tin, "The Coming Buddha, Ariya Metteyya", available at http://www.ubakin.com/uchittin/arimet/chittin/arimet/NTRODUC.html.

http://www.cyberspacei.com/jesusi/inlight/religion/heresy/docetism.htm.

http://mb-soft.com/believe/txc/docetism.htm.

http://www.matiyapatidar.com/death_and_dying.htm.

http://www.nembutsu.info/suzuki1.htm.

찾아보기

【 ㄱ 】

가섭 336, 337, 338, 339, 341, 343, 356
가현설(假現說) 21, 30
감달법(堪達法) 69
겁(劫) 20
결집(結集) 25, 107
공겁(空劫) 26
과－등지(果－等至) 45, 48, 51, 62
곽시쌍부 339
관(觀)과 찰(察) 286
구시국 260, 261
구차제정(九次第定) 169, 174, 175, 180, 200, 215, 229, 237, 239
금관(金棺) 306, 309, 310, 320
기대 수명 19
기름관 307, 336
기여수행(棄餘壽行) 78

【 ㄴ 】

나가세나(Nāgasena) 40, 122
나라연(那羅延) 265
누진지(漏盡知) 177

【 ㄷ 】

다비 334, 342, 343
담마팔라(Dhammapāla) 82, 106, 109, 124, 138, 184, 249
대가섭(大迦葉) 337, 338, 340, 341
대겁(大劫) 22, 24
대목련(大目連) 227
대애도(大愛道) 168, 302
대인(大人, Mahāpurisa) 121, 297
대중부(大衆部) 28, 34, 50, 142
도나(Doṇa) 274, 347
등지(等至, samāpatti) 26, 41, 57, 65, 79, 142, 187, 190, 227, 230
등지(等持, samādhi) 230

【 ㅁ 】

마라(Māra) 98, 104, 112, 116, 198
마왕(魔王) 76, 99
마쿠타반다나(Makuṭa-bandhana) 326, 327
마하시바 장로(Mahāsīvathera) 26, 41, 64, 118
마하카사파 339, 344
말라족(Mallas) 253, 325, 332
멸수상정(滅受想定) 223
멸진정(滅盡定) 170, 173, 177, 180, 216, 220, 224, 231, 238
명근(命根) 79, 86
명행(命行) 38, 39, 54, 57, 62, 74, 88, 89, 90
목갈라나(Moggallāna) 60
목관 308
목련(目連) 197
묘음(妙音) 85, 231, 241, 247 292, 295
무기(無記) 193, 246, 248, 250
무기심 246, 247, 251
무부무기(無覆無記) 240
무부무기심(無覆無記心) 239, 240, 241, 245, 250
무사(無死) 206
무상법(無常法) 91, 108, 121, 291
무상삼매(無相三昧) 56, 65
무심(無心) 248
무아(無我) 87
무여의대열반계(無餘依大涅槃界) 77
무여의열반(無餘依涅槃) 141, 162, 185, 187, 188, 192, 249
무여의열반계(無餘依涅槃界) 104, 188
무외(無畏) 114
무위(無爲) 180, 203, 204
무위법(無爲法) 193, 203
무주처열반(無住處涅槃) 208
미래불(Metteya) 26, 27, 28
미륵(彌勒) 107
미륵불(彌勒佛) 288

【 ㅂ 】

바방가(bhavaṅga) 184, 249, 250
바방가칫타(bhavaṅgacitta) 184, 247, 249
반석겁(磐石劫) 20
반열반 220
방일(放逸) 290
법(法, Dhamma) 182
법신(法身) 121, 286, 287
법왕(法王) 171, 297
법이(法爾) 126, 127
법주(法洲, dhamma-dīpa) 59
벽지불(辟支佛) 26, 184
변제정(邊際定) 128, 222
변제정력(邊際定力) 70, 83
보갈사(補羯娑, Pukkusa) 275, 276
보관지제(寶冠支提) 327, 336

보살(菩薩, bodhisattva) 125, 166
보시(布施) 70, 82
보신(報身) 28, 29
복전(福田) 231, 324
부과(富果) 67, 70, 83
부동명등지(不動明等至) 227
부동적정정(不動寂靜定) 236, 244
부업(富業) 83
부이숙(富異熟) 84
부이숙과(富異熟果) 70, 82, 83
부이숙업(富異熟業) 68, 70, 92
부주성명(不住性命) 77, 78
부파불교(部派佛敎) 18
불방일(不放逸) 287, 288, 290, 291
불사(不死) 17, 53, 141, 200, 203, 207
불상응행법(不相應行法) 86
불시해탈(不時解脫) 69
불신(佛身) 120, 121, 285, 320, 340
불신관(佛身觀) 34
불족(佛足) 342
불타관(佛陀觀) 18, 142, 158
불탑 98, 199, 311, 346, 348, 349
불탑 건립 25
붓다고사(Buddhaghosa) 34, 44, 54, 108, 182, 200, 272
붓다와 전륜성왕 296
붓다의 입멸 319
붓다의 장례식 295
붓다의 최후심(最後心) 182, 250
브라흐마(Brahmā) 105
비공겁(非空劫) 26
비파사나(vipassanā) 177
비행황제(飛行皇帝) 311, 312

【 ㅅ 】

사념처 291
사라 나무 280
사라림(娑羅林) 256
사리(舍利) 209, 231, 274, 309, 314, 335, 342, 346, 347, 350, 351, 352, 354
사리 분배 25
사리자(舍利子) 197, 227
사리풋타(Sāriputta) 60, 61, 123
사마타(samatha, 止) 177, 292
사명주수(捨命住壽) 76, 78
사무색정(四無色定) 173, 175
사법(思法) 69
사수주명(捨壽住命) 78
사신족(四神足) 19, 40, 63, 96, 101, 142
사자분신등지(師子奮迅等至) 228
사자분신삼매(師子奮迅三昧) 168
사자와(獅子臥) 255, 258
사자왕(獅子王) 262
사자좌(獅子座) 129
사정려(四靜慮) 169, 210, 233

사향파티(Sahampati) 105, 166, 193
살라(Sāla) 254
삼명(三明) 172
상수멸(想受滅) 169, 182, 235
상좌부(上座部) 18, 30, 50, 95, 97, 184, 189, 201
색신(色身) 287
생신(生身) 286, 351
석가모니불(釋迦牟尼佛) 107
선풍등지(旋風等至) 228
설일체유부(說一切有部) 33, 39, 50, 66, 95, 275
성명(性命) 77
성문(聲聞) 227
세친(世親) 87, 129, 247, 249
소발타라(蘇跋陀羅) 275
수겁(壽劫, āyu-kappa) 34
수과(壽果) 67, 70, 71, 73, 83
수명 포기 73
수밧다(Subhadda) 167, 273, 277
수업(壽業) 71, 128
수이숙(壽異熟) 71, 72,
수이숙과(壽異熟果) 68, 70, 71, 92
수이숙업(壽異熟業) 82, 83
수자타(Sujāta) 140, 141, 166
수카라맛다바(sūkaramaddava) 134, 135, 154
수행(壽行) 74, 75, 76, 77, 78 79, 88, 89, 90, 151
숙명지 173
숙명통 167
승정(勝定) 56, 57
시해탈(時解脫) 69
신격화(神格化) 21, 51, 161, 355
신통(神通, ṛddhi) 68
신통력(神通力) 42, 44, 45, 46, 48, 63, 98

【 ㅇ 】

아난(阿難) 100, 101
아난다(Ānanda) 108
아누룻다(Anuruddha) 195
아비달마구사론(阿毘達磨俱舍論) 129
아비달마대비파사론 125
아유(我有, atta-sambhava) 81, 113
안거 279
안주법(安住法) 69
열반 177
열반계(涅槃界) 199
열반과 멸진정 232
열반(涅槃)의 기술(記述) 166
열반일 281
염처(念處) 79
영양소(ojā) 139, 186
오온(五蘊) 127, 129, 188, 189
오온-반열반(五蘊-般涅槃) 188
온마(蘊魔) 127
우안거(雨安居) 98, 142, 279
원력(願力) 353

원적(圓寂) 126
유루-반열반(有漏－般涅槃) 188
유루법(有漏法) 31
유명사수(留命捨壽) 87
유명행사수행(留命行捨壽行) 78
유부무기(有覆無記) 240
유부무기심(有覆無記心) 245
유여의열반(有餘依涅槃) 188, 192, 210
유여의열반계(有餘依涅槃界) 188
유위(有爲) 204
유위법 91, 205
유위행(有爲行) 77
유행(有行, bhava-saṃkhāraṃ) 81, 82, 112
율(律, Vinaya) 182
응관(應觀) 286
응찰(應察) 286
일겁유여(一劫有餘) 76
입멸 과정 162, 169, 214, 224
입멸(入滅)과 정각(正覺) 185
입멸 시간 278
입멸 연대 278, 280
입멸일 281

【 ㅈ 】

자주(自洲, atta-dīpa) 59
재묵(裁默) 292
재업(財業) 128
적멸(寂滅) 290
전륜성왕(轉輪聖王) 26, 120, 171, 243, 276, 296, 298, 299, 305, 306, 311, 314, 316, 318, 319, 356
정각(正覺) 75, 98, 102, 124, 139, 165, 186, 187, 188, 202, 210
정각(正覺)의 기술(記述) 166
정념(sato) 255
정등정각(正等正覺) 141
정려(靜慮) 176, 230
정무기(淨無記) 241
정법(正法) 130, 260
정지(sampajāno) 255
제4선(第四禪, jhāna) 264
제4정려(第四靜慮) 68, 82, 171, 172, 176, 182, 183, 184, 218, 233, 235, 239, 243, 249,
제석천(Sakka) 194, 224
제행무상(諸行無常) 29, 92, 285, 291
죽음(maraṇa) 80
중도 283, 284
중야(中夜) 282
중정(中正) 283
지심사병(持心思病) 55
지진 110

【 ㅊ 】

천관사(天冠寺) 328
천안통 167

철관 308, 310
초세간적(超世間的) 32
초인간화 355
초인화(超人化) 21, 50, 251
최후 공양 159
춘다(Cunda) 60, 133, 146, 153
출세간적(lokottara) 31

【 ㅋ 】

카필라밧투(Kapliavatthu) 270, 271
콘다냐(Kondañña) 167
쿠사바티(Kusavati) 268
쿠시나가라 344
쿠시나라(Kusinārā) 58, 253, 266, 277, 278, 293, 319

【 ㅌ 】

퇴법(退法) 69

【 ㅍ 】

파비(波卑) 103, 104
파순(波旬) 102
팔근본정(八根本定) 240
팔등지(等至) 174, 215
팔해탈(八解脫) 179
푸쿠사(Pukkusa) 166

【 ㅎ 】

해탈(解脫) 230
향상빈신등지(香象頻申等至) 228
향유(香乳) 313, 351, 352
현겁(賢劫) 26, 32, 65
호법(護法) 69
화신(化身, nirmāṇakāya) 32
화신불(化身佛) 32
화장(火葬) 334, 336
횡사 128

안양규(安良圭)

- 서울대학교 종교학과(학사), 동국대학교 불교학과(학사 · 석사),
  영국 옥스퍼드대학교(철학박사) 졸업.
- 현재 동국대학교(경주캠퍼스) 교수.
- 역서: *The Buddha's Last Days*(Pali Text Society, 2003).
  저서: 『현대인을 위한 붓다의 가르침』 외.
  논문: 「창조주 브라흐마(Brahma) 신에 대한 붓다의 비판」 외 다수.
- E-mail: an1313@dongguk.ac.kr

붓다의 입멸에 관한 연구

2009년 2월 23일 초판 1쇄 발행
2009년 9월 20일 초판 2쇄 발행

발행인 윤재승

발행처 민 족 사
등록 제1-149. 1980. 5. 9.
서울 종로구 수송동 58번지 두산위브파빌리온 1131호
전화 (02)732-2403~4, 팩스 (02)739-7565
E-mail: minjoksa@chol.com

값 20,000원
ISBN 978-89-7009-064-1 94220
ISBN 978-89-7009-057-3 (세트)